南开大学机关青年干部论丛（2014）

建设学习型服务型创新型的高等学校机关

南开大学机关党委　主编

南开大学出版社
天　津

图书在版编目(CIP)数据

建设学习型服务型创新型的高等学校机关 / 南开大学机关党委主编. —天津：南开大学出版社，2015.9
ISBN 978-7-310-04941-7

Ⅰ.①建… Ⅱ.①南… Ⅲ.①高等学校—行政管理—天津市—文集 Ⅳ.①G647.2—53

中国版本图书馆 CIP 数据核字(2015)第 216610 号

南开大学出版社出版发行
出版人：孙克强
地址：天津市南开区卫津路 94 号　　邮政编码：300071
营销部电话：(022)23508339　23500755
营销部传真：(022)23508542　　邮购部电话：(022)23502200
*
河北昌黎太阳红彩色印刷有限责任公司印刷
全国各地新华书店经销
*
2015 年 9 月第 1 版　　2015 年 9 月第 1 次印刷
240×170 毫米　16 开本　25 印张　2 插页　431 千字
定价：50.00 元

如遇图书印装质量问题，请与本社营销部联系调换，电话：(022)23507125

勇于改革创新
不断提升高校机关党建工作水平（代前言）

南开大学机关党委

党的十八大以来，南开大学机关党委深入学习贯彻党的十八大和十八届三中、四中全会精神，认真开展党的群众路线教育实践活动，并在此基础上，不断改革创新，积极探索实践，在加强机关党建、改进工作作风、提升服务水平和完善管理机制等方面，进行了一系列大胆探索，收到了较好效果。

一是完成“机关服务引导屏”的制作，为来机关办事的师生提供便利。“机关服务引导屏”不仅方便了到机关办事的广大师生，也使机关各部门科室及各岗位的工作职责、办事流程，得到了进一步的规范。

二是积极探索和推进机关与基层干部换岗挂职工作。不久前，校机关党委和校党委组织部印发了《南开大学青年管理干部换岗挂职锻炼实施办法》，并先后组织了两期换岗挂职工作。实践证明，换岗挂职不仅促进了干部交流，也使青年干部得到了多岗位锻炼，有利于优秀青年机关干部的健康成长。

三是大胆改革机关员工录用通道。为了解决机关青年干部缺乏基层工作经验这一问题，从 2013 年开始，我们把过去从应届硕士生中招聘机关新员工，改为从校内基层单位招聘有基层工作经历的青年干部。两年多来，学校机关总共从基层单位招聘青年干部 19 人，为基层青年工作人员提供了锻炼机会，也受到机关用人部门的普遍好评。

四是积极探索公开选聘科级干部工作。为改进机关干部“部门所有制”的管理模式，推进干部交流，我们先后进行了两次公开招聘科级干部的工作，得到学校领导、学校中层单位和广大青年干部的肯定。

五是加大对机关青年干部的培训力度，先后成功举办以年轻处长和科长为对象的两期机关青年骨干培训班。培训形式包括集中封闭培训、到名校与机关同行进行对口交流、素质拓展训练等，受到培训学员的好评，收到了预期效果。同时，还组建青年干部兴趣小组，举办系列专题讲座，受到机关青年干部的欢迎。

六是探索以课题调研方式推进机关制度建设。针对机关青年干部善于观察思考、改革热情较高的特点，我们尝试以申报课题方式对机关建设重大问题进行调研攻关。2014 年共有 7 个课题立项，内容涉及机关作风建设、机关干部队伍建设和机关效能建设，以及精简审批事项等，其成果也将形成相关制度陆续出台。

党的十八大报告提出了建设学习型、服务型、创新型的马克思主义执政党的战略目标，并要求创新基层党建工作，以服务群众、做群众工作为主要任务，加强基层服务型党组织建设。习近平总书记也对机关党组织建设提出了新的要求，这就是“引导广大机关党员干部做高举旗帜、坚定理想信念的表率，做服务大局、推动科学发展的表率，做转变作风、服务基层群众的表率，做改革创新、保持先进本色的表率”，为机关党建工作指明了方向。

建设学习型、服务型、创新型的高等学校机关，事关办好人民满意的高等教育工作的全局。加强“三型”机关建设，学习是前提，服务是根本，创新是关键。我们一定要认清形势，抓住机遇，扎实工作，并在此基础上不断锐意进取、改革创新，在提高机关干部自身综合素质上，在完善机关党建制度和长效机制上下功夫，在创机关党建活动品牌、增强机关党建活力和影响力上下功夫，使机关党建工作走在学校党建工作的前头，使机关党组织成为推动学校改革发展、服务广大师生、促进校园和谐的坚强战斗堡垒。

目　录

浅谈如何提高办公室秘书工作的主动性

学校办公室　韩　榕

摘要：秘书是领导的参谋和助手，其工作从属于领导并为领导服务，秘书的工作是被动的。但随着时代发展，秘书工作不再仅仅停留在听从领导指令行事的被动状况，秘书人员只有在工作中充分发挥主动性、创造力，在日常工作中解放思想，与时俱进，树立超前服务意识，积极做好各项工作的基础调研，做好领导的智囊团，才能从根本上提高秘书工作的水平与质量。

关键词：秘书工作；主动性

秘书工作的宗旨和主要职能是"三服务"，其中有一项就是服务领导，要学会把握领导意图，为领导服务，完成领导交办的各项事宜，这种形式上的从属关系造成秘书人员的工作性质被大多数人理解为一种被动接受的工作性质。其实，秘书工作需要发挥主观性、创造力的地方很多，比如在领导需要智囊之时要做一个好参谋，在安排工作之前要有预见性，等等。

秘书人员在工作中发挥主观能动性，是为了把秘书工作做得更好。如果秘书总是听到指令再行动，领导拨一下才动一下，这样是做不好秘书工作的。在工作中，秘书人员应该有超前意识，遇事要多想办法，拿出多种方案，把工作做在前边，这样就能应对工作中出现的各种情况。从某种意义上说，秘书工作中的主动性其实很大一部分是体现在开展每项工作之前做好多种准备工作上的。

秘书工作如何才能在既不越权，又恰当把握秘书工作原则的前提下充分发挥秘书人员的积极性和主动性呢？下面从四个方面浅谈一下如何提高秘书工作的主动性。

一、转变观念，认清新时期秘书工作的形势

长期以来，在人们的印象中，秘书工作就是一种跟随在领导身边，随时准备完成领导交办的各种任务，忙于应付各种文案工作，处理好各项接待、信访、来文事宜，只能被动地听从领导安排，很难主动行事，更不可能发挥自身的主观能动性和创造力。这种观念的形成，来源于我国历代封建王朝的各种秘书机构的辅助性工作性质，后来我党的秘书工作虽然与旧时的秘书工作有了本质区别，但其工作重点仍然放在办理文件、安排会务、接待来访等具体事务上，基本上没有突破单纯的被动服务的状况，所以秘书人员的参谋作用和主动服务没有发挥的空间。

早在 1985 年全国秘书长、办公厅主任座谈会上，中央办公厅就曾根据中央领导同志的指示，明确提出秘书工作的“四个转变”，其中之一就是“从被动服务转变为主动服务”。1990 年江泽民同志在全国各省、自治区、直辖市党委的秘书长座谈会讲话中，要求党委办公厅（室）要积极主动发挥参谋助手作用。可见，党中央在重视秘书工作的同时也对新时期的秘书工作提出了更高的要求。随着社会经济的发展，党中央要求广大秘书人员顺应时代的潮流，响应时代的号召，在工作中发挥主观能动性，提高工作水平和质量，开拓秘书工作新局面，以适应时代的需要。

二、学会把握领导意图，提升自身业务能力

领导意图从本质上讲是党、国家和人民意志的具体体现，因此秘书人员平时要学习好党和国家的路线、方针、政策、法律和重要规划，高校的秘书人员更要及时关注教育部的工作动态，了解每个时期突出强调的方针政策，因为只有把握住这些方面才能把握住领导意图的总体方向。在领会、把握领导意图问题上，一定要积极主动，不能坐等。要经常、主动地去思考、琢磨与领导工作有关的各种问题，时刻处于有所准备的状态之中。例如，在日常的公文流转中，仔细研读领导的批示；在平时的各种会议中，要主动参与筹备、通知以及准备会议材料；经常琢磨领导是怎么想的，有什么打算，具体意见是什么，以便在领导一旦流露出某种意图时，就能很快地、准确地理解、领会。如果平时毫无准备，对领导日常的批示和指示视若无物，坐等领导来明示意图，即使领导具体谈了对某项工作、某个问题的某种意图，也往往理

解不到位。有些秘书人员之所以抓不住领导的意图，其症结就在于此。

此外，秘书人员要尽可能多参加一些会议，以便更好地了解近一个时期上级部门的工作重点和精神以及领导拟安排的工作重点、原则、要求和措施，掌握领导的活动意向和动态。因为领导的各项行政活动是领导意图的具体体现，了解领导的活动动态，有助于加深对领导意图的理解，同时有利于把领导意图具体化。

同时，秘书人员要尝试站在领导的角度来判断、分析、思考和处理问题，急领导之所急，想领导之所想。例如，在日常工作中，当秘书人员接到一份上级来文之时，应该先思考这个文件领导会签给哪些具体部门，然后看看领导签阅之后是否和自己的想法一样，如果有差别，一定要仔细研究领导签阅的意见中包含的意图所在。经过这样长期的积累，会让秘书人员在把握领导意图方面有很大的提高。当领导在某些问题上征求秘书人员的意见和看法时，秘书人员要注意提出建议的方式、方法和时机，基于对领导意图的充分把握，恰如其分地提出合理化建议，这样不仅能为领导的科学决策节省时间，而且还会给领导的正确决策提供有益的帮助。

三、做好基础调查研究，提高能动性

没有充分的调查研究，就无法积累大量的基础信息，也就不可能当好领导的参谋，更无法从根本上提高秘书工作的主动性。调查研究是务实与务虚的最佳结合点，也是检验秘书人员参谋能力高低的一个重要标志，更是提高秘书工作主观能动性的前提条件。毛泽东同志讲过："没有调查就没有发言权。"江泽民同志讲："没有调查就没有决策权。""没有调查就没有领导权。"对于秘书人员来说，没有调查就没有参谋权。因此，秘书人员要切实练好调查研究基本功，利用一切可以利用的途径，将自己在日常工作中的所思所想与实际工作经常性地进行对比和结合，做到理性与感性交融。同时，秘书人员还要充分了解基层单位、基层师生所关心的重要问题，要加强与基层的密切联系，这样才能为领导的科学决策提供真实的参考资料，真正做到上下贯通。

秘书人员每天都要收到大量文件资料，有条件及时、广泛地接触这些文件资料，这是我们工作的优势，在这种优势下更要勤学多想，学会从大量的文件资料中捕捉调研信息。但是，如果我们对充分利用文件资料没有予以足够的重视，对文件资料钻得不深，分析得不透，往往只看标题，不看内容，即使是十分重要的文件也没有花时间仔细研读，这就造成我们对领导即将面对的文件精神和即将布置的工作了解不深、体会不透，也就无法将工作做在前面，无法为领导做好参谋工作。江泽民同志多次指出，端正学风必须坚持理论联系实际的原则，以改革开放和现代化建设的实际，以我们正在做的事情为中心，着眼于马克思主义理论的运用，着眼于对实际问题的理论思考，着眼于新的实践和新的发展。只要这样去做，我们就能从上情、下情和外情的结合上捕捉到大量的新情况、新问题。

此外，秘书人员每天的工作是烦琐、多头绪的，在面对多方面的信息和工作时要学会统筹兼顾，善于从大量的信息中筛选可作为背景资料的有价值的信息。随着现代社会科技的发展和进步，各种途径和渠道的信息分布密集而广泛，大量零碎但又存在一定价值的原始信息不容忽视，这些是做好调研工作的基础。但是原始信息具有零碎、动态、浅层次的特点，其深层次的信息价值还有待于进一步开发。只有经过鉴别、筛选、提炼、综合、加工等环节，才能提炼出对领导决策具有参考价值的情况、观点、意见和建议，从而为秘书人员下一步的主动工作储存背景资料、争取前提条件。

四、抓好主线、突出重点，增强工作的主动意识

办公室的工作具备一定的可计划性，有些工作是按年度、按季度定期常规开展的，因此在日常的科室管理和任务分配中要实现科学管理，分清岗位，制订细致的工作计划，每个岗位的秘书人员都要对自己的全年工作有全局性的把握。同时，不同的岗位之间还要互相了解彼此的工作内容，以便于整个科室工作顺利、有序地开展。例如，在年初之时定期围绕全校本学年工作的总体任务、目标确定办公室本年度的工作“重点”，围绕领导活动的中心大事确定办公室工作的近期“热点”，根据办公室的工作“重点”和近期“热点”，抓准眼前工作的“难点”。这样，办公室秘书人员的工作主线就厘清了，秘书人员的主动意识也就自然而然地加强了。

此外，办公室每天要面对的校外来文、校内请示报告、各种接待来访，以及需要完成领导交办的事项非常多。在大量的工作头绪面前，秘书人员要保持头脑清醒，学会区分轻重缓急，分清哪些事情是必要而紧急的，哪些是必要而不紧急的，哪些是紧急而不必要的，哪些是不紧急也不必要的，这样就能把手头的多项工作按紧急程度、重要程度区分开，然后按顺序一一落实。这样，既能保证每项工作不遗漏，又能保证完成质量。同时，良好的工作习

惯也有助于提高工作主动性，例如，在日常工作中充分利用工作日历，将近阶段的工作重点和目标及时记录，以便能将各种准备工作做在前边，充分发挥主观能动性。

总体来说，秘书工作的主动性是充分预备性的一种体现，是在对本岗位工作细致规划、深入调研、掌握信息的基础上实现的。只有不断树立主动服务、主动工作的意识，才能在具体工作中做好领导的参谋和助手，实现由被动工作向主动工作的转变。

参考文献：

[1] 黄文金．秘书工作的主动性研究[D：博士学位论文]．广州：暨南大学，2012

[2] 陈群芳．影响秘书工作主动性的因素浅析[J]．秘书之友，2006（08）

[3] 张瑞良．论秘书工作的主动性[J]．秘书之友， 2001（05）

[4] 段芳萍．论高校办公室秘书角色的转换[J]．重庆技术学院学报，2003（7）

新形势下做好督查督办工作的总结和体会

学校办公室　高　磊

摘要：在学校推进各领域改革的过程中，制度贯彻是否到位、政策执行是否准确成为领导层进一步决策的关键。在这一过程中，学校办公室作为学校的中枢单位，地位重要、使命特殊。如何进一步创新体制机制、下功夫抓好督查督办工作，成为新形势下办公室工作的重要课题。近几年，我校办公室着力推进政策落地、真切反映基层执行情况，使督查督办成为服务领导决策、协调业务部门、推动工作落实的有效途径。

关键词：督查督办；管理服务；治理能力

当前，“完善和发展中国特色社会主义制度，推进国家治理体系和治理能力现代化”已经成为全面深化改革的总目标，教育改革作为全面深化改革的重要领域，也必须自觉围绕这一总目标，落实这一总要求。作为肩负着实现国家战略历史使命的高校，必须加快推进治理体系和治理能力的现代化进程。

治理体系和治理能力是通过治理行为体现的，学校的改革和发展，终究要落实为一项一项的制度措施，一个一个的目标任务。学校各项制度的执行情况、任务落实情况及各部门和教职员工履职尽责情况，都体现了学校决策执行力和制度建设成效，影响着学校事业发展。在各领域改革持续推进的过程中，学校办公室具有特殊的重要地位和作用。这一重要的位置和角色，使督查督办作为学校办公室的基本重要职能成为必然。

我们在不断的实践和探索中切身感受到，办公室开展督查督办工作，必须赢得学校党政领导的支持和各单位及广大师生的配合，坚持以发现问题为导向、畅令促行为关键、多方协调为方法、解决问题为根本，不断提升督查督办水平，更好地服务学校中心工作。

一、领导高度重视，健全组织机构，是做好督查督办工作的根本保障

学校领导高度重视督查督办工作，把督促检查作为促进工作落实的重要抓手。以健全督查责任体系为突破口，着力消除决策部署的“肠梗阻”。学校层面由办公室领导亲自督促学校重点工作的督查落实，同时还要在业务部门及各学院设立督查专员，及时向学校办公室反馈各类事项的具体落实情况，学校还设立专门的部门科室，配备专职人员专司各类督查事项的上下贯通、左右协调等事务。只有这样才能形成一级抓一级、层层抓落实的“大督查”工作格局，有效地增强了学校决策和专项工作部署的执行力，也成为优化学校治理体系、提升治理能力的有益尝试。

二、统筹督查内容，突出督查重点，是做好督查督办工作的基本方法

校内督查事项门类繁多、千头百绪，既有事关学校改革发展的大事，也有水管跑冒滴漏的小情。在工作中，需要学校办公室对每项督查事项进行分析研判，在保证督查工作“覆盖面”广度的基础上，又善于区分轻重缓急，抓住主要问题。长期以来，我校以年度工作要点、校长办公会议决事项等核心工作为主线，通过定时或不定时的决策督查和专项督查，努力做到上下联动、协调各方，找准矛盾和问题的关键节点，通过“点”上的突破实现“面”上的推进。

（一）学校工作要点落实情况督查

为了更好地促进学校年度工作要点的落实，经过多年摸索，我校现已形成“报送——酝酿——分解——落实——反馈”的整体机制。在上年末，学校办公室下发专门通知，要求各单位结合工作实际报送下一年度工作计划，并以此为基础酝酿形成下一年度学校工作要点。经与各单位多次沟通，学校办公室确定各要点的主要分管领导、牵头单位和协助单位建议方案，报请校党委常委会通过。之后，学校印发年度工作要点任务分解表，并在年内不定期对工作要点落实情况进行专项督查。这种做法既重视学校层面的宏观布局，也兼顾各单位的具体落实，做到了“点”与“面”的结合。近几年，要点完成率一直保持在95%以上。

（二）校长办公会等议决事项落实情况督查

校长办公会等议决事项具有专题性强、要求落实时效快的特点，是决策督查的重要内容。学校办公室从这一特点出发，每次会议后，即将督查单发送相关执行部门，并在年中和年末两次对落实情况进行督查督办，同时及时梳理、汇总、上报落实事项的成效及暂不能落实的原因，面向全校公开通报，在接受师生监督的基础上，形成倒逼机制，促进相关部门把工作抓好、抓实。

（三）服务师生的20件实事项目落实情况专项督查

自2012年起，学校决定每年办20件反映师生关切、围绕学校中心工作的实事。为了把20件实事办实、办好，学校办公室狠抓实事内容的督促工作。在上一年末下发通知，要求职能部门聚焦广大师生的关切，结合自身工作申报下一年度的实事项目。年初，学校办公室汇总各项实事项目，并报校领导班子审阅，确定20件实事的基本内容，再将其交由师生代表咨询评议，反复修改后确定最终实事项目，并通过学校主页和校内媒体向师生公示。年中和年末，学校办公室对实事落实情况进行两次专题督查，学校主要领导也在教代会、学代会、研代会报告实事落实情况。从2012年至2014年，学校已经推出实事60项，其中多项举措都是超额完成的，获得了师生的一致好评。

（四）教代会提案和学代会及研代会咨询评议事项专项督查

为更好地服务教职员工，协助工会落实教代会提案，学校办公室对提案的办理进行协助协调、督查督办，要求各部门针对提案提出的问题给出明确的解决方案，能解决的列入工作计划马上解决，暂时不能解决的也向提案人做出详细解释。此外，在征集服务师生的20件实事项目过程中，学校办公室专题向师生代表进行咨询评议，对征集到的意见和建议及时反馈给相关部门，要求各部门及时给出明确的回复。这样，学校办公室很好地发挥了协调各方、上情下达、督促落实的作用，搭建起学校各部门同师生沟通的桥梁。

（五）学校领导批示及网络动态舆情等不定时督查

学校办公室将校领导在各类文件、简报的批示内容及交办事项，及时分类汇总发送到相关部门，并依据轻重缓急程度提出办结时限，对办结时间过长的事项进行动态跟踪了解，建立“办公室依据批示下发督查单——职能部门按时反馈落实情况”的反应机制。同时，为了延伸工作触角，学校办公室高度关注网络舆情，对那些可能引起师生关切但尚未形成较大范围影响的事项进行提前归类、整理并及时发送相关部门，力争把问题解决于萌芽状态。

三、规范督查程序，完善督查制度

学校办公室狠抓督查工作的各领域、各环节，以程序的规范和制度的刚性保证督查工作的有效运行。

（一）以督查资政辅学。自2002年起，学校办公室在全校范围刊发《督查专报》，迄今已至212期，全面展示校内各部门工作进展情况。同时，不断改革《专报》内容和定位，现已由过去的“凡事即报”改变为“专题报送”，由被动的整理上报变为主动的专题约稿，特别是在《专报》中开辟专栏，如实向校领导反映基层各单位在推进学校各项重点工作中遇到的困难和问题，以及解决这些难题的建议，更好地为学校领导了解重点工作落实情况提供参考，持续推动工作的逐项落实。

（二）对督查流程再造。为了更高效地做好督查工作，学校办公室对督查立项、责任分解、跟踪落实、情况反馈的“一条龙”式工作机制进行了系统梳理，紧抓办理时限，提高办理质量，建立了详细的督查工作制度。一是确立督办件登记制度，凡列入督办范围的事项必须登记编号；二是明确责任单位，根据校领导的批示意见，确定主办单位，主办单位的主要负责人为责任人，需要多个部门共同办理的，明确牵头单位、配合单位以及各自的办理职责；三是明确办结期限，督办事项一般必须明确办结期限，有明确办结期限的，应按要求办结，无明确办结期限的，期限一般为10个工作日。

（三）强化督查问责制度。学校办公室按照督办事项的登记情况，及时对责任单位和责任人进行督办事项的督促、检查和催办，并要求其反馈承办情况。在办结期限内未完成的，主办单位必须说明理由，并提出具体办结日期。在主办单位提出的具体办结日期后7个工作日仍未完成的，经请示有关领导后，学校办公室向主办单位发送督办通知书，被督办单位必须于10个工作日内反馈承办结果。这样，通过问责问效、督查问责制度的实施，有力调动了各单位工作的积极性和主动性。

四、做好学校督查督办工作的几点体会

（一）合理摆布工作重心是做好督查工作的有效方法

督查事项纷繁复杂，有的还牵一发动全身，这就需要在总揽全局的基础上，科学摆布工作重心。一要善抓大事。要始终把学校各类决策部署及要点

工作的贯彻落实，作为督查工作的核心内容。二要敢抓难事。在实际工作中，会有一些工作无人负责、一些问题久拖不决的现象，而这些工作往往成为师生关切的大问题。党的群众路线教育实践活动后，学校狠抓落实整改，要求督查工作必须抓住难以解决特别是久拖不决的问题，通过问责的刚性机制调动各部门的主动性，以部门的合力扫除督查事项不能落实的障碍。三要勤抓“小事”。师生关注的有些问题，看似是小事，但事关学校在师生群众中的形象，这就需要我们时时加强对师生各方面点滴小事的关注，及时协调各部门落实，为师生排忧解难，将可能酝酿扩散成的“大事”化解于无形之中。

（二）加快治理水平的提升是做好督查工作的努力方向

学校内部结构越庞杂，其治理难度越大。做好督查工作，就是要杜绝工作的“执行难”，提升学校治理水平。一是重点抓，抓重点。要善于根据各项工作任务的推进进度和工作特点，科学选择督查工作的侧重点，通过经常而有效的督查，使重大决策和重要工作部署真正落到实处。二是平时抓，抓平时。督查工作切忌“三天打鱼、两天晒网”，只有坚持常抓不懈，才能推动重点、难点工作的真正落实。三是部门抓，抓部门。具体工作的落实不是学校办公室亲自抓，办公室要做到“到位而不越位”，依托职能部门抓落实。同时，对部门间职责不清造成的执行难等问题，学校办公室要发挥协调各方的优势，努力协调各部门积极做好工作。

（三）立足解决问题是做好督查工作的最终目标

实际工作中，一些工作执行难、难执行，并总会有各种因素阻碍督查工作的顺利开展。这就要将真正解决这些问题作为我们做好督查工作的出发点和落脚点。一要善于发现问题。要高度关注总是出现问题的地方，留心师生群众反映比较强烈的方面，并对发现的问题进行归类整理，提出合理化的意见和建议。二要敢于督查问题。某种程度上说，敢于碰问题比真正解决问题还要困难。这就要求我们遇到问题不能做“和事佬”，要勇于突破人情关、面子关，绝不能对问题视而不见，要本着对组织负责的态度，及时反映阻碍学校发展的深层次问题，做到有喜报喜、有忧报忧，对关键问题不含糊、不模糊、不马虎。三要切实解决问题。督查工作不能搞花架子，不能犯形式主义的错误，要以钉钉子的精神把矛盾分析透、把握清。尤其是要高度重视关键环节、关键部位和关键措施，把关键、重点工作的全过程盯紧、盯死，坚持把问题解决好。

参考文献：

[1] 习近平．关键在于落实[J]．求是，2011（6）

[2] 万清祥，黄少成，陈华荣．关于高校督办工作制度设计的思考[J]．湖北社会科学，2010（4）

[3] 郑安阳，都基辉．建立健全高校办公室督查督办工作体制机制的探索与研究[J]．北京教育，2012（2）

[4] 周旭，戴照力．做好高校办公室督查督办工作的理论思考[J]．安徽农业大学学报：社会科学版，2011（6）

试论《道德经》对办公室工作的启示

学校办公室　仇　林

摘要:《道德经》是中国传统文化的优秀代表作。虽是两千多年前的巨著，但对现实生活、工作仍有重要的启示意义。本文结合办公室工作实际，从需要具备的思想境界和工作作风出发，尝试探究《道德经》对办公室工作的借鉴意义。

关键词： 道德经；思想境界；工作作风

老子是中国最伟大的哲学家和思想家之一，存世名著有《道德经》(又称《老子》)。《道德经》是一部历朝历代学者已经研究了两千多年的皇皇巨著，内容涉及广泛，被誉为“万经之王”或“百科全书”。它不但影响了我国汉代以来两千多年的思想文化史，被国人奉为经典，亦受到西方思想家的重视，成为世界性的哲学宝典。

《道德经》虽只有短短五千言，但它玄奥精深、义理博大、文约义丰，内容朴素自然、深入浅出、发人深省，被后人尊奉为治国、齐家、修身、为学的宝典。它全面体现了古代中国人的世界观和价值观，无论对中华民族性格的铸成，还是对政治的统一与稳定，都起到了不可估量的作用。《道德经》像一个包罗万象、永不枯竭的奇妙宝藏，不同的人读，会有不同的理解，而随着时间的推移，再读又会有不同的收获。故唐末杜光庭《道德真经广圣义·释疏题明道德义》云：“《道德真经》，包含众义，指归意趣，随有君宗。”也就是说，《道德经》一书，思想内容极其广博玄奥，不同历史时期的人们可以根据相应的时代条件和时代需要，对它做出各种主旨不同的解释。可以说，老子的智慧是中国古代整个思想文化发展的一面镜子。

有人认为《道德经》是古代的东西，过时的东西，对现实失去了指导意义。其实不然。老子思想博大精深，古今通用，《道德经》中有很多至今读来仍让人受益匪浅的道理，并常被结合现实，应用于生活工作的诸多方面。例如“致虚极，守静笃”“上善若水”“少私寡欲”，再如“慎终如始”“企者不立，跨者不行”“千里之行，始于足下”等思想，不仅是重要的世界观、价值观，对人生和社会有重要的警示和借鉴意义，而且是重要的方法论，其中蕴涵的许多哲理和智慧，对我们今天做好办公室工作仍具有一定的启示和借鉴意义。

学校办公室是学校综合办事部门和指挥协调中枢，对工作要求精细、准确、高效，任何一个环节的疏漏都有可能造成重要影响或重大损失。要想从办公室纷繁复杂的政务和事务中抽丝剥茧、厘清思路，就必须找准工作规律，把握工作方法。老子的《道德经》分《道经》和《德经》两部分：道，是自然和宇宙的规律；德，是人生和社会的规律。我们既能在其中找到工作中应该依循的规律，更能从这部蕴涵中国古代朴素辩证思想的著作中找到方法论上的指导。本文仅从思想境界层面和工作作风方面，浅论《道德经》对办公室工作的启示。

一、《道德经》在思想境界上对办公室工作的启示

有什么样的思想境界，决定了有什么样的人生追求。办公室干部的精神面貌、服务水平如何，直接关系到学校的整体形象。办公室同志不仅要以高度的政治责任感和使命感，努力提高自身的能力和素质，还要具备一定的思想境界。不因事多而畏难，不因事小而不为，不因事繁而外推。要摆正自己的位置，不被名利所累，努力培育无我忘我的精神和忍辱负重、任劳任怨的雅量，真正做到协调为公，当好幕后英雄。正如习近平总书记所讲，要努力做到荣誉面前不争功，利益面前不计较，困难面前不躲闪，责任面前不推卸。《道德经》中所体现的世界观、价值观，在某种程度上契合了办公室工作所应具备的思想追求。

老子说：“致虚极，守静笃。”生活是一种心态，工作亦是一种心态。由于心态的不同，即便是相同的境遇，在不同人心中也会造成不同的心境，产生不同的影响，从而导致不同的结果。所以，良好心境的本源是内心。内心安详造就良好心境，良好心境造就良好状态，良好状态成就好的工作。所以，老子告诉我们，要淡泊，要宁静。在工作中不斤斤计较，胸怀宽阔，时刻保持一颗平常心。办公室工作面向的群体组成多样化，既有上级领导，又有平行机关部门、学院，还有广大师生。这种多样化决定了办公室工作的多变性，

随时可能遇到棘手的、不尽如人意的工作状况，而这时，良好的心境和思想境界就决定了工作的效果。

老子说："上善若水，水善利万物而不争，处众人之所恶，故几于道。"意思是说，最高境界的善行就像水的品性一样，泽被万物而不争名利，处于众人所不注意的地方或者细微的地方，所以是最接近于"道"的。老子告诉我们，在工作中要与人为善，以平和宽厚的心态对待周围的每一个人。像水一样包容、甘于静寂、从容淡定。不争之心源于大善大爱，兼爱非攻，一如水德，利万物而不争。

老子说："见素抱朴，少私寡欲。"做好工作不是为了有利可图，不要抱有自私的目的，踏踏实实地做好自己的本职工作，才能获得快乐。少一点功利思想，多一点大局观念。在实际工作中，贡献与获取常常难以画上等号，默默无闻、贡献突出却没有得到相应的地位和荣誉的情况并不少见。如果不具备奉献意识，把干好工作当作邀功请赏的资本，持有这种思想的人，就不会克己用心地工作，至少不能一直用心工作。

老子说："夫唯不争，故无尤。"办公室是服务部门，只有服务的职能，没有特殊的权利。办公室干部必须找准定位，力戒浮躁。树立正确的价值观，淡化名利，保持平常心和进取心，老实做人，踏实做事，光明磊落，处事以正，待人以诚。以平和之心对待"名"，以知足之心对待"利"。老子说"不争"，并不是让人不思进取，而是告诫我们在进取的路上，怎样保持良好的心态，"只问耕耘，不问收获"。不做妄为之事，不事轻狂之作，不居功、不争名、不争利。要有甘于寂寞的精神，以期静有所学、学有所思、思有所得。处事让一步为高，待人宽一分是福。"不争而胜"是"争"的至高境界，是"有容乃大"的不仁智慧。

二、《道德经》在工作作风上对办公室工作的启发

老子认为，一定要按规律办事，如果违背规律就会受到大自然的惩罚。在第三十九章中，他是这样阐述的："昔之得一者，天得一以清，地得一以宁，神得一以灵，谷得一以盈，万物得一以生，侯王得一以为天下贞。"办公室的工作也都有自己的规律可循，按照规律办事，就能水到渠成，否则，就会事倍功半。

老子说："合抱之木，生于毫末；九层之台，起于垒土；千里之行，始于足下。"办公室的工作纷繁琐碎，需要从点滴做起，从细微之处做起，脚踏实

地地干好每一项工作。一个连小事都不能用心干好的人，很难期望他能圆满地完成一件大事。要把理想和实干精神结合起来，既要志存高远，又要脚踏实地，艰苦努力。只有当量的积累突破度时，才能出现质的飞跃。对于办公室工作来说，我们要勤于思考，通过点点滴滴的积累，不断增强个人素质，实现从量变到质变的跃升。工作中要“见贤思齐”，“见不贤而内自省”。多向前辈和优秀同事学习，学人之长，补己之短。

老子说：“企者不立，跨者不行。”意思是踮着脚尖不可能永久地站立，迈开大步想要前进得快，反而不能远行。有一个成语叫“欲速则不达”，意思和这句话是一致的。在工作上说如果连最浅近的、基础的都没有做好，偏要向高远的方面追求，一定会自食恶果。循序渐进是事物发展的规律，对待工作也是一样。做事要脚踏实地，一步一步地来，不能急于求成。工作做得好坏在于一个“度”，不可操之过急或过缓，要掌握求稳渐进的奥妙。比如，文字工作就是一个慢活儿，有一个积累的过程，认识深化的过程。功夫不到，水平就难达到。那种想急学先用、立竿见影的想法，就是违背规律的表现，结果肯定是欲速不达。

老子说：“慎终如始，则无败事。”老子讲的是做事情从头到尾都要谨慎细致，秘书工作尤其如此，任何时候都不能掉以轻心。首先，要谨慎细致，认真对待每一个细节。注重细节是一种素养，发现细节是一种能力，解决细节是一种水平。办公室的工作，细节常常能检验一个人是否有敏锐的眼光，是否有能从细微处洞彻事理的头脑，是否能在平常事中干出不平常的业绩。我们要不断养成处理好细节的习惯，时刻秉持认真负责的态度，细致做事，细研门道，坚决克服大而化之的浮躁心态，切实把工作想细、做细、查细，一丝不苟地抓好工作中的每一个环节，每一个步骤。其次，自始至终都要保持高度的谨慎，不能虎头蛇尾，更不能有头无尾。办公室的工作，任何一个疏漏都有可能造成重大影响或损失，所以，“细”就显得尤为重要。所谓“细”，就是细化、细心、细致。细化各种工作方案和流程，务求每一项工作、每一个环节都不出纰漏，提升服务效果，让领导满意，让师生满意。

工作的目的，并不只在名利和地位，而在于享受工作本身的快乐，体验工作过程的美好。而这些的获得，离不开良好的心态和较高的思想境界，以及良好的工作作风带来的工作成就感和满足感。长久的快乐不在喧嚣和浮华里，而在淡泊宁静中。人生在世，不会事事顺心如意，工作本身也会有进有退，有荣有辱，有升有降，有高有低。如果我们认识到宁静淡泊的意义，就可以在任何工作状态下都保持心理平衡，从而获得归属感和安全感。

《道德经》是中国传统文化的重要源头。两千多年来，它深刻地影响着一代又一代中华儿女的思想、心理和社会生活。它不仅对中国古代的哲学、宗教、政治产生深刻和长远的影响，在今天这样瞬息万变的社会依然适用。全面把握这一光辉著作的思想内涵，特别是站在时代的高度，以宏观视野和战略眼光重新反思和研究《道德经》及老子的哲学思想，具有重要的理论意义和实践意义。

参考文献：

老子．道德经[M]．北京：中国画报出版社，2012

高校办公自动化系统建设可行性分析

学校办公室 尹 刚

摘要：本文基于对全国各高校办公自动化系统建设情况的调查了解和分析总结，提出了在高校电子化办公模式中具有普适性的建设方案，并就建设和使用过程中可能存在的问题提出了对策。

关键词：办公自动化；电子化；对策

在高等教育大发展的背景下，国内高校大部分面临一校多区的办学模式，同时，随着电子信息技术的迅速发展，电子化、网络化、自动化成为党政机关、企事业单位办公方式转变的主要方向，高校作为教育教学改革的桥头堡和尖兵，也必然顺应这一时代潮流。建设一个稳定、高效的办公自动化系统是实现办公方式转变的有效途径，同时，这对于降低学校运行成本，推动人员和机构改革有着重要意义。就建设的必要性而言，已经毋庸置疑，那么，如何实现好这一转变成为摆在各高校面前的一个重要议题。下面，笔者结合自己的工作经历和调查研究，就高校办公自动化建设的可行性进行系统的分析总结。

一、方法、思路和建设目标

由于改革工作稳妥性的需要，突出重点、分步实施、循序渐进、力求实效是被广泛采用的工作方法。各高校通过完成办公自动化系统建设，力求实现全校公文流转的电子化。全校公共事务的协作办理，全校党政信息的统一发布，使之成为教职工的辅助办公工具，成为对办公要素闭环整合的校级办公平台。系统各项功能均采用无纸化、电子化、网络化运行，实现协同工作和远程办公，形成行为规范、运转协调、科学高效的电子办公体系。

二、充分的前期调研分析

目前，国内高校办公自动化建设水平参差不齐，有的高校开展时间较早，系统建设比较完善和实用，有的高校出于各种顾虑仅开通使用了部分电子化功能，有的高校仍然沿用传统办公方式，完全靠“纸”和“腿”来解决问题。

就应用范围而言，办公自动化系统的基本用户群体为学校教职工，核心用户群体是学校党政管理人员。以南开大学为例，教职员工总数为3822人，其中有党政职务或参与部分管理工作的人员约占1/4，即1000人左右，预计核心用户群有500～600人。对核心用户群及所有管理人员进行办公自动化系统的使用和推广培训，会耗费大量的人力、物力和时间成本，因而只能是一个循序渐进的过程。

同时，办公平台和办公方式的改变伴随着许多根深蒂固的思想观念和工作习惯的转变。办公自动化系统的建设，往往首先依托于学校领导层的高度重视和大力支持，即“一把手工程”，根本原因在于只有学校领导层身体力行地使用、提供各种支持和便利，才能确保系统在全校用户中真正得到广泛应用。因此，在系统运行之初，一要有明确严密的制度规范保障，引导全校用户逐步认同和适应；二要在技术层面整合校内技术研发力量和校外开发单位资源，建立起完备的技术支撑环境，特别是要做好系统的本地化工作，及时提供有针对性的定制开发服务，满足使用者的合理需求；三要在管理层面对系统功能与各类特殊需求进行有效的磨合，遵循统筹规划的理念梳理、解决问题，该调整实际工作的就调整实际工作，该再造系统流程的就再造系统流程。

办公自动化系统作为学校日常办公管理的主要平台，必须具有易用性、安全性、兼容性、前瞻性等四个技术要素。①易用性：人机界面友好、操作简单便捷、参考提示完备、纠错性能强是基本要求，容易被不同的学历水平、计算机操作水平、网络技术、文字水平的用户接受，可以有效减少推广过程中的阻力。所以系统设计要尽最大努力实现便利化、包容性，使大量的办公活动在系统内运行，避免把广大教职工正常办理的事务推到体外循环。②安全性：由于系统设定可由外网登录，而系统内运行的文件一般不宜公开，这对数据安全的要求很高，系统用户的身份认证、网络运行机制、服务器安全机制等方面必须有足够的技术保障。同时，所有数据在网络传递过程中必须始终保持完整，随着用户数量和数据吞吐量大幅度增加，系统仍能保持平稳运行，在无不可抗力干预的情况下，一旦开启不能停止。如发生突发事件（停电、硬件故障等），系统重新启动后保证不丢失信息。③兼容性：系统必须高度兼容，充分考虑校园网络具体情况，与数字化校园各个系统、各业务部门的独立业务系统顺畅对接，特别是要考虑与档案系统进行对接，实现各个系统协同工作，体现出系统对各项业务工作的支持。④前瞻性：系统的开发应选择互动性更强、操作更为灵活的模式，同时留有充分的二次开发空间，考虑未来可能实现的功能，考虑电子存档功能的实现，预留相应端口，在条件具备时，保证随时可以进行系统升级改造，做到一次投入，长期受益。

三、可能遇到的问题及对策

在许多高校办公自动化系统建设实施过程中，都有一些好的经验和值得吸取的教训。

（一）处理好与开发单位发生的矛盾冲突的问题。不少高校最终采取了由学校买断源代码的做法，本校信息化办负责实施系统本地化的具体环节并进行后期维护。此做法有利于系统开发运行过程中的及时对接和有效定制，也可在未来系统升级改造时不必过分依赖开发单位。反之，则始终受制于人，存在一定隐患。

（二）保证各级业务部门在使用系统过程中的规范性。在每个单位都设立明确的联系人，实施完整、严格的培训，负责本单位内部的运行工作，单位管理者使用系统进行每一次公文流转，都必须经过这一环节，大大降低系统使用的不规范性，保证系统中业务数据的准确和完整。为避免联系人调动、临时缺岗等情况，各单位可视情况配备助手，确保工作不受影响。

（三）逐步改变纸质办公的习惯，适应电子化办公。在强化培训和应用推广的同时，也对各级党政管理人员进行有针对性的宣传引导。在试运行阶段，主要实行“双轨制”，有些环节可视情况由管理人员将纸质批示扫描后，补充到系统中，以“后补充”的形式记录纸质办公的关键过程，从而保证公文信息的完整性。从正式运行开始全面实行电子化办公，不再接收一般性纸质公文。同时，在下一步开发中，积极考虑电子存档功能的实现。

（四）化解电子化办公对机要及其他涉密工作带来的风险。办公自动化系统可能成为保密的重点防控领域，如发生系统内某一公文发起单位误将涉密内容作为公共资源发布，或作为公文内容发起流转，某一用户在站内信中粘贴涉密内容等情况，将对整个系统造成严重影响。因此，OA 系统应严禁用于保密性公文的流转，在制定相关规章制度时就必须首先明确责任，严格规定发生涉密内容上网等事故的处理原则和程序；在开展人员培训时就需要反复强调；在登录首页页面就给出明确的保密条款提示。工作秘密不同于涉密信息，需要由发起单位审慎界定是否能够入网流转。

（五）解决领导和管理人员临时缺岗带来的公文流转停滞问题。系统支持外网登录办公的设置可以在一定程度上解决该问题，同时，开发移动客户端的应用将带来更大的便利。在开发系统时应充分考虑未来引入移动的理念，通过研发平板电脑和手机应用程序，实现系统在移动智能终端上的部署，有效降低人员临时缺岗带来的公文流转难的问题，这是移动互联时代的发展趋势。

（六）解决各单位人员流动带来的用户管理混乱问题。校内人事变动会导致各单位的管理者、办事人员经常发生变化，使系统用户群特别是核心用户群也会经常变化。对此，在权限的设置上，应由管理员负责全校用户的开户、转户、销户和用户角色权限设定，各单位有权申请用户变更和角色权限调整。只有管理员以“系统角色”开展工作，其他人员一律以“个人角色”开展工作。同时进行统一的身份认证，定期更新用户数据。

（七）解决常年不断的定制开发问题。设立技术维护岗位，由1～2名既懂技术又懂业务流程的工作人员组成，负责为定制开发工作提供技术支持，小规模的定制开发可由内部人员直接完成，大规模的系统功能定制可通过外部采购解决，以实现系统的持续更新。

（八）解决系统使用率低、用户上线率低的问题。为使大多数职工逐渐习惯于电子化办公的工作方式，减少操作失误（如将发送给甲的文件发给甲所在的组群、将部门单位内部的流程误操作成全校的大流程等），可采取以下应对措施：一是利用统一的集成登录平台，科学设置本地化的办公流程，尽量简化操作程序，充分发挥系统的“易用性”；二是制订全面的培训计划，做好前期实际培训、宣传引导工作；三是初期强制使用，可规定重要系统角色每天的上线次数，对因未登录系统致使工作延误的要明确责任，并定期通报各单位登录和使用系统情况；四是从试运行起，学校领导层身体力行，各单位领导作为本单位第一责任人；五是在试运行期间考虑采取纸质文件和电子文件同步双轨运行，并在适当时机推动部分业务流程提前结束试运行，不再接收纸质材料，提高用户对系统的依赖度。

（九）解决系统权限收放和部门协同的问题。本着需求决定资源配置、逐步逐级简政放权的思路，在讨论设计方案时应考虑到减少审批环节，努力推动部门单位之间协同的问题。比如，把通知会议、发布公共资源的权限下放，单独设置各单位之间公文及事务交互处理流程。这种方案可以最大限度地发挥协同作用，更好地发挥枢纽平台作用，而不成为流程中的“瓶颈”。

（十）解决系统运行安全性问题。为规避外网登录的风险，可以对校外 IP 使用 VPN 方式登录，设置虚拟网络入口，避免服务器被外网直接攻击。从试运行起，严格按照规定进行系统备份，可考虑每天自动备份、每周异地备份，保证系统数据的安全、有效，加大硬件和技术支撑力度，明确负责人员。

（十一）正确认识系统实际功能与用户偏好有差距的问题。系统的开发建设需要经过认真酝酿、深入调研、反复讨论，各高校在试运行期间大多采用双轨制运行，以纸质公文为准、电子化办公为辅助的模式，因此，受到操作人员对业务流程的熟悉程度不够等因素影响，公文处理等相关工作的效率在短期内可能会有所降低。同时，系统实施后不可能满足每个用户的个性化需求，也不能抱有“唯电子化”的期待，因为不少问题还要依靠人为来解决。所以，要在普遍需求与个性化需求之间做好取舍，用前瞻性思维看待可能遇到的困难，看到电子化办公将带来的人力、物力、财力资源消耗的降低和办公效率的大大提高。

参考文献：

[1] 王良鹏．OA 系统对高校行政公文处理的影响[J]．内蒙古民族大学学报，2011（6）

[2] 陈颖．办公自动化系统在高校日常管理中的应用[J]．产业与科技论坛，2011（7）

[3] 张敏．浅谈高校 OA 系统建设初期的若干问题及对策[J]．福建教育学院学报，2012（6）

[4] 耿丽敏，赵密霞，孙秀新，张金路．高校办公自动化实施初期存在的问题和对策 [J]．河北农业大学学报（农林教育版），2010（1）

高校办公自动化开发过程经验浅析

学校办公室　胡楠楠

摘要：信息时代网络技术飞速发展，高校办公自动化（OA）日益受到重视，但实际应用效果并不理想，很多高校在经历长时间的开发后并没有达到预期效果，消耗了大量的人力、物力，让大家感觉到 OA 系统既不好做也不好用。按照目前高校的发展，OA 系统对高校的作用是很大的。本文根据多年高校 OA 系统开发的实际经验，从业务和应用角度有针对性地对 OA 系统开发过程中出现的问题进行分析，总结出高校 OA 系统开发的合理思路。

关键词：办公自动化；需求报告；开放性；易用性；健壮性

办公自动化（Office Automation，简称 OA）是将现代化办公和计算机网络功能结合起来的一种新型的办公方式。

要做好高校的 OA 系统开发，首先要明确通过 OA 要实现哪些功能，达到哪些目的，这些都必须根据高校办公的特点来进行定制开发。

一、基本核心功能

OA 系统是一个庞大的信息处理系统，可以面向不同的用户、通过流程的方式实现具有针对性的功能。就高校而言，需要实现的基本核心功能应包括以下几个方面。

1. 公文处理

高校公文处理是高校办公的核心工作，其中包括公文的生成、传阅、审批、存档等功能。高校的正常运转每天都会有大量的事务需要处理，同时伴随大量公文的产生，从公文的生成开始，经过传阅、审批，直至最后存档，每一个环节都需要特定的人员专门去操作，从办公室基层工作人员到校领导，都要在公文处理上消耗大量时间。如果遇到校领导出差的情况，有些公文只能积压待审，因此，公文处理是高校 OA 首先要解决的核心功能之一，这将大大缩减办公时间，大幅度提高工作效率。

2. 会议管理

高校的会议管理一般包括两方面：一个是党政一周会议日程的管理；另一个是会议室管理。党政一周会议日程安排了一周学校的重要会议，直接影响着全校各单位的工作安排，而会议室管理又是会议日程正常发布的保障，这两方面的关系是非常紧密的。在日常工作中，日程发布后，如果安排有所变动，相关的单位无法保证第一时间获得最新信息，相关的会议室安排也将重新调整，不但消耗时间，更容易出现误差，这就是纸质文件的弊端。因此，会议管理是 OA 系统非常重要的一项功能。

3. 短信通知

短信通知功能主要是用于大范围的会议通知，目前大部分高校通知会议仍然采用打电话的形式，消耗大量的人力和时间，一旦出现全校性的会议，这种方式的弊端就更加凸显。短信通知功能可以在电脑上编辑会议信息，同时发送给多个单位或个人，几个人半天的工作量只需要一个人几分钟就解决了，节约了大量的人力和时间，凸显出 OA 系统的优越性。

二、如何制定需求

一个健全的 OA 系统只具备上述的三个核心功能是不够的，它必须还要满足其他日常工作的需要，这就要根据高校自身的实际情况制定相应的需求。

我们从六个方面来阐述制定需求要把握的要点。

1. 开放性

OA 系统的开放性有两层意思：一个是技术需求层面，一个是功能需求层面。

首先是技术需求层面。高校属于较大规模级别的用户，应对这种级别用户的 OA 系统必然不能只满足单一方向的开发，而应该预留大量的接口，为整合其他系统提供充分的技术保障是必须具备的条件。因此，采用整合性强的技术架构（J2EE）作为底层设计对软件的整合性会有决定性的帮助。这一层面也可以看作是 OA 系统应对大规模级别用户高频率、多样化需求变动的能力的体现，即 OA 系统的灵活性。其次是功能需求层面。面对大规模级别的用户，OA 系统的各项功能必须具备足够的开放性才能充分发挥其自身的作用，这里的“开放性”指的就是功能自身能够良好地容纳多少种不同类型的用户群，学校里的教职工可以分成若干个不同属性的群组，OA 系统的功能使用范围必须涵盖所有群组。这并不是简单的涵盖，而是需要学校提供出一份详细的全校组织结构情况，包括机构名称、职能、工作特点等属性信息，必要时需要与相关的单位进行沟通，根据这些信息确定功能的详细属性并制定严格的使用权限。

2. 易用性

易用性是针对使用方面而言的，由于每位使用者对电脑操作水平的不同，OA 系统的结构要坚定地选择 B/S 结构，即浏览器（Browser）和服务器（Server）结构。它是随着 Internet 技术的兴起，对 C/S 结构的一种变化或者改进的结构。在这种结构下，用户工作界面是通过 WWW 浏览器来实现的，极少部分事务逻辑在前端（Browser）实现，但是主要事务逻辑在服务器端（Server）实现，形成所谓三层 3-Tier 结构。B/S 结构最大的优点就是可以在任何地方进行操作而不用安装任何专门的软件，只要有一台能上网的电脑就能使用，客户端零维护。系统的扩展性非常容易，只要能上网，再由系统管理员分配一个用户名和密码，就可以使用了。甚至可以在线申请，通过单位内部的安全认证（如 CA 证书）后，不需要人的参与，系统可以自动分配给用户一个账号进入系统。当然 B/S 结构也有一些缺点，目前面临的最大问题就是浏览器多版本的问题，现在流行的浏览器版本很多，对 OA 系统的兼容性是一个考验，因此在提出需求的时候，一定要求 OA 系统对浏览器有较高的兼容性以适应不同用户环境的需求。功能的操作、流程的设计以及界面的布局等方面在满足核心需求的前提下尽可能简化、友好，让使用者上手快，操作起来方便、快捷，才能更好地体现 OA 的优越性。

易用性还有一个重要的作用就是解决 OA 系统认可度问题。无论采用多先进的技术手段，OA 建设都离不开实施者的组织建设和使用者的积极配合。高校是一个特殊的组织，一方面，高校是先进文化和知识的代表，另一方面，由于其管理体制相对比较陈旧，改革比较缓慢，导致在管理上不容易接受新事物。大多数 OA 建设都是在这个环节上遇到了很大的阻力，甚至最终导致进度停滞。因此，在 OA 系统的建设中，不但需要管理、技术、观念三者到位，更需要管理、技术和观念不断更新，而且三者要有机地结合。①一个拥有简易操作、友好界面的 OA 系统可以让用户感受到电子产品的亲和力，从

① 张飞．高校 OA 系统建设的难点及对策分析[J]．高教与经济，2008（6）：21～22

一开始就不排斥它，由此通过易用性可以在很大程度上缓解这个困难。

3. 健壮性

OA 系统健壮性也有两方面意思。一方面指的是服务器的荷载能力，能够承受多少用户同时在线触发事件，也叫并发数。并发数是针对服务器而言的，是否并发的关键是看用户操作是否对服务器产生影响。因此，并发用户数量的正确理解为：在同一时刻与服务器进行交互的在线用户数量。这些用户的最大特征是和服务器产生了交互，这种交互既可以是单向的传输数据，也可以是双向的传送数据。对于像高校这样大规模级别的用户，坚持选择上述的 B/S 结构是最大限度提升软件健壮性的一种有效手段，因为决定应用并发数的并不是软件平台本身，而是硬件和网络速度。这样我们就可以通过升级硬件、扩展带宽的方式直接提升服务器的荷载能力。另一方面，OA 系统不同于部门内部管理系统，其基本用户群体为高校教职员工，核心用户群体是学校主要行政人员。以一个 3000 名教职员工的高校为例，其行政人员大概占 20%，也就是 600 人左右，仅对这 600 人进行 OA 系统的使用和推广培训就会耗费学校大量的人力、物力和时间成本。随着学校的不断发展，制度的不断完善，网络技术的不断进步，OA 系统的初始设计必然经过一段时期开始落后，这就要求 OA 系统自身要有足够的能力应对各方面不断的升级，这样才能做到长期受益。①

OA 系统的健壮性是非常重要的，在需求中务必提出这一点，就好比一个人的健康状况一样，有一个好的身体是做好工作的基础。

4. 严密性

严密性是指 OA 系统自身要有一个严格的制度来面对不同用户的各种请求。对于 OA 系统来说，“用户、角色、权限”三方面管控是最核心的内部安全保证方式，但从学校的角度出发，一方面，必须有统一的信息门户平台；另一方面，又必须给各个机关部门、二级学院等单位相对独立的信息空间。所以，OA 办公系统不仅要实现“用户、角色、权限”上的管控，还必须同时实现信息数据上的大集中与小独立的和谐统一，也就是必须实现“用户、角色、权限、数据”的四维管控。这就要求学校自身要有一个全面的、成熟的大型信息门户系统来支持。如果这个信息门户足够强大、足够成熟，那么集成进去的 OA 系统将在这个平台上发挥其最大的能量；如果这个门户系统不够完善，OA 系统强行集成进去会适得其反，不但不能发挥集成带来的严

① 王良鹏．高校 OA 系统建设的关键成功因素分析[J]．长春理工大学学报，2011（11）：6～11

密性优势，在后期开发中还会产生很多极为难以处理的问题，有些甚至只能面对而无法解决。因此，在门户系统还不很成熟的情况下，建议OA系统还是拥有自己的独立数据库为好，在面对大量流程事件的时候能够很好地保证系统按照既定的制度正常稳定运行。

5. 实用性

在严密制度管控下的OA系统还必须要考虑到其自身的实用性，毕竟我们是要使用它的。在制度化的基础上，提供开放的、强大的自定义功能是非常必要的，如个人日程、个人意见、个人群组、工作授权等，可以根据工作人员自身工作的情况来制定，在保证制度的前提下充分体现个性化办公是OA系统实用性的最大优势之一。再进一步讲，OA系统甚至可以提供大量的自定义工具，包括首页自定义、模块自定义、工作流程自定义，以及大量的设置和开关与支持以上模块定义的基础自定义内容，如数据表自定义、表单自定义、频道自定义等，这些都是非常重要的，这样的自定义可以将OA系统的功能细化至每一个人、每一个单项工作，通过这些功能或工具，让工作人员对系统的控制力大大加强，在日常的使用中不再过分依赖软件开发商，能够让系统迅速适应学校管理的变革。

6. 安全性

安全性是任何一个系统都要考虑的事情，而作为OA系统来说，是有它的特殊要求的。除了防火墙、杀毒软件、用户超时锁定等项普遍的安全要素之外，电子文件归档是OA系统安全性的一个特殊需求。我们之前提到OA系统的三大核心功能之首就是公文处理，这就意味着随着时间的延长，系统中将会出现大量的电子公文。这些公文从生成开始，经过传阅、审批之后，最后一步就是归档。归档不是单一的储存文件，OA系统的归档包括每一个公文从生成到最后审批截止的所有相关内容，这些都是十分重要的数据，绝不能有任何信息的丢失，因此电子文件归档是OA系统安全性的一个特殊需求。OA系统的归档功能不单纯是一个功能，它是一个单独的系统，但它将完全依附于OA系统之内，可以说是OA系统的一个二级系统，它将提供一整套完整的存档体系，它的存在才能证明OA系统实现了真正意义上的无纸化办公。因此在OA系统需求设计之初就应该将归档系统同时开始设计，如果没有同步进行，至少应该在OA系统的开放性下留出未来归档系统的接口，以便将来完善。

三、需求报告的作用

需求报告在 OA 系统开发中的作用是非常重要的。没有需求报告，系统建设就无从下手。首先我们来了解一下什么是需求报告。需求报告也叫需求分析，是指对要解决的问题进行详细的分析，弄清楚问题的要求，包括需要输入什么数据，要得到什么结果，最后应输出什么。也就是说，在软件工程中的“需求报告”就是确定要计算机“做什么”，要达到什么样的效果。因此，需求报告是在做系统之前必须做的。

由此可见，需求报告是系统开发商一方做出的，学校一方提供需求，系统开发商根据学校的需求生成需求报告，提供给技术人员进行系统开发。看似很简单的一个过程，其实是 OA 系统建设中最为难做的一个环节。学校是用户，用户提出的需求是站在学校的角度提出的，而且使用的是用户的语言来描述功能，系统开发商在接到用户的需求后，不能直接交给技术人员，而是要和用户经过多次商讨，对需求有了全面、深入的理解之后，将需求进行分析整理并通过专业语言生成需求报告交给技术人员，这样才能进行开发。因此，在这个过程中会产生各种各样的问题，沟通不畅将会导致开发出的功能无法很好地满足用户的需求，甚至和需求大相径庭，这需要用户与开发商之间在长期合作的基础上互相理解、互相信任，耐下心去研讨才能将系统做好。系统的好坏有时不单纯是技术人员的水平问题，在很多情况下需求沟通不畅也会成为直接的影响。

四、开发过程跟踪与反馈

需求报告提交后，OA 系统的开发便可以正式开始，这将是一个漫长的过程。之所以漫长，并不单纯是因为 OA 系统规模庞大，更主要的是需求报告的反复修改。这并不是说需求报告写得不好，而是在开发过程中无论是技术人员还是用户都会对系统的需求有了更直观的了解，从而会产生新的想法。同时，在开发过程中也会产生很多问题，一些需求由于技术上无法实现或其他原因可能会被修改甚至抛弃。所以说，OA 系统的开发过程实际上是一个重新认识需求、再次提出需求、需求报告不断修改的过程。作为用户，必须要及时了解开发进展情况。对 OA 系统的开发过程进行跟踪并反馈信息，是用户必须要做好的事情，正常情况下一周之内召开一到两次的进度汇报会是必要的，甚至可以根据产生问题的不同，临时召开会议商讨，这既能对的开发人员起到一个督促的作用，又能对产生的新问题进行需求调整并及时反馈给技术人员，以保证需求报告的准确和系统开发的进度。

五、后期维护

无论我们的跟踪与反馈多么积极，需求报告做得多么完善，OA 系统都不可能做到十全十美，因此系统的后期维护是十分必要的。后期维护主要在于两个方面：一个是日常维护，另一个是紧急维护（系统维护）。日常维护，一般用户经过培训后就可以自行担任此项工作。紧急维护则需要提前和开发商做好协议，OA 系统必须是 24 小时不停歇提供服务，承担着学校大量的实际工作，一旦出现问题，将导致很多工作无法正常进行，因此无论是硬件还是软件，一旦出现问题，都需要维护人员及时到位并尽快解决问题。如果条件允许，OA 系统应有一套应急启动系统，当 OA 系统出现问题停止工作时，应急系统启动继续工作并保证数据的完整性。这些都是后期维护需要注意的关键问题。

六、前景展望

在网络高度发达的大环境下，OA 系统的办公模式目前已经逐渐被认可，未来的 OA 系统将不只局限于办公桌上的电脑，随着智能手机技术的不断发展，网速的提升，网络覆盖面积不断扩大，移动终端办公将是 OA 系统未来发展的大趋势。现在开始建设 OA 系统，预留移动终端接口是十分必要的，OA 系统办公的优势将在移动终端上被发挥到极致。

真正意义上的 OA 系统设计需要多部门的复杂的业务内涵，要根据业务实际和技术实现的实际，成熟一块功能推进一块。经验告诉我们，短期或很快就想达到全方位应用办公自动化是不现实的。① OA 系统的建设是一个非常庞大的工程，需要足够的耐心和细心，无论是用户还是开发人员都要同时熟知 OA 系统所针对的实际业务，这就要求用户和开发人员之间必须有良好的沟通，在不断往复的修改工作中克服困难，才能建设出一个优质的 OA 系

① 杨庆海，王宇航，卢波．高校 OA 系统建设的若干问题探讨[J]．中山大学学报（自然科学版），2009，3（48 增刊）

统，满足学校的各项工作。

参考资料：

[1] 张飞．高校 OA 系统建设的难点及对策分析[J]．高教与经济，2008（6）：21～22

[2] 王良鹏．高校 OA 系统建设的关键成功因素分析[J]．长春理工大学学报，2011（11）：6～11

[3] 杨庆海，王宇航，卢波．高校 OA 系统建设的若干问题探讨[J]．中山大学学报（自然科学版），2009，3（48 增刊）

《南开大学年鉴》及《南开大学大事记》编写工作的一点思考

学校办公室　王　淼

摘要：年鉴和大事记都是一个单位或部门的重要历史文献，记载着本单位、本部门的重要工作信息，具有很强的存史和资政作用。本文结合编纂年鉴和大事记的工作及体会，总结了做好此项工作的经验和做法，并对如何进一步做好年鉴和大事记编纂工作提出努力的方向。

关键词：年鉴；大事记；经验；体会

一、对《年鉴》及《大事记》的简单认识

（一）年鉴

年鉴，指的是汇集截至出版年为止（着重最近一年）的各方面或某一方面的情况、统计等资料的参考书，一般逐年出版。[①]年鉴本身系统汇集了上一年度重要的文献信息，逐年编纂，是一种连续出版的资料性工具书，是编年体的现今资料的工具书。高校年鉴，是以年为期记载和反映学校事业发展历程的大型资料性工具书。从类型来看，高校年鉴属于专科性年鉴里的单位性年鉴，集中反映了一所高校一年来在人才培养、科学研究、服务社会、文化传承创新等方面的发展概况和发生的重大事件，既是全面系统总结高校一年来工作成效与经验的资料性工具书，又是领导决策、师生员工工作和学习的必备参考资料，是具有"存史"与"资政"双重价值的重要史料文献。

---

① 中国社会科学院语言研究所词典编辑室．现代汉语词典（第5版）[M]．北京：商务印书馆，2011：995

南开大学是较早一批加入高校年鉴编辑出版队伍的大学。自 2002 年出版发行第一卷《南开大学年鉴》以来，经过十多年的发展完善，截至目前已出版《年鉴》12 卷，近一千多万字。目前，《南开大学年鉴》共分 18 部分，包括：基本数据、特载、学术人物、机构与负责人、学科建设、教育教学、科学研究、教学科研服务及相关机构、行政管理工作、基建与后勤保障、校办产业、党建与思想政治工作、群众工作、院系所情况、附属单位、表彰与奖励、毕业生名单、大事记以及附录新闻媒体报道南开大学主要消息索引。《年鉴》由学校办公室组织编写，所收录的资料主要由各相关单位提供。[①]

（二）大事记

学校的大事记是依照时间顺序记述学校的教学、科研、管理等各项重要活动的书面材料，既有历史意义，又有现实意义，是学校发展进程中的校史记录。大事记本身就是一种纪实档案，可以为广大师生、校友以及社会公众在进行相关研究或查阅资料时，提供重要的参考依据。学校的大事记除在每年的《南开大学年鉴》中作为专题收录外，还在学校办公网显著位置设有专栏，供校内师生参考、阅读。同时，也在校史整理等工作中发挥了重要的作用。《校务公报》每一期的“重要事件”栏目，收录了当月学校的大事、要事，其基础是“南开新闻网”的新闻素材，这也是编写大事记的主要素材来源。同时，我们也通过其他方式，主动了解学校改革发展中的重要事件，作为补充。

大事记包括的主要内容有：学校的重大决策、校领导参与的重要活动；发布的规章制度、重要文件和重要新闻；全校性重大活动和重要会议；重要的外事活动、接待活动；教育教学、科学研究、社会服务、文化传承创新等各方面的重要成果和事件；有关单位及个人受到的重大表彰；其他应予记载的重要事项。

二、工作经验

（一）高度重视，精心组织

一直以来，学校高度重视年鉴和大事记的编纂工作，切实加强领导，用发展的眼光指导相关工作。组建年鉴编辑委员会，由学校党政主要领导担任主任，校领导班子成员担任副主任。成立年鉴编辑部，由主管办公室工作的

① 南开大学办公室编．南开大学年鉴（2012）[M]．天津：南开大学出版社，2014

校领导担任主编，办公室主要负责同志担任副主编，办公室相关同志参与编纂。将年鉴编纂工作纳入预算，划拨专项经费，以保证《年鉴》的编辑和出版工作。

学校每年通过校发文件形式，发布《关于做好年鉴编撰工作的通知》，明确提出“编写要求”和“任务分解表”。在“编写要求”中，按照相关规范性要求，提出要突出重点工作和特色工作，要使用说明文体，所用数据要严格核对，数字的书写要规范等细节要求，明确易读，一目了然。在“任务分解表”中，详细列出目录清单，并标注每一篇目的撰稿单位，让每个单位都能明确需撰稿的篇目。

在经出版社编辑定稿后，主管办公室工作的校领导还要亲自审定，亲自把关，并提出一定修改意见，以使《年鉴》能更加准确、客观地反映当年学校的各项事业发展。

（二）统筹协调，密切配合

各单位都组织专人精心编写，很多单位的一把手更是经常亲自过问工作进展，亲自上手指导、修改、校对、审定。相关部门的同志都能认真写好自己工作范围的文字内容，发挥专长，创新思路，更新条目，与时俱进。学校年鉴编辑部的同志们在做好各自日常工作的基础上，与各单位积极联系，密切配合，通力合作。有时，也会为一个数字、一个词语反复多次沟通，目的就是要把学校的事业发展准确地记录下来，这是一种诚信精神的体现，也是对于年鉴编纂工作高度负责的体现。

（三）严把编审，注重质量

学校领导和相关单位在人员选拔、组织协调、撰写审校等各个环节都做出了积极的努力，选任（派）了大批（很多）量经验丰富、文字功底扎实、事业心强的同志参与到年鉴和大事记编纂工作中，下大力气保证稿件的高质量。从出版社反馈的修改意见来看，这几年一年比一年少，也从一个侧面说明各单位编纂水平的整体提升。

校对是年鉴和大事记编纂过程中的一个重要环节，是编辑工作的继续，也是保证年鉴质量的重要条件。对于文稿，编辑部通常要进行一校、二校、三校，有时还要增加一两个校次。校对工作的任务包括：改正稿件上的错字、倒字、缺字；改正符号和公式；检查版式是否合乎要求，包括标题、表题、图题是否偏斜，字体字号是否统一；注意插图、表格、数学公式、化学方程式等的位置是否恰当、美观；统一全书各级标题，等等。

编辑部的同志们也以对南开校史高度负责的精神，兢兢业业做好文字编辑校对工作，经常加班加点，一丝不苟，精益求精。比如，《2013 年大事记》就经过了 6 稿编校，最终审定。

三、工作体会

（一）提高认识，提升年鉴和大事记编纂工作水平

年鉴和大事记是信息高密度的集合体，“集万卷于一册”且“缩一年为一瞬”，是学校年度工作资料的重要积累。做好年鉴和大事记的编纂工作，首先，要坚持政治的严肃性。年鉴的质量，首先是要保证政治质量，政治上出了错，其他一切都无从谈起。年鉴的全部内容都要完全符合党和国家的路线、方针、政策的精神，坚决和党中央保持一致。同时，还要注意公开与保密的关系。年鉴和大事记是学校信息公开工作的重要载体。我们在依法深入推进信息公开工作的同时，坚持内外有别，各部门也能在稿件撰写中严格把关，严防泄密事故发生。

其次，要从大处着眼，掌握科学的编写方法，制定严格的收删标准。我们编好年鉴和大事记的指导思想是坚持实事求是，具体地、历史地对学校的历史发展过程进行梳理，把学校发展进程中的历史事实如实地记载下来。年鉴和大事记要按标准选取、编写，凡是对学校的教育教学、科学研究、服务社会、文化传承创新等方面有重大影响和一定影响的事件，均可作为有关条目入选年鉴和大事记。

再次，要从小处着手，文字精练，风格统一。年鉴和大事记是特殊体裁的档案文献资料，不同于小说、评论，也不同于学术著作。因此在表述上，要用最少的语言把事件讲清楚，切实做到文字精练、表述准确，文字语言风格也要保持统一。这种“统一”不仅体现在每一个撰稿人自身要保持一致，还体现在全体撰稿人应形成共识、形成统一的习惯；不仅体现在每一个单独年度的编写中，更应在学校历年材料的编纂中保持风格，一以贯之。

（二）加强编撰业务培训，改善年鉴编撰队伍现状

年鉴涉及内容广泛，需要各基层单位的密切配合，只有各基层单位提供的原始资料翔实、完整，经过整理加工后，才能编撰出高质量的年鉴。而学校年鉴、大事记编纂人员的非专业性特点，决定了要提高年鉴编纂质量，必须不断加强对编纂人员的各项培训。高校年鉴编纂队伍主要包括年鉴编辑部人员及各基层单位资料整理报送人员。因此，一方面，必须加强对编辑部人员的培训，包括进行出版基本知识与实务、年鉴编纂基本知识、写作能力、

编辑能力等基本编辑业务的培训。编辑部人员还应主动了解学校的基本情况、重大战略与决策、重大举措，利用一切机会深入基层了解党的建设、教学、科研、人才培养、学生教育管理等相关方面的工作情况，这样才能在专业编辑知识的指导下编写出符合学校实际、真实反映学校情况的年鉴；另一方面，还要加强对各基层单位资料整理报送人员的培训，使他们进一步了解年鉴编辑的基本知识，特别是了解学校年鉴的基本结构、内容、编辑方法等，提高各基层单位资料整理报送人员的编写水平，从而为年鉴提供更加准确、完善、符合要求的资料。通过加强这两方面的培训，可以建设一支具有一定专业知识、了解学校情况的高水平的专职年鉴编辑人员与各基层单位资料整理报送人员相结合的高校年鉴编纂队伍。

（三）探索创新，完善丰富年鉴框架与内容

伴随学校发展和改革事业的不断进步，年鉴的框架、内容也必然随之不断拓展、充实。不断探索创新，丰富完善年鉴框架与内容，进一步增强年鉴的实用性，是客观要求所在。如果年鉴年年一副老面孔，需要收录或读者想了解的内容阙如或匮乏，则会大大降低年鉴的实用性，最终被束之高阁。一些兄弟高校年鉴将各基层单位的情况简介、一些重要的合作交流协议等也收录进来，还对著名校友信息进行了编写收录，这些都是对高校年鉴发展的有益探索。此外，我校的年鉴编纂工作也学习借鉴了其他兄弟单位年鉴的做法，结合自身实际，进一步丰富内容、完善架构。

年鉴编纂是一个不断创新的过程，年鉴中所涉及的篇章、条目也不是一成不变的。比如，相关单位发生变化、调整后（如信科院的拆分，电光学院、计控学院的组建等），我们都能及时在当年的年鉴编纂中反映出来。再比如，从《南开大学年鉴（2012)》开始，按照学校领导要求，我们增加了附录“当年新入职教职工基本情况”，目的是增强新教师的荣誉感、使命感。

四、努力方向

高校年鉴编撰工作是一项默默无闻的工作，但高校年鉴的价值与作用不可忽视，因此，只有不断提高年鉴编撰质量，编撰出框架科学、条理清晰、内容完整且权威性、真实性、实用性均较高的年鉴，才能更好地发挥年鉴在学校事业发展中“存史”与“资政”的作用。在今后的工作中，我们将进一步扎实推进年鉴和大事记的编纂工作。

（一）要从“全”字上下功夫，做到要事不丢，新事不漏。学校发展是一个历史过程，对于每年产生的大事、要事不能丢掉。对于每年产生的新事、要事，比如，新学院、新专业、新的教学、科研项目和新的管理方面的重大举措等都要有所记载。

（二）要从“细”字上下功夫。编辑部要进一步细化编纂方案，进一步明确编纂要求，建立相关规范。要进一步加大对年鉴和大事记的宣传力度，各单位要进一步提高提供资料的完整性、真实性，从而不断推进年鉴编撰质量的提高。

（三）要从“精”字上下功夫。各单位提交的稿件中，仍不乏“穿靴戴帽”的句子，有部分单位还把年鉴稿写成了工作总结的形式，给后续的编辑工作带来了困难。要进一步凝练语言，用年鉴的规范语言编纂年鉴，有话则长，无话则短，压缩水分，精简文字。要用心设计每一个条目，真正把每一卷《南开大学年鉴》、每一年度的大事记都打造成为精品。

（四）要从“快”字上下功夫，加快编纂节奏。各单位要按时提交稿件，因故无法按时提交的，应主动联系编辑部说明情况，并尽快完成。编辑部要加快进度，力争尽快完成年鉴出版工作，提高时效性。

参考文献：

[1] 中国社会科学院语言研究所词典编辑室. 现代汉语词典（第5版）[M]. 北京：商务印书馆，2011

[2] 南开大学办公室编. 南开大学年鉴（2012）[M]. 天津：南开大学出版社，2014

[3] 聂华中. 年鉴编写应注意的若干问题[J]. 黑龙江史志，2013（10）

[4] 王世伟，李强. 略论编写年鉴大事记的原则[J]. 广西地方志，2013（06）

[5] 杨隽. 略谈年鉴编纂规范化[J]. 年鉴信息与研究，2000（02）

[6] 詹跃华. 年鉴编写如何避免志书化倾向[J]. 中国地方志，2011（09）

集思广益　博采众长
——论高校宣传部门如何加强互动交流

党委宣传部　张　丽

摘要：做好高校宣传工作，应注重加强宣传部门内的互动以及与校内外相关部门的交流，从中发现本部门可借鉴与改进的内容和方法，以此促进宣传工作的有效开展。

关键词：高校；宣传；交流

高校宣传工作是党的宣传工作的重要组成部分，是高校精神文明建设的重要阵地，为学校的教学、科研等各项事业提供强有力的思想保证和舆论支持，承担着“内聚人心，外树形象”的重要任务。做好高校宣传，离不开宣传部门工作的高效开展。而加强部门内的互动以及与校内外相关部门的交流则是保障宣传工作顺利进行的关键一环。

一、沟通研讨　加强宣传部门内的交流

目前，高校中的宣传部门大多下设办公室、校报、校内电视台等科室，分别负责学校的思想宣传、新闻报道等工作。各科室的工作内容既相对独立，又有所交叉。例如，报道校内的一项活动，需要摄像记者、摄影记者以及文字记者分别以不同形式对活动进行全方位报道，使人们能够最大限度地了解整个活动的详细情况。因此，记者们需要密切配合，让图像画面与文字完美结合。要做到这一点，每位记者都必须对其他记者的工作有深入的了解和掌握，才能在工作中有的放矢，配合默契。

当然，在日常工作中，这样的交流肯定会有，但往往不够深入，而且仅限于两三个人之间。而定期的座谈会、学习会等则能在较大范围内实现科室

工作人员间的交流，促进相互间的了解。南开大学党委宣传部组织的“青年沙龙”便是一个很好的范例。沙龙以茶话会的形式每月举行一次，每期设一个主持人，围绕一个主题展开讨论。参加沙龙的青年干部来自部内各个科室，他们不仅畅谈对教育、学校发展建设等方面的看法，更多的是交流对宣传思想工作和新闻业务的见解。例如，由负责精神文明建设工作的人员担当主持人时，沙龙便围绕着如何繁荣校园文化，加强大学生思想政治教育和精神文明建设展开讨论；而由摄影记者担当主持人时，沙龙主题便是“如何拍出一张好的新闻照片”。摄影记者介绍自己的经验，参加者提出相关问题。随着话题的深入，主题也延伸至摄影记者如何与文字、摄像记者配合等与日常工作密切相关的问题。

“青年沙龙”这样定期举行的主题活动，为高校宣传部各科室的工作人员提供了一个自由交流思想，探讨业务的平台。在这样的活动中，每个人都能对其他人的工作有更深入的了解，同时也在别人的经验与建议中提高自己的工作水平。

二、广纳贤言　加强宣传部门与全校师生的交流

高校宣传部门的职责是围绕学校的根本任务和中心工作，宣传党的基本理论、基本路线和基本纲领，及时、准确地报道校内重要新闻，反映师生员工的学习、工作、生活和要求，重点报道教学、科研、科技成果转化以及学校改革和建设的经验及成果。宣传部要对全校的发展情况有全局性的了解，就不能“闭门造车”，而要与全校各部门、院系的教职工交流，更要与学生交流。

从 2006 年开始，南开大学党委宣传部“青年沙龙”的参加者不再局限于部内的人员。学校党政领导、机关干部、各院系师生都成为沙龙的特邀嘉宾。沙龙主题也扩展到学校各部门、院系的工作等多个方面。宣传部的工作人员认真倾听来自学校各方面的声音，对他们的工作情况、提出的建议等认真记录，拓宽了宣传思想工作和新闻报道工作的思路。此外，为更全面深入地宣传报道学校的发展建设情况，南开大学党委宣传部为负责新闻报道的记者进行了分口安排，每个记者负责报道几个部门、院系的动态，同时规定要定期到这些部门、院系进行采访，了解情况。

2011 年，中央在全国新闻战线开展“走基层、转作风、改文风”活动，这一活动“能促进新闻媒体深入基层、深入群众更多地倾听民情、解读民意，

能不断提高党的新闻宣传工作者的科学化水平”①。借此契机，南开大学党委宣传部也开展了校内“走转改”活动，深入各学院、各部门，与相关负责人和师生座谈，了解教学、科研信息，把理论宣传和新闻宣传落实到基层，挖掘鲜活生动的新闻，提升正确引导舆论、回应基层关切、服务广大师生的能力。“南开学子金点子引入碳权交易新理念”“南开大学推出‘电子图书网络阅读平台’”“4 岁小娃娃面试 104 岁大教授”等“走转改”成果均取得了很好的宣传效果。

要使学校的新闻宣传工作贴近实际、贴近生活、贴近学生，就必须充分发挥和依靠大学生的力量，引导学生主动关注和报道身边的事，让学生参与到学校新闻宣传工作中来。《南开大学报》拥有一支学生记者团，编辑经常与他们一起座谈交流，了解他们周围发生的事情以及学生们感兴趣的问题和对政治、经济、生活的看法，鼓励并指导他们策划、完成大选题。为进一步促进学校对外宣传工作，最近，南开大学新闻中心还邀请记者团的学生参加每周的外宣选题工作会，并指导他们撰写外宣稿件。通过这些措施，学生们的多篇稿件发表在《中国青年报》等国内知名媒体上，既锻炼了学生的能力，又有力促进了宣传工作的开展。

此外，充分调动宣传部勤工助学学生参与宣传工作的积极性，也是新时期加强高校新闻宣传工作的有效举措。“探索学生勤工助学活动方式，加强学生宣传工作队伍建设，既是高校党委宣传部门充实宣传力量、增强宣传效果的需要，也是发挥宣传部门‘实践课堂’育人功能的需要。”②在南开大学宣传部，勤工助学学生不仅做录音整理、文件打印等简单的工作，而且还协助工作人员进行每日媒体发表统计、手机报编辑制作等与学校新闻宣传息息相关的工作。可以说，他们也是一支学生宣传队伍。

高校宣传部门通过加强与全校师生交流的各种措施与活动，有助于全校师生向宣传部门及时反馈校园中的各种信息，从而使宣传部门的工作有的放矢，为进一步做好宣传工作打下坚实的基础。

三、博采众长　加强宣传部门与其他高校、媒体的交流

在新的形势下，高校新闻宣传工作不能一成不变，而是需要不断探索新

① 余晖．让“走转改”精神成为媒体人的职业追求[J]．新闻研究导刊，2012（9）

② 刘思红，朱国平．高校党委宣传部勤工助学队伍建设[J]．杭州电子工业学院学报，2004（4）

的工作方式和内容。因此，汲取其他高校的有益经验，借鉴各种媒体单位的创新做法，能够为本部门带来新的工作思路。而要达到这一目标，同样也必须依靠互动交流。

为了广泛地与其他高校宣传部门进行交流，南开大学党委宣传部定期组织部内工作人员走出校门，到北京大学、清华大学等高校考察。他们参观这些高校宣传部等部门，与工作人员座谈，了解他们的工作方式方法。宣传部的工作人员表示，通过这样一种互动交流，看到了其他高校一些较好的做法，也给自己的工作带来了启迪。

随着高校新闻宣传工作的不断发展，其下设的校报、新闻网、电视台等部门，与社会上众多新闻媒体单位在人员安排、工作方式上越来越相近。为了更好地在校内外开展宣传工作，与媒体的互动交流必不可少。南开大学宣传部抓紧一切与媒体交流的机会，如邀请新华社、《人民日报》、《中国青年报》等知名媒体的记者、编辑与部内工作人员座谈，交流工作经验，倾听他们对宣传部的对外宣传工作提出的建议。此外，还组织工作人员到校外的报社、电视台和电台参观、挂职，使他们通过亲身体验对这些媒体有更为直观的感受和认识。

宣传部门要做好工作，不能只把目光停留在校内，而是要放眼其他高校、媒体，择众家之长，方能更上一层楼。

总之，加强部门内外、校园内外的互动交流应成为高校宣传部门长期坚持的工作方针。请进来，走出去，对于进一步做好高校宣传工作具有积极的推动意义。

参考文献：

[1] 余晖．让“走转改”精神成为媒体人的职业追求[J]．新闻研究导刊，2012（9）

[2] 刘思红，朱国平．高校党委宣传部勤工助学队伍建设[J]．杭州电子工业学院学报，2004（4）

融合共生的高校宣传新路径
——浅析高校传统新闻宣传模式转型

党委宣传部　平　扬

摘要： 信息时代将传统媒体推向风口浪尖，在新与旧碰撞融合的过程中，站稳立足点，博取新定位，焕发新生机，这是传统媒体必须经受的考验，也是高校新闻宣传工作必须研究的重要课题。

本文试图分析在新问题不断崛起的新闻舆论环境下，传统媒体面临的处境及受到的冲击，以及传统媒体在长期发展过程中现实存在的优势。它们一方面迫使高校传统媒体必须求新求变才能获得生存，另一方面，为其改革创新提供基础和保障。究其发展方向，笔者认为，高校传统媒体应在大新闻格局下明确定位，走鉴史之路；与新媒体融合共生，走生态之路；抓住内容这一关键，走品质之路。

关键词： 传统媒体；新媒体；融合发展

引言：传统媒体与新媒体初解

传统媒体是相对于近年来以网络为代表迅速崛起的新兴媒体而言的。一般意义上，它被定义为以传统的大众传播方式即通过某种机械装置定期向社会公众发布信息或提供教育娱乐的交流活动的媒体，包括报刊、广播、电视三种传统媒体。

新媒体是指新的技术支撑体系下出现的媒体形态，如数字杂志、数字报纸、数字广播、手机短信、网络、桌面视窗、数字电视、数字电影、触摸媒体，等等。相对于传统媒体，它被冠以“新”的称谓。

高校传统媒体面临困境

随着信息时代的到来，以网络为代表的新媒体近年来迅速崛起，给传统媒体带来一股不可避免的强大冲击波。众所周知，网络传播咄咄逼人的发展态势，给传统媒介带来巨大的影响和压力。

新闻出版总署新闻报刊司副司长朱伟峰于2009年10月发表在《中国新闻出版报》的《新媒体环境下的报业发展》一文指出："目前，我国的舆论市场成为主流舆论场、口头舆论场、新媒体舆论场等舆论阵地。在过去没有新媒体舆论场时，报业一直是社会舆论的主体。由于目前新媒体的迅猛发展，某些地方的报纸实际已游离于新媒体之外，被严重边缘化的新媒体已经对人们的思维模式、表达模式、生存模式带来深刻的影响。"

中国资深的投资和媒体企业家吴征曾经在新浪网撰写的专栏文章《媒体发展趋势与新媒体的文化使命》中写道："相对于旧媒体，新媒体的第一个特点是它的消解力量——消解传统媒体（电视、广播、报纸、通信）之间的边界，消解国家与国家之间、社群之间、产业之间的边界，消解信息发送者与接收者之间的边界，等等。"

在新媒体时代，新媒体以其传播时效快、传播面广、互动便捷等优势，给受众群体有限、播出（刊发）周期相对较长、互动反馈机械化的校园广播、有线电视、校报等传统媒体的生存和发展，带来了严峻的挑战。

信息时代新媒体势不可挡地将传统媒体逼至不得不变的局面。高校也不得不顺应新媒体发展趋势，媒体平台形式日趋多样化，并相互渗透交叉传播，以互联网为主要特征的技术发展使更多的人可以成为信息的发送者、接受者和传播者。同学们不再处于被动的受众位置，而受校园媒体深刻影响的校园文化建设在方式和内容等方面也必然发生转变。

中国互联网络信息中心（CNNIC）在京发布的《第33次中国互联网络发展状况统计报告》中指出，2013年微博、社交网站、论坛等互联网应用的使用规模在移动端的推动下提升至5.32亿，较2012年底增长6440万，使用率达86.2%。据《中国青年报》报道，2012年，高校官方微博和部门院系已认证的腾讯微博就已经突破1000个，全国约700所高校开通了新浪官方微博。

在这种发展形势下，南开大学也主动迅速地寻求改进宣传、扩大影响的良策。新浪官方微博于2010年10月起正式运行，开设南开时讯、随影南开、生活南开、早安南开等栏目，4年多以来，先后发布微博信息3788条，粉丝超过 19 万人，在国内高校中名列前茅。2013 年，南开大学官方微信正式开通，关注人数节节攀升，截至当年 4 月已达 4000 余人，平均每天接收互动消息 1000 余条。南开新闻网报道称："学校官方微博、微信公共平台、人人官方主页相结合，形成矩阵化新媒体群。"

高校传统媒体存在优势

高校传统媒体，通常意义上包括校报、校园电视台和广播站，曾经是高校开展校内宣传工作的主要阵地、主要载体，被誉为"三驾马车"。毋庸置疑，在长期的建设和发展过程中，传统媒体在宣传党和国家政策方针，报道学校中心工作和重大活动，以及展现高校师生良好精神风貌等方面发挥了重要作用，较长一段时间内不可能被新媒体取代，其所具有的自身优势，为今后发展和持续发挥作用，提供良好基础和可行性。

校报：管理规范　发展成熟

诚如英国人马丁·沃克在其书《报纸的力量》中所说的："一家报纸的历史，就是出版这家报纸的国家的历史，一家报纸就是一个国家文化的一部日记。"由彼及此，高校校报是高校宣传思想政治工作和校园文化建设的重要载体与平台，在高校思想政治教育、人才培养、学科建设等方面发挥着重要作用，它也必然是国家高等教育历史发展和文化积淀的象征。

我国高校校报从萌芽到快速发展经历了很长的历史时期。从其诞生迄今的百余年，经历了晚清、民国、新中国三个时期。它从无到有，从少到多，不断发展和壮大，在校园文化教育、思想政治领域乃至整个高等教育史上，谱写了绚丽的一页。

据不完全统计，截至 21 世纪初期，90%以上的高校都拥有了自己的校报，专职从业人员数以千计。1998 年 3 月，新闻出版总署下发了《关于设立高校校报类报纸刊号系列的通知》，把校报纳入全国统一管理的公开出版物，使其管理更为规范。

南开大学诞生之时即有《南开日刊》问世，稍后改为《南开周刊》。其间几经风雨，改革开放后再一次复刊，由 4 开 4 版的《南开周报》发展为对开 4 版的《南开大学报》，2007 年 9 月迎来复刊第一千期，成为发展成熟、管理规范的校园媒体典范。

有线电视：直击现场　挖掘深度

电视台是当今重要的新闻舆论机构，是重要的思想文化阵地，具有传播新闻、社会教育、文化娱乐、信息服务等多种功能，是公众获取信息的主要渠道。我国高校创办电视媒体的序幕，标志性事件是1989 年10月北京大学正式创办电视台。经过20余年的实践与探索，全国高校电视台取得了快速的发展。高校电视台的出现使校园新闻的视觉力和现场感大为增强。

南开大学电视台成立于2000年，功能定位为“充分发挥校内舆论监督，积极引领正确舆论导向，展现学校教学、科研优秀成果，丰富广大师生生活”。目前，电视台拥有专业化的演播室和录制、播出系统，以及一支精干的人员队伍。《南开大学新闻》每周两次定期播出，是本台最为重要的一档新闻节目，是上情下达、反映基层工作、及时播报校内动态、沟通信息的重要渠道。此外，《南开故事》、《南开人物》、《南开讲坛》、《媒体关注》、《爱聊电影》等栏目，更是实现了深入师生中间，多侧面反映了校园生活，为校园文化的繁荣发挥了重要作用。学校各类大型活动、晚会、专题片及精品课、实验课的录制也为育人和教学科研工作提供了支持和保障。

校园广播：贴近师生　传播及时

广播是指通过无线电波或导线传送声音的新闻传播工具。广播系统是每个学校不可缺少的基础设施之一，以其实用性、经济性、便捷性被各类学校应用，长期以来也在高校思想政治宣传和校园文化建设方面发挥了不可替代的作用。其精短、平实、活泼的风格赢得了师生的喜爱，与此同时传播迅速及时，受技术条件限制相对较少，制作过程和传输手段相对简单，在发布即时或突发新闻中占有优势。此外，现今的多数高校，校园广播站的组织建设结构多以学生社团为基础，是学生开展自我教育、自我管理和自我服务的重要平台。

传统媒体改进途径探索

明确功能定位

我们必须认识到，校园传统媒体仍然是我们有效开展思想宣传工作的重要平台，也是我们内聚人心、外树形象，全面提升软实力，营造高雅审美氛围和传承文化传统的重要途径。传统媒体要求得在新形势下发展，必须首先明确自身定位和功能特色，既区别于新媒体的“传播迅捷、广泛”，又能相互补位、相得益彰。因此，高校传统媒体必须在精品化和存史育人方面下功夫。

在这方面，《南开大学报》做了有益的探索。历经近百年发展嬗变，在复刊第一千期的回顾中，它明确自身定位：“《南开大学报》是凝聚力量的载体。

多年来，始终遵循新闻宣传规律，注重高等教育特色，紧密围绕学校的根本任务和中心工作，服务于学校改革、发展和稳定的大局，贴近实际、贴近生活、贴近师生，以自己独特的视角，深刻地思考，精辟地分析，唱响主旋律，发挥正确理论引导人、鼓舞人、凝聚人的作用，为创建高水平大学做出了积极的贡献。《南开大学报》是南开人的朋友。见证南开，阅读南开，感悟南开，引领南开，弘扬南开，始终是这张报纸的不懈追求。学校的重大事情、动态分析、跟踪报道、深度解读，都能及时地在报纸上得到反映。……”

与新媒体有机融合

现今，无论是主观建设的需要，还是客观上受众的期待和要求，网络媒体越来越受到重视，高校也在着力加强这方面的建设。传统媒体要发展，却与新媒体“两股劲儿”，绝非明智之举。

因此，高校应该一方面切实做大做强以新闻网、校园 BBS、官方微博、网络社群、手机报等为主要模块的高校网络宣传平台，并作为高校开展宣传工作的主要阵地；另一方面不断探索校报、电台、电视台等传统高校媒体的网络化生存途径和方式，以其作为高校宣传工作辅助阵地，最终实现网络载体与传统载体互通互融、共建共享的新局面、大格局，建设向好的思想宣传生态。

值得一提的是，受限于宣传对象和新闻信息的同源性，及许多高校“一套人马”的资源配置现状，新旧媒体容易因相互“争抢”信息而导致报道重复、报道滞后等问题，因此，应加强对新闻报道的实现策划、通气，合理控制发稿时机，对同一新闻的报道要因“媒”制宜，更好地发挥传统媒体深度报道的优势。

内容品质是关键

新媒体的形式如雨后春笋般不断涌现，全媒体、二维码、云报纸、新闻APP、官方微博、微信公共账号等“融媒体”应运而生。在这样的传媒环境下，大家只顾找“渠道”、谈“关系”，却让“内容”坐了冷板凳。这股风气自然也吹进了高校。新媒体的活跃、融媒体的发展，固然为高校思想宣传工作带来了活力，但不加节制就会极大地压缩传统媒体的生存空间。

“内容、只有内容，才是‘报业泰坦尼克号’的自救之道。”针对不久前微博上有关“传统媒体的内容生产如何依靠视觉保持尊严”等有关话题，清华大学爱泼斯坦对外传播研究中心高级研究员、牛津大学互联网访问研究员王君超曾经这样评论。笔者认为，这不仅针对的是大传媒范畴里报业的存亡，对高校校报，乃至电视、广播等一类传统媒体，亦是如此。

与此同时，要与队伍建设结合起来，提高从业者业务水平和综合素质，切实坚持走基层、转作风、改文风，自觉贯彻党的新闻工作方针政策，落实好以正确舆论引导人的根本任务。要在助力学校发展、增强服务大局的自觉性上下功夫，着力壮大主流思想舆论；要把宣传高校人才培养、学术研究、服务社会、文化传承等各项工作成果作为新闻宣传的重点内容；学习运用师生语言，报道师生喜闻乐见的人、事、物，力求短、实、新，提升吸引力和感染力。

参考文献：

[1]〔美〕戴维·阿什德著. 邵志择译. 传播生态学：控制的文化范式[M]. 北京：华夏出版社，2003
[2] 雷跃捷，辛欣主编. 网络新闻传播概论（第二版）[M]. 北京：中国传媒大学出版社，2007
[3] 铁铮. 新媒体时代的大学新闻宣传[M]. 北京：中国文史出版社，2014
[4] 叶皓. 从宣传到传播：新时期宣传工作创新趋势[J]. 现代传播，2009（4）
[5] 张琳. 新媒体时代高校宣传工作的策略研究[J]. 湖北第二师范学院学报，2010（6）
[6] 黄子响. 转型冲突中的范式变化与理念变革——新媒体环境下高校宣传文化创新和传播研究[J]. 牡丹江大学学报，2012（8）
[7] 毛替美. 用“融媒体”理念建设高校新闻网[J]. 北京教育，2012（12）
[8] 王君超. 未来报业何者为王[J]. 中国报业，2013（10）

现代大学制度与夏季学期研究
——以南开大学夏季学期为例

数学科学学院　宋　琼　党委宣传部　韩　诚

摘要：为拓展学生知识面，开展国际交流，诸多世界名校采用夏季学期制度。在参考国内外高校夏季学期实施情况的基础上，南开大学在 2013 年将春秋两学期改为“两长一短”的三学期制，在 6 月 24 日至 7 月 21 日实施夏季学期。本文通过对参与夏季学期的南开大学师生进行问卷调查，并选择部分担任夏季学期课程的教师进行深度访谈交流，结合对比国内外高校夏季学期办学模式，探讨夏季学期工作对建立现代大学制度的促进作用。

关键词：现代大学制度；夏季学期；南开大学

现代大学制度是中国高等教育改革的重要内容，其重要特征是开放性和社会联系性。本文综述了现代大学制度的内容及特征，并通过对比美国高校和国内高校夏季学期的办学情况，分析其优势与不足，探讨如何优化夏季学期办学模式，促进建立健全现代大学制度。

一、中国现代大学制度与夏季学期探索

（一）现代大学制度起源

现代世界大学制度发源于欧洲中世纪大学，如德国人洪堡创立的柏林大学、英国的牛津大学和剑桥大学。此后，随着欧洲大学制度与美国市场运作机制相结合，美国大学制度逐渐本土化，形成了具有特色的美国大学制度。新中国成立后，我国大学制度建立初期主要是借鉴苏联大学模式，在改革开放后逐渐借鉴欧美大学模式，至今形成了具有中国特色的现代中国大学模式。

（二）现代大学制度的特征

现代大学制度的核心特征是与社会经济发展相结合，其本质使命是进行社会改造，即通过知识发展来推进社会进步。因此，实现从传统大学向现代大学转变的核心点，在于促进大学开放，使大学融入社会经济发展的大潮之中，建立能够主动反映社会需求的机制。

同时，现代大学制度兼有国际化和本土化特点。国际化是大学制度在基本框架上的共性，表现出人类相互交流和借鉴的需要，使大学制度建设表现出相互促进和相互学习的一面。另外，大学制度还需要符合本国国情，生搬硬套别国的大学模式会带来诸多问题，大学制度的本土化即是建立具有本国特色现代大学制度。

（三）夏季学期：建立现代大学制度的重要探索

夏季学期制是诸多世界名校采用的学期制度，多为一个学年内的两个长学期加一短学期，夏季学期就是在夏季开设的短学期，时间为 4 周至 8 周不等，集中为学生开设课程和实践的学期。国内高校向国外借鉴夏季学期制度，也是我国逐步建立完善现代大学制度的重要探索。

二、国内外夏季学期办学情况

（一）美国高校夏季学期概况

在英国《泰晤士报》2005 年评选的全球 200 所著名大学中，美国有 54 所入选，其中 33 所高校采用的是夏季学期制。美国高校的夏季学期制分为三学期制和四学期制的夏季学期。三学期制是将一学年分为三个相等的学期，每学期为期 15 周或者 16 周，其中包括一个完整的夏季学期。采用三学期制的院校要求学生每年至少要在秋季与冬季两学期就读，而夏季班则可自由选修。四学期制又称为学季制，由每学年三个常规学期和一个夏季学期组成，每学期大约有 10 周的教学安排，第四个学期一般是常规学期外的夏季学期，这一学期的重点与常规学期不同，主要提供选修课程。

夏季学期的优势在于充分运用学校的教育资源，在有限的教育资源的条件下容纳更多的学生，并节约学生的时间。夏季学期使师生的学习、实践和教学等其他活动更加灵活。而夏季学期存在的问题主要有每学期上课时间紧迫、考试频率高，一开学学生就得立即进入状态，而且必须适应持续性的紧张压力。四学期制在每年学期之间需要有四个“转换期”，期间需要做大量记录、注册、调换宿舍等工作。

（二）国内高校夏季学期概况

实行夏季学期制是国内高校实施教学改革的重要环节。目前，国内开设夏季小学期的有北京大学、中国人民大学、浙江大学、厦门大学、南开大学等高校。

北京大学从 2002 年开始实行“三学期”制，增加了一个“小学期”，时间为 7 月初至 9 月中旬。为配合新学制，将学时与学分的对应关系由过去的每学期 17 学时课堂讲授对应 1 学分，改为 15 学时课堂讲授对应 1 学分，全天从早 8 时至晚 9 时连续 12 节排课，但学生每周上课总量仍控制在 25～26 节左右。

厦门大学 2005 年起推行夏季小学期，开设了三类共 300 多门新课程供学生自选：一是拓展性课程，在具有基本专业知识的基础上，向深度和广度拓展；二是通识性课程，介绍一些基本知识；三是特色课程，如南洋研究院和台湾研究院都开设了 6 门课，为学生介绍东南亚和台湾等地区的社会、经济和文化知识。

中国人民大学 2009 年开设夏季小学期。在为期 4 周的小学期里，学校开设三大类共 55 门校级核心课程，供在校学生以及少数国际学生和外校学生选修，几乎所有课程都由国内外名师用英文授课。

浙江大学自 2011 年起正式实行“四学期制”，每学年依次分成秋季、冬季、春季、夏季四个学期。每学期大约为 9 周，其中授课 8 周、考试 1 周。与“四学期制”相适应，浙大的本科教育重新制订了教学计划，采用全天候的排课方式。学生在导师指导下，根据本人需要和学习能力自主安排学习进程。

三、南开大学夏季学期探索

（一）南开大学夏季学期定位

南开大学从 2013 年开始施行夏季学期，即三学期制。定位于每年有一个相对集中的时间段，用于加强实践类教学、国际学术交流和国际化办学，扩大学生的自主选择性。南开大学夏季学期是推进“公能”素质教育的重要举措，旨在加强学生实践环节，增强学校国际化办学。

南开大学夏季学期主要定位于以下几个方面内容。首先，强化实践。增加实习实践，特别是结合专业特点的社会实践，集中开展“国家大学生创新性实验计划”及“百项工程”等创新科研活动，丰富第二课堂实践内涵。其次，拓宽视野。相对集中地邀请海内外知名专家学者开设系列专题讲座或课程，集聚各方面优质教学资源，发挥“教与学”的主动性和能动性，增加素质教育选修课程、各类热门课程、难选的双辅修课程的修读机会。再次，国际交流。创造条件支持学生参加国际交流，比如，国外优秀大学的暑期夏令营、学术论坛、科研项目、暑期课程，等等。

（二）南开大学夏季学期具体实施情况

2013 年 6 月 24 日至 7 月 21 日，南开大学首次尝试夏季学期，在为期四周的时间里，开设由本校学术精英和国内外知名学者主讲的“科学与南开”、“新世纪人才论坛”等主题论坛、名师讲堂，以及“科学夜宴”系列讲座，向在校生和社会公众开放。

夏季学期为南开学生开设专业课和公共选修课共计 243 门，440 门次，上课人数达 18000 多人。根据对南开大学数学科学学院本科生做的问卷调查结果，选择修课的学生占 70.2%，其中只选专业课的比例最高，达到 43%，专业课和公选课都选的学生占 15%，只选公选课的学生占 12.3%。由此可见，多数学生会利用夏季学期选择修课。那么学生选择修课主要是基于何种目的？问卷统计数据显示，46.9%的学生是对课程内容感兴趣，希望学习更多有用知识，29.9%的学生是为了凑够学分顺利毕业，12.4%的学生是为了取得高分，提高学分绩，11.3%的学生是为了提高动手实践、逻辑思维能力。同时，学校还选择了 20 多门课程向应届高中毕业生开放，对完成课程且成绩合格的高中生发放成绩证书。如果该学生将来考取南开大学，那么在夏季学期完成的课程可计入其大学学分。

（三）南开大学夏季学期的优势

一是夏季学期彰显了高校的开放性。夏季学期开设名师讲堂等形式的讲座和部分课程面向社会公众和高中生，让夏季学期成为一个全社会参与的开放性平台，使大学更好地融入社会。

二是夏季学期为学生提供了实践机会。夏季学期专门开设了多门动手类实践课程，为学生提供参与多种社会实践机会，结合本专业所学和社会实践，在实践中检验理论知识，开拓眼界，积累经验。

三是夏季学期拓宽了学校国际化办学路径。夏季学期着力聘请国外知名高校的外籍教授来校授课。如数学科学学院夏季学期为本科生开设的 9 门专业课程中，有 5 门课程由外籍教授讲授。19.5%的学生认为夏季学期最大的收获是开拓了近距离接触国外高校教师，了解专业前沿领域。同时，学院有 9 名学生利用夏季学期赴加州伯克利大学、牛津大学等世界名校交流学习。

四是夏季学期体现了本科教学的灵活性。夏季学期为师生提供了更多自由空间，教师可以更加灵活地安排教学、科研和出国交流访学。学生在夏季学期的选择更加多元化，可根据个人实际情况，选课、参加讲座，参加外校暑期学校，赴校外企事业单位实习实践，等等。

（四）南开大学夏季学期的不足

由于夏季学期是南开大学首次尝试，在前期准备、课程安排、选课系统升级、考核方式等方面遇到如下困难和问题。

一是夏季学期的前期准备不够充分。在课程安排方面，聘请国外高校教师系统地讲授一门课程，需要提前做好教师与学生沟通的工作，了解学生相关情况，如学生的知识储备、英语听说能力、学习兴趣需求等情况，以便教师能根据学生情况对课程内容、难度和讲授方式进行调整。

二是在夏季学期选课时间安排上仍需改进。在现有的选课安排下，学生需在每学年的第二学期初（即二月初）选择夏季学期的课程，学生在选课时无法准确判断夏季学期的出国交流、学校事项相关安排，容易形成课程冲突，需要学校为学生提供退课、换课的机会。

三是国内外高校考核方式和评分体系差异。南开大学课程考核方式为试卷，总评成绩为百分制，由平时成绩加期末考试成绩构成；而国外高校考核方式多样，论文、读书报告、小组作业等，总评成绩较为灵活，可以是百分制、分级制，也可以是简单的“通过/不通过”。成绩形式不同可能对选课学生的学分绩、排名、保研和出国产生影响。

四是夏季学期的课程、讲座、实践活动多数为本科生参与，缺少针对研究生的夏季学期课程、讲座等安排，导致部分研究生出现了长达三个月的“长暑假”。

四、优化夏季学期的办学模式，推动现代化大学制度建立

国内外高校夏季学期制度的共同点，在于现代大学制度的开放性和社会联系性。探索现代化大学制度，需要不断优化夏季学期的办学模式，总结各校办学过程中遇到的困难和问题。

一是通过夏季学期建立社会参与联动机制。夏季学期作为大学开放性的平台，需要不断提升全社会参与度，重点在于建设大学与社会的联系环节，进而调整大学的内部组织结构，促进高校职能转变。现代大学制度建设是一个系统工程，它的本质是建立一个制衡的治理结构，实现社会需要、学术发

展及个人发展和国家需要之间的协调。

二是做好夏季学期的校内部门协调工作。高校在学校财政预算中应为夏季学期教学设备、学校主要建筑、师生宿舍、图书馆和实验室等的建设与维护留出预算，为硬件资源的维护提供经济支持，保障教学工作顺利进行。教学管理方面需要提前做好准备，针对学制改变，对教学计划、教务系统、选课安排、课程信息、外聘教师等及早做出详细规划，不能将原有的教学各环节照搬，应根据新问题提出新的应对措施。

三是推动针对研究生的夏季学期工作。多数研究生在结束长学期课程后，开始了近三个月暑假生活。这样的安排为研究生的科研活动提供充足时间，但也导致研究生的长学期学时缩短，课程授课知识相应减少。应在夏季学期为研究生补充专题类课程，开展实践活动，结合研究生特点开展系列夏季学期活动。

[参考文献]

[1] 滕大春．今日美国教育[M]．北京：人民教育出版社，1980

[2] 王洪才．大众高等教育论——高等教育大众化的文化个性向度研究[M]．广州：广东教育出版社，2004

[3] 丁学良．什么是世界一流大学[M]．北京：北京大学出版社，2004

[4] 樊艳艳．双重起源与制度生成——中国现代大学制度起源研究[M]．武汉：华中科技大学出版社，2012

[5] 王定华．透视美国教育——20 位旅美博士的体验与思考[M]．北京：北京大学出版社，2008

[6] 别敦荣．我国现代大学制度建设的思考[J]．江苏高教，2003（6）

[7] 何启东．国外学期制度漫谈[J]．教育双周刊，2006（3）

坚持以人为本开展高校校园文化建设，培育学生对社会主义核心价值观的认同感

党委学生工作部　何璟炜

摘要：高校如何在校园文化建设中培育学生对社会主义核心价值观的认同感，是摆在当前学生思想政治教育领域的一个现实难题。学生的需求和特点是动态的，开展工作时是否坚持以人为本，将直接影响高校校园物质文化、精神文化和制度文化建设的内容选择与方法载体创新等环节，也将直接决定高校在通过校园文化培育学生对社会主义核心价值观的认同感方面能否取得实效。本文基于这一逻辑分析，尝试阐述在高校校园文化建设中为什么要坚持以人为本以及怎样坚持以人为本，使得学生能够从校园文化建设中最大限度受益，进而使学生真正认同社会主义核心价值观。希望能对相关的理论和实践探索提供一定的参考和借鉴。

关键词：以人为本；认同感；高校校园文化建设；社会主义核心价值观

培育学生对社会主义核心价值观的认同感是当前高校思想政治教育工作的重要使命，教育工作者需要借助课堂教学、校园文化和社会实践等诸多环节来开展相关的工作。本文着重以校园文化建设为切入点，探讨在高校校园文化建设中为什么要坚持以人为本以及如何坚持以人为本，培育学生对社会主义核心价值观的认同感。

一、坚持以人为本，是高校在校园文化建设中培育学生对社会主义核心价值观认同感的关键所在

社会认同理论的创建者 Tajfel 将“社会认同”定义为“个体认识到自己

所在群体成员所具备的资格，以及这种资格在价值上和情感上的重要性”。[①]也就是说，个体在对某种价值观产生认同感时往往需要一个知行合一的过程。只有一个组织倡导的价值观和它日常的一贯行为表现及受众因此所获得的实际体验三者相一致的时候，这个组织的价值观才有可能为受众所认同。高校也需要遵循这一规律，让学生在面对和参与校园文化建设的每个环节中都体验到知行合一，让学生听到的、看到的和实际得到的都与社会主义核心价值观相一致，这样才有可能真正发挥校园文化在培育学生对社会主义核心价值观的认同感中的作用。这其中的关键就在于必须坚持以人为本，尊重每一个生命个体的特质和成长需求，相信和依靠每一个生命个体的发展潜能。高校只有在校园文化建设中充分尊重学生的特质和成长需求，相信学生的潜能，广泛发动和依靠学生参与到其中，让其开展的所有校园文化活动都直指学生成长和发展的需求，学生才会真正接纳和参加这些校园文化活动，并真正认同高校所倡导的社会主义核心价值观。

从个体对某种价值观念产生认同的规律来讲，我们要坚持以人为本。同样，以人为本也是马克思唯物史观的题中之义。“一切为了群众，一切依靠群众。从群众中来，到群众中去。”马克思主义的群众观和群众路线，要求我们把人民群众的根本利益、长远利益和现实利益的实现作为一切工作的出发点，并以此当作评判思想、决策、工作是非得失的最终标准。马克思有句名言：“‘思想’一旦离开‘利益’，就一定会使自己出丑。”[②]因此，校园文化建设的一切出发点都应该是为着我们受众的发展。如果单纯采取灌输式的意识形态教育，而不考虑与受众的实际需求和特点相结合的话，那么到头来很可能会使我们的工作陷于被动。

改革开放以来，我国人民的文化素质普遍大幅度提高，高校学生的主体意识明显增强，多种社会思潮的涌入及互联网等科学技术的发展对其学习方式、生活习惯和行为观念产生了不同程度的影响，在这样的背景下开展校园文化建设必然需要方法和载体的创新。而这种创新要始终坚持以学生为本，扎根于学生的发展特点和成长需要，否则就成了无本之木、无源之水。所以，高校校园文化建设到底围绕什么内容开展，怎么开展，恐怕要多听听学生到底需要什么。搞完了活动，还要多问问学生搞得怎么样，有什么建议。比如，

---

① Tajfel, H. *Differentiation Between Social Groups: Studies in the Social Psychology of Intergroup Relations* [M]. London: Academic Press, 1978, Chapters 1-3

② 赵绍敏．在新的实践中坚持和发展马克思主义群众观与群众路线[J]．创造（中共云南省委党校），2012（8）

我们可以在尊重学生需求和特点的基础上，结合高校的育人目标，开发一套能够适应不同学生发展需求和特点的校园文化活动菜单，便于学生根据自身发展阶段的特点和需求有针对性地参加各种校园文化活动，避免出现学生在参加校园文化活动时普遍存在的“眉毛胡子一把抓，什么都参加，什么都没留下”或者反之“管你什么活动，只要是学校组织的，我就不参加”的情况。同时，为了帮助学生提高选择活动的针对性，我们可以与学生一起建立一套动态的素质评估体系，每学期鼓励每名学生对照学校的育人目标，与同学、老师一起进行 360 度评估，使学生明确自己的优势和不足，并在此基础上确定下一学期自己的提升方向和拟将参加的校园文化活动。在此过程中，高校要特别注重发挥学生作为主体的积极性和创造性，使其参与到如何更好地利用好这些载体的讨论和实践中来，使得依托这些载体开展的校园文化活动能够不走过场、不搞官僚主义、不搞形式主义。衡量一个活动的效果时，以让学生满意为原则，注重使大多数学生受众实际受益。这样的工作机制是真正的以学生为本，一旦成熟了，就是一种很好的尝试。只有充分坚持以人为本，鼓励学生作为主体参加到校园文化建设的民主决策和具体实施中来，让学生作为真正参与和监督校园文化建设的执行者一方，高校的校园文化建设才有可能焕发出真正的生机，才有可能真正为学生喜爱和接纳，而其倡导和传达的社会主义核心价值观也才有可能被学生内化到自身的价值观体系中。

马克思、恩格斯在《共产党宣言》中有一段经典的论述：“过去的一切运动都是少数人的或者为少数人谋利益的运动。无产阶级的运动是绝大多数人的，为绝大多数人谋利益的独立的运动。”①这是马克思主义的群众观，也是我们的校园文化建设必须要坚持的方向。我们只有始终坚持学生至上，以学生为本，尊重学生，相信学生，依靠学生，服务学生，才能真正得到学生的认可，才能让学生真正接受我们党倡导和坚持的意识形态理论，才能使我们国家未来的栋梁从内心到行动都真正坚持道路自信、理论自信和制度自信，才能使学生真正认同社会主义核心价值观。

二、在高校校园物质文化、精神文化和制度文化建设中，要始终坚持以人为本，培育学生对社会主义核心价值观的认同感

开展校园物质文化、精神文化和制度文化三方面的建设是高校校园文化

① 中共中央马克思恩格斯列宁斯大林著作编译局．马克思恩格斯选集（第一卷）[M]．北京：人民出版社，1972：262

建设的主要内容。校园物质文化，属于校园文化的硬件，是看得见、摸得着的东西，完善的校园设施将为师生开展丰富多彩的教育活动提供重要的阵地，使师生员工教有其所、学有其所、乐有其所，物质文化建设是校园文化建设的重要组成部分和重要的支撑。校园精神文化又被称为“学校精神”，体现在校风、教风、学风、班风和学校人际关系上，是校园文化建设的核心内容，也是校园文化的最高层次。它主要包括校园历史传统和被全体师生员工认同的共同文化观念、价值观念、生活观念等意识形态，是一个学校本质、个性、精神面貌的集中反映。校园制度文化建设包括制度建设、组织机构建设和队伍建设三个方面，是校园文化建设的保障系统。相关校园文化制度和组织机构的健全和完善，校园文化队伍的勤奋与能干，对正常开展校园文化活动，加强校园文化建设，具有十分重要的、决定性的作用。在校园物质文化、精神文化和制度文化建设中，都必须始终坚持以学生为本，坚持从学生的特点和发展需要出发，充分依靠学生，听取学生意见，鼓励学生作为主体在学校的校园文化建设诸多方面和领域发挥主人翁责任感、积极性和创造性，充分利用校园文化阵地为学生搭建各种有利于提升其综合素质的、对学生成长有直接促进作用的平台，让学生在切身感受校园文化建设对其成长发展的价值的过程中，认同高校所倡导的社会主义核心价值观。

（一）坚持以人为本，改善和加强校园物质文化建设，培育学生对社会主义核心价值观的认同感

首先，高校楼宇设施的设计、建设、功能、使用等，都要坚持以人为本，从学生发展需求出发，让学生感到便利，感到受尊重、受重视，感到学校的党政领导和职能部门是从学生的角度看待问题、考虑问题和解决问题的，这样才能促使他们对党政的认同。透过对学校党政的认同辐射到对马克思主义意识形态的认同和理解，进而真正认同社会主义核心价值观。同时，还要注重楼宇设施的文化氛围营造。从内部装饰、场地使用到外部环境建设，都要注重与社会主义核心价值观的内涵、整个大学的品位及整体育人目标相呼应，让师生能从校园的物质设施建设中感受到无形的文化熏陶。这样就要求高校在进行校园物质文化建设时首先要树立“育人为本”的理念，在安排、规划、设计一切配套物质环境时都以是否与育人目标相一致作为衡量标准。[①]比如，高校在做好传统校园物质文化建设的同时，要紧贴时代发展特点，提升网络信息化建设的速度和水平，尤其是网上图书资源库的建设力度要及时跟上学

① 马荣．浅谈校园环境与育人的关系[J]．漳州师范学院学报，2003（4）

生的成长学习需求。同时，还要及时帮助学生搭建他们喜闻乐见的各种网络交流平台，并注重利用相关的平台开展工作。只有这样，才能让学生从校园物质文化建设中体验与时俱进又切合实际的帮助，进而对提供这些实效支持的党政组织有了情感的认同，也才能对党政组织所倡导的社会主义核心价值观产生认同感。

其次，高校在整体的校园物质文化建设中，要充分注重发挥学生民主治校、自我教育、自我管理、自我服务的作用。充分发动学生参与学校校园文化建设，有助于使学生在亲自设计、亲自规划、亲自劳动的过程中加深对学校文化和大学精神的理解，并加强对学校的理解和认同。同时，参与建设的过程本身就是对学生进行美育的过程，对于提高学生的审美情趣，提升其创造美、表达美的能力都有所裨益，学生在今后的学习生活中也会更加珍惜和爱护校园环境。这些活动对于学生建立对学校、对高等教育、对国家发展的正向情感会起到很重要的作用，对于高校掌握意识形态的领导权和主导权，培育学生对社会主义核心价值观的认同和践行具有积极的作用。

（二）坚持以人为本，改善和加强校园精神文化建设，培育学生对社会主义核心价值观的认同感

各级各类学生组织和宿舍是学生在高校学习、生活的重要单位，是高校开展校园精神文化建设的重要阵地。

1. 要在各级各类学生组织文化建设中，坚持以人为本，培育学生对社会主义核心价值观的认同感

高校的各级各类学生组织，如班级、学生会、学生党团组织、社团的建设，都应该充分坚持以人为本，尊重学生特点和需求、支持学生合理诉求，在此基础上开展各种形式的活动，实现对学生进行社会主义核心价值观教育的初衷。这里仅举班级为例，说明如何在学生组织文化建设中坚持以人为本，培育学生对社会主义核心价值观的认同感。

班级，就是按高等学校教学管理的特殊要求以及学生团体学习的特殊规律，将同一专业和年级的学生按一定的人数规模组建的、有正式组织结构和规章制度的相对稳定的学生学习共同体。在高校的班级里，学生和教师，特别是班级的学生成员之间进行着面对面的直接交往和沟通，发生着密切的人际互动关系，是高校向学生实施教育与管理活动的基层组织，也是学生进行自我教育、自我管理和自我服务的基层群体。[①]高校要注重在班级文化建设

① 阳静．论高校班级文化的思想政治教育作用及实现途径[D：硕士学位论文]．重庆：西南大学，2010

中倡导社会主义核心价值观，借助形式多样的班级活动表达和传递民主、文明、和谐、平等、公正、法治、爱国、敬业、诚信、友善的价值取向，引导学生建立积极健康的班风、学风，并将其用制度的形式加以保障和维护。

具体来说，在班级文化活动的开展方面，高校要始终坚持以人为本，将班级活动的内容、载体和形式与当前社会发展及学生发展的特点和需求紧密结合起来。比如，针对主题班会这一传统的班级文化建设载体，如何能够坚持以人为本，应对学生的需要和特点召开一个务实的、有效的班会并能够在班会中传递社会主义核心价值观？高校的思想政治教育工作者要勇于把学生关注的、会对学生产生重大影响的社会热点问题作为主题班会的题材，敢于并乐于接受学生在面对热点问题时展现出来的多元观点和不同视角，并能够驾驭这种思想激荡的场面，在各种价值判断和观念碰撞中守住原则，保持客观，让学生在理性分析中认同社会主义核心价值观。再比如，高校还要特别注重利用学生喜爱的网络平台进行有效的班级文化建设，这也是坚持以人为本的重要体现。要充分尊重学生与网络的紧密联系，因地制宜，充分运用各种新媒体网络平台，为学生学习、生活、工作搭建便捷平台，提供及时服务。要根据学生对新媒体的使用趋势及时建立班级博客、飞信群、微信群、易信群等，高校的网络文化建设要尽可能与学生的新媒体阵地发展保持同步，哪里是学生活动的集中场所，哪里就应该成为高校进行文化建设的重要阵地。此外，高校还要注重将各种班级文化建设经验用制度或公约的形式固定下来。在这个过程中，要特别注意调动班级广大学生的积极性，使其作为主体一起参与制定班级的规章制度，讨论各种制度的利弊，而不只是被动的制度规范对象。在以学生为本开展班级文化建设的过程中，在多种观念交锋碰撞的过程中，有效地传递社会主义核心价值观。

2. 要在宿舍文化建设中，坚持以人为本，培育学生对社会主义核心价值观的认同感

在过去的很长一段时间内，高校只是将宿舍定位成学生休息的场所，是学生生活的最基本单位，忽略了这个与学生成长息息相关的必要生活单位的文化建设，忽略了宿舍文化建设对学生的“三观”及其综合素质的影响。近几年来，越来越多的高校开始注意到以学生为本开展宿舍文化建设对培养学生树立社会主义核心价值观的作用，由此也开始从学生需求和特点出发进行有关宿舍文化建设的探索。比如，宿舍内外环境的设施设计、宿舍生活公约的订立、特色宿舍评选、宿舍氛围建设、开展宿舍文化节等，利用各种学生容易接受的方式，开展与他们未来生涯发展相关的建设活动。以订立宿舍生

活公约为例，可以引导学生从入学开始就共同商讨订立自己宿舍的生活公约，内容涉及生活作息规范、宿舍卫生整理、宿舍文化氛围建设、舍友互帮互助原则等多方面，这些内容都要充分体现以学生为本，依靠全体学生的原则，在学生全员共同参与的基础上进行充分讨论，最终在不同意见的交流中达成一个大家都能够接受和自愿遵守的约定。这个约定虽然没有强制效力，却因其所具有达成的共识而使得这种非强制规则的约束力量不可小觑。同样重要的是，学生讨论、订立宿舍生活公约的过程就是一种学会体谅他人、换位思考、坚持原则和学会在争取与妥协中寻找双方都可以接受的平衡共赢点的过程；就是一个将意识形态的外在强制性规范和观念理论逐渐内化为学生心理行为上的自觉自律和共同价值取向的过程；就是一个将社会主义核心价值体系所倡导的理念融入学生心理和行动的过程。

（三）坚持以人为本，改善和加强校园制度文化建设，培育学生对于社会主义核心价值观的认同感

校园制度文化建设包括制度建设、组织机构建设和队伍建设三个方面，是校园文化建设的保障系统。相关的校园文化制度和组织机构的设计能否坚持以人为本，校园文化队伍的工作能否坚持以人为本，对于高校正常开展校园文化活动，加强校园文化建设，具有十分重要的、决定性的作用。

在制度和组织机构建设方面，高校要特别注重以人为本，从学生成长发展的特点和需求出发想问题，发动和整合各职能部门的力量，激发广大学生的积极性，在师生群策群力、多方交融探讨的基础上制订出一套符合高校育人目标和学生发展实际的制度方案。要坚决避免少数几个人制定制度，大多数学生不知情、不支持，最后导致制度的执行不力甚至名存实亡的现象发生。这种情况一旦发生，就会严重影响高校党政在学生中的公信形象，进而影响高校进行社会主义核心价值观培育的公信力和感召力。制度一旦公布了，在其执行过程中就要坚决维护制度的权威，从而起到引导学生言行的作用。[①]要让制度真正成为育人的一部分，从制度的制定、执行到反馈，整个过程都成为高校培育学生对社会主义核心价值观认同感的有力保障。

在队伍建设方面，针对校园文化建设的主要实施主体，高校要从选拔、聘用、培训和管理等诸多环节着力建设一支政治强、业务精、纪律严、作风正的高素质学生工作队伍，实现校园文化建设“以学生为本”，培育学生对社会主义核心价值观的认同感。2006 年，中华人民共和国教育部令第 24 号《普

---

① 黄彦军，田红娟．思想政治教育视域下的高校制度文化建设[J]．学理论，2013（11）

通高等学校辅导员队伍建设规定》中明确指出：“辅导员应当努力成为学生的人生导师和健康成长的知心朋友。”可以说，对学生来讲，辅导员是与其日常联系最紧密，可能对其世界观、人生观和价值观产生很大影响的人，也是高校校园文化建设的主要组织者、实施者和指导者。因此，要严格把关，通过理论考试、实习实践等诸多环节选派一批政治素质高、深谙学生成长发展特点、具备相关学科的专业知识、具有较强的领导力且热爱学生工作的教师担任辅导员，从事学生工作，开展校园文化建设。同时，要加快辅导员队伍职业化、专业化建设的步伐，加大培训和研修力度，规范考核体系，使得辅导员队伍可以承担起思想政治课、形势政策课、职业生涯规划课、心理健康教育、领导力提升培训等教学任务，真正在业务上落实辅导员的教师身份，让其管理者和教师的双重身份同时发展、相辅相成、相互促进，最终提升自身的教育、管理和服务水平，相应地，其开展校园文化建设工作的专业性和实效性也就随之提高。只有组织者、实施者和指导者在思想上真正理解了校园文化建设的育人真谛，并以建设体现社会主义特点、时代特征和学校特色的校园文化为目标，大力加强学生文化素质教育，开展丰富多彩、积极向上的学术、科技、体育、艺术和娱乐活动，把德育与智育、体育、美育有机结合起来，寓教育于校园文化活动之中①，并在这些校园文化建设活动中真正坚持以学生为本，在面向学生开展的细致入微的工作中，在自己人格魅力的言传身教中，在学生因校园文化活动而获得的切实成长中，学生才有可能真正认同社会主义核心价值观。

在校园物质文化、精神文化和制度文化建设中，都必须始终坚持以学生为本，坚持从学生的特点和发展需要出发，充分依靠学生，听取学生意见，鼓励学生作为主体在学校的校园文化建设诸多方面和领域发挥主人翁责任感、积极性和创造性。在尊重学生、为了学生、依靠学生的基础上，坚持方向性、针对性、趣味性和选择性原则，紧贴时代育人要求和高校独特文化，注重社会化和阶段性要求，科学设置校园文化建设内容，充分利用校园文化阵地为学生搭建各种有利于提升其综合素质、对其成长有直接促进作用的平台，只有学生切身感觉到校园文化建设的价值所在，才可能认同其中所倡导的社会主义核心价值观。

高校校园文化建设是一个系统工程，组织者、实施者和指导者都要对这

① 中共中央国务院.关于进一步加强和改进大学生思想政治教育的意见(中发〔2004〕16号)[Z].2004年8月26日。

个系统里的元素有清晰的了解和把握。只有始终真正坚持以人为本，坚持一切为了学生，一切依靠学生，从学生中来，到学生中去，在此基础上设计开展切实有效的校园文化建设工作，才有可能最终实现校园文化建设的应有育人功能，高校才可能充分利用好校园文化这个阵地，培育学生对社会主义核心价值观的认同感。

参考文献：

[1] Tajfel, H. *Differentiation Between Social Groups: Studies in the Social Psychology of Intergroup Relations* [M]. London: Academic Press, 1978, Chapters 1-3

[2] 赵绍敏．在新的实践中坚持和发展马克思主义群众观与群众路线[J]．创造（中共云南省委党校），2012（8）

[3] 马荣．浅谈校园环境与育人的关系[J]．漳州师范学院学报，2003（4）

[4] 阳静．论高校班级文化的思想政治教育作用及实现途径[D：硕士学位论文]．重庆：西南大学，2010

[5] 黄彦军，田红娟．思想政治教育视域下的高校制度文化建设[J]．学理论，2013（11）

[6] 中共中央国务院．关于进一步加强和改进大学生思想政治教育的意见（中发〔2004〕16 号）[Z]．2004 年 8 月 26 日。

[7] 中共中央马克思恩格斯列宁斯大林著作编译局．马克思恩格斯选集（第一卷）[M]．北京：人民出版社，1972

[8] 李定庆．马克思主义群众观视野下高校学生工作创新与发展[J]．长春工业大学学报（高校研究版），2012（9）

[9] 朱西括，李国安．十六大以来中国共产党的马克思主义群众观的创新与发展[J]．广西社会主义学院学报，2012（10）

[10] 彭建国．增强高校思想政治教育吸引力问题研究[D：博士学位论文]．长沙：湖南师范大学，2011

构建“公能”特色大学生素质成长体系

校团委　刘　振

摘　要：本文将大学生成长概括为学习、实践、生活三大领域，并进一步细分为六种学习、两种实践、两方面生活十条途径，有助于为大学生提供了一个清晰明确的成长自选菜单；将大学生成长的目标明确设定为“公、能、行”三个方面，有助于正确理解“公能”特色大学生素质成长体系的育人导向，进而有效促进大学生的健康成长。

关键词：大学生；公能；素质成长

一、繁源自简：大学生素质成长的基本途径

大学生个体的成长方式虽然千差万别，但其成长内容都自然涵盖三大领域，即学习、实践和生活。

（一）学习是根本任务，是育人的第一课堂

大学里的学习，可概括成六个方面：专业学习、语言学习、技能学习、修养学习、心灵学习和理论学习。

（1）专业学习。一是课堂学习，包括公共课、专业课和自选课，外在表现为学分绩；二是课外学术，例如百项工程、国创计划和挑战杯竞赛，外在表现为论文写作。

（2）语言学习。一是学习外语，例如学习英语、第二外语等，外在表现为语言考级；二是提升母语，例如口头表达、文字写作等，外在表现为适应各种语言场合。

（3）技能学习。一是生存技能，例如法律常识、基本烹饪、野外求生等，外在表现为生活自理；二是发展技能，例如驾驶技能、办公能力等，外在表

现为工作自如。

（4）修养学习。一是文化底蕴，例如传统文化、文艺特长、业余爱好等，外在表现为气质气场；二是道德修养，包括道德品质、处世原则等，外在表现为性格习惯。

（5）心灵学习。一是心理健康，包括心理自立、情绪自控、压力自适等，外在表现为乐观向上；二是心态良好，包括心态自谐、心情自愉等，外在表现为宽容豁达。

（6）理论学习。一是深化思想，例如思维方式、思考方法、思想理论，外在表现为独立思考；二是探寻价值，包括世界观、人生观、价值观，外在表现为确立信仰。

（二）实践是能力平台，是育人的第二课堂

大学里的实践，可凝练成两大类型，即校内的校园文化活动和校外的社会实践活动。

（1）校园文化。一是活动体验，包括活动参与、活动组织等，外在表现为活动中自我满足；二是人际体验，例如宿舍关系、班级关系等，外在表现为朋友的质和量。

（2）社会实践。一是熟悉职场，包括就业培训、岗位实习等，外在表现为养成就业意识；二是了解社会，包括社会调查、志愿服务等，外在表现为了解国情社情。

（三）生活是基础环境，是育人的第三课堂

大学里的生活，可分解成两个层面，即身体锻炼和情感生活。

（1）身体锻炼。一是青春期健康，包括疾病治疗、体质调养等，外在表现为身体的正常发育，二是体魄强健，包括良好作息、运动习惯等，外在表现为寿命延长。

（2）情感生活。一是情感经营，包括维系亲情、拓展友情、珍爱恋情，外在表现为感觉幸福；二是生活情趣，例如外出旅游、生活情景设计等，外在表现为愉悦度。

完整的大学生活，应涵盖学习、实践、生活三大领域，大学生可以根据自己的兴趣和能力，适时选择成长途径和成长阶段。

二、导向为先：“公能”导向下的素质成长目标

大学生素质成长的目标是什么？以南开大学为例，就是南开特色的“公

能”素质教育体系的目标，概括起来，就是要使大学生树立“公”之价值，奠定“能”之基础，养成“行”之习惯。

（一）正确树立学生的价值观，即要树立公之价值

树立公之价值，就是要树立公之志向，保有公之操守，养成公之襟怀。

（1）树立公之志向，实质是树立为国为民之信仰。南开的光荣传统首重“爱国”，民族危亡时期救国图存，和平发展时期爱国强国，南开人始终将自己的命运与国家的命运紧密结合，作为人生目标孜孜以求。公之志向是南开道路之魂。

（2）保有公之操守，基础是保有为公守义之道德。南开的“四十字镜箴”旨在修身，“敬业”之传统旨在明德。从个人品德到家庭美德，到职业道德，再到社会公德，南开人始终坚持明德修身，始终不忘为公守义。公之操守是南开品格之基。

（3）养成公之襟怀，首要是养成谦虚坦荡之胸怀。“渤海之滨，白河之津，巍巍我南开精神”，坦荡光明是南开人的一贯作风。在危难之时勇于担当，在名利之前甘于奉献，南开人有不以物喜、不以己悲的胸怀气度。公之襟怀是南开精神之核。

（二）全面培养学生的高素质，即要奠定能之基础

奠定能之基础，就是要培养学习之能，吃苦之能，团结之能。

（1）培养学习之能，就是要依托教学这个第一课堂，培养学生学问之能力。谦虚质朴的学风是南开学校的一大特色，勇于创新是南开的光荣传统，也是南开青春精神的重要体现。古人所言“立言”，反映到育人中就是“做文”。课堂教学环节要让学生长知识、积底蕴，掌握学习和研究能力。

（2）培养吃苦之能，就是要依托实践这个第二课堂，培养学生做事之能力。“愈难愈开”的拼搏精神也是南开精神之一，苦难面前不低头，挫折面前不回头，南开学子敢于搏击人生。古人所言“立功”，反映到育人中就是“做事”。社会实践环节要让学生增见闻、长才干，具备实践和实务能力。

（3）培养团结之能，就是要依托于生活这个第三课堂，培养学生做人之能力。社会关系是人与人关系的集合，“乐群”是南开的光荣传统，南开学子应该善于并乐于处理各种人际关系。古人所言“立德”，反映到育人中就是“做人”。日常生活环节学生要能自立、自愉、自谐，提升人际交往能力。

（三）坚持塑造学生的好作风，即养成行之习惯

养成行之习惯，就是要让学生塑造并坚持实行不怠、知行不移、笃行不悔的好作风。

（1）坚持实行不怠，体现为苦干真干，毫不懈怠。心动远不如行动，要塑造学生“苦干”的作风。不夸夸其谈，不懒惰懈怠，在干中磨性格，于实处下功夫。

（2）坚持知行不移，体现为硬干会干，决不折腾。磨刀不误砍柴工，要教会学生“硬干”的方法。不拘泥形式，不临阵磨枪，理论联系实际，实现知行合一。

（3）坚持笃行不悔，体现为穷干认干，永不动摇。行百里半于九十，要养成学生“穷干”的观念。不半途而废，不三心二意，坐得住冷板凳，啃得了硬骨头。

公能特色素质教育体系的目标和要求，回答了为谁培养人、培养什么人、怎样培养人的基本问题，是一条具有南开特色的育人道路，也对新形势下高等教育的改革发展具有借鉴意义。

三、育人为本：构建“公能”特色素质教育体系

分析和梳理大学生素质成长的三大领域、十种途径和三大目标、九个要求，其宗旨还是促进大学生的健康成长。当前，研究大学生素质成长的领域和目标，对于加强和改进大学生素质教育，构建公能素质教育体系，启示有以下四个方面。

（一）对于学生，要明确三大成长领域，科学设定目标，合理分配时间

将大学生成长概括为学习、实践、生活三大领域，并进一步细分为六种学习、两种实践、两方面生活十条途径，为大学生提供了一个清晰明确的成长自选菜单。同时“6+2+2”的模式也可以作为大学里时间分配的参考方式，即六分精力放在学习上，两分精力放在实践上，两分精力放在生活上，坚持以学习为本，兼顾实践和生活，全面提升自己的综合素质，成长为身心健康、文武双全、品学兼优、公能兼济的优秀人才。

（二）对于教师，要建设三支育人队伍，转变育人观念，明确育人导向

将大学生成长的目标明确设定为“公、能、行”三个方面，有助于正确理解和校正大学的育人导向。要正大光明地宣扬育人的重大意义和价值，旗帜鲜明地强调“公德、能力、作风”三者并重的育人观念，在注重培养学生专业知识的同时，强化学生的思想政治教育和行为习惯培养。要力量均匀地建设好“德育教师、专业教师、朋辈辅导”三支育人队伍，适时转变其育人观念，切实明确其育人导向，恰当发挥其育人作用。

（三）对于学校，要加强三个育人环节，健全育人体系，合理分配资源

研究大学生素质成长的三大领域，有助于进一步明确课堂教学、校园文化、社会实践和大学生日常生活之间的关系。学校应紧紧围绕公能特色素质教育体系的目标和要求，在进一步科学设置课程体系、更新教学内容、改革教学方式、革新教师评价体系的同时，继续加强对校园文化活动和学生社会实践的支持力度，要探索建立更加行之有效的服务育人、管理育人、制度育人、理念育人、文化育人、精神育人的新机制。

（四）对于社会，要建构三个实践平台，增加社校互动，促进学生成长

社会是学校的延伸，是学生的归宿。在育人工作中，社会也是大学生素质成长的重要环节。围绕公能素质成长体系的目标，社会要更好地与学校互动，积极为大学生提供三大平台即实习平台、实践平台和实用平台，让大学生实践能获真视野，实习能长真本事，就业能有真用处。大学生也要养成认识社会、服务社会的主动意识，紧扣社会需求培养，锻造自己的能力和素质，使自己的能力结构和行为准则能够符合社会需要。

大学的精神，既在于自由与独立，也在于社会功能。在新的历史条件下，提出建立和健全公能特色的素质教育体系，强调学生树立公之价值、铸就能之基础和养成行之习惯，有助于大学社会功能的发挥，也符合学生素质成长的基本规律，是未来高等教育改革和发展应该加以研究和秉持的育人导向。

参考文献：

[1] 薛进文，侯自新．张伯苓教育思想的现代启示[N]．中国教育报，2006-4-3

[2] 薛进文．将荣辱观教育融入高水平大学发展建设中[J]．中国高等教育，2006（4）

[3] 薛进文．办大学必须以学术为本[N]．人民日报，2009-2-24

[4] 薛进文．注重社会责任与创新精神[J]．成才之路，2010（28）

[5] 薛进文．自觉践行社会主义核心价值体系培养“公能”兼济的优秀人才[N]．天津日报，2012-3-12

[6] 薛进文．培育中国特色大学精神[N]．光明日报，2012-11-13

[7] 薛进文．追求大学的理想境界[N]．光明日报，2013-5-7

[8] 龚克．立德树人、素质教育与内涵式发展[J]．中国高等教育，2013（2）

[9] 龚克．创新人才培养之路[J]．教育与职业，2013（6）

[10] 龚克．当做君子品如荷[J]．民主与科学，2013（4）

[11] 龚克．心怀大公，走在时代前列[N]．人民日报，2014-8-8

[12] 龚克．追求教育公平须坚持教育优先发展[J]．教书育人，2014（6）

探索构建符合“公能”素质教育要求的团学工作体系

校团委　何志慧

摘　要：南开大学于2012年初在全国高校中率先颁布实施了《素质教育实施纲要（2011～2015）》，确定了学校的育人战略。共青团肩负青年思想引领与成长服务的职能，理应在高校育人这项中心工作中主动作为，发挥积极作用。本文重点围绕“公能”素质教育实施，探索构建适应素质教育要求的团学工作体系。

关键词：素质教育；工作体系；干部队伍

2012年初，南开大学在全国高校中率先出台《素质教育实施纲要（2011～2015）》（以下简称《纲要》），在素质教育工作方面走在了全国高校前列。《纲要》深入阐释了南开特色的“公能”素质教育体系的指导思想、目标任务、主要内容、实施步骤与保障措施等，既传承了南开的教育精髓，又指引着未来五年我校育人工作的前进方向，是全校师生的行动纲领。

一、准确把握《纲要》的深刻内涵

（一）《纲要》是南开“公能”育人特色的集中体现

“允公允能，日新月异”是南开校训，它高度凝聚和概括了南开育人传统的精髓和始终坚持的育人特色，即“要为国家和社会培养德才兼备、勇于创新的人才”。这与新时期党和国家对教育事业提出的“促进学生全面发展，着力提高学生服务国家服务人民的社会责任感、勇于探索的创新精神和善于解决问题的实践能力”的新要求有着很强的关联性和一致性，为南开在秉承传统的同时，深入贯彻落实党和国家的新要求奠定了良好的基础。《纲要》明确指出，南开实施的素质教育是具有南开特色、带有南开风格的“公能”素质教育，这是南开教育传统的精髓。《纲要》同时阐明了“公能”素质教育的核心理念，以及“公能”素质教育体系的构建模式，充分强调了实施“公能”素质教育的重要战略地位，指明了南开素质教育的实施方向。

（二）《纲要》是全校师生对实施素质教育共识的集中体现

1999 年，中共中央国务院出台的《关于深化教育改革，全面推进素质教育的决定》，以及《国家中长期教育改革和发展规划纲要（2010～2020）》中也提出“坚持以人为本、全面实施素质教育是教育改革发展的战略主题，是贯彻党的教育方针的时代要求”。而当代社会也愈发渴求专业知识与实践能力兼具的人才，可见，全面实施素质教育是党和国家的要求，更是时代和社会的需要。在南开“公能”素质教育良好传统和氛围的熏陶下，南开师生始终对坚持实施素质教育抱有共识，并始终为培养德才兼备、全面发展、适应社会需要的人才共同努力着。在新的历史条件下，南开人意识到自己使命在肩，要与时俱进，构建与时代相适应的新时期“公能”素质教育体系，赋予其新的时代内涵。于是，在学校领导统筹指导下，由相关部门人员共同商讨执笔，多次听取全校师生代表意见并加以修改的《南开大学素质教育实施纲要（2011～2015）》最终稿得以形成。《纲要》彰显了全体南开人对扎实搞好南开特色素质教育的信心和决心，更凝结了南开人对素质教育深入思考的成果。

（三）《纲要》是学校对团学工作要求的集中体现

团学组织作为学生之家，肩负着学生思想引领和成长服务的根本职能，这一职能与提升学生综合素质、促进学生全面发展的“公能”素质教育目标相统一。因此，团学组织理应在素质教育实施过程中奋发努力，大有作为。《纲要》明确要求“要引导学生树立正确的世界观、人生观、价值观，养成良好的思想、政治、道德和心理品质；要加强实践教育，建立多层级、多种类的社会实践平台与基地；要大力加强校园文化建设，提高利用网络等方式开展德育工作的能力；要加强对学生组织的指导，进一步健全学代会制度，畅通学生参与学校管理的有效渠道”，等等。这些均是学校对团学工作的具体要求，是团学组织的努力方向，更是团学组织在服务学校育人中心工作方面大有可为之处。

（四）《纲要》是学校对团学工作重视和支持的集中体现

团学工作正确的前进方向和源源不断的前进动力，始终来自学校的坚强领导、高度重视和大力支持，团学工作取得的每一点成绩都凝结着学校的悉心指导和亲切关怀。在全校积极推进“公能”素质教育这一中心工作的纲领性文件中，除对团学工作提出明确要求外，还明确表示学校将“鼓励并大力支持学生参加科技项目研究及创新创业实践活动，提高对学生实践性学习活动的经费投入，扶持学生文体类社团建设，设立南开学生社会实践专项基金”等，这些实实在在的支持，无不透露着学校力争为团学工作创造良好环境的真诚之心，更寄托着学校对团学组织的殷切期望。

二、围绕“公能”素质教育实施，统一思想行动，打造工作体系，提供坚强保障

团学组织作为培养提升学生综合素质的重要阵地之一，应积极行动起来，争当南开实施素质教育的“排头兵”。

（一）要认真学习领会，将学校各级团学组织的思想和行动统一到《纲要》精神上来

全校各级团学组织应深入开展《纲要》的学习实践活动，通过专题培训会、专场交流会、主题研讨会等形式，使全体团员深刻理解“公能”素质教育理念的精髓，自觉围绕素质教育的实施开展工作。

培养选拔一批能准确把握“公能”素质教育内涵并具备一定讲演特长的团学干部组成共青团《纲要》精神宣讲团，走进各级团学组织开展培训交流；各级团学干部要自觉充当本级组织的培训员、讲解员，切实将《纲要》精神贯彻到本级组织，通过层层培训交流，使团员青年理解并认同南开素质教育的战略举措，形成思想共识。在此基础上，各级团学组织要深入调研，认真思考，结合实际制订出本级组织贯彻落实《纲要》精神的具体方案，以方案为行动指南，使全校各级团学组织在培养德才兼济、全面发展的优秀人才上形成行动合力。

（二）要积极构建具有“公能”特色的南开团学工作体系

要努力构建与“公能”素质教育理念相适应的科学工作体系，切实形成学校共青团实施素质教育的统一格局。

1. 找准结合点

认清团学组织思想引领与成长服务的根本职能和促进学生德、智、体、美全面发展的关系，找到团学组织本职工作与实施“公能”素质教育的结合点。团学组织的思想引领即以社会主义核心价值体系构筑学生精神支柱，以马克思主义中国化的最新理论成果武装学生头脑，坚定学生实现中华民族伟大复兴“中国梦”的信心和决心；成长服务即通过全面提升学生的综合素质，

使学生拥有健全的人格、均衡的能力，能够适应社会发展建设需要。这与“公能”素质教育“以德为先、能力为重、全面发展、勇于创新”的核心理念相一致，因此，做好团学工作的过程就是贯彻落实“公能”素质教育的过程。

2. 找准着力点

在南开“课堂教学—校园文化—社会实践”三位一体的育人模式中，校园文化和社会实践均为团学组织的传统工作阵地，团学组织要牢牢把握这两个阵地，以校园文化活动、科技创新活动、社会实践活动为工作着力点，开拓学生视野、陶冶学生情操、培养学生的创新实践能力。依托学生会、学生社团等学生组织开展丰富高雅的校园文化活动，促进学生的体育和美育发展；大力开展以“挑战杯”竞赛为龙头的学生课外学术科技创新活动，营造创新氛围，培育创新意识，提升创新能力；重点开展社会实践活动，建立多层次、多种类的学生社会实践基地，搭建学生创业交流实践平台，形成精品化实践—专业化实践—个人化实践并行的“立体化”学生社会实践格局，使学生社会实践“全员化”。

3. 打造创新点

团学工作是青年的工作，南开的青年要全面发展，勇于创新，南开的团学工作也必须紧跟时代步伐，紧贴青年特点，不断更新工作理念，创新工作路径和载体，勇于开辟新的工作领域，以青年易于接受和喜爱的形式开展工作，在青年熟悉的阵地上大展拳脚，增强工作的针对性和实效性。要通过发挥网络、手机等新媒体阵地的宣传影响力，提高群众性团学活动的比例，扩大工作的覆盖面，突出学生的主体地位，永葆团学工作对广大学生的吸引力和凝聚力；在实现广泛关注参与的基础上，培育挖掘优秀人才和精品成果，以先进典型带动学生整体素质的提升。

（三）要努力打造公能兼备的团学干部队伍，为素质教育实施提供坚强保障

《纲要》要求：“实施素质教育，教师要身体力行，成为自觉践行‘公能’素质教育的表率。”团学干部是学校共青团贯彻落实“公能”素质教育的主要依靠力量，团学干部的自身素质和能力水平直接关系到素质教育的实施成果。团学干部要加强自身品性修养和作风锤炼，以良好的道德品行为学生树立榜样。学校团委要制定科学完备的团学干部学习制度和培训制度，通过制度化学习，提升团学干部对素质教育内涵和理论的把握能力，增强素质教育意识；通过制度化培训，为团学干部搭建学习交流平台，使其掌握实施素质教育的具体方法和专业技能。通过组织培养和个人学习相结合，力争使团学干部人

人成为思想道德高尚、业务素质过硬的“公能兼备”之才，为深入实施素质教育工程提供坚强的人才保证。

三、小结

《纲要》的颁布实施标志着我校的育人中心工作开启了新篇章，也站在了更高的历史起点上。团学组织作为党的助手和后备军，要紧密围绕学校育人中心工作，立足自身职能，自觉坚持南开道路、发扬南开品格、光大南开精神，努力在南开“公能”素质教育实施征程中实现新作为，取得新成绩。

参考文献：

南开大学．南开大学素质教育实施纲要（2011～2015）[Z]．天津：南开大学，2012

“公能”素质教育视角下的高校实验室发展探析

实验室设备处　张彩红　翟春红　许宏山

摘要：结合国际高等教育发展趋势和时代发展对高等教育的要求，明确高校实验室在人才培养中的关键作用，提出以公能素质教育为主线，从实验室硬件设施和软环境建设着手，一抓建设，二抓管理，围绕实验室建设规划、质量内涵、人力资源、文化氛围和管理创新五个方面，就公能素质教育视角下的高校实验室发展路径进行了探讨。

关键词：实验室；人才培养；质量内涵建设；管理创新

高校在国家创新体系中发挥着重要作用，高校人才培养的社会意义也日益得到了国家及社会的广泛认可。中科院资深院士冯端教授说：“实验室是培养创新人才的摇篮，是现代大学的心脏。”因此，实验室的内涵已经演变为人才培养平台。[①]如何在公能素质教育视角下推进高校实验室育人功能的发挥，便成为一项亟待研究的课题。高校实验室人才培养功能的实现，依赖于实验室从规划到建设、到管理、再到维护的流程；依赖于工作理念、管理制度、运行机制、仪器设备与人力资源配置等多个方面的协同创新。

一、注重实验室质量内涵建设

长期以来，实验室建设都是以仪器设备的大规模增长为主要方向，而以人才培养质量为核心的实验室质量内涵建设起步较晚，从而导致实验室建设

---

① 夏临华．创新人才培养的摇篮——浅谈高校实验室在人才培养中的作用[J]．实验室研究与探索，2006，25（8）：889～892

在一定程度上走向低效发展。从实验室的建设、使用及发展过程来看，实验室的质量内涵建设包括实验室建设规划的准确定位与创新，实验室建设与学科建设之间的有效衔接与协调，实验室文化的培育传承与创新。创新理念，推动实验室质量内涵建设，将从宏观层次上长远地影响高校实验室人才培养功能的实现，这是实现全过程育人的重要手段。

（一）实验室建设规划的定位与创新

“公能”素质教育的核心理念是“以德为先，能力为重，全面发展，勇于创新”，把“树立科学的质量观，促进人的全面发展、适应社会需要作为衡量教育质量的根本标准”。坚持“课堂教学—校园文化—社会实践”三位一体的人才培养模式，坚持全员育人、全过程育人和全方位育人。努力实现从“学科为本”到“学生为本”、从侧重“传授知识”到重在“提升素质”、从“以教为主”到“以学为主、教学相长”三方面的转变。因此，实验室建设规划的准确定位将在很大程度上直接影响实验室创新育人功能的发挥。

（1）指导思想：紧紧围绕高校“学科能力、文化能力、人力资源能力、社会贡献能力和品牌声誉能力”五大核心竞争力[①]的构建，结合自身实际情况，以学科建设为龙头，以人才培养为核心，以师资队伍建设为突破口，以体制机制改革创新为动力，构建多科性、层次化、高质高效、和谐发展的实验室体系，着力打造实验室在学科建设和人才培养中的支撑作用[②]，全面提升优化教学科研条件，充分提高实验室综合效益，全力拓展实验室功能。

（2）基本原则：实验室建设要按照“统筹规划、突出重点、分步实施、资源共享、讲求效益”的基本要求，遵循“战略前瞻性、科学先进性，开放共享性、特色可行性和可升级性”的原则，正确处理需要和可能之间的关系，优化资源配置，实现资源共享，提高实验室资源的利用效益。[③]

（3）目标定位：逐步形成规模结构合理、层次功能多样、开放式、高水平、高效益、现代化、标准化、学科发展协调的实验室良好格局，重点建设一批样板示范实验室。建立教学理念先进、专业素质水平高、教学与科研兼备、老中青相结合、结构合理的实验师资队伍。构建适于人才培养质量和科技竞争力提升的实验室规范化管理体系和创新实验教学体系。实现实验室工作跨越式发展，为建设特色鲜明的、综合性的国际知名高水平大学积极创造

① 邢根溪，潘蕾．浅议实验室标准化建设的思考[J]．实验室研究与探索，2005，24（5）：87～89

② 张卫良．大学核心竞争力理论与实践研究[D：博士学位论文]．长沙：中南大学，2005

③ 赵跃民．实验室是大学的核心竞争力[J]．实验室研究与探索，2005，24（2）：1～4；周详，洪霞．实验教学示范中心的个性化建设[J]．实验技术与管理，2006，23（3）：8～10

有利条件。

（二）实验室文化的传承与创新

一流实验室不仅需要一流的硬件设施配套，更需要一流的软环境保障。世界一流高校的实验室硬件条件并非都是最好的，但其软环境大都是世界一流的。实验室软环境的主要构成内容是实验室文化。实验室文化是靠一种理念来推动实验室发展，是实验室可持续发展的无形资产和重要资源。实验室文化是实验室管理中的行为准则、管理制度、价值观、人才观、职业道德、精神文明、成员的激励和约束等要素的总和。[①]从内容上分析，实验室文化包括实验室管理文化和实验室人文文化。

（1）实验室管理文化：主要是指实验室规章制度的建设和管理，它是一种强制性的约束，属于刚性管理的范畴。刚性的实验室管理文化可以最大化地发挥人的动力和最大化地利用硬件设施，从而确保实验室有序高效运行。良好的实验室管理文化的形成，有赖于科学合理的规章制度的设立。科学合理的实验室规章制度建设，就是要根据实验室工作需要，与时俱进，制定切合本校实际的各项规章制度和切实可行的操作执行措施，严格落实执行。例如，科学合理的实验教学考核评价机制，实验技术队伍的培养和考核激励体系，等等。

（2）实验室人文文化：主要是通过环境、文化渲染，达到对学生“体现激励、约束”、对教师“强调奉献、为人师表”的人性化引导效果，实现实验室“内塑形象、外创品牌”的人才培养功能，属于柔性管理的范畴。实验室人文文化建设的合理途径是：紧密结合学科特点和实验室结构层次，开辟实验室文化展示景观区，展现学科和学科带头人的风采、推广学生实验室DIY文化[②]；开辟实验室开放式阅览区和随机会议场所；建立以特色文科实验室为中心的“大学生文化素质教育基地”；尝试“DV实验室和DV实验课程”等实验室创新文化平台建设等，形成实验室科技创新沙龙，活跃实验室学术气氛，为学生实践创新能力的培养和创新才华的展示提供平台。

（三）确保实验室建设和学科建设之间的有效衔接与协调

实验室建设和学科建设之间缺少必要的衔接和协调机制，两者之间的博弈影响着实验室建设的方向。中科院杨叔子院士认为，实验室建设和学科建设是密不可分的。实验室是为人才培养和教学科研服务的，实现实验室建设

---

① 刘拓，屈波．实验室建设与人才培养体系的创新[J]．实验技术与管理，2006，26（4）：237～240

② 刘德国，王立志，阮文举等．高校实验室建设的路径依赖研究[J]．实验技术与管理，2010，27（11）：206～209

与学科建设同步、与教学培养目标相一致，就必须从学校的办学规模、学科现状、发展方向、专业设置、科研方向等方面综合考虑，做到需要和可能相结合、投入和效益相结合，突出重点建设项目，实现资源共享。①

（1）统筹规划，建立多层级资源共享实验室平台。根据实验室建设规划和学校学科发展现状，在对学校现有各级各类实验室进行全面调整优化、重组整合的基础上，构筑校级基础和专业实验室大平台，形成以校级基础实验教学中心为基础、以学科群专业实验室平台为支撑、以重点实验室和创新实验室为龙头的“高起点、高标准、高水平”的立体实验室架构，完善有层次、有规模、有重点、有创新的实验室体系，实现实验室资源最大限度的共享。结合我校人才培养目标和分型培养方案，鼓励实验室建设经费多元化渠道，按照基础常规、综合应用和创新研究三个层次建设共享实验室平台。

（2）分类管理，构建阶梯式、模块化的立体网状实验室体系。在管理层级设计方面，校级基础实验教学中心为学校一级管理；各学科群专业实验室平台、重点实验室和创新实验室采用集中管理和委托代管相结合的模式分类管理，为校院两级管理；各实验教学中心和各学科群专业实验室平台下分各功能室，为校院室三级管理。在建立横向的学科群专业实验室平台的同时，还要特别注重建立基础、专业和学科实验室之间的有机联系，形成既有不同类型、不同层次、又相互有机联系、资源集中、层次清晰和分工明确的立体网状实验室体系。②根据实验室特点，与时俱进、分类管理，重点做好资源节约型实验室、环境友好型实验室、数字化实验室和个性化创新实验室建设，为实验室的全面开放和数字化管理奠定物质基础。

二、完善实验室统筹协调机制

实验室硬件设施的配套可以立竿见影，但软环境的建设则需要一个积淀过程。从某种程度上讲，实验室管理的本质就是确保学科建设的生态平衡。杨叔子院士认为，实验室管理主要是学术问题而不是资产问题。③高校怎么抓人才培养？就是要抓学科建设，学科建设是龙头，是关键。根据学校财力

---

① 周详，洪霞．实验教学示范中心的个性化建设[J]．实验技术与管理，2006，23（3）：8～10；邢根溪，潘蕾，马升灯．科学规划，推进实验室的可持续发展[J]．实验技术与管理，2006，23（3）：103～105

② 孙健，陆国栋．高校实验教学队伍建设的思考与探索[J]．实验室研究与探索，2008，27（10）：92～95

③ 刘松青．高校实验室队伍培养机制研究[J]．合肥工业大学学报（社会科学版），2009，23（6）：32～36

状况和学科专业发展实际，按一级学科或学科群进行实验室资源整合，实现各功能区的相对集中，同时对各级实验室仪器设备资源实行定额配置，科学管理，使各级实验室由“资源争夺大战”转向“资源配置竞争”。完善实验室统筹协调机制，强化实验室育人服务功能，将从微观层次上全方位影响高校实验室人才培养功能的强弱，这是实现全方位育人的重要组成部分。

（一）实验室的日常管理工作不可忽视

从管理内容来看，实验室的管理涉及实验室高效工作与安全管理之间、实验室投入与产出之间、实验室动态管理与静态管理之间的和谐等问题。①因此，在安全管理上，实验室应建立健全预防为主的安全制度，切实落实安全措施，及时解决安全问题；在经费管理上，逐步完善实验室投入与产出评价考核机制，遏制经费不足和使用浪费并存的现象，这是确保实验室投资效益提高的关键。

从管理运转来看，实验室管理包括静态管理和动态管理两个方面。实验室静态管理是指实验室各种基本数据、仪器设备与设施、教学与设备档案等基本状态的管理；动态管理是实验室工作、设备运行、安全卫生等动态过程的运行状态管理。建立实验室定期静态考核管理和随机动态考核管理相结合的管理机制是提高实验室管理水平，促进实验室有序高效运行的重要途径。

从系统视角分析，实验室日常管理分为内部建设和对外交流两大部分。就实验室对外交流与合作而言，其发展要点在于建立以学校投资为主、鼓励多元化筹资的实验室资源配置经费渠道，发挥“产学研结合”与联合共建优势，为实验室资源和谐配置注入新的活力。同时，强化高校实验室育人和服务社会的功能，互惠互利，达到双赢。

（二）实验室的人力资源配置尤为关键

建设一流大学，培养一流人才，必须要有一流的实验室，而一流的实验室必须要有一流的师资队伍。实验师资队伍是实验室的主体，实验室的建设与发展离不开他们，实验室作用的发挥更离不开他们。现代化的大学，实验师资队伍与教学科研师资队伍、干部队伍同样重要，三者相辅相成。实验教学工作的高效有序开展，需要这三大队伍的相互配合才能完成，三者缺一不可，不能相互替代。因此，我们应该把实验师资队伍资源的优化配置当作学校上水平、上层次的重要工作来抓，着力建设一支在人才规模、层次、结构上与学校发展目标相匹配的实验师资队伍。

---

① 王松武，王伞．开放实验室中创建实验室文化[J]．实验室研究与探索，2010，29（10）：154～156

在实验室人力资源配置中，既需要提升人力资源的整体能力，还需要创新人力资源的配置模式和配置结构。提升人力资源整体能力就是要以创新的思维给实验师资队伍准确定位，不断创新机制和体制，建立一支实验教学与理论教学互通相融、与科研应用相结合，核心骨干相对稳定、结构合理、动态平衡，适应开放式实验教学体系需要、勇于创新的高素质实验师资队伍。创新人力资源配置模式和配置结构就是要采取“灵活、开放、竞争、流动”的队伍管理模式，通过适当的选才机制、合理的用才机制、长效的育才机制、完善的考核机制、梯度的激励机制等一系列措施①，调整现有人员岗位、重点培养实验室骨干力量、引进关键和紧缺岗位人才，根据实验室岗位特点引入目标管理办法，做到“人尽其才、能本管理”，确保实验室育人功能的充分发挥。

（三）实验室的协同开放运营关乎发展

人力资源是实验室发展的动力，仪器设备等条件性资源是实验室发展的基础，实验室运营的协同开放机制则是实验室有序高效运行的关键。在高校近期和远期发展规划的目标指导下，按照“统筹规划、优化整合、资源共享、提高效益”的原则，在实验室运营方面搭建起良好的协同开放机制是实验室高效运行和取得良好投资效益的必要条件。现代化实验室实施协同化和开放式有机结合的运行机制，对实验资源进行优化配置，和谐管理。

（1）协同化运行机制

协同化运行是从实验室资源的整体规划和优化整合层面入手，实现实验室资源的合理配置与优化利用。协同化运行机制最突出的表现是整体规划、优化配置、资源共享，获取实验室最大投资效益。实验室资源配置既要节约又要有利于教学科研和社会服务活动的开展，二者之间的平衡点就是优化配置的最佳标准。首先，在技术层面，运用价值链分析方法是寻求实验室资源整合最佳途径的有效方法，即将实验室资源与价值链上的各种资源进行不同方式的配置，以实现高校实验室投资效益的最大化。其次，在管理层面，比较有效的优化配置做法是采用二级主体、分类分层管理，形成主体明确、统分有度、层级分明的实验室资源配置体系。仅就主体而言，公共领域的实验室资源由学校集中管理，统一配置；交叉或共享的实验室资源，配置主体为主要使用单位，学校职能部门协调管理和配置；专业领域的实验室资源完全

① 夏永林．高校实验室资源的和谐配置与管理[J]．实验技术与管理，2008，25（12）：185～187；王松武，刘日起，王安平．以 DIY 理念建设 DIY 实验室[J]．实验技术与管理，2009，26（4）：15～17

由所在院（系或部）管理和配置。[①]

基础教学与创新实验是相辅相成的，应该在夯实学生基础知识、基本技能的基础上，赋予学生创新发展的空间。实验室既是重要的教学平台，也是重要的科研平台，加强学校与行业（企业）、科研院所的合作，实施联合办学、共建实验室或研发中心等，“产学研结合”发挥联合共建优势，既可以为学生实践创新能力培养提供良好的锻炼平台，又可以拓宽实验室资源配置的资金来源，强化高校实验室服务社会的功能，互惠互利，达到双赢。

（2）开放式运行机制

开放式运行是从实验室资源的外延性和服务性层面入手，实现高校内部实验室资源的共享，并有效拓展实验室资源的社会服务功能。根据多元智能理论的观点，实验室能使学生的创新型智能组合得到充分发展，有利于学生实践创新能力培养；从学科建设层面看，实验室开放是学科发展、交叉、融合的物质基础和平台，是进行实验教学改革和提高实验教学质量的重要途径。因此，开放实验室是创新型人才培养的有效途径。

实验室开放并不是一哄而上、为所欲为的完全自由主义行为，不能流于形式，要结合学科特点和学科发展状况，遵循“面向全体、因材施教、形式多样、讲究实效”的原则，合理定位、稳步推进，才能真正达到开放实验室的目的。开放实验室按其内涵和功能可以分为实验时间开放、实验内容开放和实验对象开放。[②]实验时间开放是前提，实验内容开放是核心，实验对象开放是手段，充分体现学生在实验室的主体地位。实验室开放结合人才培养目标总体要求，低年级学生主要训练基本技能和实践能力，高年级学生则注重培养创新精神、动手能力和独立科研能力。实验室开放结合人才培养目标、培养方案和创新型实验教学体系的构建，按照基础技能、应用提高和科技创新三个训练层次设置模块化的开放平台。实验室开放结合完全学分制的实行，根据开放实验的数量和难易程度设立相应的课内学分或创新学分。不同类型的实验室可根据教学需要，结合自身类型和教学资源情况不同采取不同的开放形式，以满足“在学生共性培养标准的基础上，充分尊重和利用学生的潜质差异，因材施教，形成训练与提高相结合、低起点与高目标相结合、个性发挥与兼顾一般相结合”的个性化教学需要，实现实验教学共性培养与个性培养的有机统一。此外，为了实现多层次实验室开放的智能高效管理，还需

---

① 冯小燕．地方高校实验资源优化配置及路径选择[J]．实验技术与管理，2011，28（4）：189～193

② 杨叔子．创新源于实践（续）[J]．实验室研究与探索，2004，23（8）：1～3

要充分利用网络信息化手段，建立实验室信息化管理系统（LIMS），通过设立实验室开放准入制和开放权限分级制，实现不同层次实验室的全方位自助开放管理。

综上所述，实验室工作是高校教学科研工作的重要组成部分，实验室的建设与管理水平直接关系到人才培养的质量问题。以人才培养为主线，本着"硬件崇实、软件崇严"的工作理念，一手抓硬件设施建设，一手抓软环境建设，双管齐下①，建立起布局合理、配置优化、资源共享、层次多样、功能完备、高效开放的新型实验室体系，充分发挥实验室在实践教学、科学研究、学科渗透和社会服务方面"四位一体"的创新、服务功能，是公能素质教育视角下高校实验室全面协调和可持续发展的必然路径。

参考文献：

[1] 夏临华．创新人才培养的摇篮——浅谈高校实验室在人才培养中的作用[J]．实验室研究与探索，2006，25（8）：889～892

[2] 邢根溪，潘蕾．浅议实验室标准化建设的思考[J]．实验室研究与探索，2005，24（5）：87～89

[3] 张卫良．大学核心竞争力理论与实践研究[D：博士学位论文]．长沙：中南大学，2005

[4] 赵跃民．实验室是大学的核心竞争力[J]．实验室研究与探索，2005，24（2）：1～4

[5] 周详，洪霞．实验教学示范中心的个性化建设[J]．实验技术与管理，2006，23（3）：8～10

[6] 刘拓，屈波．实验室建设与人才培养体系的创新[J]．实验技术与管理，2006，26（4）：237～240

[7] 刘德国，王立志，阮文举等．高校实验室建设的路径依赖研究[J]．实验技术与管理，2010，27（11）：206～209

[8] 邢根溪，潘蕾，马升灯．科学规划，推进实验室的可持续发展[J]．实验技术与管理，2006，23（3）：103～105

[9] 孙健，陆国栋．高校实验教学队伍建设的思考与探索[J]．实验室研究与探索，2008，27（10）：92～95

① 王云平．国外大学实验室管理及其对国内开放实验室的启示[J]．实验技术与管理，2010，27（3）：149～151

[10] 刘松青. 高校实验室队伍培养机制研究[J]. 合肥工业大学学报（社会科学版），2009，23（6）：32～36
[11] 王松武，王伞. 开放实验室中创建实验室文化[J]. 实验室研究与探索，2010，29（10）：154～156
[12] 夏永林. 高校实验室资源的和谐配置与管理[J]. 实验技术与管理，2008，25（12）：185～187
[13] 王松武，刘日起，王安平. 以 DIY 理念建设 DIY 实验室[J]. 实验技术与管理，2009，26（4）：15～17
[14] 冯小燕. 地方高校实验资源优化配置及路径选择[J]. 实验技术与管理，2011，28（4）：189～193
[15] 杨叔子. 创新源于实践（续）[J]. 实验室研究与探索，2004，23（8）：1～3
[16] 王云平. 国外大学实验室管理及其对国内开放实验室的启示[J]. 实验技术与管理，2010，27（3）：149～151

校史教育：深化“公能”德育教育的有效途径

党委学生工作部　高　珊

摘要： 高校思想政治教育要求不断拓展新形势下大学生思想政治教育的有效途径。深入认识校史教育的重要性，研究校史教育合理性和可行性是高校深入学生思想政治教育的新平台。南开校史丰富充实，“公能”教育硕果累累，都为完善构建南开校史教育提供可能。

关键词： 思想政治教育；校史教育；“公能”德育教育

中共中央、国务院发布的《关于进一步加强和改进大学生思想政治教育的意见》强调指出：“要努力拓展新形势下大学生思想政治教育的有效途径。”为深入贯彻落实中央文件精神，完善有效的德育工作机制，南开大学在第八次党代会召开之际，积极创建新时期具有南开特色的“公能”素质教育体系，颁布了《南开大学素质教育纲要》。坚持“允公允能、日新月异”的文化特质，努力构建以德为先、能力为重，德智体美全面发展的“公能”培养模式。

几年前，同济大学充分利用百年校庆的契机，通过校史教育大力开展思想政治教育。以校史教育为手段，以大学精神为主要内容，采取多渠道教育方式，收到了良好效果。温家宝在视察同济大学时，对“同济精神”给予了高度评价，他认为“同舟共济、自强不息”的同济精神与中国的民族精神，一脉相承，所以要高扬同济精神，培养更多的社会主义建设者和接班人。

基于国家对高校教育的要求，兄弟院校的尝试探索和南开自身发展的需要，更基于南开系列学校百余年的发展历史和优势，都为校史教育的开展奠定了基础，并使之顺利开展成为可能。

一、开展校史教育的必要性和重要性

（一）大学校史是大学精神的事实依据

大学精神是一个大学的灵魂和精髓。自中国第一批现代高校建立以来，就非常注重大学精神的构建，一般包含以爱国奉献、学术严谨、民主自由、开拓创新为核心的进步思想与理念。大学精神是指大学区别于其他社会机构所特有的相对稳定的健康的群体心理定势和精神状态，是大学在长期发展中积淀的最富于大学特质和时代特色的精神特征，是大学群体的面貌、水平、特色及凝聚力、感召力和生命力的体现。

校史的演进过程就是大学精神的形成过程。所谓校史，是对一所学校发展轨迹的真实记录，包括学校的办学理念、历史发展、重大发展决策；包括杰出贡献的教师、重大成就的创新者、走向社会后做出突出贡献的优秀学子；包括涉及学校教学、科研、管理、服务等方面的独具学校特色的文化、传统、精神；以及学校与社会、民族发展的密切关系。

只有通过校史的真实事件和人物，学生才能深刻了解到学校精神作用于人的体现和价值，才能受到事件和人物的激励，不断地完善自我和传承精神。

（二）了解校史是学生成长的现实需求

学生在大学受教育期间，正值人生价值观选择、人生目标确定的关键时期。高校与社会紧密相连，复杂的社会问题和较大的社会压力从学生入学之日起就困扰学生，如兴趣选择、就业压力、社会腐败等，刚刚高中毕业的学生面对多重问题的冲击，常会感到迷茫和力不从心，不能找到解决方法和合理定位。

根据学生的从众心理，即在群体影响下，放弃个人意见而与大家行为一致的心理和行为。同学们容易受到老师、学长学姐和周围同学的影响，从而形成思想、价值观念、处世态度、治学精神，所以，学校应充分利用校史教育素材，用校史中的先进人物和正面信息教育学生、感染学生，为学生树立学习的榜样，营造良好的氛围，逐渐使学生认同学校精神和使命，并以此为目标塑造自身。

（三）梳理校史是高校自身发展的客观需要

校史是一所学校的奋斗历程。校史作为历史，前事不忘后事之师。认真梳理校史，时刻牢记学校建校之初的使命和责任，明确学校自身定位和育人目标，牢记学校发展过程中遇到的困难和艰辛历程，纪念为学校发展做出突出贡献的老师和学生，将他们身上的品格和精神发扬光大，认真梳理学校的发展史，以此激励后来人不辱使命、开拓进取。

此外，要不断续写历史，通过校史教育这一载体，加强与校友联系，发挥优秀校友与在校师生的情感交流，用一代代新校友的贡献丰富校史精神。同时，通过向社会展示校史和学校精神，提高学校声誉，不断调整与社会发展的关系，确保培养的学生能够符合社会的需求。

二、南开大学校史教育的现状

南开系列学校整体重视学校精神传承，但因为没有系统的校史教育体系和传统，导致校史教育较为零散，从而不能深入人心，以下简单列举一些问题。

（一）校史教育时间零散

目前，只有新生入学时会通过校史讲座进行短暂式普及。时间短、内容多、学生疲惫、吸收效果不好。而新生面对环境变化，尚未做好接受海量信息的准备；并且新生在没有大学校园生活经验时，不能对一些问题有体验，导致海量填充较为被动。

（二）教师员工尚未形成共识

现阶段，公能校史教育的任务主要由思想政治教育工作者承担，一些非南开毕业的老师尚未对南开历史及精神进行了解，更不能在教学过程中兼顾南开育人的理念和模式，没有形成全员育人，所以有必要在新教工入职前对其进行校史普及。

（三）校史内容更新意识薄弱

昨天相对于今天就是历史，而校史中的很多昨天和故人已经非常久远，且校史讲授的形式较为古板，导致校史枯燥、乏味、一成不变，难以被 90 后接受。此外，不同的社会和民族环境，难以使现代学生找出历史在当今的对应价值点，导致学生不能学以致用。

三、构建南开校史教育体系，拓宽德育教育途径

（一）充分认识“公能”思想在南开发展史上的重要意义

张伯苓校长在南开中学建校 30 周年庆典上宣布“允公允能，日新月异”作为南开中学的校训。“公”即“天下为公”，它是一种胸怀，一种责任，一

种人格的至高境界；“能”即服务社会的能力。“公能”校训旨在教育南开师生勇担社会责任，学好本领，改造社会。南开系列学校百余年的发展中始终秉承校训。通过校训、容止格言、校歌等方式，认真挖掘南开办学理念的核心价值，充分发挥校训的文化凝聚力，矢志坚持“公能”理念，使南开于当今仍能坚守自己的特色。

（二）形成全员知校史、讲校史的整体氛围

身为南开的学生或者老师，主人翁的意识和义务十分重要。校史的普及者绝非仅是思想政治工作者或者学生导游团，只有每个南开人都了解母校的艰辛发展历程，才能在学校遇到瓶颈时少一些抱怨，多一些建议；少一些烦躁，多一些珍惜。珍惜南开发展到今天的艰辛，在南开的学习生活中找到家的感觉，并且为不断建设南开贡献自己的力量。

（三）深挖校史素材，不断丰富充实

首先，应该将校史的编写和探索作为一项例行的工作，发动教师、学生、校友以及社会人士从多个角度提供与学校发展相关的历史资料和建议，从而保证校史能够客观、全面、丰富。其次，为学生提供探求校史的途径，如与老教师座谈，走访南开系列学校，在探求的过程中实现育人的功能。使学生用发展的眼光回看历史，解读新的时代意义。

（四）重视环境育人，体现南开特色

环境对个人成长至关重要，能够起到耳濡目染、润物无声的作用。尤其在校园内，可以在校园环境、教学楼、宿舍内不断强化独具特色的南开标识，例如校园纪念物、校史馆、网络校史馆、建筑物、校徽、校歌、容止格言等，展现南开的特点，强化南开学子身份，从而时刻牢记南开使命和责任。

参考文献：

[1] 温家宝．对同济大学的祝愿[N]．文汇报，2007-06-14（1）
[2] 刘尧．大力弘扬和培养大学精神[EB/OL]．转引自“科学网”
[3] 叶一舵．心理学教程[M]．厦门：厦门大学出版社，1995：210

南开大学国防教育现状调查研究

武装部　石　瑶

摘要：高校国防教育是增强学生国防观念、提高综合素质的重要方式，也是学校开展学生思想政治教育的有效手段。通过对本科学生中的调查结果分析，梳理南开大学开展国防教育的现状，查找学校在开展国防教育过程中的方式、方法以及学生学习意识等方面存在的问题，并结合国家及国际局势发展的新情况，给出有针对性的意见和建议。

关键词：南开大学；国防教育；调查

国防和军队建设，在中国特色社会主义事业总体布局中占有重要的地位。增强全民国防观念，完善国防动员体系，加强国防动员建设是全民国防教育的一个重要方面。对大学生有组织、有计划地进行国防教育是中国各高等学校教育体系的重要组成部分，不仅具有增强全民国防观念，提高全民国防意识的功能，而且具有很强的育人功能。

《中华人民共和国国防教育法》指出：学校的国防教育是全民国防教育的基础，是实施素质教育的重要内容。高校凭借国防教育为载体，通过组织大学生参加军政训练，对于增强大学生的国防观念，激发他们的爱国报国热情，全面提高素质，促进校风校纪建设，具有十分重要的意义。[①]同时，国防教育的开展也是各高校进一步加强和改进大学生思想政治教育的有效途径。

一、本次调查情况说明

高校国防教育的直接对象是在校大学生，而他们对国防教育重要性的认

---

① 张成斌．国防教育：大学生思想政治教育的新载体[J]．思想政治教育研究，2006（4）：70

知又直接反映了高校国防教育的实际效果。为了进一步了解南开大学国防教育现状，笔者对在校本科学生进行了一次高校国防教育调研。本次调研共分为问卷调查和国防知识测验两部分。

问卷为小范围发放，共回收有效问卷 71 份，调查涉及全校 15 个学院共计 28 个专业。测验有效样本同问卷样本一致。有效问卷和测试涉及的 71 名同学中，男生 33 人，女生 38 人。调研样本尽量选择中低年级学生，因为他们或者刚结束军训，或者正在学习军事理论课，或者正在学习其他思想政治课程。

表 1　被调查学生情况统计

项目 统计	性别		所在年级				专业类别		
	男生	女生	大一	大二	大三	大四	文科类	理工科类	经管类
人数	33	38	4	56	10	1	23	22	26
比例	46%	54%	6%	79%	14%	1%	32%	31%	37%

二、本次问卷调查结果分析

问卷涉及对国防教育本身的认知、对国防教育过程的评价和对国防教育效果的调查。对问卷调查结果的分析有如下几个方面。

（一）关于国防意识调查结果

国家安全是国防教育的重要内容，也是本次调查的主要询问指标。问卷中的前四道题询问被调查者对国家安全形势的关注程度，结果显示只有 32% 的同学表示自己常常关注国家安全形势，超过六成被访学生表示自己只是偶尔关心。

表 2　是否关注目前中国的国家安全形势

选项 统计	A 关注	B 偶尔	C 不关心
人数	23	44	4
比例	32%	62%	6%

当被问及因何关心国家安全形势时，超过一半的学生是出于个人兴趣和关注（如表 3 所示），这表示南开大学大多数同学在一定程度上，仍然对国家

的安全形势保持兴趣和关切。但是，经由国防教育而激发其关心国家安全形势的同学只占 11%，说明南开大学的国防教育对学生产生的直接效果并不明显。另外，有 34%的同学认为是国家和社会的观念对其关心安全形势产生了影响。

表 3　关注国家安全形势的原因

统计＼选项	A 国家意识社会观念	B 国防教育普及程度	C 个人兴趣与关注	D 其他
人数	24	8	37	2
比例	34%	11%	52%	3%

如表 4 所示，大多数同学在接受调查时认为目前中国的国家安全形势情况复杂，占被调查总体的 61%，共有 12 人占比例 17%的同学认为自己感受到目前国家安全形势不是很好。与此相对应的是，共有 23%的被访者认为国家安全形势总体良好。调查说明，即使大多数学生并不认为国家安全形势良好，但也不会因此过多地关心国防。这种状态十分值得关注。

表 4　对目前中国的国家安全形势的个人判断

统计＼选项	A 总体良好	B 情况复杂	C 不是很好
人数	16	43	12
比例	23%	61%	17%

调查结果显示，网络的普及已经使网络成为大多数学生了解国家安全形势的途径和手段，近四分之三的学生都是依靠网络获得相关信息并且发表其观点和言论的。被调查学生普遍表示，大多数时间会通过网络平台，如个人博客、微博来表达个人看法，而最近兴起的微信、朋友圈等，更是提供了一个相对私密的交流空间。经由电视、报纸等传统媒介了解国家安全形势的分别仅占 21%和 4%。仅有 1 名学生认为军事理论课是其了解国家安全形势的手段。如表 5 所示。

表 5　平时了解国防安全形势最经常采取的形式

统计＼选项	A 电视	B 报纸	C 网络	D 其他
人数	15	3	52	1（军理课）
比例	21%	4%	74%	1%

（二）对于政策的了解及教育内容调查结果

问卷的第五、第六题侧重了解学生对于《国防教育法》、《全民国防教育大纲》的认知程度，以及他们希望了解掌握的内容。如表 6 显示，对相关政策法规等有一定了解的只有两个人，大多数同学对两项文件均不太熟悉。对于《国防教育大纲》的内容（见表 7），大多数同学认为想关心的是国家安全形势，对于国防知识、国防理论及武器装备知识都兴趣不大。在这一点上，调查结果显示，男女生的态度并没有较大的差异。

表 6　是否知道《国防教育法》、《全民国防教育大纲》等国防教育法律法规

选项 统计	A 从未听说或了解	B 知道，但不了解具体内容	C 有一定的了解
人数	24	45	2
比例	34%	63%	3%

表 7　在《全民国防教育大纲》中，最希望学习的内容

选项 统计	A 国防形势和任务	B 国防知识和法规	C 国防理论和历史	D 国防武器和装备
人数	47	7	4	13
比例	66%	10%	6%	18%

（三）南开大学国防教育开展情况调查结果

关于南开大学国防教育各种形式取得效果的系列问题中，表 8 显示的是受访学生最喜欢的国防教育形式。近 60%的同学都青睐报刊和影视教学，他们认为此种方式轻松简单，并且形式相对开放，这是他们选择的主要原因。传统方式如课堂教学、校园活动分别仅占 14%和 7%。而每一名南开学生在入学时都参加过的军事训练，却只有 3%的同学表示喜欢参加军训活动。另外，有一名同学认为参观军营是其最喜欢的方式。

表 8　最喜欢的国防教育形式

选项 统计	A 课堂集中教学	B 报刊影视教育	C 网络互动教育	D 参加军训活动	E 举办校园国防宣传活动	F 其他
人数	10	42	11	2	5	1（参观军营）
比例	14%	59%	15%	3%	7%	1%

表9所表明的是询问同学们在军训中最喜欢参与活动的结果。日常科目训练和讲座及各项教育活动分别只有6名同学选择，占总比例的8%。而实战方面训练的内容和实地参与的内容则成为大家普遍喜欢的活动，对军营的向往和猎奇性体现在83%的选择比率上，大多数同学认为军营相对校园陌生且神秘，希望有参观和体验的机会。

表9 军训中，最喜欢参与的活动

统计＼选项	A部队参观或野外拉练	B实战射击或武器体验	C讲座及文娱教育活动	D军事科目基础训练
人数	25	34	6	6
比例	35%	48%	8%	8%

被调查学生的选择集中于"观看报刊影视"和"实战演习演练"，认为这些是最有效的国防教育形式，其他形式如课堂集中教学只获得7%的认可，网络互动则为8%，讲座、报告和各种文体活动等只有1%的同学选择。军训仍然只有3名同学选择，同前面的选项基本一致，南开大学的同学们对于军训的认同度和好感度并不高。如表10所示。

对于此项调查结果，令人稍感意外。南开大学军训一直是天津各高校中开展得最正规、最认真的。每年的安排和训练，均由解放军或武警部队官兵担任军事科目教官，辅导员担任指导员，形成军事训练和政治工作双保险、双保障。但调研结果说明，军训工作的开展要想真正产生实际效力，对学生的国防意识产生实际影响，必须还要认真思考和认真设计。

表10 认为最有效的国防教育活动

统计＼选项	A课堂集中教学	B观看报刊影视	C网络媒体互动	D参加军训活动	E讲座与报告会	F实战演习演练	G演讲合唱比赛
人数	5	27	6	3	1	28	1
比例	7%	38%	8%	4%	1%	39%	1%

在调查中，我们请同学们对南开大学国防教育的开展情况给予评价，将近70%的同学认为自己参加的国防教育活动不多，只有军训一项。认为活动丰富的只有17%的同学，另外还有14%的同学持明显的相反意见，认为学校需要开展更多的活动。

表 11 对南开大学国防教育开展情况的评价

选项/统计	A 开展良好，活动形式丰富	B 程度一般，只参加过军训	C 不是很好，需要更多活动
人数	12	49	10
比例	17%	69%	14%

（四）学生对国防教育开展情况认知调查结果

最后两道题目是针对目前中国国防教育现状进行的调查。认为中国国防教育成功的同学只有 2 名，占比为 3%；认为效果一般或不够大的达到 86%；认为几乎没有效果的达到了 10%。总体来看，大多数同学对于国防教育持不乐观的态度。

表 12 对中国目前国防教育现状的评价

选项/统计	A 非常成功，完全能达到预期效果	B 效果一般，宣传力、影响力不够大	C 很失败，几乎没有达到什么效果	D 其他
人数	2	61	7	1
比例	3%	86%	10%	1%

表 13 呈现的是同学们对于部分献礼性质的国防教育影片的基本态度。大多数同学给予了肯定，超过了总比例的 60%，认为此种形式易于接受，达到了国防教育的效果。近 3 成的受访学生认为商业味过浓，影响了国防教育的严肃性。

表 13 对以《建国大业》、《建党伟业》形式开展国防教育评价

选项/统计	A 形式大众化，易于接受	B 商业化降低了严肃性	C 没有想法	D 其他
人数	45	21	4	1
比例	63%	30%	6%	1%

三、测试结果分析

（一）测试题目及计分统计原则

1. 本次测验总共提出10道测试问题，均为填空题，共16处答题填空。

①“中国人民抗日战争胜利纪念日”是哪一天？________

② 中国陆地边界与____个国家接壤；最南端领土是________

③ “和平共处五项原则”是在___年，由___（人物），在________（国家）提出。

④____战争标志着高技术战争进入成熟时期，开始向信息化战争转型。

⑤ 中国第一艘航空母舰的名称是：_________；中国自行研制的大型运载火箭系列的名称是_____

⑥ 《中华人民共和国国防教育法》是何时颁布的？______

⑦ “全民国防教育日”是哪一天？________

⑧ 2011年3月，美军实施的“奥德赛黎明”行动拉开了哪一场近现代战争的序幕？____________

⑨ 解放军七大作战军区为：________________________

解放战争中三大战役是：________________________

⑩ 2012年中国国防经费预算约为____亿元人民币；十八届三中全会为了完善国家安全体制和国家安全战略，最新成立的国家机构是____________

问题内容涉及基本国防知识、国防教育知识、国际战略知识，以及当前中国国防战略等方面。从难易程度上看，除关于国防教育的第⑥及第⑦题同学们相对较为陌生以外，其他问题均属于常识性问题，或者时政问题。笔者设计题目时认为，只要同学们了解关心国家国防信息以及关注国家国防形势，应当可以比较轻松地做出正确的回答。但是，从计分统计的结果来看，同学们的答题结果并不尽如人意。

2. 本次计分统计如表14所示。

表14 填空测试计分标准

统计 \ 回答情况	答对	答错	未作答
计分	2	1	0

（二）测试题目统计结果

测试题的一个填空如果回答正确得到 2 分，若 16 个填空均回答正确，则可得满分 32 分，但是，最后统计的平均分数仅为 12 分。可见同学们的答题率和答题准确率都非常低。其中有很多题目，有些同学甚至表示没有听说过，无从下笔，未填写。具体统计如表 15 所示。

表 15　国防知识测试分数分布

统计＼分数区间	1～10	11～20	21 及以上	平均分：12
人数	29	34	8	
比例	41%	48%	11%	

四、对于本次调查的几点思考和对策建议

（一）调查反映的目前国防教育实际情况

1. 高校国防教育形式有待丰富

高校国防教育是国防建设的一个重要组成部分，其根本目的在于提高大学生的国家安全意识，增强国防观念。《中共中央、国务院关于深化教育改革全面推进素质教育的决定》（以下简称《决定》）在阐述全面推进素质教育，培养适应 21 世纪现代化建设需要的社会主义新人时要求："规范国防教育，提高学生的国家安全意识，继续搞好军训工作并使之制度化。"①《决定》不仅明确提出要"规范国防教育"，而且明确规定了"提高学生的国家安全意识"这个教育目标。②国家安全、国家主权与国家利益是国家权益的统一体。要提高学生的国家安全意识，就要注重培育和提高学生的国家主权意识和国家利益意识。可见，注重培育和提高大学生的这三种意识，既是国防教育的必然要求，也是国家赋予新时期高等教育的任务。

从 1985 年开始，教育部门开始组织大学生参与军事训练。③到目前为止，绝大多数高校都按照国家的要求组织了对新生的军训工作，大学生的国防观

① 中共中央，国务院．关于深化教育改革全面推进素质教育的决定[C]．中共中央文献研究室．十五大以来重要文献选编：中册[M]．北京：人民出版社，2001：858

② 《中共中央，国务院．关于深化教育改革全面推进素质教育的决定[C]．中共中央文献研究室．十五大以来重要文献选编：中册[M]．北京：人民出版社，2001：859～860

③ 马安勤等．高校大学生国防教育:意义、现状与对策[J]．辽宁行政学院学报，2009（1）：114

念和意识与以前相比，有了较大的提高。但与现代高技术战争条件下的要求相比，高校国防教育还存在很大的差距。各高校虽然都配备了相应的人员和机构，但远不能适应军事理论和军事技能教学的需要。相关调查发现，多数高校新生入学后的一至三周的军训时间，仅够训练部分简单的军事科目，而军事知识和军事技能仍知之甚少，实弹演练考虑到安全等因素也基本被取消，更谈不上国防教育的系统性和规范性，从而使军训这种最基本的国防教育流于形式。而军事理论课也大多在第一学期或者第二学期开设一个学期，多为大班教学，同时各高校师资水平参差不齐，教师队伍无法保障，使得课堂授课内容及效果都不十分理想。

即使在南开大学丰富的校园文化中，也很难见到同国防教育相关的主题活动。大多数活动都集中在军训期间，如板报比赛、演讲比赛及合唱比赛等，通过担任指导员的各学院辅导员在军训期间的休息时间组织同学参与活动。这就造成大多数同学只有在大学入校时，才能接触到国防教育活动。同时，因为军训期间同学们的训练任务并不轻松，很多同学参与国防教育文体活动的兴致不高，有不小的抵触和畏难情绪，造成了活动的实效性不高的结果。

2. 大学生国防意识淡薄

大学生应该是最具备“天下兴亡，匹夫有责”意识的群体。然而以“90后”为主体的大学生，他们的生活和受教育都是在新时期和平年代，从小生活在优越的环境里，缺乏艰苦生活的锻炼和社会实践，没有居安思危的意识；缺乏在危机感基础上寄托“以天下为己任”的忧患意识；加之世界观正处于形成时期，鉴别是非能力较差，容易受不良思想影响。一些学生国防观念淡薄，认为国防教育只是军人或者国防生的事情。

当代大学生肩负振兴中华、建设祖国的重任，也担负着保卫祖国、保卫现代化的义务。但是，现在每年都有相当数量的“国防生”决定违约。绝大多数大学生对于加强国防教育都很茫然，他们认为进行国际教育是和平年代的“杞人忧天”。他们没有看到国家的安定团结和稳定发展需要有强大的国防作为后盾，而国防并不仅仅是军人的事，它需要全社会每一个人的努力和奉献。因此，当代大学生国防意识的淡漠不能不令人吃惊和担忧。

（二）未来可以努力的方向

1. 丰富军训和军事理论课内容

军训是开展国防教育的基础和主要途径，必须精心组织，抓好各项工作的落实。军事科学知识本身所具备的前沿性、神秘性还可以极大地激发学生学习的兴趣。在确定军事理论课的教学内容、目标、要求、及课程设置上做到统筹安排，不断深化军事课教学改革；在师资力量、教材编写、教学内容、教学方法、教学时间、学分设置、考试考核等方面进行规范。同时，还要注意到学生主要获取知识手段为网络这一特点，加强网络教学平台的建设、增加师生线上互动和交流。

军事科学知识也是每一个公民所必须具备的基本知识和技能。军事科学本身就是人文社会科学，学习军事科学有利于提高学生的人文素养。[①]但军事理论的学习不应该局限于书本的学习，还应该着眼于开阔学生眼界，扩大知识面，从而有助于学生打破专业学习的思维定势，拓展思维空间，进一步提高学生的创造力和综合思维能力，促进学生科学素质的提高。南开大学应当积极建立国防教育实践基地，采取“请进来、走出去”的方式，组织“大一”、“大二”学生认真开展国防教育的社会实践活动。

2. 拓展国防教育形式

国防教育内容的丰富性和大学生知识面广、学历层次高、思想活跃的特点，要求国防教育的形式必须灵活多样。在发挥军训、军事理论课的主体教育作用的基础上，开展丰富多彩的大学生自我教育活动，提高大学生的国防意识和国防观念。

高校国防教育是爱国主义教育的有效载体，是增强学生爱国主义、社会主义、集体主义教育的有效手段。应当把国防教育同大学生的道德行为规范教育有机结合起来，形成国防教育机制。例如，军训结束后，坚持集体出早操，按时作息，坚持学习解放军的优良作风。利用征兵、建军节、国庆节等时机进行公民义务、国防法制和国防知识教育。举办国防教育内容的演讲、辩论、知识竞赛、读书会等活动，寓国防教育于明理之中。

3. 以国防教育促进学校整体德育工作

丰富校园国防教育活动，营造良好的校园氛围，激发同学参与国防教育活动的积极性。结合道德教育的特点和国防教育的实际，运用道德典范的教育作用和集体生活的陶冶与训练来提升大学生的国防道德水平。尤其要发挥军人道德典范的教育引导功能，努力提高大学生的国防伦理感悟力。

学校应支持和引导学生社团组织的有关国防教育主题的团队活动，并尽可能为他们提供诸如资料、经费、场地和设备等物质条件，提高活动的层次与质量，使他们的活动有组织领导，有计划安排，内容丰富，形式多样，深

---

① 张戈．高校国防教育与大学生素质养成[J]．陕西师范大学学报（哲学社会科学版），2004（10）：286

入人心，效果显著。通过参观革命旧址、博物馆、革命纪念馆、军学共建基地等，开展“双拥共建”活动，让大学生在社会实践中接受自我教育，达到自我提高。

总之，君子安而不忘危，存而不忘亡，治而不忘乱，是以身安国家可保也。这是提高大学生国防意识的出发点和落脚点。要解决南开大学同学们国防意识存在的问题，仍然需要在创新形式、改进方法、加大投入等方面进行持续地探索和努力。

参考文献：

[1] 张成斌．国防教育：大学生思想政治教育的新载体[J]．思想政治教育研究，2006（4）：70

[2] 中共中央，国务院．关于深化教育改革全面推进素质教育的决定[C]．中共中央文献研究室．十五大以来重要文献选编：中册[M]．北京：人民出版社，2001

[3] 马安勤等．高校大学生国防教育:意义、现状与对策[J]．辽宁行政学院学报，2009（1）

[4] 张戈．高校国防教育与大学生素质养成[J]．陕西师范大学学报（哲学社会科学版），2004（10）

高校资助育人创新视角
——基于南开大学的高校资助育人工作调研报告

校团委　刘　巍　学生工作部　刘　志

摘要：随着贫困大学生数量不断增加，贫困大学生问题日益引发社会各界广泛关注。建国以来，高校资助模式四次演变，并呈现出资助模式多样化，对象细分化，内容丰富化、方法多元化等趋向。目前，依然存在认定工作难、勤工助学岗位少、理念单一及形式不完善等问题。为此，坚持以人为本的思想教育，实施“济困、立志、强能”三位一体的资助育人模式，实现教育、管理、服务等的有机结合，是满足学生多样化需求，进而从根本解决贫困生问题的有益探索。

关键词：贫困生；三维角度；资助育人

近年来，随着我国高等教育体制改革的深入开展，高校中的贫困大学生数量不断增加，贫困大学生问题也日益突出，引起社会各界的广泛关注。一系列国家资助政策的出台，在一定程度上解决了一些贫困生的学习和生活基本费用问题，但是，目前在一些高校中仍然存在着对贫困大学生认定困难，勤工助学岗位与学生实际需求情况脱节和重经济资助、轻思想教育的现象。因此，如何解决以上各类问题，切实有效地帮助贫困大学生在得到经济资助的同时，加强对他们的思想教育和心理健康教育，关注他们的情感世界，积极引导他们自强不息，奋发向上，全面发展，成为高校思想政治工作者近年来一直尝试解决的问题。

近年来，众多同仁都为了更好地提高资助工作的实效性，真正做到以促进学生全面发展为目标，实现“以人为本”的育人方式，改善现有资助方式的不足之处而努力探索。2011年，我项目组成员在其相关论文中提出了“济困、立志、强能”为主线的“三位一体”资助体系。项目组以此为基础，通过问卷、座谈、访谈等形式，定量分析贫困生的实际需求，以及此资助体系的可行性和执行方式，并拟定指导实际工作的具体方案。最终，形成相应调研报告和论文，并转化为相应的规章制度，以学院为试点尝试执行，并向学校推广。

一、调研实施情况

（一）调研对象

本次调研以南开大学全体在校本科经济困难生为研究对象，采用分层抽样法，从全校 19 个学院抽取样本。共发放问卷 300 份，回收 290 份，回收率为 96.7%，其中有效问卷 283 份，有效回收率 94.3%。在有效问卷中，男生 146 人，女生 137 人；理工类学生 139 人，文史类学生 116 人，经管类学生 28 人；在年级分布上，本科二年级学生 146 人，本科三年级学生 81 人，本科四年级学生 56 人；在年龄分布上，18～20 岁之间的学生有 145 人，20～23 岁之间的学生有 134 人，23～25 岁之间的学生有 3 人，25 岁以上的学生有 1 人；生源地统计方面，来自城市的学生有 84 人，来自农村的学生有 155 人，来自县城的学生有 44 人；家庭子女数方面，独生子女的学生有 118 人，有一个兄弟姐妹的学生有 115 人，有两个以上兄弟姐妹（含两个）的学生有 50 人。具体比例分布情况详见图 1。

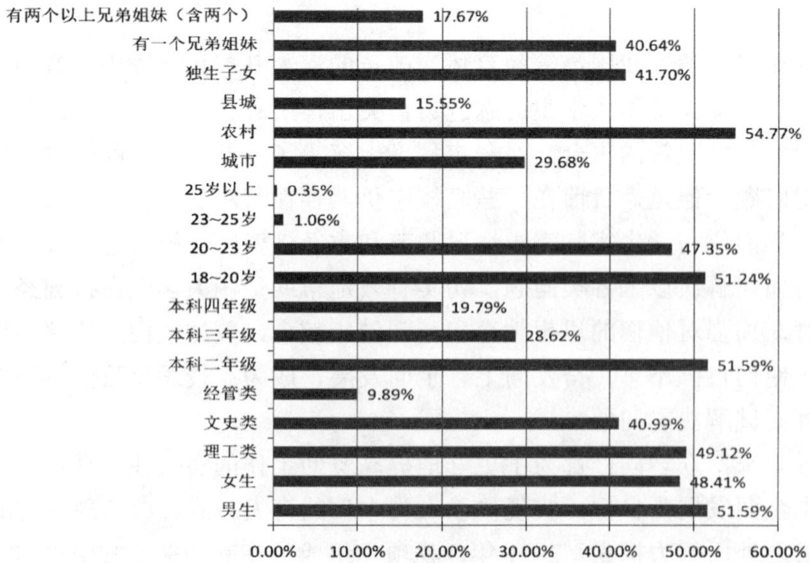

图 1　调研样本基本情况分布图

（二）调研工具

高校资助育人工作调查课题组结合相关文献研究，以及 2013 年本科生教育培养工作的新特点，在多次完善问卷结构和题项设置后，自编了“高校资助育人工作调查问卷”。调查问卷共分为四个部分。

第一部分为人口学变量问卷，包括调研对象所在年级、年龄、性别、民族、专业、家乡、生源地、家庭子女情况、父母受教育情况、获得资助情况等 10 项内容，符合南开大学本科生类别的特征。

第二部分为公能综合能力之“公”的情况调查，关于社会实践状况的李克特五点量表，包括参加社会实践活动的态度、内容、次数、参与社会实践活动的动力、家庭意见、评价、困难，等等。在形式上，包括单选题、多选题和排序题。

第三部分为公能综合能力之“能”的状况调查，包括“三观”情况、学习成果、身心状况、兴趣特长，等等。

第四部分是资助政策评价部分，对资助方式变化、资助体系调整与学生态度和能力提升的意愿等方面进行了调查。

（三）数据分析

根据调研问卷的量表和问题特点，我们采用 SPSS 19.0 统计分析软件，对调研结果进行了描述性分析与推论性分析。通过频数分析明确调研对象的受资助情况、公能综合能力状况和学习生活情况，并以人口学变量为分类标准，分析不同本科生对于学校资助育人工作状况所反映的差异与共性。在推论性分析部分，利用列联表、单因素方差分析、T 检验、相关分析和回归分析等参数或非参检验法，系统研究调研对象、资助育人工作的内部特征以及相关变量之间的相互关系。

需要说明的是，人口学变量在划分调研对象不同类别的同时，必然导致各类别之间存在人数差，若考察某一学生受资助情况在人口学变量上的差异，就不能单纯地比较数量，而是需要比较百分比。例如，调研对象在专业上被划分为理工类、文史类和经管类，每类学生人数分别为 139 人、116 人、28 人，那么，若在某一学生受资助情况方面，三类学生的人数均为 25 人，此时，数据的绝对值表明三类学生在此状态上没有差异，但其占所属类别学生人数的比例依次为 49.12%、40.99%、9.89%，说明不同专业学生在受资助情况上存在差异。

二、“公能”综合能力现状分析

第二、第三部分问卷主要调查我校本科生对公能综合素质与能力现状的认知和行为表现。这两部分问卷以称名变量为主，故采用频数统计方法进行数据分析。

(一)“公”之社会实践活动情况

1. 参加社会实践活动的态度

在对于大学生参加社会实践活动的态度上，持非常赞成态度的学生占绝大多数。累积赞成与非常赞成在大学期间进行社会实践活动的有 92.5%，也有 7.8%的学生持无所谓和反对的态度。如图 2 所示。

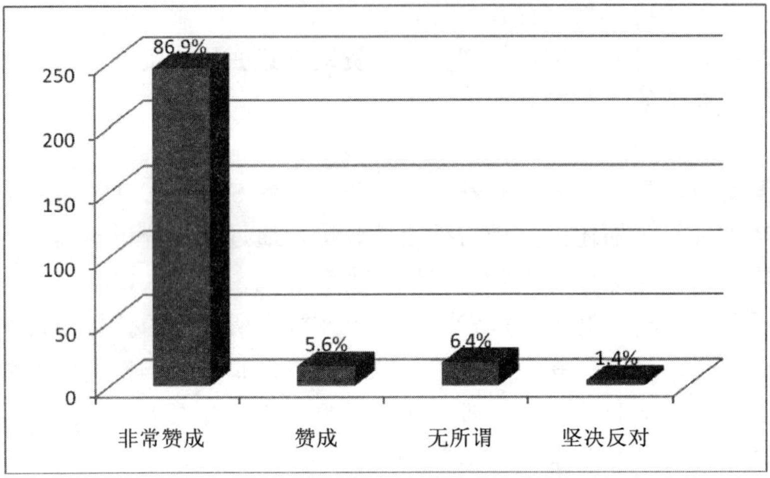

图 2　大学生参加社会实践的态度

2. 参加大学各类社会实践活动的次数

在参加社会实践活动的次数上，参加 2～4 次的学生占绝大多数。有 91.9%的学生在大学生活中都参加了社会实践活动，而且有三成的学生参加了 5 次以上，但也发现，还有 8.1%的学生没有参与过任何社会实践活动，值得关注。如图 3 所示。

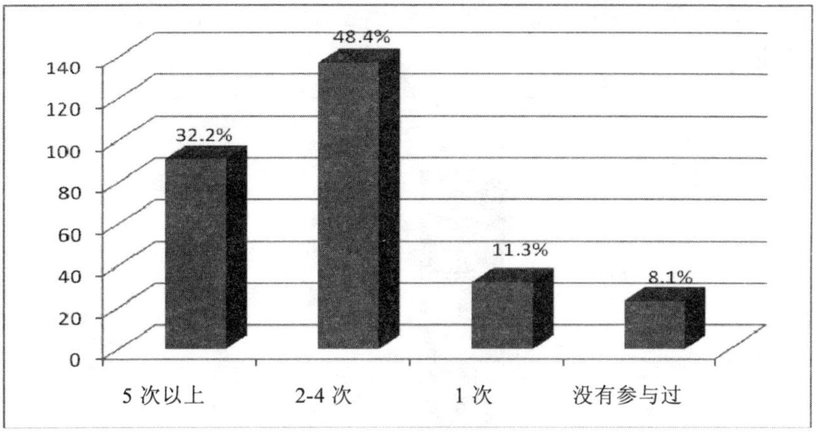

图 3　参加社会实践的次数

3. 学生家长对于学生参加社会实践的意见

关于学生家长对于学生参与社会实践活动的意见，有 85.9%的学生表示家人同意或非常同意自己参加社会实践活动，可见，学生个人参加社会实践活动时往往征求家人的意见，听从家长劝导对学生参与社会实践活动，在动力和激励因素方面都是很重要的。如图 4 所示。

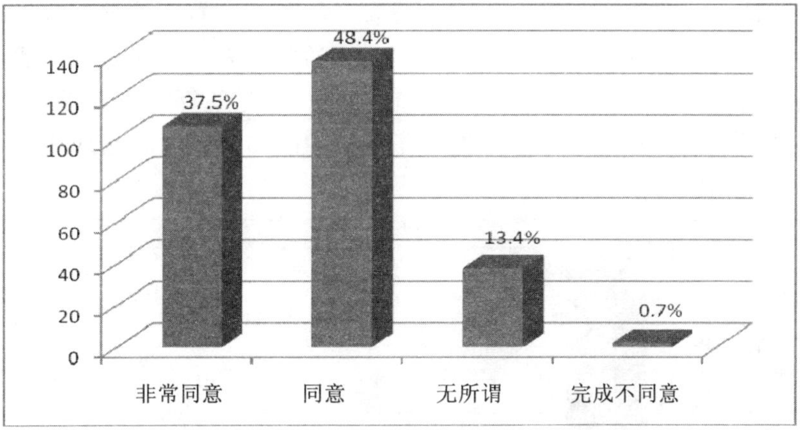

图 4　家长对学生参加社会实践的意见

4. 参加社会实践最看重的因素

在大学生参与社会实践活动最看重的因素上，认为活动性质很重要的占绝大多数，有 79.9%的学生选择了该因素。所以，在社会实践活动的组织和设计上，首先要注重社会实践活动的性质这一因素。另外，还有近两成的学生提出活动时间和活动报酬也很重要，也在他们的考虑范围之内，如图 5 所示。所以，在注重活动性质的同时，充分考虑学生们的时间安排、劳动付出与收获也是很有必要的。

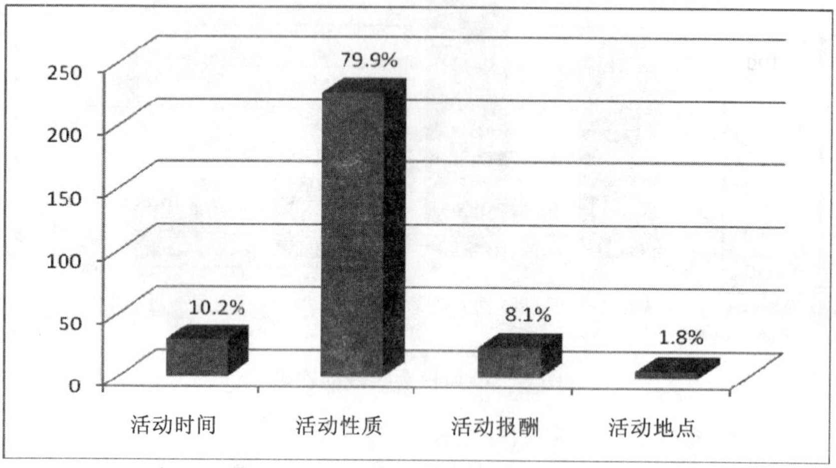

图5　参加社会实践最看重的因素

5. 对参加过的社会实践活动的总体评价

在让大学生对参与过的社会实践活动做一个总体评价方面，同学们觉得社会实践活动很有意义，挺充实的占绝大多数。超过六成的学生认为参与过的社会实践活动很有意义。此外，有23%的学生认为参加社会实践活动可以认识很多朋友，当然也有11.7%的学生认为总体感觉还行。另外，还是有3.9%的学生认为社会实践活动无聊，浪费了他们的时间。在这方面，需要多加关注和引导。如图6所示。

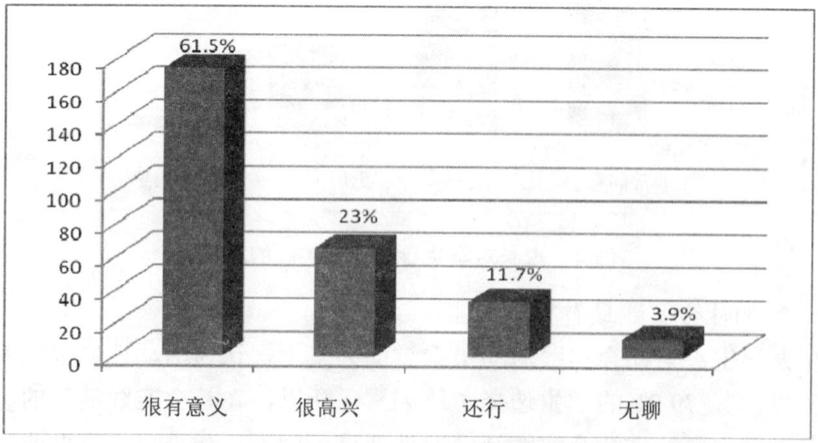

图6　对参加过的社会实践活动的总体评价

6. 大学生参与过的社会实践活动

在大学生参与过的社会实践活动的多选题中，排在前三位的是学校安排的教学实践、公益活动和勤工助学活动，且有一半以上的学生都参加过上述三类社会实践活动。而其他几类社会实践活动，如自己申请和联系的专业实习、科技发明活动、创业实践等，参与的人数明显较少。如图 7 所示。但是，对于如今更加注重创新与创业的高校发展趋势而言，加强科技发明类的创新实践活动、创业实践活动及一些专业实习可能更加重要。

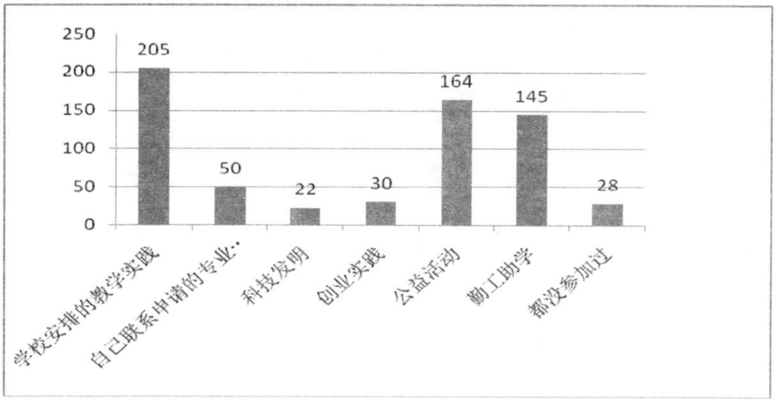

图 7　大学生参与过的社会实践活动

7. 参与社会实践活动的动力

在对于大学生选择参与社会实践活动的动力问题上，排在前两位的分别是个人兴趣和就业压力，有 79.8%的学生和 38.2%的学生分别认为个人兴趣和日益面临的就业压力是他们选择社会实践活动时最看重的因素。另外，也有 23.6%和 24%的学生认为家庭压力和学校任务是他们选择社会实践活动时更看重的因素。如图 8 所示。

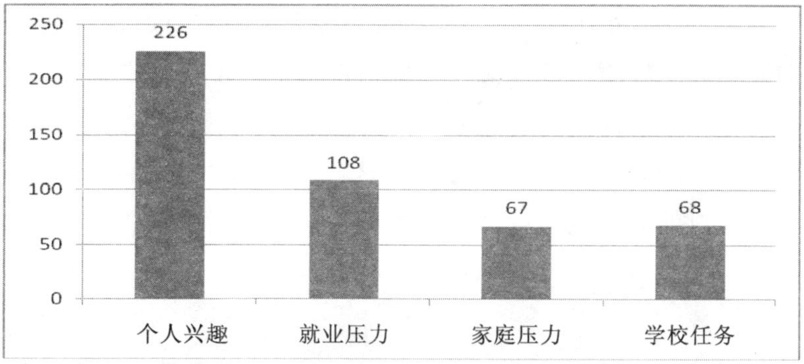

图 8　参与社会实践活动的动力

8. 参与社会实践遇到的困难

在大学生参加社会实践曾遇到的困难选题中，排在第一和第二位的是他们觉得自己的社会经验不足，无法适应和时间的冲突，同时，也有一半的学生认为某些工作任务无法完成，少量的学生碍于面子。如图 9 所示。可见，在开拓大学生社会实践方式和领域的过程中，解决他们所面临的主要困难是应有之义和必然要求。

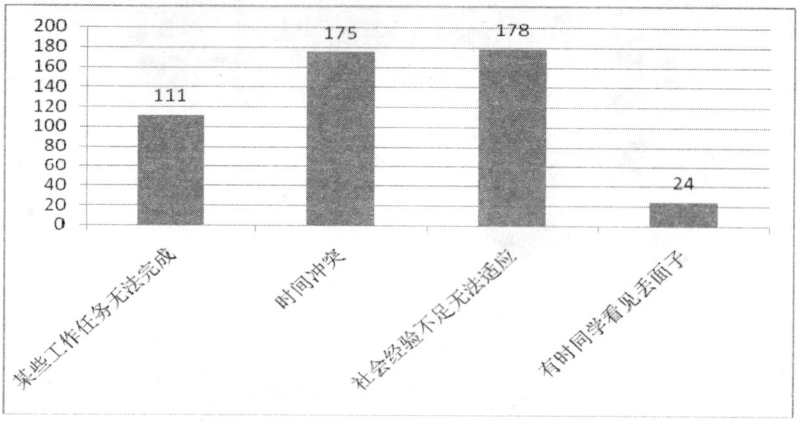

图 9　参与社会实践遇到的困难

（二）“能”之综合素质具备情况

在调查大学生个人现状的题目中，我们通过统计分析看到，大学生目前在职业规划、人际关系、健全“三观”、守法守规、生活幸福、情绪管理、“美”的感觉、性格特点等多方面与目前自身现状相符，排在后两位的分别是专业的兴趣度和自卑感，可以看出，部分同学还是不很满意自己目前所学的专业，而现在的人际关系环境与校园文化环境的再教育，使得大学生在自卑感上没有那么严重，也许是 90 后大学生的生活条件差异性普遍缩小所导致的。可以看出，通过学校的教育、家庭和社会的影响，目前大学生的生活状态比较多种多样，所面对的问题也多种多样，体现了一定的复杂性。

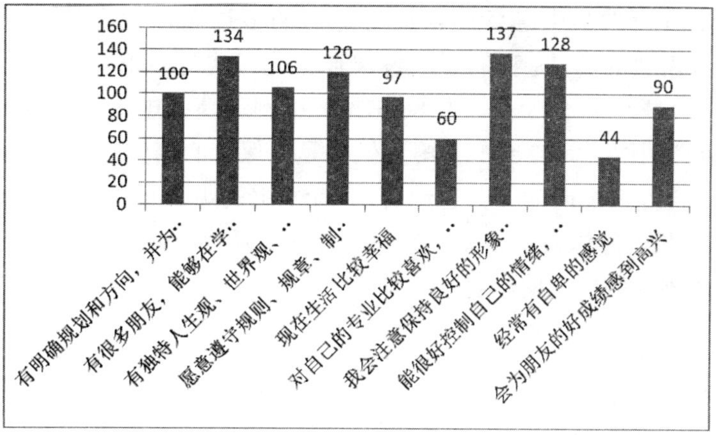

图 10　个人综合情况

在调查学习情况的多选题中，通过设计在大学阶段取得的学习成果，了解作为大学生根本任务的学习情况在大学生中所受到的重视和掌握程度。283名大学生中，有 16 名学生发表过学术论文或申请过专利，有 59.36%的大学生在大学阶段组织或参加过讲座、交流合作、座谈会，所占比例最高；排在第二到六位的分别是，“经常涉猎各种学科门类的知识，知识面很广”“学分绩排名前列，获得奖学金”“参加过学术研讨会、学术会议”“喜欢动手操作，并经常应用到生活中”和“参加学科知识竞赛并获奖”。因为我们调查的对象是大学中家庭经济困难的本科生，可见，对于学习，他们在各方面的表现还是值得关注和重视的。

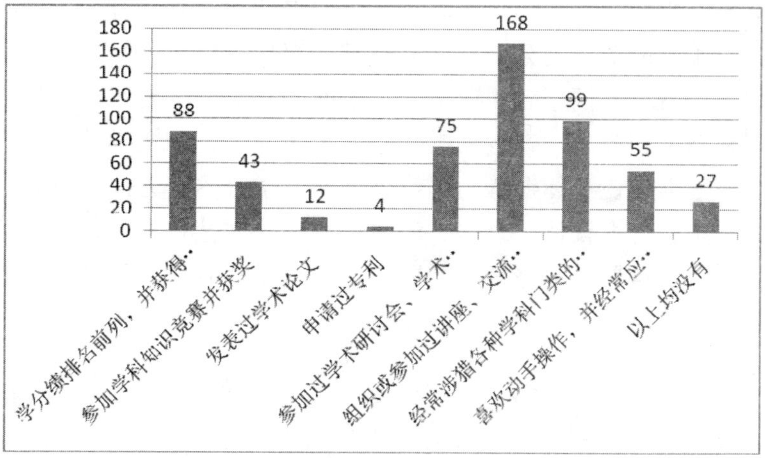

图 11　学习成果

在大学阶段大学生必备的素质或能力的多选题，旨在调查同学们对于“能”之综合素质的看法，我们要求被调查者选择认为最重要的三项，选择“身体健康”的大学生有245人，占86.57%，比例最高；排在第二位的“有和谐的人际关系”，比例为62.54%；第三位的是“保持心情愉快”。排在四到六位的分别是“合理搭配时间，劳逸结合”“有一定的生活自理能力”和“作息习惯良好”。可见，身体素质、人际关系和心理素质是被调查者认为首先应该具备的，这样才有可能应对丰富的大学生活。

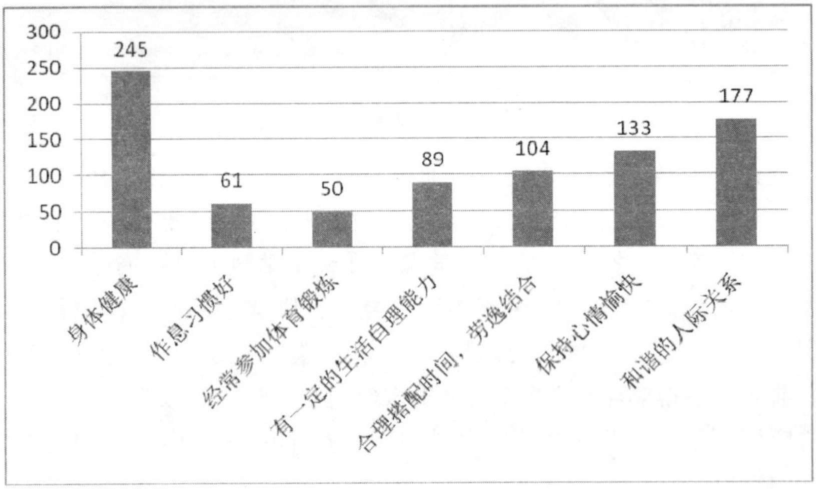

图12　必备的素质或能力

接下来，我们对家庭经济困难大学生的兴趣和爱好进行了多选题形式的调查，其中排在前三项的分别是“运动类体育项目”“文学”“棋牌等益智类体育项目”。可见，被调查者的业余生活方面的充实度主要在于他们的兴趣爱好是否得到满足和提高，在运动类、益智类体育项目和文学项目上的重视也说明了这部分学生在身体锻炼、思维训练和文学修养等方面的诉求，而其他选项，如书画、艺术设计、歌唱、演奏、舞蹈、文艺赏析等也有部分同学有这方面的爱好，这部分爱好有的需要一定的物质基础作为保证，学校应该提供部分支持，来发展和健全这部分爱好。

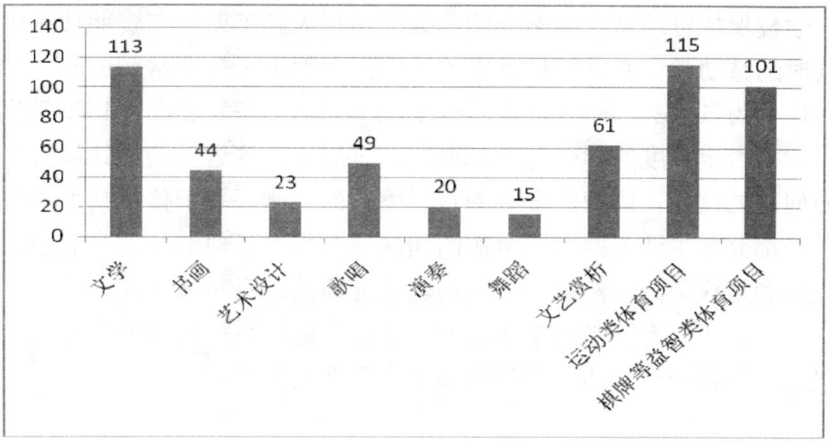

图 13　特长或爱好

三、高校资助育人工作现状分析

在问卷的最后一部分，我们设计了相关问题，具体对当前学校的资助育人工作现状进行分析，从家庭经济困难大学生的角度、需求、想法出发，调查目前学校资助育人工作的进展情况与未来可能发展的路径。

在如果获得助学金后，自行参加一定的志愿服务或岗位实践的态度上，持“非常赞成”和“赞成”的学生比例合计为 92.2%，持无所谓态度的学生比例为 6.4%，当然，也有 1.8%的学生不太赞成或坚决反对。可见，对于拿到助学金后参加志愿服务或岗位实践的态度上，绝大多数的同学还是赞成和支持的。

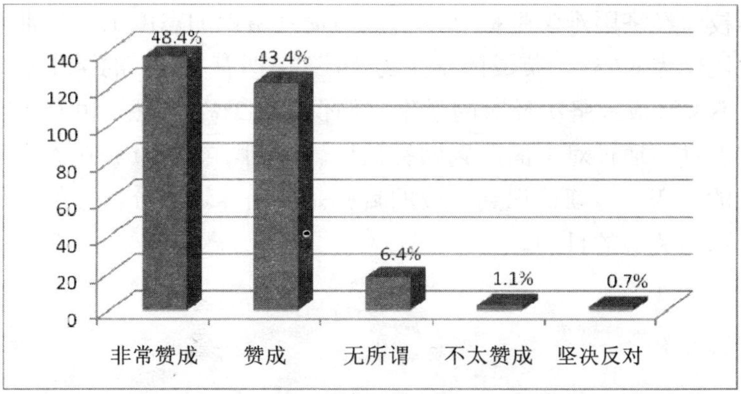

图 14　获助学金后自行参加一定志愿服务或岗位实践的态度

在学校保持资助总金额不变的前提下，扩大勤工助学在资助体系中的比例，同时缩减助学金在资助体系中的比例的态度上，持非常赞成和赞成的学生合计比例为 51.6%，同时也有高达 27.2%的学生不太赞成，4.9%学生坚决反对，即持否定态度的学生有 32.1%，超过三成。这道题的设计涉及了学生所关心问题的核心，即助学金金额是否缩减的问题，基于传统的发放方式和影响，一部分学生认为助学金金额的缩减就是损害了他们的切身利益，而对于学校将利用这部分金额来提升他们其他方面的综合素质和能力方面并没有看到。不过，还是有一半的学生认同了学校资助体系比例调整的方法，看到了自己所应坚持和追寻的大学生活和未来职业发展环境。

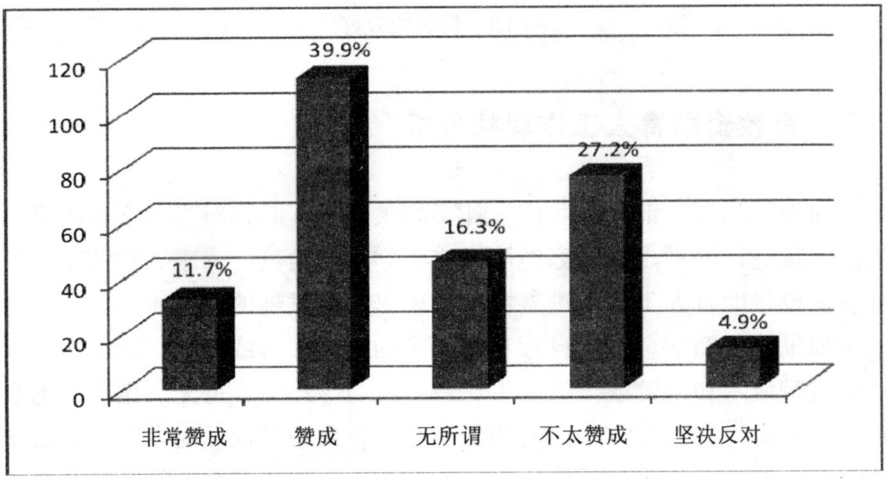

图 15　扩大勤工助学比例，缩减助学金比例

在学校为经济困难学生提供专项能力提升培训的态度上，持非常赞成态度的学生比例为 67.5%，赞成的学生为 16.3%，即有 83.8%的学生赞成学校这一做法，不太赞成或坚决反对的学生比例仅为 4.2%，当然，也有 12%的学生持无所谓态度。通过对上面两题回答的比较看到，被调查者在态度上其实发生了很大的改变，逐渐认识到学校的目标是要培养这部分群体的一些能力素质，以此达到关心的目的。

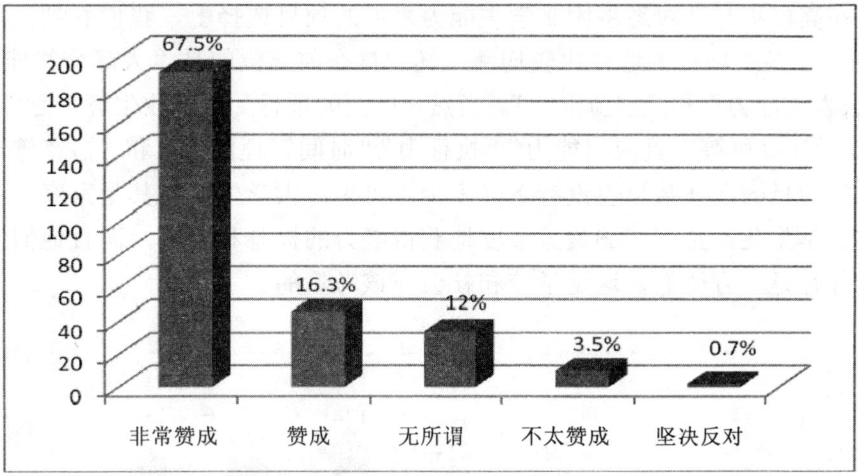

图 16 为经济困难学生提供专项能力提升培训的态度

在学校从现有资助总金额中拨出一部分资金用以开展专门针对提升经济困难学生的能力培训的态度上，持非常赞成和赞成态度的学生比例合计为76.3%，持不太赞成或坚决反对的学生比例为 11.3%，持无所谓态度的学生比例和上一题相差不大，为 12.4%。通过这一题与上一题的比较，又发现了当重新涉及助学金金额调整，即动用一部分资金用于技能培训的时候，赞成及以上态度的比例下降了 7.5 个百分点，而反对或坚决反对的比例上升了 8.2 个百分点。所以，在涉及学生切身利益的助学金金额调整上还是需要反复考量的。

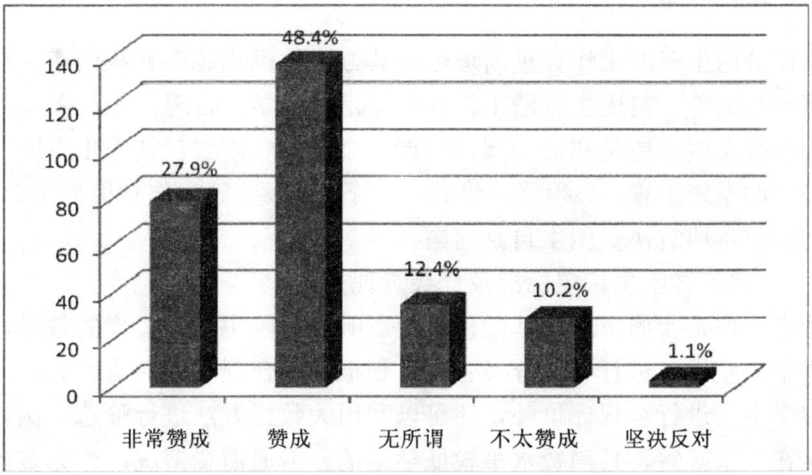

图 17 现有资助总金额中拨出部分资金专门针对提升经济困难学生进行能力培训

在高校将开展对经济困难学生能力培训的项目选择上，我们看到，如图18所示，各个项目的选择比较均衡，其中排在前三位的是“人际交往能力”“语言表达能力”和“创新能力”。当然，后面的项目如“职业生涯规划能力”“英语、计算机等工具应用能力”“执行力”“时间管理能力”和“情绪管理能力”等项目的选择数量也没有下降多少。可见，大学生，尤其是家庭经济困难的大学生还是希望能够最大限度地获得能力的提升和培训，而且他们所期待的往往是全方位的，这是学校和社会应该考量的。

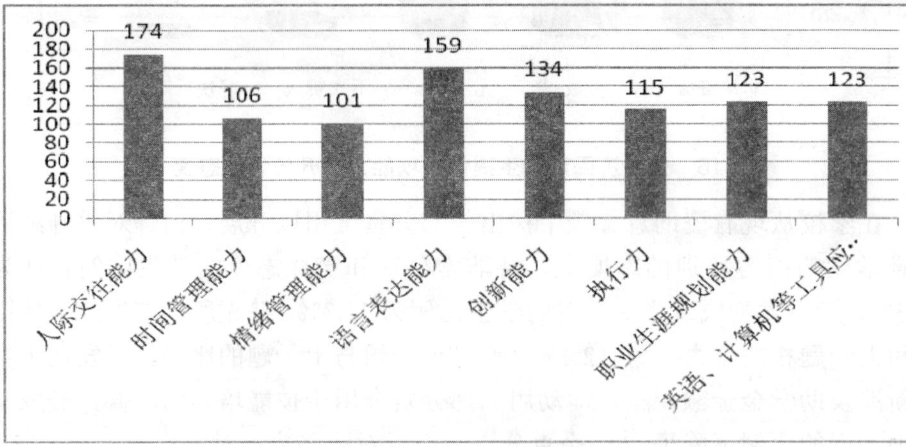

图18　希望针对困难生进行何种项目的能力培训

四、结论与启示

高校贫困生资助工作任重而道远，其方法与模式还需要我们在工作中不断地探索与完善。贫困生资助工作开展得是否科学、合理，不仅关系到学生个人的自身发展，更是和谐校园、和谐社会的客观需要。贫困生资助工作是一项艰巨的系统工程，必须努力将教育、管理、服务等工作有机地结合起来，才能切实根本地解决贫困生自身问题。

（一）完善贫困生认定标准及分级管理方式

认定工作是实施资助的基础，直接影响到贫困生资助工作的效果。要充分考虑学生差异，进行分级分类管理，积极进行合理有效的资助。除了应充分了解学生，进行客观评价外，还可以利用大数据方法进行筛选。例如，学校将常在食堂就餐、且消费水平较低学生的一卡通消费情况，作为贫困生认定的参考依据，是很好的尝试。

（二）突出助学贷款主体地位，确保底线，额度封顶

我们在工作中发现，部分贫困生认为只有无偿补助才是真正资助，而需要个人偿还的助学贷款，不是一种资助。事实上，助学贷款是解决贫困生学费、生活费的最直接、最有效的手段，因此，要引导学生认识助学贷款的“隐性补助”性质，首先通过助学贷款解决经济困难。同时，要合理运用其他各类资助方式，如建立爱心暂借款等机制，以解学生燃眉之急。

此外，在对贫困生进行资助前，应充分调查、了解学生最基本的学习、生活开销，确保每一位贫困生通过一定资助和个人努力后，能达到这一“最低生活标准”。与此同时，还要对每人每学年的资助总和进行“额度封顶”，防止资助向少数人过度集中。

（三）以奖代助、树立典型，鼓励自强自立精神

调研显示，部分贫困生中存在 “等、要、靠”的思想，认为各类资助是应得的利益，社会责任感和自主自立意识不强。对此，要在实行资助的同时加强感恩教育与社会责任感教育。此外，设立专门奖学金，“以奖代助”培养贫困生的能力、素质等，大力鼓励和表彰自立自强的学生典型，选拔“自强之星”并定期举行事迹报告会或交流会，形成“朋辈辅导”效应，激发学生思想情感共鸣，培养其努力拼搏的性格和健康向上的心理特征，激励贫困生养成自强自立的精神。充分利用学校特有的感染力和约束力，为贫困生创造民主、平等、互助、互爱的氛围，给予更多的人文关怀，潜移默化地优化贫困生的心理品质与素质。

（四）拓渠道，长才干，提高贫困生综合素质

我们在调研中还发现，在拿到助学金后参加志愿服务或岗位实践的态度上，绝大多数的同学还是赞成和支持的，但在保持资助总金额不变的前提下，扩大勤工助学在资助体系中的比例问题上，则有近三分之一的学生表示反对。因此，在工作中，我们设计部分助学金项目，要求学生获得资助的同时，必须完成相应的勤工助学或志愿服务工作，培养学生自立自强精神。同时，校内勤工助学岗位应由单一的劳务型向知识型、技能型甚至创业型转变，如开办爱心超市、报刊亭、书屋、文印社等助学实体，既有助于贫困生积累经验，又有助于培养吃苦耐劳的精神。此外，还要整合社会资源，与社会机构建立合作，扩展校外勤工助学渠道。

此外，可以考虑对贫困生专门开设英语听说、计算机操作、人际交往等课程，提供职业技能免费培训，拓展他们的专业技能，增强其就业能力和自我发展潜力。同时还可以适当的引入国内外项目为载体，培养贫困生的综合

能力。

参考文献：

[1] 白华．盲助：高校贫困生资助范式的路径选择[J]．国家教育行政学院学报，2013（4）
[2] 姜旭萍，郑俊．构建点线面三位一体的高校贫困生认定体系[J]．湖北社会科学，2009（11）
[3] 梁军，何丽萍．高校贫困生资助的根本出路："输血型"向"造血型"资助模式转变[J]．思想政治教育研究，2010（4）
[4] 刘志洲．高校贫困生援助内容与途径多元化探讨[J]．江苏高教，2011（3）
[5] 杨晓慧．高校贫困生"双线资助"模式研究[J]．中国高等教育，2007（19）
[6] 余秀兰．60 年的探索：建国以来我国大学生资助政策探析[J]．北京大学教育评论，2010（1）

关于高校筹资的研究

财务处　张　玮

摘要：在高校发展所面临的日益复杂的管理变革中，最突出的问题即为办学经费筹措的困难。在高等教育随着市场经济的发展逐步具备准公共产品性质、高校主体地位逐渐发生变化的局面下，走多元化道路，多渠道筹措资金以解决教育经费的不足已成为高校的必由之路。在这种背景下，探讨国外高校筹资的成功模式并在这一基础上开发适合我国的独有模式势在必行。

关键字：高校筹资；筹资方式；准公共产品

高校筹资是指高校根据自身开展教学、科研等各项业务活动的需要，面向社会，通过一定的筹资渠道，运用适当的筹资方式，实现筹措办学所需资金目标的一种行为。任何高等学校的设立、发展必须有稳定的收入和切实的保障。高等学校的建立与发展的过程，在某种程度上也可以说是资金的筹措、利用与管理过程。吸引足够的资金无论对于公立高等学校还是私立高等学校均十分重要。特别是在国家财政支持减少的情况下，高等学校若能在资金竞争及其他筹资活动中积极进取，将会有效地缓解自身的财政压力，获得较为充足的资金以支持自身各项工作的开展和顺利进行。

一、高校筹资的现实意义

在市场经济条件下，高校筹资已成为任何高校都必须十分重视的问题。高校筹资与高校的发展战略目标有关，从筹资数量来看，主要是解决高校发展所需要的资金；从筹资结构来看，关键在于如何通过不同筹资方法和管理控制手段来达到降低筹资成本和提高效率的双重目标，这就又能直接反映出高校的办学水平和管理水平的高低。因此，切实做好高校筹资工作意义重大。

筹资首先应该说是一所高等学校得以创建的基础。创办一所高等学校，实现其崇高的使命和目标，前期就必须要有相应的资本和资金来源，否则高校的筹备建设就无从谈起。我国《普通高等学校设置条例》第八条规定："设置普通高等学校，须有与学校的学科门类和规模相适应的土地和校舍，保证教学、生活、体育锻炼及学校长远发展的需要。"

时至今日，从世界范围来看，接受高等教育的人群比 20 世纪中叶已经有了极大规模的增长，而这种增长势头还将继续保持。根据联合国教科文组织的统计，1960 年，全世界只有 1300 万人接受高等教育，而到了今天，这个数字已经达到了 1.1 亿，在这种增长中自然也存在各种隐患和问题。全球大学改革网络负责人华金·特雷斯就曾指出：这种大学生人数的迅速扩张，与一些国家的政府无法保障对大学的资金供应存在矛盾。世界银行也在一份报告中指出："目前高等教育的主要情形是经费'处于世界性危机之中'"。①虽然各个国家的体制不同，但全球高等教育成本的上升和高等教育大众化浪潮，特别是 2008 年以来相继爆发的美国次贷危机、欧洲主权信用危机等全球化的金融事件，更使得经费成为高校发展的共同难题。

改革开放以来，我国高等教育的规模在不断扩大，特别是 1999 年以来高等教育大众化进程加快，普通高等学校在校学生规模大幅度增加，2014 年全国各类高等教育总规模已超过 3460 万人，高等教育毛入学率达到 34.5%。但随之带来的问题是，原来公立高校存在的师资和基础设施的潜力已经充分利用，办学经费日趋紧张，教学和生活条件有恶化趋势。如何合理高效地筹集资金，已成为我国高校适应国内市场经济改革和国际市场竞争挑战所迫切需要解决的时代课题。

二、国外高校筹资的主要方式与可借鉴的经验

与我国相比，国外发达国家比我们早几十年进入高等教育大众化阶段，在同样的大众化发展过程中，西方的高校同样面临着财务压力和筹资压力，有的高校面对挑战能应付自如，有的高校却捉襟见肘，甚至走向破产。其经验可以为我国高校所采纳，而教训也同样值得我国高校借鉴和警醒。其中最重要的，则是通过分析探讨国外高校筹资的主要方式探索出适合我国国情和市场经济发展需要的筹资模式，从而将高校筹资纳入到市场运行的良性循环

① 李建强，陈鹏．吸收社会资源：高校发展建设的有效举措[J]．教育发展研究，2003（08）：25

中来，并给予这项事关重大的工作健全成熟的机制与法律保障。

通过比较，国外高校筹资主要采取以下几种方式。

（一）高等教育收费政策。采取这种筹资方式的原因在于高等教育本身能够为接受教育者创造更多的价值，例如更好的工作机会、更高的收入等，因此由接受教育者出资购买这种可增值的价值是理所当然的。这种筹资方式的直接表现是收取学费。美国、加拿大、澳大利亚等国是最早收取高等教育学费的西方国家。在当前高校财政日趋紧张、高等教育的接受者却日益增多的局势下，这些国家的学费标准也越来越高。例如美国四年制大学的平均学费从 1976 年的 642 美元提高到 1996 年的 3151 美元，涨幅达到 491%；同期，四年制私立大学的学费由 2881 美元增加到 15581 美元，涨幅为 541%；就连学费低廉的社区学院也提高了学费标准，由 245 美元增加到 1245 美元。[①]如此看来，收取学费并提高收费标准的确能够在很大程度上缓解高校的财政压力。然而，随着学费制度的引入和学费标准的提高，必然会有一部分人由于家庭经济状况的限制，无法接受高等教育或无法接受与他们实际学习水平相当的高等教育。这一点对于我国尤为重要，因为，目前我国各地区的经济发展还存在不平衡性，中西部地区的收入差异、城乡收入差异等仍是不可忽视的。对此，我国可以采纳多数国家通用的“收费”与“资助”并存的模式。在这种模式下，高校仍可就高等教育收取一定的费用，同时政府提供多种途径的资助方式，如可以让学生自由选择是否接受助学贷款或提供小范围内的勤工俭学机会等。这样既提高了效率，又尽可能地避免了经济实力较差家庭的学生在竞争高等教育入学机会方面更为不利的状况。当然，如何在体制上进一步完善这种模式则是当前我国首先需要解决的问题。

（二）以科研为桥梁，建立高校与政府的良性合作。政府拨款仍然是高校经费的主要来源，然而，从高校筹资的角度讲，如何让政府拨款由被动转为主动是各个高校都应该思考的问题。而争取政府主动性拨款的最主要途径就是通过高校自身的科研能力争取满足政府需要的科研项目和课题。这一点，很多西方著名高校都非常重视，麻省理工大学和斯坦福大学都曾在冷战时期承担过国家军事科研项目，从而不但充实了研究经费，还使大学地位直线上升。这对于我国各高校而言也是值得借鉴的思路。

（三）利用高校自身的技术优势，把专利产品、专利技术、各项发明创造和各种科研成果快捷、有效地转化为效益上和经济上的优势。在科技研发层

① 陈艳．国外高校筹资的主要方式与启示[J]．江西科技师范学院学报，2009（4）：1

面，高校有企业和政府机关难以企及的学术技术优势，如何让这种优势尽快转化为现实的生产力是各高校必须迈出的一步。这种以技术为依托的筹资模式可以分为三个层面：一是直接出让高校自主研发的专利技术；二是以专利和技术作为与企业合作的基础；三是建立高校公司，直接进入市场。美国斯坦福大学就直接利用身处硅谷的便利条件成立了若干公司，这一方面能为高校带来经济上的收入，另一方面还能创造就业机会，促进高校研发成果的转化，还在无形中树立了高校在市场运行环节中的稳固地位。由此可见，一旦这种合作可行，必将成为高校经费收入中的新亮点，非常值得我国各高校学习和借鉴。

（四）充分利用大学的声誉，发行债券或进行募捐。大学的声誉是大学最重要的无形资产，如何充分利用这种无形资产在若干年前已是西方大学思考的重要问题之一。美国在 1995 年时就已经有超过百所大学加入到发行债券的行列中来，通过发行债券，不仅能有效地使资金得到周转，还可以放手进行大型项目的建设，无疑一举数得。面向社会的募捐是高校筹集资金的传统模式，如何使这种筹资方式向制度化和规范化发展则是当今各高校乃至政府需要考虑的主要问题。由此可见，高校筹资问题已经不仅仅是各高校本身亟待解决的问题，而是需要由全社会共同努力，在法律上、制度上、社会监督上不断完善的综合性课题。

三、我国高校的筹资现状

与国外高校相比，国内高校在筹资方面尚未能走向规范化，也基本没有成功的例子，特别是规模较小的高校。而且，高校筹资问题还没有作为一个重要的研究课题得到学术界的足够重视，缺乏相应的理性思考的结果就是在面临筹资现实之时无法做出系统而高效的计划安排，从而难以获得理想的结果。我国各高校对自主筹资作为解决财政困难的途径都感到陌生，常常感到自主筹资就意味着“举债经营”，这就致使筹资行动缺乏必要的主动性，整体的规划性也不强，有较大程度上的随意性。

产生这种现象的原因主要在于我国的各高校中还存在“教育是政府重点扶持的产业，发展教育应该由国家或政府买单”的想法，片面地将高校的建设大包大揽地推给政府。殊不知，在现今市场经济的大背景下，高校的职能已经发生了重要的转变，不仅要遵循政府的要求，更要遵循市场的规律，高等教育本身也已经逐步转变为具有准公共产品性质的特殊产品。

作为准公共产品的高等教育同时具备私人产品和公共产品的特征，作为私人产品的高等教育可以由接受教育者个人占有与使用；而作为公共产品的高等教育，其效益与成本又具有外溢性。高等教育的这种二重属性就促使作为其供给者的高校既不能将其资金的筹措完全托付于国家或政府等公权力主体，也不能将高校筹资问题完全投向市场，依循市场经济规律决定高校筹资的成败，而是需要在二者之间取其平衡，这就首先要求对高校筹资问题进行深刻的理论探讨与充足的规划准备，而这恰好是现阶段我国研究现状中所缺少的一环。

另外还存在一个重要的问题，即我国各高校内部的资金流向缺乏有效的监督机制和评价机制，资金使用缺乏合理性，这就切实地影响了高校筹资行动的结果。财务部门对筹资的导向作用不明显，筹资的组织保障能力有限，没有形成从校领导到筹资职能主管部门到院系的一整套的筹资组织保障体系。

总而言之，我国高校的筹资活动，没有发达国家发育得那么完善。这意味着，我国高校的筹资者，将不得不在筹资的过程中，充分探究借鉴发达国家高校已经得到实践证明的筹资经验和成功案例，并在此基础上创建与我国实际情况相适应的筹资模式与技巧，以开放的心态来吸收国外高校筹资的经验与教训，真正实现用有限的资源培养更多、更优秀的合格毕业生。

四、国外筹资方式对我国的启示

高校筹资的现实意义已经越来越为学术界所认识，如何将国外的成功经验转化为我国实际可用的经验迫在眉睫。通过比较国外的各种高校筹资方式，笔者认为可以对我国高校产生如下几点启示。

（一）进一步完善市场经济体制，为高校进行多渠道筹措经费创造条件。无论是走高校创办企业的道路，还是以高校之名发行债券，还是其他筹资模式，都需要运转良好的市场机制加以保障，反之，机能失调的市场也必然会使多种筹资模式失去其本应具有的效力。

（二）保持与政府的良性关系。充分了解政府的科研需要，才能使政府对科研建设的投资由被动转为主动，在必要之时，各高校可以也应该在一定程度上调整自身的科研计划，适时地将科研重心与政府所需挂钩以争取充分的资金支持。

（三）在一定幅度内推行高等教育收费政策，同时完善学生资助体制，健全监督机制。

（四）加强科研成果市场化的进程。各高校应促进自身专利产品和技术创新转化为经济优势的步伐，并为这种转化创造充分的条件。这不仅能带来经济上的优势，还能进一步推动科研活动的进行。

（五）加强对高校筹资问题的理论化研究，填补国内学术界在此问题上的空白，争取早日以更经济有效的模式组织我国的高校筹资活动，让这一具有重大现实意义的进程走向系统化与规范化。

参考文献：

[1] 储祖望．中国高校筹资问题研究[D：博士学位论文]．武汉：华中科技大学，2009

[2] 张继蓉．美国高校募款机制及对我国高校筹资的启示[J]．社会科学论坛，2009（2）112～114

[3] 宫静．中美高等教育经费来源比较及启示[D：硕士学位论文]．大连：大连理工大学，2011

[4] 陈艳．国外高校筹资的主要方式与启示[J]．江西科技师范学院学报，2009（4）：1～4

[5] 田雪莹．市场经济条件下我国高校筹资多元化问题探讨[J]．高等农业教育，2013（7）：21～23

[6] 李建强，陈鹏．吸收社会资源：高校发展建设的有效举措[J]．教育发展研究，2003（08）

新时期高校科协工作的探索与创新

科技处　吴伟华

摘要：本文介绍了高校科协工作的特点和在我国经济社会发展中发挥的独特作用；通过对高校科协现状的分析，指出高校科协发展中面临的主要问题，以及新时期高校科协工作在工作思路、工作体制和社会服务等方面进行创新的思路和对策。

关键词：高校；科协工作；现状；探索

早在1959年2月成都工学院（现在的四川大学）就在全国高校中率先成立了高校科协。目前，北京大学、南开大学、重庆大学等著名高校都已经成立了科协。高校科协自诞生以来就不断在实践中探索发展，在提升高校科技创新能力和服务创新型国家建设中做出了突出贡献。2008年12月15日，胡锦涛在纪念中国科协成立五十周年大会上提出，科协组织要团结带领广大科技工作者为建设创新型国家而努力奋斗。[①]近年来，随着我国高等院校的合并与扩招，高校的办学规模也迅速扩大，但学校并不以规模论英雄，而是以质量分高下，科学研究水平的高低是衡量一所学校质量的重要指标。我国大学的科研水平在世界上还处于相对落后的地位，在把握世界科学的潮流，进行独创性研究方面还存在不足；缺乏优秀的研究团队和科研体系来提升高校的科研竞争力；这对提升我们国家整体的科研水平，特别是建设一批世界一流水平的大学和科研机构是不利的。[②]面对新时期、新形势的挑战，高校科协如何进一步发挥科协的作用，为学校的教学、科研服务，为建设创新型国家、构建和谐社会做出应有的贡献，已成为高校科协需要探讨的课题。

---

① 胡锦涛．在纪念中国科协成立50周年大会上的讲话[EB/OL]．新华网：http://news.xinhuanet.com/newscenter/2008-12/15/content_10509648.htm，2008-12-15

② 邱均平等．世界一流大学及学科竞争力评价研究报告[M]．北京：科学出版社，2007：219

一、高校科协的特点和作用

高校科协是中国科协的基层组织，它既具有中国科协的基本特点，又具有其自身的特性。高校科协是科技人才荟萃的基地、学术活动频繁的场所、科普创新活跃的阵地，是高校党委和行政联系全校科技工作者的桥梁和纽带，是学校科技工作者之家，是国家发展科学技术事业的重要社会力量，其根本宗旨是为高校广大科技工作者服务。高校科协的性质决定了其使命，高校科协在加强科技交流与合作中具有其他部门不可替代的资源与优势，因此在以下几个方面发挥着重要作用。

（一）开展学术交流，活跃学术思想

学术交流活动是活跃学术思想、激发创新思维的阵地，是激发创新思维的摇篮。高校是专业密集、人才密集的场所，但不同专业背景的教师相互交流的机会并不很多。而现代科学技术发展史证明，交流才能产生火花、激发灵感；正是交流与合作，启发着人们的科学思维，提高着人们的创造能力。科协就是一个交流平台，可以把不同背景、不同层次的专家学者联系起来，共同研讨一些问题，为高校科技工作者创造更多的交流学习机会。

高校科协开展学术交流活动具有自身的特点，通过其学科齐全和横向联系广泛的优势，可以组织多学科、交叉性学术交流活动催生新的科学思想，促进多学科交叉研究，推动高校自主创新和学科发展。科技人员通过相互交流，实现了信息的快速传递，智慧的火花得以激发，从而产生新的科学思想，开辟新的研究途径。

（二）推动科学技术普及，提高全民科学素质

高校科协可以开展科普宣传、继续教育和科技培训工作，组织青少年科学技术教育活动，普及科学知识，弘扬科学精神，传播科学思想和科学方法。

高校科协在提高全民科学素养中发挥着重要的作用。主要表现在：第一，为地方科普提供“科普缺失”资源；第二，为地方科普队伍补充力量，大学生是科普队伍建设的有力补充，大学生科技社团组织是传播和普及科普知识的重要力量；第三，为地方科普创新活动增添特色内容，如全国科普日活动、世界物理年科学活动等形式。

（三）开展科技维权，举荐优秀科技人才

高校科协是高校科技工作者之家，可以反映科学技术工作者的建议、意见和诉求，维护科学技术工作者的合法权益；可以向上级科协组织举荐优秀

科技人才，推进学术道德建设和学风建设。

（四）组织决策咨询

高校科协可组织科技工作者运用他们所拥有的科技知识，参与国家、地方科技政策、法规的制定，开展科技决策咨询，给政府建言献策，为社会经济发展做出积极贡献。

二、高校科协的现状和问题

虽然有很多高校都成立了科协，但在这些高校科协中，除了少数开展工作比较好外，多数高校科协并没有认真履行高校科协应尽的职责，在高校的机构中也是可有可无。高校科协在发展中的制约因素总体上可以归纳为两个大的方面：一是高校科协自身的内部因素，涉及认识不足、工作不到位等；二是高校科协外部环境因素，涉及编制人员、经费保障和制度建设等。

（一）认识不足，工作不到位

尽管高校科协多年来在促进学术交流、推广科学普及、服务高校师生等方面做了不少工作，但部分高校的主管部门和领导对高校科协的重要性和必要性认识不足，往往把科协当成“可有可无”的务虚部门，分不清高校科协与其他行政职能部门的区别。据不完全统计，在全国近300所高校的科协中，有独立建制并有办公条件的只有10%左右，而近九成高校科协是与学校的科研处等管理部门合署办公；另外，近一半高校科协只有兼职人员，部分高校既无专职人员又无兼职人员。

同时也需要认识到的是，在高校机构设置中，科协与工会、妇联有着平行的位置，但科协的服务对象没有工会、妇联那样广泛，而且在反映科技工作者诉求方面又与后两者有着交叉；此外，科技行政部门在学术交流、科学普及方面确实承担着类似的作用。这些因素也限制了高校科协得到广泛认同和支持，影响到科协工作的开展。

（二）运行管理机制不够完善

目前，高校科协组织的规章制度建设还很不完善，多数高校科协与科技处、团委、工会等部门合署办公，科协工作依赖学校行政体系。高校科协组织内部管理和运行机制不规范，组织结构松散，高校科协逐渐游离它的主体，没能有效发挥桥梁、纽带作用。制度的缺乏导致高校科协开展工作不规范，在做出优异成绩的同时也难以得到应有的认可，工作人员也难以将个人前途与高校科协的发展联系起来，这也严重地影响着高校科协的健康发展。

此外，高校教师对科协活动参与度不高。高校一线青年科技工作者普遍存在“重科研轻科普”的现象，对科协活动参与度不高。那些活跃在科普讲坛上的，多是白发苍苍的离退休教授。即便有些科研人员出于个人意愿和兴趣从事科普活动，也还要承受“搞不了科研才去搞科普”及“科普属于小儿科”的偏见。“重科研，轻科普”现象产生的原因，主要受高校考核评价机制影响。目前高校各种职称晋升、工作量考核，其重心都在学术论文发表的数量和级别、课题层次和经费引进、成果获奖等，而未将科普工作列入绩效评价范围，这必定会影响科技工作者对学校科协组织开展的各类科普活动的积极性。

（三）编制人员缺乏，经费保障有限

基于我国的国情，高校科协沿用传统事业单位的设置方法来建设，因此，有无编制成为高校科协组织建设的核心问题。由于编制少或者没有编制，一些高校科协使用了兼职人员。调查发现，在编制和人员都缺乏的情况下，高校科协组织形成了三种主要的建设模式：一是独立建制模式（如华中科技大学），即有独立建制和办公条件，约为 10%；二是合署办公模式（如南开大学），即科协挂靠在学校的科研处并与其合署办公，比例高达 80%；三是虚拟状态模式，既没有设立专职人员，也没有明确的组织建制，仅在需要时以科协的名义来开展工作，与外界联系。对于后两种情况，不能不说是高校科协的无奈之举。但合署办公不仅在理论上混淆了两类完全不同社会组织的性质和任务，而且在实践中将科技群团组织等同于学校行政管理部门，甚至是行政管理部门工作的一部分。这样就导致科技社团依附于行政机构，并且难以让科技工作者认同这是自己的组织。

调查表明，在已建科协组织的高校中，近 20%的高校科协每年活动经费不足 1 万元，只有不到 10%的高校科协经费在 10 万元以上。这种状况与前面所述的编制人员问题相关联。高校科协编制少或者无编制，工作人员少，绝大多数并没有独立账户。这样，人员经费、活动经费就不能独立预算，只能是在有活动的时候临时列支。经费的短缺，影响到工作人员的积极性，也影响到高校科协组织发展的活力和可持续性。目前，我国各级科协的经费相对有限，也很难给高校科协以较大的经费支持，作为公益性的科技群团，其经费长期依赖学校行政拨款，不可避免地会在一定程度上丧失科技群团的独立性和自主性，也就限制了群团组织优势的发挥。

三、改进高校科协工作的思路与对策

在全面建设创新型国家和和谐社会的今天，作为群众性学术团体的高校科协肩负着前所未有的历史重任。不仅要组织广大科技工作者为经济社会可持续协调发展建言献策、建功立业，而且要为广大民众科学文化素养的提高发挥主力军作用；不仅要为各类专业人才搭建展示才华的广阔平台，而且要加强自身建设，不断提高自身的能力和水平。要完成这些历史使命，我们高校科协组织就要从思想观念到工作思路，紧跟时代发展的脉搏，充分利用自身人才和智力优势，从工作内容到工作方法上不断进行探索与创新。

（一）创新工作思路，不断提升科协工作水平

高校科协是学术性群众团体，在职能定位上要贯彻“错位选择”原则。具体来说，就是要与科研处等行政部门有不同的工作重点和工作方式，要与工会、妇联、团委等群团组织有相对清晰的职能边界，在高校中形成优势互补、分工合作的职能格局。高校科协必须适应服务形势和服务要求的变化，创新工作思路，不断提升自身的工作水平。在思想上破除自我封闭、自我陶醉的传统思想，树立团结协作、开拓进取的精神；在行动上加强与党和政府的联系，加强与科技工作者的联系，加强科协系统内部的联系，为学校的工作大局服务，为科技工作者服务。

高校科协要注重立足自身特色，深入挖掘工作内涵，不断培养和提高工作人员素质，切实提高工作能力，尽快在高校内形成有影响力的活动，着力打造具有高校特色的科协工作品牌。例如，我校 2013 年承办了“全国青少年高校科学营”南开大学分营活动，接待了来自山西、宁夏、澳门和天津的共 230 名高中学生和 23 名带队教师，其中的“医学体验之旅”活动还入选为高校科学营特色活动案例，受到了营员和带队老师的充分肯定。通过此次活动展示了南开大学的风采，取得了很好的科普宣传效果。我们根据这一思路相继推出了一系列有影响、有成效的重要活动，引起了有关方面领导的重视和社会各界的关注，科协组织精神面貌也焕然一新，创新氛围日渐浓厚，活动范围不断拓宽，高校科协的社会地位、公众形象、服务质量、工作绩效也得到了全面提升。

（二）创新工作体制，加强组织建设

科协工作是国家科技工作的重要组成部分，也是党的群众工作的重要组成部分。高校党委和行政应从提高自主创新能力、加快建设创新型国家的战

略高度，将科协工作纳入学校工作的议事日程、纳入学校的科技工作之中，并配备从事科协工作的干部，不断提高科协干部队伍的思想素质和业务水平，建立真正意义上的科技工作者之家，努力为科协各项工作的开展提供必要的物力和财力支持。

首先，要加强科协人员队伍建设，建立一支政策水平高、专业知识面广、组织能力强的专职工作团队，做到工作协调、管理有序、服务到位。其次，要运用社会化、群众化的工作方法，建立机动灵活、运转高效的工作运行模式，提高科协的综合实力。此外，上级科协和高校要重视和切实加强科协组织建设，为高校科协开展工作创造必要的环境和条件，要关心科协专职工作人员的成长进步，帮助他们提高业务素质和服务能力，鼓励和支持他们做好本职工作。

（三）开展社会服务，促进科技成果转化

服务社会是高校科协的作用之一，服务社会也是科学研究的最终目的。高校科协通过发挥自身学科齐全和人才密集优势，可以组织科技工作者和挂靠社团通过开展科学论证、咨询服务，开展科学普及和促进科学技术成果的转化。

高校科协应充分发挥学校科技人才荟萃的优势，积极组织学校各学科、各专业的科技工作者，开展丰富多样的科普教育活动，提高大学生和社会民众的科普意识和科学素质，不断加大科技知识在全社会的传播速度和覆盖面。

高校科协作为高校科技工作和社会联系的纽带，应该架起科技成果转化的桥梁，以促进社会经济的发展及高校自身的发展。要通过科技咨询、人员培训、成果推广、技术洽谈等形式，加强与企业的合作，推进高校的技术创新，让科学技术成果转化为现实的生产力。高校科协工作人员要走出校门，经常参与各种技术市场和技术交易活动，努力寻找市场信息，与企业加强联系，寻求合作伙伴，为广大科技工作者牵线搭桥，利用一切可能的信息资源为广大科研人员提供渠道、提供条件，努力促成科技工作者的研究成果转化，为科技人员服务，为社会经济发展服务。

四、结语

高等学校在建设创新型国家中具有不可替代的作用，承担着“科教兴国”和“人才强国”的双重使命；高校科协是高等学校的重要组成部分，是中国特色国家创新体系的重要力量，是建设创新型国家的一支生力军。中国科协模式在世界上是一种创新，高校科协在现有模式下又是一个创新；研究高校科协工作没有固定的模式，必须要有创新的思维。高校科协集高等院校的人才优势和科协民间、科技群团的优势于一身，在营造科技创新的浓厚氛围，调动广大科技工作者的积极性和创造性，开展高水平学术交流和科普活动等方面，能够发挥积极的作用，真正为建设创新型国家做出应有的贡献。高校科协应抓住时机，发挥职能，通过提高服务质量，开展学术交流，进行科技咨询，弘扬科学精神，创新工作体制等方面，促进高校科技水平的提高，为我国科技自主创新和建设创新型国家做出应有的贡献。

参考文献：

[1] 胡锦涛．在纪念中国科协成立 50 周年大会上的讲话[EB/OL]．新华网：http://news.xinhuanet.com/newscenter/2008-12/15/content_10509648.htm，2008-12-15

[2] 邱均平等．世界一流大学及学科竞争力评价研究报告[M]．北京：科学出版社，2007

[3] 彭涛，何国祥．高校科协基层组织建设制约问题研究[J]．中国科技论坛，2010（9）

我国高校人文社会科学科研管理体制改革刍议

社会科学研究管理处　王转运

摘要：高校科研管理体制是高校科研管理组织体系和权限划分的基本制度，是实现高校科研有序、健康发展的组织保障。在高校人文社会科学领域，着眼基础研究特点，针对当前科研管理领域的深层次问题，实施竞争性分配和非竞争性分配并行的科研经费财政投入机制，这是改革和完善科研管理体制的关键。在此基础上，通过建立突出科研成效的评价机制和完善课题制组织模式，来保障科研管理体制的良性运行。

关键词：高校人文社会科学；科研管理体制；科研成效

高校人文社会科学科研管理体制改革涉及科研管理机构的设置、各管理机构职责的分配以及各机构间的相互协调机制的调整，具有一定的系统性和复杂性。笔者认为，调整科研经费分配机制、优化科研评价以及完善课题制，是改革当前科研管理体制的关键所在。

一、确立并不断提高非竞争性经费分配份额

基础研究对于推动人类知识更新、科技创新发展以及社会人才培养等，具有至关重要的作用。高校学科门类齐全，智力资源集中，具有开展基础研究的天然独特优势，是承担基础研究的主要部门。基础研究实力在一定意义上是高校竞争力的集中和突出的体现。在人文社会科学领域，我国高校聚集了 80%以上的教学科研力量，集中了全国 80%以上的研究成果。

基础研究是探索自然规律，追求新发现、新发明，创立新学说，积累科学知识，为人类认识世界、改造世界提供基础理论和方法的研究，具有探索

性、创造性、继承性等特点，研究成果产生周期相对较长，需有长期稳定的经费支持。但是，当前我国高校科研经费分配主要依靠实施课题制来实现，因课题制所强调的竞争性和契约性，学者们被牵扯进课题申报、检查和验收的循环过程，学术研究推进难以持续、深入，故难以产出重大的创新成果。当前，我国高校人文社会科学研究经费投入总体偏少，投入结构不够合理，经费分配中的“马太效应”明显，严重削弱了多数学者的科研志趣。

当下，要推动高校人文社会科学科研体制改革取得突破，充分调动高校科研人员的积极性，有效发挥高校在基础研究方面的潜能，关键在于调整当前科研经费的财政投入结构，确立非竞争性经费分配份额，给科研人员提供稳定的科研经费保障，使其挣脱课题制的桎梏。

高校具有人才培养、科学研究、服务经济社会发展、文化传承创新的功能，高校科研人员一般都承担着教学和科研的双重任务，但现行高校教育财政拨款实行“综合定额加专项补助”的模式①，没有独立完整的科研经费预算②，高校普遍存在科研挤占教学资源的问题，高校教师的科研人力成本尚未得到明确体现和补偿。因此，确立非竞争性科研经费分配份额，既是对高校科研工作的财政保障，也是对高校科研人员人力成本的合理补偿。

在高校系统，确立非竞争性科研经费分配份额，实施竞争性分配和非竞争性分配并行的科研经费财政投入机制，首先需要调整和整合现有各条块科研经费，建立高校科研经费分配统一协调机构。在高校人文社会科学领域，中央财政支持的科研经费分配渠道主要有：国家社科基金、教育部人文社科研究经费（包含中央高校基本科研业务费专项资金、“985 工程”和“211 工程”专项经费中的部分科研经费等）、中央其他部委掌握的少量研究经费。可以说，当前高校科研经费管理呈现“九龙治水”状态，各主管部门条块分割，使得本已有限的科研经费难以得到有效利用，不利于各高校制定中长期基础

---

① 从 1986 年开始，根据《高等学校财务管理改革实施办法》，我国高校教育财政拨款实行了“综合定额加专项补助”的模式。在这种拨款模式下，高校财政拨款分成综合定额和专项补助两部分。其中，综合定额通过在校生数乘以生均拨款额得出，根据学生层次、学科和专业类型，区分不同的定额；专项补助是对综合定额的补充，实施过程中由教育主管部门和财政部门根据国家对高校的政策导向和一些高校的特殊需要单独核定拨付。

② 为贯彻落实《国家中长期科学和技术发展规划纲要（2006～2020 年）》，完善高校科研经费投入制度，提高高校的自主创新能力和高层次人才培养能力，2009 年中央财政设立了中央高校基本科研业务费专项资金，一定程度上缓解了高校科研经费投入缺口，但存在覆盖面有限（仅限于中央级高校、且原则上只支持 40 周岁以下的青年学者）、落入“课题制”窠臼（要求以项目的形式由各高校自主安排）、使用困难（属于中央专项经费，预算执行难度大）的问题，实施效果大打折扣。此外，“985 工程”和“211 工程”专项补助经费同样存在类似的欠缺。

研究规划。根据国际经验和我国国情，建立由国务院相关领导担任召集人的国务院全国科研工作部际联席会议制度，作为中央层面的全国科研工作统一协调组织，负责全国科研经费预算的编制，确定各科研主管部门（科技部、国家自然基金委、全国社科规划办、教育部等）所掌握的科研经费份额，并对其科研经费分配工作进行宏观指导。具体到高校人文社会科学领域，鉴于基础研究的固有特点，特别是人文学科研究极具个人色彩的属性，国务院全国科研工作部际联席会议可根据高校总体科研规模和绩效，确立非竞争性科研经费分配预算额度，责成教育部依据各部属高校、各地方所属高校类型、层次及其科研规模和科研绩效，再做具体的预算编制和执行，各高校则自主安排所得到的非竞争性科研经费，在覆盖面和绩效之间寻求动态平衡，以提高经费利用效益，不断增强基础研究实力；其确立的竞争性科研经费分配预算额度，责成全国社科规划办负责执行，主要用于支持聚焦国家重大战略需求和学术前沿领域的重大课题研究，运用课题制组织实施。

二、建立突出科研成效的评价机制

科研评价机制，是科研发展的“风向标”。当前我国学术界普遍存在重数量轻质量、重形式轻内容的不良评价观念和思路，盲目追求论文数量及刊物层次、课题数及与课题主管部门行政级别对应的课题级别、经费数，学术 GDP 意识大行其道。各个层面的评估、考核，在学术 GDP 理念的导引下，推波助澜，学术功利化、庸俗化、泡沫化现象日趋严重。

科学合理的科研成效评价应是基于对科研成果和科研过程的综合考量。科研成效无关论文数量和论文发表刊物层次、课题级别以及经费多寡。学术研究，特别是基础研究，具有探索性、创造性，研究结果具有不确定性。科研人员在对一项课题做了深入探索研究后，可能会有重大发现，产出重要研究成果，推动学术发展；也有可能未取得新的发现和突破，从最终结果看，该科研尝试或许是失败的。但从科研长远发展来说，失败的科研尝试，也是一种科研成果，至少证明该科研思路和方法是行不通的，经验和教训可供学界借鉴。科学研究，理应宽容失败。因此，科研评价在注重科研成果质量的同时，不应忽略科研过程。

在全社会倡导建立突出科研成效的科研评价机制，是实现科研良性发展的必由之路。在高校系统，应逐步消除科研成果数、课题数和经费额与学位、职称、收入甚至声誉直接挂钩的“交换”乱象，弱化“铅字拜物教”[①]的影响。通过相关政策调整，引导高校科研人员不再奔命于争取课题和经费、发表成果，而在非竞争性科研经费的稳定支持下，潜心于学术研究，致力于纯粹的学术探索。

科学合理的科研评价机制的建立，有赖于竞争性分配和非竞争性分配并行的科研经费财政投入机制的建立，有赖于良好的学术风气和学术精神的重塑，需要政府和社会各界共同努力。若不改革科研经费财政投入结构，从根本上改善科研工作者的工作生活物质条件，学术评价若不回归到纯粹学术价值评判，在科研评价领域的任何探索都是无济于事的。

三、完善课题制科研组织模式

课题制是按照公平竞争、择优支持的原则，确立科学研究课题，并以课题为中心，以课题组为基本活动单位进行课题的组织、管理和研究活动的一种科研管理模式。[②]课题制在我国实施以来，激发了科研活力，提高了科研效率，增强了科研竞争力，取得了有目共睹的成绩。但在当前不良学术氛围和恶性竞争科研机制“合围”之下，其日渐蜕变成为“学术老板”攫取科研经费的手段和途径，进一步加剧学术异化[③]。有学者就认为，课题制加剧了学术的功利化、妨碍了学者独立的思考、羁绊了学者心智、违背了学术研究的基本逻辑。[④]这种“病态”课题制的实施，不仅是对科研经费的极大浪费，也是学术发展的绊脚石。

现行课题制所暴露出的问题，由不尽合理的科研管理制度和不够科学的实施方式方法所致。但一概否定课题制，是不可取的。如何更好地发挥其在科研组织中的作用，是当下急需认真思考的问题。在高校人文社会科学领域，顺延前文论及的改革思路，笔者认为应重点从以下三个方面着手改革完善课

① 指科研评价考核只强调公开发表的文字数量现象，铅字成为兑换学位、职称、经费、津贴、奖金、名声甚或官位的“学界硬通货”。参见王善平．“公开发表”：一个现代学术神话——兼论课题制下的学术异化[J]．社会科学论坛（学术评论卷），2008（3）。

② 参见国务院．国务院办公厅转发科技部等部门《关于国家科研计划实施课题制管理规定》的通知（国办发〔2002〕2 号）[EB/OL]．中国政府网：http://www.gov.cn/gongbao/content/2002/content_61898.htm

③ 参见王延中．科研项目课题制的几个问题[J]．学术界，2007（4）；王大洲．为了学术创新，该反思“课题制”了[J]．科学文化评论，2011（4）；刘显利．追问当下中国课题制[J]．社会科学论坛，2012（3）；李兵，李正风．课题制制度预期及实施成效分析[J]．科学学研究，2012（1）。

④ 周怀峰．科研项目课题制、学术风气和学术精神[J]．学术界，2012（7）

题制。

第一，遵循学术规律，确定实施课题制的范围。在人文社会科学领域，一些学科基础理论类和个性化自由探索类的基础研究课题，因其需要长时间的潜心钻研，研究路径和结果存在较大变数，不宜运用课题制来组织；而对策咨询类的应用研究课题，因其要求“短平快”，只需研究者运用已有的理论进行分析总结，则较为适合实施课题制。

第二，引导开展公正的学术争论，实现课题过程管理的透明与公平。人文社会科学研究的社会价值性和真理性受到社会环境、时代、民族性以及研究者的主观性等因素的影响，人文社会科学研究具有更多的相对性。①正因为如此，当前我国人文社会科学研究课题主管部门在推进公开透明化管理的过程中有更多顾虑，在立项评审和结题验收等过程管理诸环节，存在“暗箱操作”之嫌疑，评审信息公开不够，严重限制了正常的学术争论。在课题过程管理中，课题组织管理部门应该通过特定方式及时公开同行评议意见，畅通学术申诉争辩渠道。这不仅有利于课题制的良性运行，而且有利于学术健康发展。

第三，本着科学与灵活的原则，推动科研经费管理机制改革。科研经费管理贯穿科研管理整个过程，是科研管理的核心内容。当前，在科研领域，挪用、套取、浪费科研经费的问题日益凸显，严重扰乱了正常的科研秩序。这些问题反映的是科研经费快速增长与经费管理制度改革滞后之间的深层次矛盾。②经过对高校人文社会科学科研经费管理问题的梳理和分析，笔者认为要以人员绩效和预算管理这两个核心问题为抓手来推动科研经费管理机制改革。其一，借鉴国家科技计划经费管理新办法③，允许科研人员从课题间接经费中支取人员绩效，并确定合理的支出比例，给予科研人员人力资本合理补偿，以杜绝“票据化”套现之乱象；其二，在确立人员绩效支出的前提下，强化预算管理。一方面，预算编制要按照目标相关性、政策相符性和经济合理性的原则，力求科学、合理、详尽、真实；另一方面，适当下放预算调整决策权，增强经费使用的灵活性，保障科研工作顺利开展。

---

① 周来详．人文社会科学研究的特点与规律[J]．文史哲，2003（10）

② 王忠，文宇峰．“十二五”科研经费改革影响研究[J]．科学学研究，2014（4）

③ 2011年9月14日，财政部和科技部联合发布了《关于调整国家科技计划和公益性行业科研专项经费管理办法若干规定的通知》，明确提出人员绩效可以从所承担课题的间接经费中支出。科技部网站：http://www.most.gov.cn/tztg/201109/t20110929_90076.htm

参考文献：

[1]〔美〕R. 科斯等著．刘守英译．财产权利与制度变迁[M]．上海：三联书店上海分店，1994

[2]〔美〕舒尔茨著．张斌、张蘅译．人力资本投资——教育和研究的作用[M]．北京：商务印书馆，1990

[3]〔美〕V. 布什等著．范岱年等译．科学——没有止境的前沿[M]．北京：商务印书馆，2004

[4] 邓正来．反思与批判：体制中的体制外[M]．北京：法律出版社，2006

[5] 黄浩涛，王延中主编．课题制研究[M]．北京：社会科学文献出版社，2009

[6] 黄长著，黄育馥主编．国外人文社会科学政策与管理[M]．北京：社会科学文献出版社，2008

[7] 杨东平主编．大学精神[M]．上海：文汇出版社，2003

[8]《中外专家论课题制》编委会．中外专家论课题制[M]．北京：中信出版社，2003

[9] 阿儒涵，李晓轩．美国大学科研项目间接成本补偿机制研究[J]．科学学研究，2012（12）

[10] 欧阳康．人文社会科学哲学论纲[J]．江海学刊，2001（4）

[11] 王善平．“公开发表”：一个现代学术神话——兼论课题制下的学术异化[J]．社会科学论坛（学术评论卷），2008（3）

[12] 王延中．科研项目课题制的几个问题[J]．学术界，2007（4）

[13] 叶继元．美国社科研究经费的管理及启示[J]．甘肃社会科学，2011（4）

[14] 周怀峰．科研项目课题制、学术风气和学术精神[J]．学术界，2012（7）

浅论高校科研管理队伍专业化建设

社会科学研究管理处 何宇温

摘要： 高校科研管理队伍专业化建设问题是近年来科研管理领域的重点研究对象之一。本文在对现有研究成果进行梳理的基础上，尝试界定“高校科研管理队伍专业化”概念的内涵，分析其目前存在的诸多“非专业化”问题，探讨国际专业化大趋势下该问题的紧迫性，并指出应从人才选聘、岗位设定、考核激励等多个制度层面保证科研管理队伍专业化建设能够切实有效地推进，同时不断完善以培养职业管理者为目标的科学培训模式。

关键词： 科研管理；科研管理队伍；专业化

人才培养、科学研究、服务社会、文化传承与创新是高等院校的四大基本功能。其中，随着科技发展与国家经济社会发展的关系越来越密切，高校的科研功能变得愈加重要。为了更好地发挥国家科研重镇的作用，高校必须不断完善自身科研管理能力，以有效促进包括科研创新能力和科技成果转化能力等在内的高校总体科研实力的提升。基于此，一支“懂科研、善管理”的专业化科研管理队伍的建设迫在眉睫。近年来，针对高校科研管理队伍专业化建设这一问题的研究主要围绕概念解析、专业化建设的必要性和目前存在的主要问题、科研管理队伍专业素质以及专业化建设的路径和策略等几大问题展开，并取得了诸多颇具价值的研究成果。本文尝试通过梳理国内现有研究文献，总结当前学界对这一问题的基本看法，并在此基础上进行新的思考。

一、高校科研管理队伍专业化的内涵

关于高校科研管理队伍专业化内涵的界定，目前主要有以下几种类型的表述。

——“高校科技管理队伍专业化，是指高校科技管理干部队伍按照高校科技工作的职业标准，遵循科学技术和高等教育发展规律与管理学原理，不断提高管理水平，从而实现高校科技管理的科学化、规范化，以最大限度地实现高校科技管理的高效益。”①

——“科研管理人员专业化是指高校科研管理人员在科研管理中，通过不断地接受科研管理知识培训和学习，遵守科研管理的制度和规范，不断提高自己的管理素质，具备科研管理的知识，精通管理的技能，逐渐成为熟练的科研管理人员的过程。”②

——高校科研管理队伍专业化，是指“高校科研管理队伍通过专业教育或者培训，逐步提高科研管理水平，从高校科研发展方向出发，对科研系统内外资源进行有效整合，卓越地实现高校科研系统既定目标，并获得社会地位的过程。”③

以上论述基本都是从“专业化”概念出发，引申到科研管理这一领域，从而归纳并总结出高校科研管理队伍专业化这一概念的内涵。④所谓专业化，一般是从社会学领域来理解，指的是一个普通职业逐渐符合专业标准、成为专门性职业的过程和状态。可以这样理解，专业化既可以指一种专门性职业既成的状态，又可以指某种职业发展成专业的过程。目前的研究文章针对高校科研管理队伍专业化这一概念的解析，主要突出强调的也是高校科研管理队伍逐渐达到科研管理专业要求的发展过程，即符合科研管理领域内专业标准，成为职业的科研工作管理者，并能够使自身的科研管理工作和科研管理者身份获得相应的专业地位，得到社会认同的动态过程。

综上所述，本文认为无论是从专业化的概念出发，还是从我国高校科研管理队伍建设的实际考量，所谓高校科研管理队伍专业化，主要是指高校科研管理队伍不断趋近专业化目标的一个建设过程，也就是高校科研管理队伍这一客观对象通过对管理学一般知识及科研管理领域专业知识的系统培训和学习，不断提升自身管理能力，增强自身专业素质，以成为一个专门的“懂科研、善管理”的职业管理群体并使自身身份得到社会认同的过程。

---

① 杨荣昌．浅论高校科技管理队伍专业化建设[J]．南阳师范学院学报（社会科学版），2005（1）

② 庞利．高校科研管理人员专业化的障碍分析和路径选择[J]．广州广播电视大学学报，2014（3）

③ 李仕婷，郭宁生，魏海燕，胡祝平．高校科研管理队伍专业化初探[J]．未来与发展，2011（6）

④ 周倩在其博士论文中即有专门一章来分析“职业和专业”“专业和专业化运动理论”“高校科研管理人员专业化”等概念和问题，对这一概念做了全面而深入的解析；参见周倩．高校科技管理人员专业化建设研究[D：博士学位论文]．上海：华东师范大学，2006。

二、高校科研管理队伍专业化建设存在的问题及必要性

从高校科研管理队伍专业化的基本内涵来看，目前我国高校科研管理队伍的专业化建设还存在很多不足之处。本文试图在分析现有问题的基础上探讨专业化建设的必要性。

（一）目前我国高校科研管理队伍存在诸多“非专业化”问题

1. 高校科研管理队伍建设的专业化意识欠缺

现阶段，很多高校还没有将科研管理队伍建设提升到战略高度，往往将科研管理工作视为简单的行政事务性工作，而非业务性很强的管理活动。因此在对科研管理队伍进行建设时，较少从专业化的角度出发考虑。首先，在“学校—院系”二级管理模式中，虽然在学校和学院层面均设置了科研管理的岗位，但是在进行人员配置时，并没有定向选择具备一定管理学知识背景，且对学校各学科科研情况较为了解，掌握较为熟练的现代信息管理技术的专业人员，这一点特别是在院系层面，即院系科研秘书这一岗位表现更为突出。例如，学校引进人才家属常常被配置在科研秘书这类岗位上，而他们又往往没有相关学科背景，不能很好胜任这类工作。这一点在传统管理阶段尚不十分明显，而在新的知识型技术型管理阶段，其弊端表现则日益突出。其次，对科研管理人员缺少具有针对性的中长期专业化岗位培训，使其大多依靠前辈的经验传授或自我摸索的方式来掌握管理技能。

2. 以“专家化”代“专业化”

在高校中，“专家型”人才从事科研管理并大多处于高层管理岗位的现象是较为普遍的。针对这一现象，基本存在两种观点：一种观点认为具有较高科学研究素养的专家型人才，熟知科研工作的基本规律，在科研规划制定等具有前瞻性的工作中能发挥重大作用，并且由于其个人学术声望和较强的科研能力，在重大项目申请等方面能发挥积极作用，此外，专家学者的身份使其在与其他科研工作者的沟通方面能够更加顺畅，从而有利于增强高校科研队伍的认同感和凝聚力。以上方面也是高校普遍任用专家学者担任科研管理部门领导干部的重要原因；另一种观点则认为“学术水平与科研管理水平没有直接联系，‘专家型’的教授也不能和科研管理专家划等号”，片面强调科研管理的“专家型”，可能会既影响专家自身的科研工作，又影响了科研管理

工作。[①]

本文认为，从目前我国高校科研管理的实际考量，处于科研管理领导岗位的大部分专家学者，既是本学科领域的佼佼者，同时也有志于从事管理工作，为学校科研管理工作上台阶、上水平贡献自己的力量。在现阶段，这类“专家型”人才还是高校科研管理队伍中不可或缺的重要力量。但是从长远发展来看，以“专家化”代“专业化”的问题终将成为高校科研管理队伍建设的掣肘。随着科研工作在高校建设中的权重日益增加，科研管理工作无论是在工作量还是重要性方面都将进一步增强，这就要求在高级管理层和基层管理层均需配备一支以现代管理知识加以武装，并能以全副精力投入到科研管理岗位中的专业化科研管理队伍。在某一学科领域具有权威的专家必须转变为在科研管理专业领域具有权威性的专家才能够适应科研管理队伍建设专业性的需求。

3. 高校科研管理队伍专业素质欠缺

有研究者认为高校科研管理人员应该重点具备四个方面的专业素质，即科技管理专业知识、科技管理能力、科技管理专业伦理和服务意识。[②]就目前高校科研管理队伍现状来看，在知识结构方面，能够熟练掌握一般管理学及科研管理专业理论以及科研管理技术、科研管理政策与法律法规等方面知识的科研管理人员人数不多；在管理能力方面，很多管理人员局限于一些项目过程管理和成果评奖等事务性工作，缺乏全面组织与监控、预测与计划、创新与决策等能力；在专业伦理方面，主要存在的问题是保密意识缺乏；在服务意识方面，存在管理即服务的认识误区，导致在对科研人员和科研项目的管理过程中不够积极热忱，缺乏主动为学校科研工作服务的专业素质。

（二）高校科研管理队伍专业化建设的国际化趋势

在《基于学习型组织的高校协同化科研管理结构设置研究》和《高校科技管理人员专业化建设研究》等文章中，研究者注意到了国际化背景下的高校科研管理队伍专业化建设问题。由于高等学校建设在欧美国家起步较早，因此其科研管理队伍职业化、专业化程度相对较高，无论是在专业组织建设还是专业资格认证制度方面，均已相对成熟。吕红芝在其文章中指出，西方发达国家高校科研管理队伍专业化程度较高主要体现在以下几个方面：一是对高校科研管理人员的学历和知识结构有较高要求；二是科研管理专业教育

① 郑存库．论专业化科研管理队伍建设[J]．科技论坛，2003（4）

② 周倩．高校科技管理人员专业化建设研究[D：博士学位论文]．上海：华东师范大学，2006

课程更加规范化、实用化；三是科研继续教育培训实现了体系化、制度化。①相比较而言，我国的科研管理队伍专业化建设在以上方面还存在诸多不足之处。如果高校科研管理队伍水平不能达到国际先进的专业化标准，那么总体科研工作的国际化之路也必将会受到很大阻碍。从这个角度来看，我国高校科研管理队伍的专业化建设势在必行且极具紧迫性。

三、高校科研管理队伍专业化建设实现路径

（一）提高认识，加强制度保障

认识是关键，制度是前提。在高校科研管理队伍专业化建设过程中，首先，需要在思想层面上加强重视，其次，是在制度建设方面为其提供充足保证。

2012年，教育部下发了关于高校科研经费管理及科研项目管理的两个文件，即《教育部 财政部关于加强中央部门所属高校科研经费管理的意见》（教财〔2012〕7号）和《教育部关于进一步加强高校科研项目管理的意见》（教技〔2012〕14 号）。这两个文件虽然不是专门针对高校科研管理队伍建设问题下发的专门性文件，但是从科研管理具体工作要求角度对队伍专业化建设提出了要求，充分体现出国家教育主管部门对该问题的高度重视。②对高校而言，则更应加强对自身科研管理队伍专业化建设紧迫性的认识，从促进高校自身发展的战略高度出发，从制度层面保证科研管理队伍专业化建设能够切实有效地推进，在岗位设定、人员配置、晋升考核、教育培养等一些制度设计方面，为高校科研管理队伍专业化建设提供保障前提。

首先，完善科研管理人员选聘制度，规范其准入条件，尝试推行教育管理职业资格证书制度。只有对高校科研管理人员的从业资格做出严格要求，

---

① 吕红芝．基于学习型组织的高校协同化科研管理结构设置研究[D：硕士学位论文]．上海：上海交通大学，2013

② 《教育部财政部关于加强中央部门所属高校科研经费管理的意见》（教财〔2012〕7号）规定："学校要根据实际需要，配备专业的财务、科研管理人员，充实科研经费管理服务力量。建立科研经费管理服务人员业务培训制度，提升管理服务的专业化水平；引导院系和有条件的项目负责人根据需要聘用科研秘书，协助完成项目经费预算执行过程中的相关工作。学校财务部门要会同科研管理部门加强对项目负责人和科研秘书等人员的政策宣传和业务培训，强调遵纪守法、廉洁自律意识。"《教育部关于进一步加强高校科研项目管理的意见》（以教技〔2012〕14 号）规定："学校要根据科研工作发展新形式的需要，强化科研管理队伍建设。形成结构和规模合理、专职与辅助相结合的专业化、高素质科研服务队伍，组织和引导院（系）及科研团队设立专职的科研项目服务岗位，配合项目负责人开展科研项目的全过程管理。加强科研服务人员的培训和管理，提升科研管理队伍的政策水平和业务能力。"

才能从根源上确保科研管理队伍的质量。对此，应当借鉴西方发达国家的先进经验，邓雪琳等人的研究指出，西方发达国家通过实施高校管理人员职业资格制度，规范了高校管理队伍的准入制度，为高校能够从人才市场选聘到专业管理人才提供了制度保证。①

其次，设立专职的科研管理岗位，实施专人专岗的人事管理制度，保持相对稳定的科研管理队伍。目前学校层面一般均设有专门的科研管理部门并规定了各个科研管理岗位的具体工作职责，院系作为二级管理单位也大多设有科研副院长和科研秘书岗位。但是从实际运行来看，学校层面的科研管理人员一般能够做到专人专岗，学院层面则较难保证，很多科研副院长兼管教学工作或研究生培养工作，科研秘书同时兼任教学秘书或者人事秘书。在高校科研事业飞速发展，科研管理任务愈加繁重的背景下，高校基层管理队伍的职能愈加重要，特别是科研秘书，他们在项目申报、科研档案管理、科研成果统计等方面发挥着重要作用。②为了能够使该岗位更好地实施科研管理职能，必须从人事制度上保证专设职务，专人管理。

在科研管理岗位设置方面，在做到专人专岗的同时，还需要把握稳定性原则。稳定性是高校科研管理的一个重要特点，同时也是一个职业的必然要求。只有建设一支相对稳定的专职管理队伍，高校的科研管理工作才能有序运转。高校科研管理队伍稳定性建设应当重视两个层面的工作：一是尽量减少科研管理人员的流动性。就当前我国科研管理工作的实际来看，科研管理的能力和经验都需要长期工作的积累，一个富有经验的管理者往往表现出更强的专业性。当然科研管理岗位的定期轮换制度也是科学合理的，需要注意的是尽量减少专业性差别较大的岗位之间的流动;二是相对稳定的岗位设定。工作人员的变动有时是不可避免的，但是如果科研管理的各个岗位也处于一种不稳定状态，则会影响整个科研管理队伍建设的专业化程度。科研管理人员专业能力等方面的培养往往是结合其工作岗位来进行的，只有岗位相对固定，才能使人员培训有更强的专业针对性。

再次，合理设置科研管理人员绩效考核指标，有效完善激励机制，提升科研管理服务积极性，确保科研管理队伍质量。在绩效考核指标制定过程中，应当以科研岗位的职责目标为依据，注重科研管理人员实际业务能力和工作

① 邓雪琳等．发达国家高校管理队伍专业化建设经验与特色[J]．继续教育研究，2006（6）

② 目前已有一些专门针对高校科研秘书的队伍建设的研究文章，可查阅王冰．从科研管理专业化角度浅议高校科研秘书队伍建设[J]．学园（教育科研），2012（14）；马国强，陈惠龄，薛令娟．浅谈新形势下高校科研秘书的职能定位与素质要求[J]．科教文汇（上旬刊），2011（4）；等等。

水平的考核，同时考查其在管理工作中研究学习的能力，可以考虑将科研管理研究成果纳入年终绩效考核的范围。需要注意的是，在高校科研管理队伍激励机制建构过程中，要针对高校科研管理人员知识型员工的特点，在进行物质激励的同时满足其精神层面的需求，采取物质激励和晋升激励、情感激励、荣誉激励等精神激励相结合的方式，最大限度地调动工作积极性，使其自觉为学校的科研发展服务，并在此过程中使自身价值得以充分实现。①

（二）探索有效培训模式，培养职业管理者

从近年来科研管理研究方面的论文来看，研究者基本都认同我国现有的科研管理队伍培训机制存在很大问题。一是学历教育存在很大不足；二是在非学历教育方面也未能从继续教育的层面建立起针对不同科研管理群体的长效培养机制。无论是从现有科研管理队伍专业化培养的角度，还是从培养新的专业化科研管理人才的角度来看，不能建立有效的培训机制，并探索出适合我国当前国情的培养模式，就很难培养具有专业能力、专业素养的职业管理者，那么科研管理队伍的专业化建设也就容易沦为空谈。

就这一问题，笔者比较认同周倩在《高校科技管理人员专业化建设》一文中的主要观点，即为了适应专业化建设的要求，要针对不同层次、不同对象的高校科研管理人员构建类型多样的继续教育模式。周文从大量调研数据出发，认为针对多数科技管理人员赞成在职岗位短期培训的调查结果，在高校科研管理人员的专业化培训模式构建过程中，既要重视高校科研管理人员学位学历教育，更应关注高校科技管理人员非学历学位教育形式。为此，文章提出了五种不同的培训模式，即以提高科技管理人员技能、解决高校科技管理日常问题为目的的校本培训模式；因地制宜，以促进地方高校科技管理专业化协调发展的区域培训模式；以培养高校中高层科技管理干部、探索高校科技管理理论和方法的研究班培训模式；以发展终身学习能力、实现可持续发展为目标的远程网络教育模式；以结合岗位实际改进科技管理工作为着眼点的自修—反思模式。②该文认为高校科技管理人员专业化培训模式的建构应当是多元的、动态的、开放的，多种模式之间相互影响相互促进，从而形成一个有机的高校科技管理人员专业化培训网络和系统。

综合看来，周文的考虑是较为全面的，相对于其他研究文章而言更多地注意到了高校科研管理队伍这一研究客体的多层次性，因此在模式建构方面

---

① 陈春英．高校基层科研管理队伍激励机制研究——基于需要层论视角[J]．华中人文论坛，2012（2）

② 周倩．高校科技管理人员专业化建设研究[D：博士学位论文]．上海：华东师范大学，2006

也特别注意适合针对不同层次、不同需求提出培养方案。

综上所述，在我国高校科研管理队伍专业化建设还存在诸多不足，而西方发达国家已然卓有成效的大背景下，这个问题的重要性和紧迫性愈加凸显出来。只有提高思想认识，加强科研管理岗位设定、人员选聘、绩效考核等具体制度建设，积极探索以培养职业管理者为目标的科学培养模式，才能使高校科研管理队伍专业化建设取得实效。

参考文献：

[1] 李新荣．高等院校科研管理研究[M]．北京：中国经济出版社，2008
[2] 孙艳华．高校科研管理新视野[M]．哈尔滨：黑龙江人民出版社，2007
[3] 张济生．素质培养与职业定向[M]．重庆：重庆大学出版社，2000
[4] 张俐等．高等学校科技管理的特点及对策探讨[J]．科技进步与对策，2002（7）
[5] 龚维玲．加强高校科技管理工作的研究[J]．科技进步与对策，2004（3）
[6] 郑咏梅．高校科研管理人员个体专业化新探[J]．社会科学家，2004（12）
[7] 贾宁．我国大学科研管理队伍建设的现状及对策研究[J]．科技管理研究，2008（1）
[8] 胡冠中．我国高校行政管理人员专业化研究[D：硕士学位论文]．天津：天津大学，2009
[9] 李煜宏．高校管理队伍专业化建设研究——以西南交通大学峨眉校区为例[D：硕士学位论文]．成都：西南交通大学 2008
[10] 郑咏梅．高校科研管理专业化之有效途径[J]．求实，2010（S1）
[11] 刘琦晖，吴锡尧，李霆，李晶，徐安，汤慧敏．从一线高校科研管理人员论文看科研管理队伍的专业化[J]．研究与发展管理，2005（5）
[12] 杜学亮．高校科研管理队伍建设的现状及对策[J]．管理观察，2009（13）
[13] 徐芳．学习型组织理论对高校科研管理队伍建设的启示[J]．科技信息（学术研究），2008（9）
[14] 王少青．高校科研管理队伍建设刍议[J]．宁波大学学报（教育科学版），2001（1）
[15] 徐芳，李文亮．加强高校科研管理队伍建设，创新科研管理水平[J]．科技信息（学术研究），2008（11）
[16] 杨荣昌．浅论高校科技管理队伍专业化建设[J]．南阳师范学院学报（社会科学版），2005（1）

[17] 庞利. 高校科研管理人员专业化的障碍分析和路径选择[J]. 广州广播电视大学学报，2014（3）
[18] 李仕婷，郭宁生，魏海燕，胡祝平. 高校科研管理队伍专业化初探[J]. 未来与发展，2011（6）
[19] 周倩. 高校科技管理人员专业化建设研究[D：博士学位论文]. 上海：华东师范大学，2006
[20] 郑存库. 论专业化科研管理队伍建设[J]. 科技论坛，2003（4）
[21] 吕红芝. 基于学习型组织的高校协同化科研管理结构设置研究[D：硕士学位论文]. 上海：上海交通大学，2013
[22] 邓雪琳等. 发达国家高校管理队伍专业化建设经验与特色[J]. 继续教育研究，2006（6）
[23] 王冰. 从科研管理专业化角度浅议高校科研秘书队伍建设[J]. 学园（教育科研），2012（14）
[24] 马国强，陈惠龄，薛令娟. 浅谈新形势下高校科研秘书的职能定位与素质要求[J]. 科教文汇（上旬刊），2011（4）
[25] 陈春英. 高校基层科研管理队伍激励机制研究——基于需要层论视角[J]. 华中人文论坛，2012（2）

利用“名人效应”促进高校国际交流与合作

国际学术交流处　李　华

摘要：随着新世纪高等教育国际化的迅猛发展，高校对外交流与合作变得日益重要。南开大学积极参与其中，探索出利用“名人效应”这一新模式，以此来应对国际化办学的机遇与挑战。本文对“名人效应”模式进行分析与探讨，并希望对其他高校有所启发与借鉴。

关键词：南开大学；国际交流；名人效应

南开大学是学科门类齐全的综合性、研究型大学，有着广泛的国际影响，与一百多所国际知名的大学和国际学术机构建立了合作与交流关系。加强国际交流与合作已经成为学校的中心工作与战略重点之一，并服务于学校建设世界一流大学的总体目标。

开展国际合作与交流，一方面，可以引进国外先进的教育理念和教学方法，改进提升我们的教育思想和教学管理水平；另一方面，则可以培养既具有专业知识又懂外语，既具有专业背景又受到国外良好教育，既能够适应多元文化环境又符合区域经济建设发展所需的复合型、创新型人才，服务于学院的总体育人方针，为学生的全面发展创造机会、搭建平台。

为了国际化发展战略的需要，并拓展和加强与国际知名高校的交流，我校在与世界一流大学建立合作关系的沟通渠道上，突破固有的思维模式及方式，尝试采用“名人效应”这种新颖模式，使得外事活动更显国际化、更具代表性、更富影响力。

（一）何谓“名人效应”模式

名人效应，就是因为名人的出现所形成的引人注意、强化事物、扩大影响的效应。高校利用“名人效应”促进国际交流与合作主要通过安排国外政要、社会名流、学术大师来访等形式来实现。通过名人效应，可以拓展高端访问的影响力和辐射力，提升国际交流层次，深化务实合作，从而以此为契机实现高层次实质性的合作，最终使教师学生受益。

最近几年，南开大学邀请了一些国家的政要、前政要以及国际知名人士来访。他们来到南开大学参加演讲、访问或获聘学校名誉博士、客座教授等一系列活动，他们的到来着实推动了南开大学与国外高校以及研究机构之间的交流与合作，为探索高校国际交流新模式开辟了新的途径。而这一切都得益于名人所产生的辐射效应。

（二）名人的选择

选择名人来访归根结底是一种双向的选择。

首先，我们要选择在教育行业能力崇高而备受景仰的人物，在世界范围内有较高知名度的人。名人出名是社会的产物，名人之所以成为名人，是因为他们在某一领域有突出成就或特殊贡献，也是因为媒体、相关部门的强烈关注和宣扬，更是因为全社会对于名人的认可。与此类名人建立联系，利用他们的影响力和号召力，通过社会宣传可以扩大南开大学的全球影响力，提升南开大学在国际层次中的地位。高校还可以利用名人在某一领域的专长之处获得有利的教学资源，为办学提供便利，使教学更加丰富。其次，对于名人的选择还要特别利用自身拥有的优势条件，比如学校拥有传统优势与较高地位的重点学科、学校拥有的知名学者教授、学校在区域发展中的重要地位等，通过优势资源与名人建立联系。

另外，名人之所以会与大学“联姻”也是出于自身的考虑。首先，名人为了扩大自己的影响，借助高校的名声提升自己的知名度，并且为自身的有关活动提供便利，都会选择合适的高校与其“联姻”。其次，与高校的结合还会增加名人在大众眼中的文化品位，塑造名人的良好形象。最后，名人选择与高校建立联系也是出于传播知识与经验的考虑，名人往往在某个领域拥有特殊的成就，是通过不懈的努力才达到成功，名人总结自己的人生经历和专业知识，通过与学生的交流会对学生产生有益的指导作用，这对于学生的成长也是至关重要的。

以南开大学与施瓦布的“联姻”为例。施瓦布先生与南开大学有着传统的友谊，并于 2009 年 9 月 8 日被授予南开大学名誉博士学位。施瓦布先生作为世界经济论坛的创始人，曾获机械工程学博士、经济学博士和公共管理硕士学位，拥有较高的学术造诣和广泛的全球影响力。南开大学是天津市重点高校，经济学科也是南开大学的强势学科，世界经济论坛夏季达沃斯论坛在天津举行拉近了南开大学与施瓦布先生的距离，通过邀请施瓦布可以扩大南开的知名度和影响力，特别是扩大经济学科的实力和影响力。施瓦布选择南开也是对南开大学认可的表现，夏季达沃斯定期在天津举办，而南开大学是天津市的著名学府，世经论坛创始人施瓦布与南开大学保持紧密联系可以推动夏季达沃斯论坛的推进与开展。实践也证明南开大学在夏季达沃斯年会的组织、课题的确定、议题研究等工作方面都做出了突出的贡献。

再比如对于法比尤斯的选择。作为法国外长，法比尤斯长期从事经济学、财政学和政治学研究，发表过多部著作，有较深厚的学术背景，并且一直致力于中法两国的政治、经济、文化交流工作，在欧洲有着广泛影响。邀请法比尤斯访问南开并受聘为我校名誉教授，既是南开大学扩大在法国与欧洲的影响力，推动国际交流的需要，也是法比尤斯意图推动法国地区高校与中国院校合作的需要。

（三）名人来访安排

邀请到名人之后可以组织多种形式的来访安排。高校可以安排名人演讲、主题研讨会、获聘学校名誉博士与客座教授等形式的活动，以他们在各自领域独有的影响力为契机，扩大学术交流，增进友谊与联系。

名人一般在某个领域具有较高的学术造诣和独到的深刻见解。安排名人讲座既为广大师生提供了和名人近距离接触的机会，与广大师生交流最前沿的学术动态，又可以促进高校师生在学术方面的进步。对于名人来讲也是一个传道授业的机会，可以扩大其在某地区或某学术领域的影响力。最近几年，我们邀请一些国家的政要、前政要以及国际知名人士来南开作演讲。最近三年，美国前国防部长科恩来过 5 次，意大利前总理普罗迪 3 次，法国前总理法比尤斯 3 次，世界经济论坛主席施瓦布 3 次，还有 13 位诺贝尔奖获得者来访，他们每一次的到来都为南开师生带来了精彩的演讲，他们每一次的到来都更进一步加深了其与南开大学的密切联系。

为名人致聘学校名誉博士与客座教授也是与名人建立联系的有效形式。让名人成为高校的一分子会增加名人的归属感与责任感，更加密切名人与高校间的联系。这样的形式还能够加强南开大学的师资队伍建设和学科建设，进一步推进合作与交流，特别是在共同研究领域，做出一定的研究成果。受聘担任名誉博士以及客座教授的专家学者在各自的研究领域都有很高的学术造诣和相当的知名度，他们定期在南开大学的教学科研工作中提供指导和帮助，也可以培养科研人才，推动学科发展。

举办主题研讨会是加强学术交流、推进学术研究的重要手段，大力支持各个学科利用来访名人积极争取和举办本学科领域有影响、高水平的国际会议，进一步加大在高水平国际期刊发表成果和申请国际专利的支持力度，产生一批具有重要国际影响力的科研成果，有利于提升南开大学的学术地位和在学术界的影响力，促进南开大学的国际交流；举办主题研讨会还可以密切南开的专家学者与国外学者的学术联系，进而为南开大学与国外知名机构或高校的合作提供便利。仅 2012 年，南开大学就举办了 24 次不同规模、不同层次的国际会议，其中组织不少高层次、大规模的国际学术研讨会。通过这些会议，各方之间进行的不仅是学术间的交流，国外高校可以对南开在某些学科的科研学术水平有更加全面的了解，在开展国际学术会议的同时积极促进我校与国外高校或学术机构间的交流与合作。

（四）名人来访跟进工作

在与名人建立了联系之后，为了充分利用名人建立起来的关系，利用“名人效应”服务于高校的对外交流工作，高校应该对名人进行及时跟踪，加强与名人的沟通与反馈。高校应采取积极的措施利用名人的影响向可能合作机构或院校沟通联络，并积极向对方寻求反馈，以便推进合作的进展；此外，高校还应定期关注名人的学术动态与外事活动，寻求尽可能多的合作机会。以南开大学为例，施瓦布先生访问南开大学时曾提及并介绍了与洛桑大学合作的情况，在施瓦布先生离开之后，南开大学一方面始终与施瓦布先生保持联系，并及时向其通报进展情况；另一方面，南开大学也积极主动地与洛桑大学联系，推进两校合作与签署协议一事。这样一来，既可以利用施瓦布先生作为双边沟通的桥梁，充分利用高层人物的影响力，同时双方学校工作人员也积极启动合作事宜，多方共同努力可以大大缩短沟通时间，促进合作事宜的快速启动与合作关系的快速建立。

（五）“名人效应”下的多赢效果

在南开大学探索高校国际交流与合作的过程中，“名人效应”是一个多方受益的有效模式，不管是名人自身还是南开大学及其广大师生，都从中受益良多。

2011 年 9 月 10 日，在世界经济论坛主席、南开大学名誉博士施瓦布第三次访问南开并发表演讲之后，施瓦布先生认识到南开大学的水平很高，并因此邀请我校参加在天津举行的达沃斯论坛，并加入达沃斯论坛世界顶尖大学社区，这标志着南开大学成为受到世界经济论坛邀请的全球顶尖高校之一；在施瓦布先生的推动下，南开大学专家学者还牵头承担了天津夏季达沃斯论坛的诸多研究课题，为达沃斯论坛的顺利开展贡献了力量；施瓦布还作为推动力量促使我校开展了与洛桑大学的合作联系；另外，在施瓦布先生的推动下，南开大学与世界经济论坛合作开展的博士生联合培养项目正在稳步进行，并且已经取得了丰硕成果。在双方的合作努力下，今后必将为全球培养出更多的精英人才。

在施瓦布先生影响下，2012 年 5 月 27 日，“南开大学世界经济研究中心”成立，施瓦布受聘南开大学世界经济研究中心高级顾问。该中心的成立是对世界经济研究的前瞻性思考，也是学术界承担责任的一种表现，世界经济论坛将与南开大学世界经济研究中心开展合作，为全球经济决策提供帮助。该中心的成立也将南开大学的发展推向一个新的高度，有利于南开大学的国际化进程。该中心的成立深化了世界经济论坛、天津市政府及南开大学在学术研究、政策咨询、教育培训、国际交流等方面的合作，提升了学校在国际学术领域的影响力。

以上种种成果，与施瓦布作为南开校友和名誉博士的地位是分不开的，与施瓦布作为世界经济论坛创始人以及主席所产生的名人效应也是分不开的。

再比如，南开大学名誉教授、法国前总理洛朗·法比尤斯 2011 年 3 月 12 日再度访问南开时，为全校师生做了关于未来二三十年世界发展趋势的演讲，其深刻见解与广博的知识令南开师生获益匪浅。以此为契机，除了与学生在学术方面的直接交流之外，法比尤斯主席还积极促进我校与法国高校的国际交流，在法比尤斯主席的介绍和推动下，我校与法国鲁昂高等商学院签署了校级和学生交换协议。

2012 年 1 月 19 日，欧盟委员会前主席、意大利前总理罗马诺·普罗迪受聘南开大学名誉教授。南开大学向其表达了期待与欧洲高校的交流合作的愿望。通过交流沟通，正是在普罗迪先生的大力推荐下，南开大学与意大利的博洛尼亚大学在商学院 EMBA、MBA 以及教师和学生交流等项目上达成广泛共识，促进了协议的签署，取得了良好效果。

以上事例充分说明，通过国外政要及名人来我校演讲、访问或致聘我校名誉博士、客座教授等一系列活动，利用“名人效应”，在名人的影响辐射和推荐下，我们与许多大学建立了合作关系，并取得了良好效果，为广大师生也提供了更为宽广的交流平台。“名人效应”为我校进一步促进与外国高校和研究机构之间的交流、合作提供了一个崭新有效的新模式。

浅析我校中国政府奖学金自主招生工作

国际学术交流处　刘秀清

摘要：南开大学是首批中国政府奖学金自主招生工作院校，自 2008 年开展自主招生工作以来，自主招生对我校扩大留学生规模，提高留学生层次起到了积极的推动作用，但随着政府奖学金名额的增加，奖学金招生管理也面临巨大挑战，如学科分布不均，缺乏英文授课专业，出现教学培养方面的一些新生问题，等等。针对现有政府奖学金生招收工作的困难，应从多方入手，加强招生宣传，改革完善招生机制，改革教学、教务，提高后勤服务水平，使中国政府奖学金招生工作更上一层楼。

关键词：中国政府奖学金；招生

南开大学的留学生教育工作是从 1954 年招收第一位中国政府奖学金学生开始的，60 年来，作为中国政府奖学金承接院校，南开大学为国家培养了一批有利于中国与世界和平发展的中国政府奖学金学生。改革开放以来，随着我国经济和教育的高速发展，我国的留学生教育也有了日新月异的发展。2008 年教育部设立了中国政府奖学金高校研究生自主招生项目，南开大学有幸成为首批中国政府奖学金自主招生高校，开启了我校自主招收中国政府奖学金生的工作，改变了中国政府奖学金招生由基金委分配和商派的局面。如何更好地利用自主招生名额，招收优质生源成为自主招生的核心工作，学校的留学生研究生招生培养工作面临着新的挑战。

一、自主招生促进我校近年来留学生教育发展

中国政府奖学金高校研究生自主招生项目每年由教育部下派名额，鼓励高校招收毕业于一流大学来中国继续深造的硕士和博士研究生，开展此项工

作对我校留学生教育工作起到了推动作用，主要体现在以下几方面。

1. 扩展招生人数，提高招生层次

自2008年以来，我校共招收此项目硕士、博士研究生167人，成为我校高层次留学生学历生逐年递增的主要来源。

2. 提升南开大学知名度，打造留学南开品牌

中国政府奖学金自主招生名额，是教育部对南开大学的认可，我校是首批入选自主招生承接院校，是中国优秀大学的标志。通过政府奖学金招生，宣传南开大学，提升我校学科、专业的知名度，打造留学南开品牌起到了积极的效果。

3. 促进教学、教务改革，使之与国际接轨

中国政府奖学金学生的招生与培养，使研究生规模不断扩大，以前少有留学生的学院也开始接收留学生，针对留学生特性进行教学、教务改革，如何更好地服务留学生成为教务部门和学院面临的新挑战。促进学院去改革教学模式，改变工作作风，使教学教务向国际化迈进。

4. 改善我校留学生国别结构

多年来，我校留学生主要以日本、韩国籍学生为主，自主招生丰富了留学生国别，如图1所示。

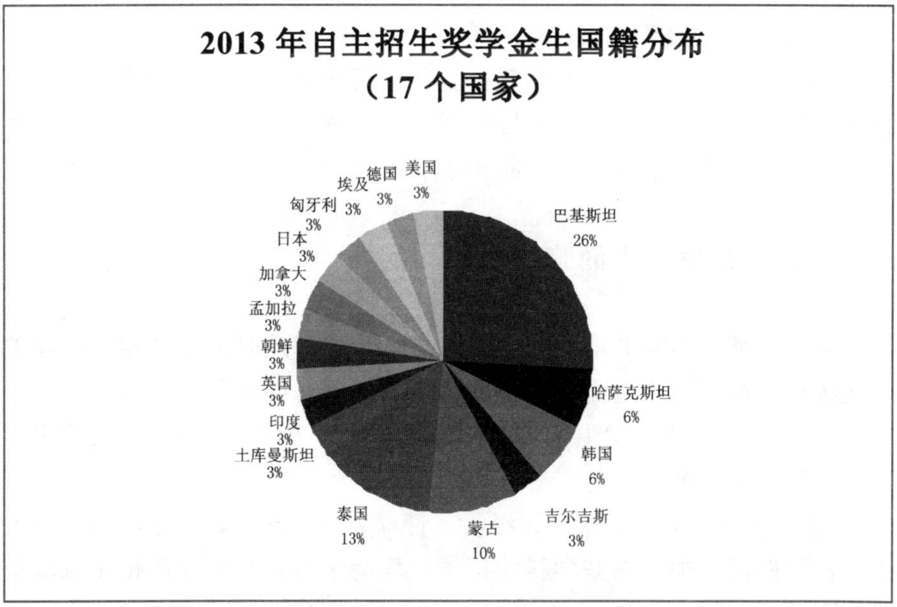

图1 2013年自主招生奖学金生国籍分布

5. 扩展学科分布

通过近几年自主招生工作，我校理、工学科留学生人数已有所增加，如图 2 所示。

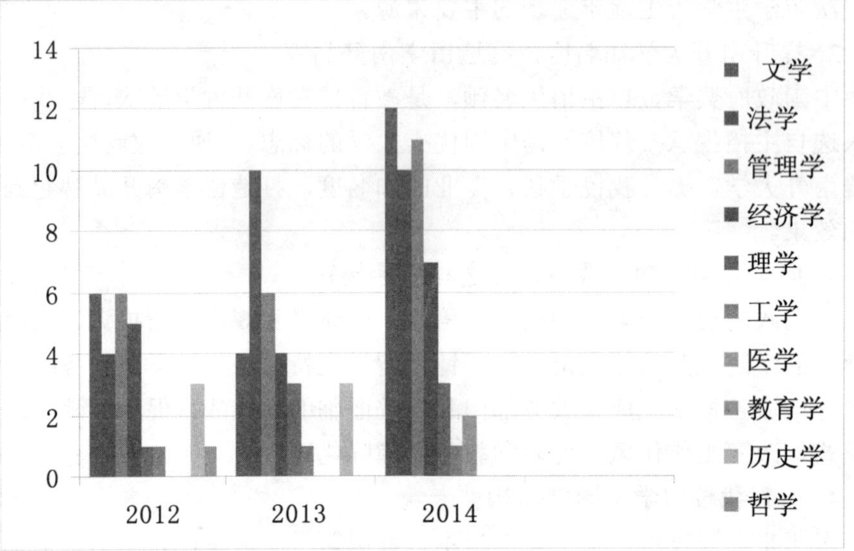

图 2　2012～2014 年自主招生奖学金生学科分布

6. 促进全英文授课的发展

中国政府奖学金自主招生开我校全英文授课学历研究生的先河，2008 年我校商学院接收了第一位全英文授课博士生，该生现已毕业，这名留学生的毕业，对我校全英文授课的项目起到了示范作用。

二、自主招生工作面临的挑战和问题

随着自主招生名额的增加和教育部进一步改革政府奖学金招生举措的实施，我校自主招生工作也面临着挑战，主要问题有如下几个方面。

1. 录取学生中欧美学生比重低，非洲学生、大洋洲和南美洲学生很少，国籍分配还不够均衡。

2. 学科分布以文学、法学、经济、管理为主，理学、工学、医学录取的学生所占比例低，加大这些学科的招生，均衡学科分布是今后招生录取工作的重点之一。

3. 自主招生中汉语补习学生比例随着招生人数的增加而上升，在没有大比例推广英文授课项目的情况下，一年的汉补，不能解决汉语教学的语言障碍，特别对博士学生而言。因此，更多拓展英文授课项目也是自主招生吸引优质生源的当务之急。

4. 因近几年招生名额的大幅度增加和学科分布的不均匀，造成一方面文科类学院申请人数很多，接收留学生的压力很大，教授资源有限，不能录取，另一方面，理工科学院申请人数寥寥无几，大量有海外背景的老师没有学生申请。

5. 随着奖学金生人数的增加，学校留学生研究生培养体系和制度中的一些规定与学生的现实状况发生矛盾，如何改进和完善教学培养计划成为亟待解决的问题，例如，非英语授课研究生学历项目是否可以用英语写论文和答辩的问题。

三、未来自主招生工作的改革和建议

1. 积极拓展招生渠道，加强重点学科招生宣传

我校是综合性大学，文、理、工、医学专业分布广泛，为接收留学生研究生提供了条件。学校从校内和校外两方面入手，积极开拓招生渠道。要充分发挥学院和导师的号召力，将每年的招生名额通知各学院及专业导师，特别是近几年海归比较多的理工类学院，加大其招生力度。对外方面，充分利用驻外使领馆、交流院校和一些国家驻外机构进行招生宣传和推荐学生，参加不同国家的教育展，利用一切参访活动进行招生宣传。此外，对理、工、医学类专业进行重点推介以改善文学、经济、管理为主导的招生布局。平衡现有国籍分布不均的问题，将重点生源国锁定欧美和拉美。还有，改变招生由留学生办公室主导的现状，尝试将奖学金名额分配给学院，倾斜理、工、医学等学科的分配名额，发挥和提高学院和导师在奖学金招生中的作用。

2. 优化招生程序，完善招生制度

目前留学生录取以学院录取为主，但各学院录取标准和录取方式也各有不同，加之留学生都不在中国境内，联络和面试有一定难度。此外，因申报专业不平衡，学院之间的调配量也有所增加，因此探索和使用有效招生方式和手段，完备招生制度和程序对留学生招生至关重要。

3. 拓展全英文授课项目，扩展奖学金生招生渠道

虽然我校已有三个全英文授课专业，但是英文授课还远远不能满足留学生需求，尤其是博士项目，积极拓展全英文授课项目，也是招生优质留学生

生源的重要途径之一。

4. 加强后勤服务，保障奖学金生在校

目前，学校的住宿条件有限，随着奖学金学生增加，住宿已不能满足要求，近几年硕士奖学金学生住宿标准由单独住宿变成二人合住。为使留学生有一个更良好的学习环境，2015 年新校区落成后，应该进一步改善留学生教学和住宿条件，保障奖学金学生有一个舒适的生活环境。

5. 调整奖学金经费分配政策，进一步激励接收奖学金生

近年来，随着经济的发展，中国政府奖学金拨款标准也有所提高，但是我校的教学经费标准并未随着拨款标准有所提高，学院接收留学生的积极性不高。为进一步鼓励学院和老师接收中国政府奖学金生，要对现行的拨款标准进行调整，提高教学经费的额度，扩展使用范围，真正落实激励政策，为学院和老师接收奖学金学生奠定物质基础。

浅谈南开大学孔子学院奖学金招生工作的宣传模式和渠道

国际学术交流处　孙美幸

摘要： 中国经济的发展和政治地位的变化激发了世界人民了解中国文化和社会状况的兴趣，加强与中国的交往已成为世界各国政治经济的大事，汉语热急剧升温。南开大学通过近几年承办国家汉办/孔子学院设立的孔子学院奖学金项目，利用现有资源，摸索出了具有南开特色的招生宣传模式和渠道。但还要逐步完善，传承中国文化，加快国际步伐。

关键词： 孔子学院奖学金；招生宣传；模式和渠道；学习汉语

中国经济的发展和政治地位的变化激发了世界人民了解中国文化和社会状况的兴趣，加强与中国的交往已成为世界各国政治经济的大事，汉语热急剧升温。[①]国家汉办/孔子学院总部于2009年设立孔子学院奖学金，旨在鼓励各国留学生、学者和汉语教师来华研修汉语言文化。南开大学作为首批实施院校随即启动了相关工作，在不断完善、力求创新的道路上，摸索出了一条有效的、具有南开特色的留学生教育管理模式，取得了十分理想的效果，全面推动了我校孔子学院奖学金学生教育管理工作不断发展和完善。

一、结合自身情况，充分利用海外孔子学院资源

随着全球化进程的加快，国际化已经成为世界高等教育发展的一大基本趋势，成为“高等学校管理、规划、培养目标和课程的一种中心因素”。[②]孔

① 刘广兵．孔子学院办学机制与发展策略初探[J]．湖北师范学院学报（哲学社会科学版），2011，31（5）

② 陈学飞．高等教育国际化——从历史到理论到策略[J]．上海高教研究，1977（11）

子学院作为汉语国际化推广的重要平台，其独特的设置和运营模式为全世界学习汉语者提供了方便。在招收外国留学生过程中，孔子学院对国内、外合作高校具有积极的影响：一是直接的影响，即国内孔子学院合作院校通过孔子学院奖学金，直接吸引优秀的外国留学生到国内学习和交流[①]，他们大都具有一定的中文基础，并且对中国的文化和生活环境比较熟悉，也容易与国内的学生相处；二是间接的影响，孔子学院推荐的奖学金生，在国内学成后回到孔子学院，所学的知识有用武之地，可以向其他同学介绍中国及中国的文化，学生本人也更有成就感。我校现有6所孔子学院，分别是美国马里兰大学孔子学院、葡萄牙米尼奥大学孔子学院、日本爱知大学孔子学院、哥伦比亚安第斯大学孔子学院、韩国济州汉拿大学孔子学院和英国格拉斯哥大学孔子学院。我校承办的孔子学院各具特色，运转良好，富有成效，对我校孔子学院奖学金学生工作大力支持。2014年，我校孔子学院奖学金生招收共计66名，其中70%推荐生源来自合作孔子学院的优秀学员。

二、承办国家汉办培训任务，与各地孔子学院汉语教师建立长期沟通和联系

我校高度重视国家汉办培训项目，认真研究汉语国际教育人才培训规律，科学地设计培训方案，逐渐形成了一套体系完备的汉语国际教育人才培训的“南开模式”。国家汉办高度评价我校的培训工作。近年来，南开大学跨文化交流研究与培训基地共承办了23期不同层次的孔子学院师资培训班，为各国孔子学院输送文化交流使者2500余人次。培训有期，友谊长存，各培训班学员在培训结束奔赴各国孔子学院的工作岗位后，仍与我们有着密切的联系，对我校孔子学院奖学金招生工作给予了大力的支持和帮助。

三、重视国际交流项目，积极与国外兄弟院校开展合作，挖掘潜在生源

截至2012年底，南开大学与世界各地近45个国家（和地区）的300余所高校建立了友好关系。随着南开走向世界步伐的加快，越来越多的外国留学生通过校际交流的形式了解了南开，对汉语产生了浓厚的兴趣，并希望通过国家汉办提供的孔子学院奖学金平台继续留在南开提高自己的汉语水平。

---

① 严晓鹏，郭保林．议孔子学院对我国高校国际化的影响和作用[J]．中国高等教育，2011（6）

2013 年，我校哥伦比亚学生安杰娜，通过我校与哥伦比亚安第斯大学校际交流协议到南开大学交换学习了半年。在了解了国家汉办对孔子学院奖学金生报名要求后，申请了我校一学期孔子学院奖学金项目，通过面试成绩合格，最终被录取。2014 年，安杰娜又继续申请了孔子学院奖学金汉语国际教育硕士项目，在南开校园内开始了她的研究生学习。

四、营造“和谐南开”的良好氛围，做足在校生文章

招生宣传，未必拘泥于招生对象这一群体。紧紧围绕在校留学生群体，积极开展外国学生喜闻乐见的文化活动，提升学校在海外学生群体中的知名度，可以达到间接宣传的目的。①南开大学十分注重留学生的中国文化实践工作的开展，投入大量的人力物力财力，保障该项工作的顺利进行。自 2007 年至今，我校每年组织 2～3 次中国文化实践活动，现已累计举办 12 次，参与留学生近 1700 人。在目的地的选择上以中国传统文化聚集地为主，同时考虑留学生们的愿望和诉求。这些活动丰富了留学生在南开的生活，更加愿意留在南开，留在中国。我校 2009 年入学的哈萨克斯坦学生刘京，是今年的本科毕业生，毕业前，他十分希望可以得到国家汉办的支持，继续留在南开大学进行汉语教育硕士的深造。我校结合国家汉办对汉语国际教育硕士申请和面试的要求，对刘京同学的汉语水平进行了测试，成绩合格，最终录取。得知自己被录取之后，他高兴地说：自己毕业之后，愿意做一名文化交流使者，回到哈萨克斯坦，将汉语和中国文化传播出去，让更多的人了解中国。

五、采取多元化招生模式，招生宣传和教学管理两手抓

通过对之前招生工作的总结及借鉴其他高校招生的成功经验，2013 年，南开大学首先加大了针对孔子学院奖学金生招生宣传的力度。在国家汉办 3 月份出台了本年度孔子学院奖学金生招生要求后，我校根据自身情况和要求，制定出了本年度孔子学院奖学金生招生简章，并及时与各国使、领馆，友好兄弟院校，国外高校中文系等具有潜在生源机构进行了沟通和联系，得到了各国推荐机构的大力支持。

南开大学避免重招生宣传、轻教学管理的现象出现，做到两手抓，招生

① 刘海涛．关于来华留学生招生工作的思考[J]．教育求索，2011，452（5）：216

宣传和教学管理同等重视。我校汉语言文化学院承担了培养南开大学孔子学院奖学金项目学生的重任，在新生入学前，为每个学生测试汉语水平并根据成绩排班，避免同一个班上的学生水平参差不齐。学院还为每个班级配备了班导师，时刻关注学生的学习和出勤。南开大学国际学术交流处留学生办公室设有专人负责孔子学院奖学金项目学生的日常管理工作，如为学生安排校内住宿、医疗保险咨询、签证办理、奖学金发放等日常问题及必要时的心理疏导。做到对每一个学生从入学到毕业认真负责。

六、结语

孔子学院工作是推动学校国际化的有效方式，促进了与国外大学的校际交往，扩大了师生的国际交流，带动了学科的发展。我校现正处于加快国际化发展步伐的重要战略机遇期，国际化进程不断深入。南开将充分利用孔子学院这一平台，传承中国文化，加快国际步伐。

参考文献：

[1] 刘广兵．孔子学院办学机制与发展策略初探[J]．湖北师范学院学报（哲学社会科学版），2011，31（5）

[2] 陈学飞．高等教育国际化——从历史到理论到策略[J]．上海高教研究，1977（11）

[3] 严晓鹏，郭保林．议孔子学院对我国高校国际化的影响和作用[J]．中国高等教育，2011（6）

[4] 刘海涛．关于来华留学生招生工作的思考[J]．教育求索，2011，452（5）：216

南开大学招收临床医学（英文授课）本科生的报告

国际学术交流处　李　丹

摘要：留学生教育是高等教育的重要组成部分，也是我国高等医学教育的发展趋势，已经逐渐成为反映高等医学院校教育水平的重要标志之一。在我国高等教育国际化和建设一流大学的进程中，发挥着越来越关键的作用。我校临床医学（英文授课）(MBBS）项目将从师资、课程以及教育质量三个方面积极促进临床医学项目的发展。

关键词：留学生；临床医学教育；质量

留学生教育对于将我校建设成为世界一流大学的国际化战略目标发挥着重要作用。在我国招收留学生的各专业中，医学专业是首个允许用英语授课的专业。中国的医学留学生教育以其费用合理、质量较高等优点吸引了大量欧美等发达国家和地区的学生，有效地促进了各招生院校医学教育的国际化进程。

一、我校开设临床医学（英文授课）项目的重要性和全国临床医学本科概况

我校自 2010 年开始大力推进英文授课项目，经过长期的调研准备，2012 年开设了第一个全英文授课硕士专业——国际经济与商务。到 2014 年，全英文授课硕士专业达到三个。2014 年申请我校全英文授课项目的人数为 154 人，是 2012 年的 22 倍，其中 66 人申请 MBBS 项目。申请学生来自 20 多个国家，成绩优秀。全英文授课项目成为我校留学生教育的一个新的增长点。MBBS 项目的开展有助于我校医学院提高教学水平，满足国际医学认证的要求。同

时，该项目的开展对于提高我校自费留学生层次，扩大留学生数量，优化留学生生源国分布起到很大的推动作用。

中国的医学学历受到世界卫生组织（WHO）以及欧美等发达国家与地区的广泛认可，且学费合理、教育质量有保证。近年来，来华医学留学生的数量每年在成倍增长，成为来华留学生群体中除语言类别外的第一大群体，其中学历留学生规模居各专业首位。2008 年度来华留学生人数一举超过出国留学人数，首次突破 20 万，其中临床医学专业来华留学生规模已居各专业第二位，学历留学生规模居各专业首位。[①]2011 年来华学医的留学生已突破 4 万，其中 2.82 万人学习西医，留学生生源国达到 60 余个。天津目前只有天津医科大学一所学校有招生资格。

二、我校医学院教学平台建设现状

经过 20 多年的建设，我校医学院现有七年制临床医学（本硕连读）和口腔医学两个本科专业。具有临床医学博士学位授权一级学科和基础医学、临床医学、口腔医学、生物医学工程 4 个硕士学位授权一级学科。目前有在院本科生 421 人，七年制硕士生 109 人，三年制硕士生 147 人，博士生 88 人。学院现有专任教师共 61 人，其中特聘教授 3 人，教授 8 人，副教授 19 人，讲师 16 人，实验技术人员 15 人。师资中有博士生导师 8 名，硕士生导师 21 名，其中有“长江学者”特聘教授 1 名，教育部新世纪人才 6 名，“973”首席科学家 1 名，“国家优秀青年基金”获得者 1 名。

我校医学院先后与中国人民解放军总医院、天津市第一中心医院、中国人民解放军第二五四医院、天津市人民医院、天津市口腔医院、天津市儿童医院和中国医学科学院血液学研究所等 13 家医院开展联合办学。在联合办学单位聘用专任临床教学教师 157 人，其中教授 100 人，副教授 52 人，院士 5 人，博士生导师 59 人。

学院下设临床医学系和口腔医学系；拥有解剖与组织胚胎学、生理学、生物化学、免疫学、病原生物学、医学分子遗传学、药理学、病理与病理生理学、预防医学、医学心理学、临床技能实训、医学高分子材料学、口腔基础等 13 个教研室；建有基础医学实验教学中心和 5 个基础医学综合教学实验

① 郝希山．拓展来华留学生教育，提升高等医学教育综合实力和国际影响力[N]．光明日报，2009-6-9（007）

室。目前医学院拥有专用校舍建筑面积 $3952m^2$。学院医学实验教学中心使用面积达 $875m^2$，各类实验仪器设备近千台，总价值达到 2000 余万元。

近五年来，学院各类在研科研项目共计百余项，其中包括国家自然基金 20 余项，“863”项目、“973”项目 20 余项，天津市自然科学基金 20 余项，国内外合作 40 余项，教育部回国留学人员基金 8 项，以及多项横向合作科研项目，总计科研经费约 2000 万元，在国内外著名学术期刊上发表学术论文 550 余篇，其中 SCI 收录 230 余篇。

三、我国 MBBS 教育面临的问题

MBBS 教育在我国快速发展的同时，问题与挑战也日益凸显，如少数院校“片面看中留学生带来的经济效益”“师资不足，教学质量不高”[①]，或“各院校间教育水平不均衡”[②]，等等。

根据广西、浙江、福建、河南等地的实践，目前 MBBS 教育存在的问题主要有两个方面。

1．缺乏高素质的师资队伍。表现为责任心不强、英语授课能力欠缺，个别学校英语授课满意度低于 50%。[③]

2．教学方法亟待提高。表现为照本宣科、不注重与留学生互动交流及反馈。

四、我校 MBBS 项目的未来建设

改进 MBBS 教育质量一方面需要提升硬件水平，严格执行《来华留学生医学本科教育（英语授课）质量控制标准暂行规定》，另一方面，需要教学主体之一的教师不断探索提高教学质量之道。我校将从以下几个方面逐步建立起具有南开特色的临床医学本科（英文授课）项目。

① 教育部．教育部关于印发《来华留学生医学本科教育（英语授课）质量控制标准暂行规定》的通知 [EB/OL]．[2012-11-8]．http://www.moe.gov.cn/publicfiles/business/htmlfiles/moe/moe_307/200707/9229.html

② Liang Meilan．China top destination for foreign medical students [EB/OL]．[2012-12-3]．http://www.beijingtoday.com.cn/expatnews/china-top-destination-for-foreign-medical-studens-worries-persist-about-quality-of-programs

③ 韦波，胡振．广西医学专业东盟留学生教育现状与对策研究[J]．中国高等医学教育，2011（12）：33～34

（一）开展留学生英语授课教师资格认证工作，努力造就高水平师资队伍

一支学术水平高、教学能力强的师资队伍，是提高教学质量的关键。在坚持开展教师国外专业和语言培训，强化教师备课、试讲、评估、评优等环节的基础上，拟开展留学生英语授课教师资格认证工作，规范医学留学生教育和英语授课教师任用。通过构建英语授课教师资格认证制度，打造一支外语水平高、业务能力强的骨干教师队伍，充分发挥认证教师在教师资源有效整合过程中的引领和示范作用，形成教师专业成长和发展的良好氛围，带动所有教师提高教学水平。

（二）实施精品课程建设，推动医学教学改革，全方位提升留学生综合素质水平

学院准备以留学生课程为平台，积极借鉴国外先进的教育教学理念，开展以学生为中心、以自主学习为内容的教学方法改革，注重科学思维和学习能力的培养。学习方法提倡采用引导式、问题式、互交式等模式，提升学生分析、解决问题的能力、临床思维能力和人际交往能力。通过精品课程建设，注重引进学科发展最新动态，强化学生创新能力和综合素质培养。

（三）保证教育教学质量，推动医学留学生教育的持续发展

建立留学生教学质量标准和质量监控体系，始终保持医学留学生教育稳步健康地发展。

1. 严把招生质量关，为良好的教学质量建设奠定牢固基础

生源质量是整个教学质量体系中的基础，生源质量的高低直接影响着整个教学过程的进行。由于留学生来自不同的国家，不同的考试评价体系使得学校不能确定固定唯一的入学标准。这就要求我们深入研究当地大学的入学标准，因地制宜地设定不同的录取标准，保证录取的公平、公正，吸引真正优质的生源。

2. 建立国际化的留学生教学质量标准和严格的质量监控体系

教育质量标准，是评价教学质量的重要依据。留学生教学质量标准包括培养目标、教育计划、课程标准、学生成绩评定、教师教学水平、学生毕业证获得和学位授予、教育资源、管理等方面。为了更好地监控我院医学留学生教育质量，拟成立医学留学生教学督导组，通过随堂听课、定期会议总结，对整个留学生教育过程进行监控，保障留学生教育质量的稳步提高。同时，还采取留学生对教育质量进行定期反馈等措施，对留学生教育质量进行全方位的监督和控制。

参考文献：

[1] 黄清音，吴小南，陈江等．地方医学院校全英语教学师资培养的探索与实践[J]．福建医科大学学报（社会科学版），2010，11（4）：56～58

[2] 徐娟．来华医学留学生本科教育工作思考[J]．中国成人教育，2009（20）：60～61

[3] 王剑军．我国医学留学生培养存在的问题与对策[J]．教育与职业，2011（14）：34～35

[4] 郝希山．拓展来华留学生教育，提升高等医学教育综合实力和国际影响力[N]．光明日报，2009-6-9（007）

[5] 韦波，胡振．广西医学专业东盟留学生教育现状与对策研究[J]．中国高等医学教育，2011（12）：33～34

浅析国际暑期项目的管理模式
——以南开大学为例

国际学术交流处　关　艳

摘要： 随着全球化进程的加快，国际化已经成为我国高等教育发展的趋势之一。国际暑期项目是吸引留学生短期来华，增加留学生人数的重要手段，也是加强南开与各国伙伴院校交流合作，促进中、外合作高校国际化交流与发展的重要平台。实践证明，国际暑期项目对帮助外国留学生“知华”和“友华”起到了积极的影响与推动作用。

关键词： 国际暑期项目；管理模式；南开

近年来，南开大学以国际化为学校发展的主要战略之一，在积极鼓励学生“走出去”的同时，主动加强吸引外国留学生的力度和措施，积极探索国际合作的新模式，从单纯的汉语教学平台发展到综合的文化交流平台，从单向的向国外学习发展到双向、多向的跨文化交流。

随着孔子学院大力推进中国文化走出去的方针和政策，我校一直在探讨如何将外国留学生吸引到中国学习中国优秀传统文化。用中国文化独一无二的魅力吸引留学生，在此过程中渗透和培养留学生从“知华”到“友华”。

为了满足外国留学生对来中国短期学习的需求，增强外国学生对中国的了解，我校开始筹建南开自己的国际暑期项目。

一、国际暑期项目的设计

在当前国际汉语推广的大背景下，想要推动对外汉语教学的发展，希冀汉语在世界舞台上占有更重要的地位，对对外汉语教学所涉及的各层面进行比较完整的考察便成为当务之急。了解必先于行动，只有对国际暑期项目的模式有了一定的认识，才能在国际推广中真正做出有效且有意义的规划。

出于运营成本的考虑，只有当留学生人数达到 8～10 名以上才能开设一个暑期课程。

1. 方案

设计的目标就是确保一个组织能够有效利用设计资源来达到自己的目的。一个项目成功与否，最初的着眼点和想法至关重要。在借鉴了国内大量兄弟院校的国际暑期课程的基础上，我校取长补短，结合我校的优势和特点，打造了第一个专属南开自己的暑期课程。

设计之初，有两种不同意见。

其一是设计一个纯学术交流的暑期课程。以经济管理专业为例，请专业老师教授英文课程，项目结束时授予南开大学的成绩单和学分。一个暑期课程相当于一个学期课程的浓缩。这种方案的优势是满足交换学生利用为期四周的短期学习，取得一个学期需要的学分，属于纯学术型的暑期课程。这种方案的不足之处在于全部时间用于授课，没有余暇时间让外国学生了解课堂以外的中国。

其二是将课程设定为讲座形式。每天上午做一个为时三小时的专题讲座，每周五个讲座，每周讲座围绕一个主题展开。第一周：中国当代经济发展；第二周：中国当代政治和法律体系；第三周：中国传统文化；第四周：游览中国古都西安和北京。此方案的优点在于让对中国感兴趣的留学生从一个宽泛的层面广泛地了解中国现状，并在实地旅行中让外国学生了解中国的历史和文化。

随着两种方案的确立，我校开始正式筹建全英文暑期项目。考虑到实施的可行性和对外国学生的吸引力，最终选择了第二套方案。

2. 志愿者

国际暑期项目除了服务外国学生，使外国学生更好地了解中国，我校努力实践将国际化引入校园的方针，让南开学子不用走出校门就有和外国学生交流互动的机会。这就要求招募合适的志愿者，并能够有效地管理志愿者队伍。大型赛事中的志愿者既有普通志愿者的自愿性、公益性、组织性等一般特征，还具备以下几点特征：志愿者服务时间相对集中。在这期间，志愿者的工作强度大，工作节奏快。因此对志愿者的管理和培训提出了挑战。

3. 对外宣传

为了进一步扩大宣传，使我校更多的伙伴院校的同学了解我们的国际暑期项目，我们开拓性地与 CBL International 公司合作，加强项目在海外的宣传。CBL International 负责派专人深入国外院校宣讲，将我们的宣传资料发至每位同学的手中。利用该公司在海外的影响以及外国学生熟悉的网站报名方式，增加生源。我校负责把关课程质量，做好课堂和食宿等管理工作。

4. 企业参访

为配合经济和法律领域的讲座，使外国学生在课堂外有一个鲜明生动的认识，我们尝试在暑期课程中加入企业参访和政府机构参观。上午的课程配合下午的实地参观，老师陪同进行现地教学，寓教于乐，生动活泼。

二、国际暑期项目的实施

经过周密的设计和反复论证，南开大学在2014年开办了七个国际暑期项目。分别是澳大利亚弗林德斯短期课程、新加坡南洋理工短期班、南开伙伴院校短期班、CBL International的7月和8月两次短期班、加拿大蒙特利尔短期班和德国弗莱堡大学短期班，时间主要集中在5～9月份。

来自世界各地的短期班各有特色，来访院校和地区的差异性使每个短期班呈现出不同的特点。

1. 澳大利亚弗林德斯短期班

澳大利亚弗林德斯短期班内容最为充实。两周的课程涵盖了中国的经济、管理、政治和文化。由于目标学生多数是学习经济管理专业的学生，因此课程较有针对性，以经济和政治为主，附加介绍一些中国文化课程。

其中介绍中国茶文化和书法课程最受同学们欢迎。在学习专业课程之余，这些课程使他们感受到中国文化的无限魅力。同学们在课下还在中文课老师的带领下一起去茶城品茶，学以致用。

这个项目另外一个重要特色就是“一对二”的学生助教制。为了保障澳洲留学生的学习和生活，来自外国语学院的10位助教与20位澳大利亚同学结成了“一对二”的伙伴。上课时帮助组织教学，课后大家一起吃饭、学习和交流，令两周的学习和生活变得立体而丰富，以至于最后分别的时候大家依依不舍。澳大利亚的同学和南开的同学结下了深厚的友谊，相约将来在澳大利亚再见。

2. 德国弗莱堡短期班

德国弗莱堡短期班也是非常有特色的短期班，来自德国“黑森林”的同学们更多地感兴趣的是中国的文化和历史，因此这个班的中国特色也特别浓郁。除了以学习中文课为主，还加入了中医按摩、中国传统民乐、剪纸和京剧等同学们喜闻乐见的课程。同学们都认真地观摩并不时提出各种问题。从了解到接受，个个都变成了中国文化的爱好者。

中文课程是请一位在南开学习多年的美国留学生讲授的，同学们认真学习，一丝不苟，课上课下和老师频繁互动，对我们请的老师赞不绝口。请一位美国留学生来教授外国留学生中文，既出乎德国学生的意料，又令他们惊喜。他们非常喜欢这种形式，期待着快点到明年再次来中国。

课堂下各种参观和实地游览更是为同学们了解中国文化提供了广阔的平台。天津的食品街、古文化街、天津博物馆都使外国学生感到了神秘的魅力。在南开度过了难忘的两周，临行时同学们都依依不舍，称这段回忆太棒了！他们非常高兴在中国有这段难忘的经历。

3. 加拿大蒙特利尔短期班

加拿大蒙特利尔短期班以学习汉语课程和体验中国文化为主，为期 10 周的实践学习让同学们有更多机会体会如何融入中国人的日常生活中。10 周的学习也几乎让汉语从零开始的加拿大同学在临走时成了半个中国通。因此他们非常珍惜这次在中国学习的机会。从学习一种语言到体验一种生活，是语言学习的真正目的和意义。

4. 新加坡南洋理工大学短期班

新加坡南洋理工大学与我校合作的短期班集中了来自世界各地 9 个国家和地区的 30 多名国际学生，同时也邀请了我校 4 名同学加入，体验南洋理工的课程。西式的全英文教学加上考试的压力，对每位同学既是考验，又是挑战，通过这期课程，南开同学不用走出校门就和来自世界不同国家的同学紧密互动，实现了南开大学党委书记薛进文让国际化走进南开的设想。

在学习之余，体验中国文化的书法课和太极拳课程是必不可少的。这种劳逸结合、动静相宜的安排令外国学生耳目一新。每周一次的旅行和参访让同学们深入到中国各地去了解最原汁原味的中国文化。

新加坡南洋理工大学短期班以南开为圆心，画出世界各国的多彩文化的圆，完美地诠释了国际化的内涵和意义。

5. 南开伙伴院校短期班

南开伙伴院校短期班是我校为平衡与伙伴院校之间的学生交换人数而开设的暑期课程，这一举措可以为与南开有交换协议的外国高校的学生提供短期来中国学习的机会。

为期四周的短期班，三周是丰富多彩的主题课程，最后一周是深入了解历史和文化的旅行。来自美国、土耳其和韩国的 8 名同学参加了我校第二届伙伴院校短期班。

临行前，美国学生深情地说："我回去以后一定会告诉我的学校和同学们，你们应该自己去看看一个真正的中国，不要让想象蒙蔽了自己的眼睛。”

来自土耳其的同学说：“这是我最好的经历之一，我会想念在南开度过的每一天。”

来自中国近邻的韩国留学生则希望更加深入地了解中国文化，因为她们在此之前已经有了不错的中文基础，对中国古老的文化充满了憧憬和期待。

6. CBL International 短期班

CBL International 的短期团组是来自欧洲各国的高校本科生，十分注重课堂与实践相结合。除了课堂上讲授法律和经济课程之外，课下还赴天津的企业和法律机构参访，了解了企业和法律机构的运行。

虽然只是为期4天的短暂停留，但南开高水平的教学、优秀的学生却给许多外国同学留下了深刻的印象。最后纷纷表示想将来再到南开进行更长时间的学习。

7. 反馈

积极反馈，看似一个小小的行为，却成就着强大的激励效果。每一期暑期课程结束后，我们会发放一份调查问卷给每位同学，内容包括课程满意度、改进意见以及对新增课程和活动的建议。从同学们的反馈中我们收获了更好的改进方法。例如，哪些课程更受欢迎；适当加入高质量的企业参访；如何加入更丰富的文化课程；怎样才能创造机会让外国同学更多地和中国学生互动，更加融入校园；等等。

通过反馈，为提高国际暑期课程质量、寻求改进方法提供了最好的第一手资料。

三、国际暑期课程的特点

总结七个暑期课程，我校国际暑期课程的特色与亮点有如下几方面。

1. 采用外国留学生讲授中文课程。这是我校短期课程的一大特色。这样对外国留学生既有吸引力，又能够增加他们对中文课老师的认同感和亲切感。请我校的留学生授课，可以从外国学生的角度传授中文，更了解外国学生学习中文中的难点。这样的中文课程成为我们短期课程的一个亮点。

2. 用多样化的形式介绍中国传统文化。中国剪纸、中国民乐和京剧表演等是外国留学生喜闻乐见的形式，可以在暑期课程中体验到，对外国留学生有着极大的吸引力。

3. 配合中国特色旅游景点的参观游览。在充满浓郁风情的古文化街、食品街参观和游览，品尝中国美食，体验中国文化，对外国留学生来说有了切身的感受，不虚此行。

4. “伙伴制度”。由“一对一”或者“一对二”的中国学生与外国学生组成“语伴”，中国学生帮助组织课堂，课下一起活动，互相交流，中外同学既可以互相练习语言，又在学习和活动中结下深厚的友谊。使短期班不仅成为学生学习的机会，更成为两国青年学生交流的平台。

（5）英文授课可以基本满足大部分国家留学生的需要。英语课程涉及中国社会、文化、政治、经济等诸多领域，是各学院精品课的组合，目前全校共有 20 多名资深教师参与授课。对英文课程的需求，既调动了学校青年教师的积极性，创造了和外国学生互动的机会，也锻炼了英文授课水平。开设英文授课的暑期项目也在一定程度上锻炼了学校的师资力量。

国际暑期项目是南开对外交流，拓宽国际视野的一个窗口，是推进南开国际化进程，吸引更多留学生来南开学习，做好外国留学生“知华、友华”工作的重要方法和手段，让更多的外国留学生通过南开国际暑期项目了解南开，热爱南开，热爱中国。

浅谈高校仪器设备采购工作中的几个问题

实验室设备处　白雪亮

摘要： 当前的高校仪器设备采购工作对采购人员的知识面、专业性提出了更高的要求。在这样的条件下，如何使采购工作既能够满足教学、科研需要，又能最大限度地节约采购资金，就成了摆在每位高校仪器设备采购人员面前的一道重要课题。本文拟就此展开讨论。

关键词： 高校仪器设备采购；性能价格比；合同；验货；售后服务

高校的采购工作不同于一般的事务性工作，是一项政策性强、涉及知识面广、专业程度高的系统工程。特别是在科学技术迅速发展的今天，生产自动化程度及产品技术含量的提高，加快了产品更新换代的速度，高技术含量、高附加值的新型仪器设备不断涌现，所以要求采购人员不仅要具备良好的个人素质、广博的基础知识和专业知识，而且要不断学习，了解各个相关学科的新进展，包括新理论、新技术和新方法。通过一年多的学习，笔者深刻感受到科学技术日新月异的发展，也积累了一些经验与大家共同研讨。

一、与厂商建立顺畅的沟通渠道

充分发挥专业特长，积极主动地为生产商提供合理化建议，建立良好的供需关系，促使仪器设备的技术性能更适合高校实验教学的需要。首先，对需要采购的仪器设备的原理、构造、性能、价格等进行广泛的了解、研究，做到胸有成竹，做到既能更好、更有效地为实验教学服务，同时又避免给学校造成不必要的经济损失。例如，采购一批（如 40 台）循环水泵时，生产厂商提供了说明书和样机。但经过仔细研究后发现，该仪器的进、出水口，只是简单地使用橡胶管连接，由于橡胶管的弹性比较差，在试运行时发生漏水现象，导致仪器的真空度不稳定，减小了过滤样品的压力，降低了仪器的工作效率。而且该仪器的日常维护也十分不方便，需要两个实验人员同时工作，劳动强度大。在事先调查、研究的基础上，向生产厂商反馈仪器存在的缺陷，并建议加装铜制或不锈钢制的开关，同时将“两口合一”，这样既杜绝了漏水现象的发生，又简化了日常维护工作的程序。这一合理化的建议，得到了生产厂商的认可，而且经过改造后的仪器也受到了其他使用单位的欢迎。树立平等意识，建立良好和谐的供需关系，对双方都有积极的意义。只有广大生产厂商的积极参与和竞争，用户的利益才能最大限度地得到保障。

二、正确理解性能价格比的重要性

在市场价格体系逐步完善时期，各类商品的市场价格随着价值规律上下波动。在当今由卖方市场向买方市场转变的大背景下，生产商大多是以价格作为武器在市场上竞争，通过优惠的价格来吸引用户。所以采购人员在缺乏专业基础知识的情况下，只能以价格因素作为选购依据。其实许多生产商都在商品的细节中留有玄机，经常出现“缺斤少两”或“水土不服”的现象，相似规格、型号的仪器，不但价格差异很大，其具体的规格、技术性能指标、价格也有很大不同。许多仪器及材料有很强的专业性，更增加了确定价格的难度。例如，在采购给过滤装置配套的旋塞三通时，主要考虑了价格因素，忽视了仪器具体的使用条件，没有考虑到玻璃旋塞接触碱性物质后发生反应，导致旋塞无法旋动，只能重新更换，这样既费时费力，又增加了经费支出。如果采购带有聚四氟乙烯的旋塞三通，虽然价格高出约 7～8 倍，但在实验室中的使用效果良好，一次性投入可获得长期收益。从这个例子可以看出，采购工作不应片面追求低价格，忽视实验教学的实际情况，必须全面考虑各种因素，综合分析性能价格比，再定取舍。

三、规范采购工作中经济行为

在采购工作中应坚持“公开、公平、公正”的工作原则，要懂法、学法、守法。加强各项制度建设，拓展采购工作思路，提高采购管理工作水平；通过各种途径积极地参加学习、交流，开阔眼界，提高专业知识水平。努力掌握国家相关的法律、法规及行业标准，尽量做到每一项程序都有法可依。在采购过程中，如何规范生产厂商的经济行为、规避采购时给学校带来的经济风险是一个必须重视的问题。我们在订购仪器设备过程中应严格遵循以下几个原则。

1. 合同订立要严谨

订货合同条款应符合国家法律、法规要求。始终坚持技术上先进，经济上合理，适用实验教学需要的原则，合同中每一项条款要完整、清晰、明确，一旦仪器发生质量问题时能获得赔偿，保障学校的经济利益。

2. 严把验货关

仪器设备到货后应及时要求生产厂商到现场开箱验收，检查仪器设备型号、规格、各种附件是否与合同一致，技术资料是否齐全。对每台仪器设备都应通电安装调试，检查其技术性能指标是否达到合同的要求。发现问题及时解决，尽可能使仪器设备在规定的索赔和保修期内，享受索赔条款或免费维修。

3. 督促生产商的售后服务

当前仪器设备的市场竞争激烈，生产厂商利润空间被大大压缩，部分生产厂商只顾眼前利益，忽视对用户售后服务的承诺。一旦仪器设备出现故障，不是无法及时联系到生产厂商，就是被他们找出各种理由推卸责任，或是生产厂商对所提供的售后服务和配件漫天要价，胁迫用户接受高价的售后服务，赚取不正当利润。杜绝这些问题，一是要在采购时将生产厂商的规模、信誉、口碑等无形因素考虑在内，不要贪图一次性的价格便宜，忽视售后服务的质量和价格；二是在订立供货合同的时候，要细化售后服务和零配件的价格，在付款前就对生产厂商进行售后价格的约束，防范这些方面的经济风险。

以上所述，尚有不完善、不完全契合所有用户单位之处。随着科学技术迅猛发展，仪器设备不断升级换代，高校采购人员必须增强学习的意识，与时俱进，不断完善和优化专业知识结构，建立健全各项管理规章制度，加强市场调研，掌握市场动态，降低采购成本，提高实验教学经费的使用效率。同时要与广大生产厂商建立密切的、长期的、良好的供需关系，发挥生产厂商的技术优势，从而更好地为实验教学提供高质量的仪器设备。

参考文献：

[1] 蔡晓阳．高校采购从业人员个人知识管理略论[J]．甘肃科技纵横，2010，39（1）：132～134

[2] 李岫辉．提高高校采购监管水平初探[J]．中国政府采购，2010，115：47～49

[3] 伍劲宇．高校采购存在的问题与采购流程优化研究[J]．中国现代教育装备，2011（5）9～11
[4] 尹立苹，李彦启，陈荣海．加强高校采购队伍建设与管理的探索研究[J]．高校实验室工作研究，2011（4）：85～86
[5] 江雪松．高校采购存在的问题与采购流程优化研究[J]．实验技术与管理，2005（8）：135～138
[6] 范维．高校采购成本控制问题探讨[J]．中国现代教育装备，2008（8）：9～10
[7] 肖周录，张向阳，李鑫．高校采购合同法律问题分析[J]．实验室研究与探索，2012，32（2）：189～191
[8] 邓明安，陈念，贾延江等．高校贵重仪器设备采购验收工作的研究[J]．实验室科学，2010，13（6）：160～163
[9] 饶艳辉，毛晓青．高校仪器设备验收管理的实践与探索[J]．实验技术与管理，2008，25（4）：170～171
[10] 范黎．浅议高校资产采购中若干问题及解决对策[J]．文教资料，2011（3）：187～188

关于开展招标采购管理环节廉政风险防控工作的实践与思考

招投标管理办公室　满　媛

摘要： 我校2010年成立招投标管理办公室，成为全国较早成立集中管理招投标活动专门机构的高校之一。随着招投标活动的日益规范化，越来越多的高校开始关注这一环节存在的廉政风险。根据学校在重点领域开展廉政风险防控工作的要求，招投标管理办公室详细梳理了业务流程，查找风险点，最终制定风险防控措施，逐步建立和完善廉政风险防控体系。

关键词： 招标采购；廉政风险防控

一、在招标采购管理环节开展廉政风险防控工作的必要性

招标投标活动是市场经济条件下相对成熟、规范的公共资源交易方式，它遵循市场规律，发挥竞争优势，体现了“公平、公正、公开、诚信”的交易准则。对于国有资金的使用，实施招标投标的另一个重要目的，就是预防腐败。我校的招投标管理办公室（简称“招标办”）成立于2010年6月，是全国高校中较早成立集中管理招标投标活动专门机构的高校之一，是学校采购活动的一道提高资金使用效益、防止腐败的关口。招标投标活动中的廉政风险如果不能得到有效的防控，不仅会造成国有资金使用的浪费、失控，还会给项目质量带来隐患，阻碍学校的建设和发展。所以，规范招标投标活动，在招标投标管理工作中开展积极有效的廉政风险防控是十分必要的。

二、廉政风险防控

招标投标活动涉及国有资金的使用，在一定程度上，对于从事招标采购的管理人员，无论职务高低、权力大小都存在腐败风险。廉政风险是可防范的，可以从思想道德风险、制度机制风险、岗位职责风险三个方面开展廉政风险防控工作，提高招标采购管理人员自觉接受监督、主动参与监督、积极化解廉政风险的意识，找出风险点，建立重点防控、逐级管理、责任到位的廉政风险防控体系，从而避免腐败现象的发生。

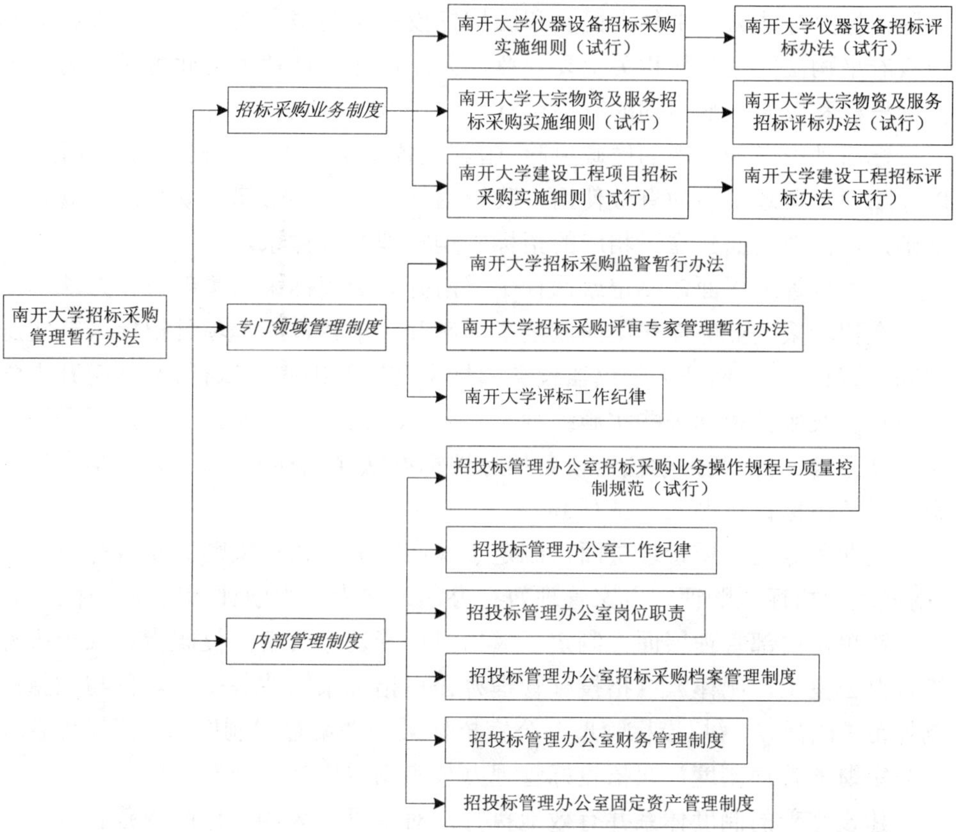

图 1　南开大学招投标管理办公室制度结构图

廉政风险分为思想道德风险、制度机制风险和岗位职责风险。三类风险辩证统一，从不同的侧面展现了廉政风险的含义。其中，制度机制风险和岗位职责风险是可以从客观角度去防范的两种风险。制度机制风险主要是单位部门在规章制度、工作机制等方面存在的廉政风险；岗位职责风险则是工作人员在岗位履职过程中存在的廉政风险，是制度机制风险在特定工作岗位或工作环节的具体化。两者的防控都要求从梳理现行制度入手，查找脱离实际的、不健全的、执行不到位的制度运行机制所带来的腐败风险，结合业务操作实际，查找隐藏于整个工作流程中的风险点。制度在廉政风险防控工作的开展过程中，既是起点又是终点，从梳理制度开始，找出风险点，最终又要将分析结果回归到制度上，通过完善制度防控廉政风险的发生。因此，梳理和完善现行规章制度，是开展廉政风险防控体系建设工作的基础。

我校招标办自成立以来，现行招标采购工作的主要依据是《中华人民共和国招标投标法》、《中华人民共和国招标投标法实施条例》、《中华人民共和国政府采购法》及其他相关部委规章、天津市法规规章。由此可见，为规范招标投标和政府采购活动的有序进行，确保国家财政资金有效行使，防范招标投标活动中可能出现的廉政风险，国家从各个层面出台了相关的法律法规，以保障国家财政资金的有效使用。我校招标办以国家法律法规和地方规章为基础，从三个层面建立了相应的招标采购管理制度体系。

在学校管理层面，制定或修订了《南开大学招标采购管理暂行办法》。

在招标采购业务操作层面制定了《南开大学建设工程项目招标采购实施细则（试行）》、《南开大学仪器设备招标采购实施细则（试行）》、《南开大学大宗物资及服务招标采购实施细则（试行）》、《南开大学建设工程招标评标办法（试行）》、《南开大学仪器设备招标评标办法（试行）》、《南开大学大宗物资及服务招标评标办法（试行）》。

在业务专门领域管理层面，制定了《南开大学招标采购监督暂行办法》、《南开大学招标采购评审专家管理暂行办法》、《南开大学评标工作纪律》。

在单位内部管理层面，制定了《招投标管理办公室岗位职责》、《招投标管理办公室工作纪律》、《招投标管理办公室招标采购业务操作规程与质量控制规范（试行）》、《招投标管理办公室招标采购档案管理制度》、《招投标管理办公室财务管理制度》、《招投标管理办公室固定资产管理制度》。

建设完善的制度体系并有效地执行，对招投标采购工作的规范管理，防范风险，保证质量，提高效率具有重要作用，同时也为建设廉政风险防控体系奠定了基础。

三、招标采购管理工作中廉政风险防控的实践探索

（一）招标采购管理工作中廉政风险防控工作的实施

建立招标采购管理领域廉政风险防控体系主要分三个步骤。第一，绘制业务工作流程图。在梳理工作制度、工作职责的基础上，确定本单位的重要工作事项，结合业务操作实际，绘制每一工作事项的流程图。第二，依照流程图，通过自己找、领导提、群众帮、集体定等方式，从思想道德、岗位职责、业务流程、制度机制和外部环境等方面，查找风险点，并评定风险等级。第三，针对已排查出的风险点，制定风险防控措施，建立廉政风险防控体系。

（二）招标采购管理业务流程中重点工作环节的廉政风险分析

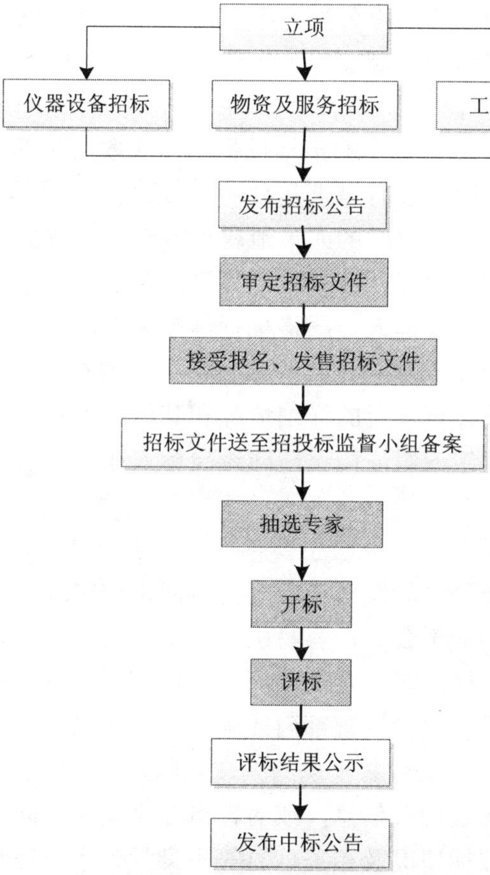

图 2　招标采购业务流程简图

1. 审定招标文件。招标文件的审定是招标采购工作中最核心的部分之一，最常出现的风险是项目单位提供的技术指标等有意或无意地存在着一定的倾向性。另外，由于审定招标文件的招标采购管理人员在专业知识方面具有一定的局限性，可能导致有倾向性的条款出现在招标文件中，在可能衍生腐败的同时，也排斥了其他投标人，最终导致不公平竞争，使学校的利益受损。对此，招标采购管理人员应仔细查找可疑条款，经多级审核，将招标文件中出现倾向性条款的可能性降到最低。如项目专业性过强，招标采购管理人员受自身专业所限而无法排查倾向性条款，则应征询该领域相关专家的意见作为参考，判断技术指标有无倾向性。

2. 接受报名、发售招标文件。在这一环节中，如果招标采购管理人员出现腐败行为，可能表现为向某投标人泄露投标报名情况、无理拒绝合格的潜在投标人报名，导致招标活动不公平、不公正。此类廉政风险，除了要求招标采购管理人员严格按照规章制度和工作纪律办事，还应加强教育，增强思想道德风险的防控。

3. 抽选专家。评审专家是影响招标投标活动成败的关键因素之一，在这一环节中存在的廉政风险主要有以下几种：①未按照规定程序抽选评审专家；②向投标人或与项目评审有关联的人员泄露评审专家组成员信息；③擅自选择评审专家库以外的人员担任评审专家；等等。对于这些有可能导致招标失败的因素，要求招标采购管理人员严格执行学校规定，与招投标工作监督小组，在开标前 24 小时内、在指定地点完成评审专家的抽选工作。确定评审专家后，不得向专家透露评审项目的详细情况和其他评审专家的组成，不得向其他人员透露评审专家组的组成情况，防止投标人在开标前私下联络评审专家。

4. 开标。开标阶段的廉政风险主要包括：①接受迟到的投标文件；②开启不符合要求的投标文件；③没有按照规定时间、规定程序开标等。这些行为通常造成了投标活动的不公平，容易引发其他投标人的投诉。招标采购管理人员在开标时，应严格按照规定的时间、地点、程序进行开标，详细记录开标情况，请监督人员、项目主管部门或项目单位代表签字确认。

5. 评标。评标过程中最容易出现的廉政风险，主要体现在诱导投标人或向投标人泄露评标情况及相关信息，或对评审专家发表倾向性言论、诱导投标人或向投标人泄露评标情况及相关信息等不良行为不予提醒和制止。针对这些行为，除了对招标采购管理人员加强教育之外，更应完善工作流程，强化制度机制建设，从客观上防止廉政风险的发生。比如，出现项目单位代表或评审专家发表倾向性意见时，应及时予以制止，必要时应由现场监督人员予以警示；安装视频监控系统实时监控并记录开标、评标过程，预防违规行为的发生，同时使后期可能出现的投诉等情况有据可查；要求评审专家组成员须按规定将通信工具关闭，同时将手机上交并集中于透明容器当中，如需要与外界联络，应使用评标室中的专用座机电话；需要质询投标人的，应在评标室公开进行，特殊情况需要单独与投标人交流沟通的，须有监督人员在场，等等。

对以上廉政风险，均应采用加强教育、完善制度、多方监督的基本方法予以防控。

四、对招标采购管理工作中廉政风险防控体系建设的思考

在招标采购管理领域建立廉政风险防控体系是一项创新性工作，需要在不断的实践中积累经验、完善方法。

（一）加强防控意识，融入制度体制

为了避免深层次原因造成招标采购运行过程中出现的廉政风险，应从根本上建立具有廉政风险防控功能的招标采购管理体制，从决策、运行和监督三个方面制定具有廉政风险防控功能的招标采购管理制度。同时，在此制度机制的指导下，从不同角度、不同层次将工作流程合理化，缩减自由裁量权，确保不同岗位、不同工作流程的相互制衡和相互监督，“把权力关在制度的笼子里”，防范廉政风险的发生。

（二）明确工作职责，细化业务流程

建立廉政风险防控的第一步就是认真明确单位、科室的工作职责，以工作职责为轴心，延伸相关工作事项。梳理业务流程，找出漏洞所在，挖掘业务流程中的风险点。合理、简明、严谨的业务流程，不仅不是权力的附属品，而且是制约不合理权力的保障。如《招投标管理办公室岗位职责》以岗位为单位，详细规定了各级管理人员的工作职责，从而形成了较为完整的单位、科室的宏观工作职责。《招投标管理办公室招标采购业务操作规程与质量控制规范（试行）》详细规定了招标采购管理工作的具体业务流程，全面、微观地规范了每一环节业务工作的具体操作方法，是加强质量管理、防范风险、制衡不合理权力的有力保证。

（三）加强归口管理，保证多方监督

我校对招标采购及其前期工作实行归口管理，由各项目主管部门在招标

采购前对项目的合理性、可行性等进行论证并审批，审批通过后由招标办集中归口管理招标采购工作。在招标采购活动的整个过程中，由项目单位、项目主管部门、招标办、监督小组和第三方评审专家组等多方参与，有效地避免项目受单一权力左右的廉政风险。因此，严格的归口管理、各方的相互监督在保证项目合理性的前提下，能够实现提高资金使用效益、防止腐败的最终目标。

（四）强化动态意识，掌握最新形势

随着经济社会的发展和各领域供求关系的不断变化，在招标采购活动中会不断涌现各类新矛盾、新情况。必须强化动态意识，根据形势的变化不断调整风险点的内容和位置，及时分析各种新矛盾、新情况，使廉政风险防控体系保持与时俱进的状态，提高体系的时效性、针对性和实用性。

参考文献：

[1] 官建华．招投标廉政风险及控制[J]．中国公路，2012（01）：108～111

[2] 励人才．招投标机构廉政风险防范机制建设的实践与思考[J]．建筑市场与招标投标，2011（04）：19～23

[3] 张耀五．招标采购中的廉政风险防控[J]．新闻前哨，2013（2）：94～95

[4] 张国兵．廉政风险防控视角下的高效廉政制度建设——以高校采购招标领域制度建设为例[J]．北京工业大学学报（社会科学版），2013，13（2）：76～81

[5] 耿利华．关于在招标采购管理活动中引入廉政风险防控机制的实践与思考[J]．中国招标，2012（11）：11～14

[6] 方银慧．工程建设领域招投标廉政风险及其防控[J]．安徽工业大学学报（社会科学版），2013，30（1）：34～35

[7] 皮汉萍．高校招投标活动中廉政风险防范实践探索[J]．北京教育（高教版），2011（5）：23～24

[8] 杨宏伟．高校经济活动中大宗采购和招标廉政风险防范管理机制研究[J]．北京教育（高教版），2012（2）：16～18

高校财务预算执行绩效管理研究初探
——基于中央专项资金的管理视角

财务处　郭　旭

摘要：随着中央对专项资金管理的规范化、科学化，对高校中央专项资金的管理提出了更加严格的要求。为此，本文从我校中央专项资金执行情况出发，重点论述了高校财务预算执行推进中的执行绩效管理等内容。

关键字：预算执行；绩效管理；中央专项

近年来，国家对教育的投入，尤其是对高等教育的投入逐年加大。2009年，全国教育经费总投入16502.7亿元，比2005年几近翻番。国家财政性教育经费投入达12231.1亿元，比2005年增长了1.4倍；占国内生产总值的比例达3.59%，同比提高0.80个百分点。2006年至2010年高校的科研经费累计达200多亿。2012年教育经费已达到GDP的4%。尽管如此，在不断扩大办学规模和提高办学层次的过程中，高校仍然面临经费不足和经费使用效益较低的问题，经费短缺是制约高校尤其地方高校发展的瓶颈。因此，加强预算管理成为高校财务管理的核心和关键。

一、高校财务预算管理现状

（一）缺乏科学的预算体制

目前，大部分高校的财务预算基本还是具体情况具体分析，没有一个系统的、全面的财务预算规定和体制，没有形成一个基本的预算管理办法，并且没有与绩效管理挂钩。许多高校在制订预算计划时没有科学的衡量体系，因此做出的预算计划并不十分严密，预算管理方式也比较落伍，基本上采用的都是传统的预算方法，没有与新时代的发展接轨。高校的预算管理存在着一定的混乱状况，更不用说最大化地发挥资金的利用率了。由于没有科学完善的预算体制，在一些高校里存在着预算管理随意性的趋势，许多二级单位存在争预算、超预算以及加预算的现象。

（二）缺乏透明、公开的监督机制

高校预算管理普遍缺乏公开、透明的信息制度。基本上都是上级做好安排，下级上报预算，中间并没有公示的环节。大部分都是财务工作人员在做此项工作，缺乏透明公开的信息渠道，广大高校师生无法了解到资金去向，如何谈得上成为学校的主人？同时，由于缺乏监督带来了一系列问题，如存在着资金浪费、资源配置不合理等问题。财务管理专业性较强，对政策了解要求高，因此各高校要制定比较科学合理的监督制度。

与此同时，要不断完善预算管理监督监管体系，自觉接受高校师生和社会的监督。保证监督工作有章可循，有章可依，循序渐进，逐步推进监督机制的不断完善。

（三）未与绩效管理很好挂钩

预算的绩效管理随着时间的推移越来越受到国家的重视。从 2004 年至 2007 年，国家每年都会出台相关政策与规定，要求高校财政预算不断细化，不断规范。“绩效考核评价是对高校财务预算执行情况进行评估的关键环节，也是评价高校资金收支效益的关键指标。”现在的高校财务预算中鲜有绩效考核评价。而没有一个跟踪机制，就无法改进高校财务预算的配置，不能达到及时的优化和改进；同时也无法督促高校财务管理部门，致使财务部门存在只关心如何用钱，并不关心钱用在何处的尴尬境地。财务预算与绩效管理之间是相辅相成的关系，好的绩效管理可以为财务预算建立更加科学、完善的评估体系，而财务预算也可以为绩效管理提供依据。二者相辅相成，可以达到双赢的局面，实现高校财政资金利用的最大化。

（四）预算管理的行政单位

现在高校预算管理的行政单位主要有两种：一是以各相关处室为主；二是以各院系为主。以相关处室为主的预算方式，可以更为全面地考虑各院系的问题，统筹全局，达到各院系之间的预算分配平衡。但是这种方式也存在问题，相对来说降低了预算管理的执行力，即财务部门难以控制财务预算的执行力，并且难以与绩效管理挂钩，不能对财务资金的使用率和使用效果进行很好的评估。而以院系为主的预算方式，则可以照顾到各院系的综合发展情况，并且比较细致，各院系也可以因地制宜做出比较适合自己的财务预算计划。但是这种方式同样存在着短板，首先，各院系都有自己的教学工作和学生工作，如果加上财务预算工作还需要配置专业的财务预算人员，会造成人力资源的浪费。其次，这种预算方式与现有体制调整的趋势不符。

（五）赤字预算管理

按照国家《高等学校财务管理》制度的规定，高校不得编制赤字预算，要量入为出。“受这一规定限制，许多学校在贷款时往往不把贷款作为收入，对贷款的使用通过暂付款的方式暂时挂账，学校每年通过预算收入逐步化解贷款支出。”由于近几年来高校纷纷开展较大规模的基础设施建设，学校债务都比较多，很多高校已经影响到了正常的学校运转。针对这一现象，教育部和财政部对于高校的贷款都进行了比较严格的审批制度，相对来说缓解了这一矛盾，但是并没有彻底地解决问题。因此做好赤字预算管理迫在眉睫，同时也值得高校财务管理者地思考。①

二、预算绩效管理的内涵

预算绩效管理是由美国人在 1949 年首次提出，并应用于联邦政府支出管理的一种预算编制方法。将绩效与资源联系起来的观点在 20 世纪早期就已经产生。但是，目前理论界并没有一个可以认同的唯一的标准定义。绩效预算的标签下包含了各种词汇，如结果预算、基于绩效的预算、绩效拨款等，这些词汇都将绩效信息引入到预算过程。但是，对于绩效信息的类型及在预算的哪个阶段引入，以及在多大程度上影响资源的分配没有形成共识。美国官方文件是这样定义的：“绩效预算是这样一种预算，它阐述请求拨款是为了达到什么目标，为实现这些目标而拟定的计划需要花费多少钱，以及用哪些量化的指标来衡量其在实施每项计划的过程中取得的成绩和完成工作的情况。”此定义中包含了绩、预算、效三个要素。从中我们可以分析出绩效预算的本质含义。一是绩效预算是一种将资源与绩效相联系的预算形式；二是绩效预算是一种具有计划、预算和评价功能的预算系统。将计划、预算和评价相联系，使预算管理的各个环节相衔接，从关注投入水平转向关注产出和结果。

通过对绩效预算本质内涵的思考，本文将绩效预算定义为：绩效预算是一种将资源分配与预期结果相联系的具有计划、预算和评价功能的预算体系。②

① 张华．高校财务预算绩效管理的实施[J]．中国外资，2012（12）：114～116

② 王立会．高校绩效预算管理问题研究[D：硕士学位论文]．北京：首都经贸大学，2012

三、实施预算绩效管理的优势

预算绩效管理克服了传统的预算编制方法存在的弊端，不仅是预算编制方法上的一种改革创新，更是财务管理理念上的一次革命。与传统的预算相比，绩效预算有如下几个方面的优点。

第一，预算绩效管理是以结果为导向的预算。传统预算是一种投入预算，存在着“重投入、轻结果”的问题。部门只重视争项目、争预算，而轻视忽略了资金的使用效果。而绩效预算强调的则是结果，强调预算资源分配与支出结果之间的有机联系，注重财政支出的有效性，更注重支出质量和效果。绩效预算对结果的关注体现在预算管理的各个环节，在预算编制环节，要求机构说明预算资金的使用达到什么目标，实现什么效果；在预算执行环节，通过预算管理控制系统对预算资金的使用进行控制和监督；在预算评价环节，通过设置评价指标体系，对预算资金的使用效果进行评价；在预算评价结果的使用环节，通过使机构和责任人对结果负责，在绩效中注入了一种以结果为导向的激励机制。

第二，预算绩效管理是可量化衡量的预算。预算绩效管理更加关注预算执行结果，通过设立绩效评价体系，对绩效目标、绩效内容、绩效评价指标和评价标准对预算的执行情况进行跟踪和监督，并对预算的执行结果进行评价，衡量预算是否实现了绩效目标。

第三，预算绩效管理使管理者享有充分自主权。传统的预算注重规则控制，规定了资金的用途，管理者缺乏自主权和灵活性，不能对预算资金进行必要的调整，会产生低效率的现象。预算绩效管理本质上更加注重结果，为确保目标的实现，赋予管理者充分的灵活性，让最熟悉情况的管理者，根据部门实际情况对资源进行配置，这样才能提高资金的使用效果。

第四，预算绩效管理是对结果全面报告的预算。预算绩效管理要求对部门绩效目标的实现情况进行完整、全面的报告。绩效报告是对绩效考评工作的总结，而且也是以后年度预算分配的重要依据，给绩效好的部门多分配资金，对绩效差的部门少分配资金，从而使有限的资金能够发挥更多的效用。

最后，从控制论的角度分析，预算绩效管理是一个控制系统，这一控制系统首先表现为员工、部门、组织绩效因果链中前一环节对后环节的控制，要达到预算绩效管理的目的，就必须有预算绩效评估，进行绩效评估的前提是必须对预算绩效进行沟通，预算绩效沟通的基础是预算绩效评估指标体系。

这样预算绩效评估指标体系作为预算绩效沟通的因，预算绩效沟通是预算绩效评估的因，预算绩效评估是预算绩效反馈的因，预算绩效反馈是下一轮预算绩效指标体系的因，于是不断循环往复，直至达到提高员工和组织绩效的目的。[①]

四、我校专项资金绩效管理初探

近几年，随着国家对高校专项资金投入不断加大，财政部、教育部也逐步规范中央专项资金的管理。2011 年 3 月，财政部发布了《财政部关于实行中央级普通高校绩效拨款与项目支出预算执行挂钩办法的通知》(财教〔2011〕39 号)；4 月，教育部根据财政部的文件精神，发布了《教育部办公厅关于实行部属高校预算与预算执行挂钩办法的通知》（教财厅〔2011〕1 号)。按照文件规定，我校目前涉及的项目有“985 工程”“211 工程”、基本科研业务费、修购专项、人文社科专项、质量工程、国家奖学金，等等。为了保证我校专项资金执行进度达到教育部规定的要求，本文结合 2011 年我校颁布的推进中央转向执行进度实施方案，提出如下几个方面措施。

（一）加强组织领导。学校成立中央专项资金预算执行领导小组，负责学校已下达专项资金预算执行的领导工作，推动各项目单位按有关规定有效执行预算，加快预算执行进度。领导小组由主管副校长任组长，由“211 工程”和“985 工程”办公室、人事处、教务处、研究生院、科技处、社科处、招投标办公室、财务处等部门负责人为成员。

（二）建立健全绩效预算管理责任制。将项目执行责任落实到各主管部门，各主管部门下达项目预算时，同时向项目负责人下达预算执行责任书，并由主管部门安排专人负责督促各项目执行进度。各学院院长及基地、项目负责人对项目资金按要求进度有效使用负具体责任。

（三）明确设立每年执行进度要求。以前年度的结余需全部支出，当年拨款至少支出 50%，力争 95%以上。

（四）各项目负责人应优先使用专项资金。如果经费支出有困难，首先向学院申请调剂解决，其后请主管部门帮助调剂解决；如果主管部门仍不能协助解决，在 10 月底之前，通过主管部门向学校提出申请进行调剂。学校调剂的资金由学校另行调整预算使用，项目单位在以后年度使用时需向主管部门

① 戴晓燕．高校财务预算与绩效管理研究[D：硕士学位论文]．武汉：华中农业大学，2007

及学校提出预算申请，由主管部门或学校在年初重新设立预算安排使用。

（五）截至每年 11 月 30 日，专项资金没有达到规定标准的部分，将视为净结余，收回学校统一使用。

（六）建立重大专项经费使用情况月报制度。财务处每月末向领导小组汇报项目资金执行情况分析报告，各主管部门根据月报数据监督各项目的执行情况。

（七）建立奖励机制。对于项目执行进度快、资金使用效益好的学院，学校将在下年度安排中央专项资金时予以适度奖励。

（八）财务处应严格控制和监督经费开支范围。在保证预算执行进度的同时，确保财政资金使用的安全性和规范性。各学院、基地及项目负责人要严格按照有关规定合理使用中央专项资金，杜绝违法违规、突击花钱等行为发生。①

参考文献：

[1] 梁洁．浅析我国高校所面临的财务管理问题及对策[J]．现代营销（学苑版），2010（12）
[2] 谷文林．高等学校财务预算管理中存在的问题及改进对策[J]．水利经济，2008（01）
[3] 方永刚，刘翠萍，杨帆．我国高校财务预算管理存在的问题与对策[J]．工业技术经济，2010（08）
[4] 孔娟，马慧肖，鲁薇．高校财务预算管理中存在的问题及其对策[J]．现代经济信息，2010（14）
[5] 陆媛．高校预算绩效评价的理论研究及绩效指标体系设计[J]．技术经济与管理研究，2006（1）
[6] 苏少辉．关于高校内部实施绩效预算的探讨[J]．管理科学研究，2009（7）
[7] 曾三科．基于预算过程的某高校财务控制研究[D：博士学位论文]．湘潭：湘潭大学，2010
[8] 史杨武．基于国库集中支付制度下的高校预算管理研究[D：博士学位论文]．北京：北京林业大学，2010
[9] 马莉．高校预算管理问题研究[D：博士学位论文]．上海：上海交通大学，2007

① 此措施于 2011 年 7 月 11 日经第 7 次校长办公会审议通过，即日执行。

[10] 熊亚琴．军队预算执行绩效考核及其应用研究[D：博士学位论文]．长沙：国防科技大学，2007
[11] 石勉．刍议高校预算执行绩效审计[J]．经济师，2010（9）：113～114
[12] 张忠军．浅析高校财务预算问题[J]．财会研究，2011（4）：237～238
[13] 张华．高校财务预算绩效管理的实施[J]．中国外资，2012（12）：114～116
[14] 王立会．高校绩效预算管理问题研究[D：硕士学位论文]．北京：首都经贸大学，2012
[15] 戴晓燕．高校财务预算与绩效管理研究[D：硕士学位论文]．武汉：华中农业大学，2007

新时期新政策下高校科研经费管理的新思路

财务处　董秋林

摘要： 随着我国科研经费投入的不断增加，科研经费的使用效益日益成为社会关注的焦点。近些年，国家根据科研规律和需求的变化对科研经费管理政策进行了多次改革或调整，尤其是“十二五”以来，科研经费财务管理政策出现了一些新变化。本文在深入剖析政策变化的基础上，提出了高校加强科研经费财务管理的新思路。

关键词： 科研经费管理；高校；新时期；新政策；新思路

一、国家科研经费管理政策的演进历程

改革开放以来，我国科研经费管理政策体系的建设经历了摸索、建立到日益健全的过程，政策的制定表现出由政出多门到部门间协同的趋势，管理原则与政策理念从刚性的、直接的、计划的管理逐渐向灵活的、自主的、更富激励性的宏观监控演进，政策工具也逐步从粗放型向精细化转变。

1978 年，全国科学大会通过了《1978～1985 年全国科学技术发展规划纲要》，带来了“科学的春天”；1985 年，中共中央颁布《关于科学技术体制改革的决定》，标志着我国科研体制改革进入有领导、有组织、有计划的全面实施阶段；1986 年，国家自然科学基金委员会成立；1987 年国家科委、财政部按照科研活动的性质和特点，在科研管理中第一次引入了科研项目（课题）成本核算的概念；1995 年“科教兴国”正式被定为基本国策，国家出台一系列法律、规定和政策，深化科技体制改革，加速科学技术进步；自 2006 年开始，课题制不断发展变化，呈现出现代课题制的一些新趋势，党中央、国务院颁布了《国家中长期科学和技术发展规划纲要（2006～2020）》，科研经费

管理政策调整的速度大大加快，仅2006年至2007年就有12项政策出台；2012年，全国科技创新大会颁布了《中共中央、国务院关于深化科技体制改革，加快国家创新体系建设的意见》；党的十八大提出了创新驱动发展战略，把科技创新摆在国家发展全局的核心位置，我国的科研事业正处在一个新的历史起点上。

二、“十二五”以来国家科研经费管理政策的新变化

（一）“十二五”期间科研经费管理改革的背景

1. 国家科研经费投入持续快速增长

我国财政对科技的投入35年间增长100多倍，“十一五”期间全社会研发投入年均增长率超过23%，“十二五”以来继续高速增长，2013年达到11906亿元。全社会研发支出占GDP的比重也不断上升，2013年达到2.09%。与此同时，中央财政科学技术支出也保持高速增长，从2006年的774亿元，增加到2013年的2460亿元，年均增长率约18%。据最新数据，2014年度科学基金财政拨款收入预算为190亿元，比2013年增加20亿元。

2. 科研经费管理和使用问题凸显

在科研经费投入持续大幅度增长的同时，科研经费管理和使用中的问题日益凸显。2013年，科技部部长万钢在国新办新闻发布会上连说两个“愤怒”，表示对科研经费“恶性问题”的痛心和错愕。2014年7月，科技部对四起违反科研经费管理规定的典型问题进行了通报。在公众看来，科研经费成了“唐僧肉”，人人都想咬一口；“吃喝拉撒睡”都能从科研经费中挤占解决。就监督审查部门来看，科研经费使用不规范问题突出，科研不端行为、甚至违法违纪案件时有发生。科研经费资助部门则更关注科研经费的使用效益，与高增长的经费投入和不断扩充的科研队伍相比，我国的科技创新力仍显不足，突破性、原创性的成果很少。而科研人员也有怨言，他们认为，有些科研经费管理政策不仅没能激励创新，反而给科研“添乱”，如经费拨付不及时，预算管理过于僵硬，经费报销政策过严过死，劳务费额度过低，脑力劳动成本无从补偿等，诱发经费使用中出现种种问题。科研乱象产生的原因，一方面与科研人员的思想观念和道德水平有关，另一方面也反映出制度层面的缺陷，已有的管理制度跟不上经费快速增长的步伐，难以适应科研活动呈现的新特点和需求，社会各界要求改革科研经费管理制度的呼声越来越高。

3. 科研经费管理新政策相继出台

2011 年，财政部、科技部在多方调研的基础上，颁发了《关于调整国家科技计划和公益性行业科研专项经费管理办法若干规定的通知》(财教〔2011〕434 号)，对 2006 年出台的 4 个国家科技计划（专项）经费管理办法进行了修订；2012 年，颁布《中共中央 国务院关于深化科技体制改革 加快国家创新体系建设的意见》(中发〔2012〕6 号)，明确了“推进科技项目管理改革”和“完善科技经费管理制度”两大任务；同年，科技部出台《关于进一步加强国家科技计划项目（课题）承担单位法人责任的若干意见》；2014 年 3 月，国务院出台《关于改进加强中央财政科研项目和资金管理的若干意见》(国发〔2014〕11 号)，成为未来一个时期指导科研项目和资金管理改革的纲领性文件。

(二)“十二五”以来经费管理政策变化要点解析

1. 引入间接费用补偿机制，增加绩效支出

财教〔2011〕434 号文件提出将科研项目支出分为间接费用和直接费用两大类，建立了课题间接成本补偿机制。间接费用包括课题承担单位为课题研究提供的现有仪器设备及房屋，水、电、气、暖消耗，有关管理费用支出，以及绩效支出等，间接费用使用分段超额累退比例法计算并实行总额控制。中发〔2012〕6 号文件明确提出了“完善科研课题间接成本补偿机制”的要求。国科发计〔2012〕86 号规定，课题承担单位要安排好间接费用支出，绩效支出要充分尊重课题负责人意见，发挥对科研人员的激励作用。国发〔2014〕11 号文件进一步提出，间接费用的核定与项目承担单位信用等级挂钩，由主管部门直接拨付到项目承担单位；要求承担单位建立健全间接费用内部管理办法，结合一线科研人员实际贡献安排绩效支出，充分体现科研人员价值。

对间接成本适当补偿，是国际上较为通行的做法。间接费用的发生意味着科研活动得到了依托单位在研究条件和管理上的支持，间接成本的合理补偿是落实项目承担单位管理责任的基本前提，是支持科学活动可持续发展的基本途径。间接费用的提出和完善顺应了科研活动规律，契合财政科学化、精细化管理的要求。而绩效支出的建立则增加了有工资性收入人员的激励支出渠道，创新了科研经费对人员费支出的支持方式，改变了以往科研经费“重物轻人”的弊端。

2. 优化预算编制和预算评审工作

为了提高课题预算的科学性、合理性和真实性，财教〔2011〕434 号文

件明确规定不得简单按比例编列直接费用各项支出预算。其中，劳务费预算没有比例限制，设备费预算编制中应严格控制设备购置；预算评审中，有关中介机构和专家不得简单化地按比例核减课题直接费用预算；建立健全课题经费预算评估评审的沟通反馈机制。国发〔2014〕11 号文件首次明确，对非定额补助项目，应根据科研任务需要和财力可能核定项目预算，不得在预算申请前先行设定预算控制额度；项目申请单位要对仪器设备购置、合作单位资质及拟外拨资金进行重点说明。

这种按照项目实际情况提出资金需求的管理方式，是项目预算管理理念的重大变化，也是尊重科研规律和特点的具体体现。同时，对管理部门和项目申报单位提出了更高要求，也将检验项目单位的预算编制和管理水平。项目单位应统筹考虑可能从不同渠道获得的资金情况，实事求是地按照需要申请中央财政资金支持。

3．简化预算调整程序，下放预算调整权限

按照财教〔2011〕434 号文件，在课题总预算不变的情况下，直接费用中材料费、测试化验加工费、燃料动力费、出版 / 文献 / 信息传播 / 知识产权事务费、其他支出预算如需调整，由课题组提出申请，课题承担单位审批，科技部或相关主管部门不再行使最终审批权，而是在中期检查或财务验收时予以确认。设备费、差旅费、会议费、国际合作与交流费、劳务费、专家咨询费等预算一般不予调增，如需调减可按上述程序调剂用于课题其他方面支出。中发〔2012〕6 号文件明确提出，“完善科技经费管理制度”要“增加项目承担单位预算调整权限，提高经费使用自主权”。国发〔2014〕11 号文件进一步下放了预算调整审批权限，赋予项目单位和科研人员更大自主权，允许会议费、差旅费、国际合作与交流费三项支出之间调剂使用，不突破三项支出预算总额即可。如此一来，预算调整程序大大简化，在很大程度上解决了项目预算管理过细、过死的问题。

4．及时拨付项目资金，提高年度预算执行率

财教〔2011〕434 号文件提出，相关主管部门应提前组织课题立项，及时将预算安排建议报送财政部，提高年初预算到位率。在财政部正式批复部门预算前，可以从 1 月 1 日起按“二上”预算数的 1/4 支付项目资金。国发〔2014〕11 号文件进一步提出，要合理控制项目和预算评审时间，加强项目立项和预算下达的衔接。实行部门预算批复前项目资金预拨制度。对于有明确目标的重大项目，按照关键节点任务完成情况进行拨款。这一政策的改进解决了以往经费下达滞后的问题，为科研任务的及时开展和顺利进行提供了

资金保障。

5. 改进项目结转结余资金管理方式

按照财教〔2011〕434 号文件，课题在研期间，结存经费可以由承担单位结转下一年度继续使用；课题结余经费按原渠道收回。但科研人员普遍反映，结余经费收回的规定与科研活动的规律和实际需求不相适应。针对这一矛盾，国发〔2014〕11 号文件做出了重大改进，规定结余经费的安排将与项目验收和信用评价相挂钩。对于项目完成任务目标并通过验收、且承担单位信用评价好的，可以在一定期限内由单位统筹安排科研活动的直接支出，并上报使用情况；未通过验收或整改后通过验收的项目，或承担单位信用评价差的，结余资金仍要原渠道收回。这一政策变化改变了“一刀切”的结余资金管理方式，能有效避免项目结题前突击花钱的问题，也将进一步促进科研人员精打细算、科学规范地使用科研经费，减少资金浪费。

6. 强化项目承担单位法人责任

财教〔2011〕434 号文件明确提出，应强化课题承担单位和课题合作单位的职责。国科发计〔2012〕86 号文件则对加强项目承担单位的法人责任方面提出了若干具体意见。国发〔2014〕11 号文件指出，项目承担单位是科研项目实施和资金管理使用的责任主体，要切实履行在项目申请、组织实施、验收和资金使用等方面的管理职责，加强支撑服务条件建设，提高对科研人员的服务水平。

此前，我国实行科研项目“课题负责制”，其目的是为了落实课题负责人的权力和责任。但这种设计存在一定缺陷，科研经费资助部门与课题负责人之间是典型的信息不完全、非合作的博弈关系，若缺少对项目依托单位设置必要的权力和责任，容易使科研经费资助部门与课题组之间出现严重的“信息不对称”现象，一方面资助部门监督的困难极大且流于形式，另一方面对课题负责人的处理由于缺乏项目承担单位的参与和配合而无关痛痒、无法落实。通过强化项目承担单位的法人责任，建立便于问责的经费管理体系，有利于改变“信息不对称”问题，特别是在国家不断下放科研经费管理权限的趋势下，落实项目承担单位的责任与义务显得尤为重要。

7. 构建全过程多层次的监督审查体系

科研经费管理政策日趋灵活化、自主化，客观上要求必须建立起一套权责明晰、各司其职、运转高效的管理和问责机制，发挥各级管理部门、法人单位以及社会公众的作用，强化全过程监管。国发〔2014〕11 号文件明确了科研资金管理使用中的五项明令禁止行为，并在事业单位中推行“公务卡”

结算，实现“痕迹管理”；针对当前违规行为惩处力度不足、违规成本低的情况，加大对违规行为的处罚力度，对严重违规违纪行为“零容忍”；通过科研诚信建设和信用管理、信息公开等手段，建立制度化的“奖优罚劣”导向，降低管理成本，提高管理效率，营造“自我约束、奖优惩劣”的良好科研环境，实现内外合力、标本兼治的功效。

（三）“十二五”期间政策变化的新特点

1．收放并举，加快政府职能转变

间接费用补偿机制的建立和完善、预算调整以及经费结余使用权限的下放、对项目承担单位法人责任的强调和落实等改革措施，都体现出政府简政放权、加快职能转变的思路，即把主要精力放在完善创新激励政策、营造良好创新环境方面，通过减少微观管理、提高资金使用自主权，推进从政府主导创新向政府服务创新的转变。

2．以问题为导向，遵循科研活动规律

预算编制及评审的科学化和合理化、预算调整程序的优化和简化、结余经费处理方式的灵活化、经费下拨速度的及时性、间接费用和绩效支出的建立与完善等一系列政策变化，一一回应了科研一线人员普遍反映的问题，以科研活动的特点和规律为准绳，破解了一些科研经费使用和管理中存在的矛盾。

3．以人为本，激发科研人员创造性

把发挥科研人员积极性、创造性作为改革的出发点，尊重科研活动规律，体现科研人员价值，最大限度激发科研人员创造活力。对科研项目实施分类管理，优化科研项目和资金管理流程，减轻科研人员负担，完善间接费用和绩效支出政策，促进科技成果转移转化，推进科研人员收入分配改革，无一不体现激励导向。

三、高校加强科研经费管理的新思路

高校以强大的科研优势，在科学研究中占据了日益重要的地位。为规范和加强高校科研经费管理，继财教〔2011〕434 号文件之后，教育部于 2011 年发布了《关于进一步贯彻执行国家科研经费管理政策 加强高校科研经费管理的通知》；2012 年，密集出台了《教育部 财政部关于加强中央部门所属高校科研经费管理的意见》、《教育部关于进一步规范高校科研行为的意见》、《教育部关于进一步加强高校科研项目管理的意见》三个文件；2012 年底，召开专项视频会；2013 年 5 月开始，对 75 所直属高校进行科研经费管理情况检查；国发〔2014〕11 号文件出台后，又在研究制定相关管理办法。面对新形势、新政策、新要求，高校科研经费管理工作必须主动转变工作思路，积极改进工作方法。

（一）落实高校主体责任，建立分级管理体制

在实行“项目承担单位法人责任”的制度要求下，在间接费用的核定、结余经费的安排均与承担单位信用评级挂钩的政策调控驱使下，高校必须迅速转变思路，加快落实自身职责，确保为本校科研人员创建和争取最有利的科研条件。首要任务就是要建立健全“统一领导、分级管理、责任到人”的科研经费管理体制。在这种体制下，校长对学校科研经费承担领导责任，相关部门按职能确定责任和权限；校内各学院（所、中心）作为科研活动的基层管理单位，对本单位科研经费使用承担条件保障与监管督促的责任，学校应建立必要的激励机制充分发挥二级学院的能动性；科研项目负责人作为科研经费使用的直接责任人，对经费使用的合规性、合理性、真实性和相关性承担法律责任。以我校为例，科研经费管理体制如下图所示。

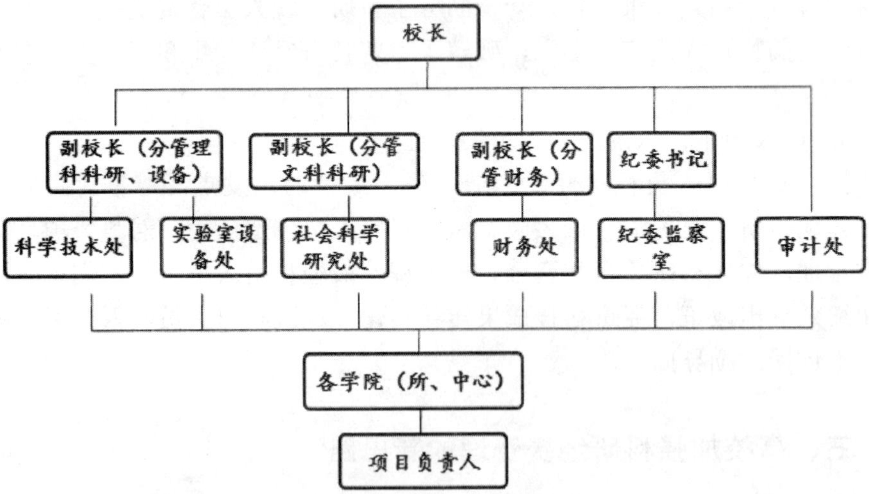

（二）加强间接费用管理，完善绩效管理办法

在实际工作中笔者了解到，不少一线科研人员对“新增加”的间接费用不甚了解甚至存在误解。目前，间接费用按照不超过课题经费中直接费用扣除设备购置费后的一定比例核定，与直接费用捆绑下拨至课题，再由学校按核定的金额提取。很多老师错误地认为间接费用挤占了他们可以使用的科研经费，在编制预算时不愿多做间接费用。最新文件规定间接费用将“由项目

主管部门直接拨付到项目承担单位”，这将有效改变老师们对间接费用的误解。但在目前所处的阶段，高校不仅要全面分析间接成本，合理确定间接费用标准，结合实际制定间接费用分配及使用办法，也要面向科研人员做好政策普及与解读；同时，厘清间接费用实行之前各类间接成本的支出，确保在间接费用或管理费用之外不再以任何名义重复提取、列支相关费用，切实维护科研人员利益。

增加绩效支出后，高校要建立以高水平成果、高层次人才为导向的科研绩效评价体系，统筹利用科研绩效支出，在对科研人员工作进行绩效考核的基础上，确保绩效支出政策落实到位，真正发挥科研人员的创新热情和创造活力。

（三）成立专门机构，加强经费管理和项目管理的衔接

成立专门的科研经费管理机构，实现更加科学精细的管理，为科研人员提供更加专业、优质、便捷的服务，包括指导项目申请人合理编制经费预算，对已批复的项目提供从到款通知到具体项目经费分配、预算执行进度通报、经费使用建议、预算调整、决算编制、外部沟通等全过程服务，会同学校有关部门做好政策咨询、业务培训、科研合同管理、技术市场登记、税费减免等相关工作。以我校为例，在财务处增设了科研经费管理科，与科技、社科两个科研项目管理部门以及学院科研干事形成对接；并根据科研经费管理工作的需要对有关业务流程进行优化整合，将原来会计科的科研结题、管理科的国税发票开具、审核科的科研经费入账等工作转入科研经费管理科，提高了工作效率，极大地方便了前来办理业务的老师。

同时，利用信息化手段，加强经费信息与项目信息的衔接与共享。学校要整合现有信息资源，完善系统功能，建立校内科研、财务等部门和院系、项目负责人共享的信息平台，实现科研经费的全程数字化管理与服务。

（四）加强预算编制指导，规范预算调整程序

高校财务部门、科研管理部门、院系科研干事以及院系会计要帮助、指导科研项目申请人根据有关科研经费管理办法的规定，结合科研活动的特点和实际需要，坚持勤俭节约和提高效益的原则，科学、合理、真实地编制经费预算。尤其要提醒、协助老师们厘清各类科目支出所对应的经费报销范围，避免财务政策了解不到位导致的预算编制失误，给后期的预算执行和经费决算造成不必要的麻烦。此外，按照最新的科研经费管理制度，制定学校自身的预算调整管理办法，在学校预算调整权限范围内，设置简单、明晰的预算调整业务流程。

（五）经费管理的重心由日常核算向事前管理转移

高校科研经费管理人员必须及时学习不断变化的科研经费管理政策，加强对各类科研经费管理制度和管理办法的深刻理解和灵活运用。建议上级主管部门多组织针对高校科研管理人员的培训，及时传达政策变化。高校科研管理人员也可通过与兄弟院校交流、向承担科研经费审计的会计师事务所咨询等方式，积极掌握政策动向。同时，通过组织各种政策宣传和业务培训，及时将最新的政策精神、经费使用规定、经费支出口径等信息传达给高校一线科研人员，使之在动用科研经费之前就清楚地了解有关财经纪律和政策法规的严肃性和严格性，了解在经费使用过程中哪些科目是允许支出的、哪些票据是不能报销的，避免政策传达不畅、指导不到位导致的违规现象，在不违反、不违规的前提下，为老师们开展科研活动提供更灵活的经费使用空间，通过高质量的事前管理与服务推进科研经费的合理、合规、高效的使用。

（六）推行公务卡报销，实现额度控制与“痕迹管理”

以科学编制的预算为基础，统一办理科研经费报销公务卡，将科研经费的额度拨付到公务卡上，方便课题组成员使用，在进行与科研课题相关的支出时，经办人持报销公务卡刷卡支出，之后在还款期内报销人持消费时取得的刷卡凭证和发票到财务进行报销。借助强大的网络资源，财务人员可以调用会计核算系统中公务卡号和姓名，以及具体的消费内容、金额、消费地点，若超出额度系统可自动拒绝编制凭证，在确定报销内容合法合规后，财务人员方可确认付款，将款项支付给收款单位。通过制度和技术创新，自动生成科研经费支出的各项明细信息和支出科目分类汇总信息，使科研经费的支出置于阳光之下，从而有效地克服了现金支付结算方式信息不透明所导致的种种弊端。

（七）加强科研经费财务分析

从最初将科研作为我国高校的一项社会职能开始，高校对科研项目经费财务管理的重心就放在日常经费收支会计核算上，对于科研经费的财务分析和财务决策往往流于形式，对科研经费的预算执行情况和整个资金运作情况缺乏分析研究，每到年终，将科研经费的决算按照上级财政要求的统一口径纳入高校年终决算报表中进行决算报表编制。这样的管理方式，无法确认科研经费的具体使用情况，也无法确认经费使用效率的高低，一定程度上制约了科研经费财务管理水平的提高。因此，高校可以效仿企业财务管理的方法，按照相关财务制度规定编制科研经费月报、季报、年报，通过加强对各种报表的财务分析，真实客观地摸清科研经费收支结构，从财务分析中总结经验教训，不断完善和改进科研经费管理工作，从而降低科研项目财务风险，提高经费使用效益，同时为结余经费统筹使用的新政策做准备，为科研经费可持续发展提供决策依据。

结　语

近年来，随着国家科研经费投入的大幅度增长，科研经费使用和管理中的问题日益突出。近几年的科研腐败案件中，涉案人员上至两院院士，下至参与科研的研究生，让公众不禁感叹，科研经费沦为了“唐僧肉”。究其原因，有科研人员道德觉悟的问题，也有制度层面的缺陷。

随着国家科技体制改革的推进，国家科研经费管理政策也在不断改进和完善。“十二五”以来，国家密集出台了一系列科研经费管理政策，尤其是2014年3月国务院发布实施的《关于改进加强中央财政科研项目和资金管理的若干意见》，对加强科研项目和资金监管进一步做出明确规定，更加适应和尊重科研活动规律，更加重视科研活动中“人”的作用，有收有放，建立激励机制，以不断适应变化中的科研需求，解决科研活动中的现实问题；同时要求建立完善覆盖项目决策、管理、实施主体的逐级考核问责机制，实行全过程的科研信用记录制度和责任倒查制度，对违规行为加大处罚力度。

作为科学研究的主力军，高校应积极应对新形势下国家科研经费管理政策的新变化，充分利用政策变化中的有利一面，加快本校科研经费管理体制的改革和完善，落实高校的主体责任与义务，保证资金管理与使用的合理合法性，为科研人员创造更加健康、规范、明晰的科研环境；同时，发现并研究政策层面仍存在的不足和缺陷，通过及时向上级部门反映与协调等途径，保护科研人员的积极性与创造性。

参考文献：

[1] 财政部，科技部．关于调整国家科技计划和公益性行业科研专项经费管理办法若干规定的通知（财教〔2011〕434 号）[Z]．2011-9-14

[2] 国务院．关于改进加强中央财政科研项目和资金管理的若干意见（国发〔2014〕11 号）[Z]．2014-3-3

[3] 科技部．关于进一步加强国家科技计划项目（课题）承担单位法人责任的若干意见（国科发计〔2012〕86 号）[Z]．2012-12-17

[4] 贾康撰著. 科技投入及其管理模式研究[M]. 北京：中国财政经济出版社。2006

[5] 黄永林，李茂峰. 我国高校科研经费管理政策与制度存在的主要问题及其对策建议[J]. 教育与经济，2013（3）

[6] 李燕萍，吴绍棠，郜斐，张海雯. 改革开放以来我国科研经费管理政策的变迁、评价与走向——基于政策文本的内容分析[J]. 科学学研究，2009（10）

[7] 邵积荣，郑惠芬. 高校科研经费管理现状及对策探讨[J]. 教育财会研究，2012（2）

[8] 周琳. 我国高校科研经费管理深层次问题与对策研究[J]. 教育财会研究，2013（8）

高校专项经费实施项目管理的研究

财务处　马文琦

摘要： 高校专项经费规模日益扩大，相关管理存在一定程度的缺陷和漏洞。本文从分析高校专项经费管理的概念入手，探讨当前经费管理存在的问题及其原因，并寻求解决该问题的对策。

关键词： 专项经费；预算；管理；监督

一、高校专项经费管理的相关概念

高校专项经费是指政府财政部门或上级部门拨付给高校，除基本支出以外具有专门、指定用途或特殊用途，用于完成专项工作或工程的资金。主要包括高校修购专项资金、科技三项费用、科研专项资金、重点建设专项资金、课程建设专项资金、后勤专项资金及其他具有专门用途的经费，等等。该资金不能改变其用途，具有专款专用的特点，与正常的拨款相区分，需要进行独立的账务核算，并且接受相关部门的检查和监督。

高校专项经费管理的概念有广义和狭义之分。本文研究狭义方面的专项经费管理，即高校内部对专项经费的预算管理和财务管理。主要管理模式为高校统筹考虑各单位、各院系经费需求，结合学校日常工作、科学研究等发展规划及当年重点扶持或发展方向，按照轻重缓急纳入高校年度预算管理，加强对专项经费支出的日常财务管理和监督。

二、高校专项经费管理存在的问题

（一）专项经费预算管理不科学

1. 预算编制不科学

预算编制是整个财务管理工作的起点，也决定了财务工作的总体目标和方向。而目前对于专项经费的预算而言，在很大程度上缺乏整体性和前瞻性。高校在项目申报时对预算编制不够重视，缺乏科学的论证评估机制，对立项前的可行性调研不足，随意性较大；项目立项时不能从整体角度在部门、项目之间进行科学论证和综合平衡，只是将资金进行条块分割，使高校专项经费预算编制存在很强的随意性。很多高校的财务部门在项目立项参与不够，对专项经费预算管理还停留在报账水平上，高校的科研、教学及其他业务管理部门也没有积极主动参与到专项经费的项目预算管理之中，经费预算的科学性与可控性大打折扣。

2. 预算方法存在主观性

由于专项经费对学校的发展影响很大，因此高校在对这些专项经费进行决策时都十分重视、谨慎。通常能参加这些决策的人都是高校的中高层管理人员或是某学科专家，通过办公会议的方式来进行决策，基层财务人员绝少能参与到决策中来。这种预算方法没有相关财务数据支持观点，也没有通过比较非财务指标来选择。因此高校专项经费预算的决策方法不算科学、合理，经常因为这些决策产生许多内部矛盾。

当前专项经费预算编制方法过于粗放，对资金的真实需求缺乏细致调研，不能准确地反映实际情况，预算分配实际上仍采用的是基数加增长的方法，形成了只增不减的增量预算。

此外，在申请经费时，常规的做法是预算资金比实际需要资金要多，这样财政在审查报告时，不管多与少，也不管是否符合实际需要，统统“砍一刀”。根据这种经验，下级向上级申报项目资金时，总是报得多用得少，便于弥补经费的不足。

3. 预算对资源的整合功能差

一是存在同样或类似项目重复申报的现象。由于财政和评审部门每年面对成千上万的专项，对是否重复申报项目查验的并不严格。这就会导致有些部门和个人重复申报，以套取国家财政资金。学校管理层出于各种原因，也没有建立长期的滚动预算来全面、长远地考虑做完一个项目的资金预算概况。

二是一些项目出现不同年度重复购置设备情况，如重复购置摄像机、照相机、投影仪等不经常使用的通用设备，购置的大型科研专用设备利用率不高，设备闲置，无形中造成专项经费的浪费。

（二）专项经费使用过程管理不完善

1. 对预算的执行存在偏差

一是存在专项经费的突击花钱与资金转移。由于专项资金具有时效性，必须在规定的时间内花完，而有些专项经费下达时间晚，上级部门又有支出进度要求，这就导致专项资金的突击和集中花钱。

二是专项经费的列支范围不够明确。一些部门、院系存在任意扩大专项经费的支出范围，经常出现一些不按照预算执行或随意改变专项经费用途的现象，严重损害了高校专项经费使用的专用性，破坏预算执行的严肃性和有效性，也形成了经费的浪费与流失。

三是由于项目预算编制不够细化，预算编制与预算执行严重脱节，造成专项经费闲置现象突出，结余资金不及时清理核算，长期滞留于单位账户中，导致资金实际运用效率较低。

2. 管理办法不完善

一是管理办法细则缺失。管理办法应该在专项经费批复后拨款前就应该制定出来，待资金到位就可以付诸使用，但目前不少专项经费没有相关的管理办法，而是让财务部门来判断决定经费如何使用，大大影响了经费的使用效率和效益，在核算管理上也会引起很大争议。

二是财务管理办法不够细化。职能部门工作人员因不了解财务制度，为方便起见，很多管理办法都对财务报销范围写得很笼统，未做明确规定，给经费的报销环节带来麻烦，经费使用者不知道什么费用能支出，什么费用不能支出。财务部门在进行核算的时候也很难把握，甚至会在一定程度上造成矛盾。

（三）专项经费管理的监督机制不健全

专项经费缺乏有效的监督机制。高校在管好用好专项经费上缺乏内部监督体系；忽视了对专项经费的内部管理监督和内部会计监督；专项经费事前、事中监督还停留在制度上；监督约束无力导致资金紧张与浪费并存，重收入、轻支出，重购置、轻管理，重项目、轻效益的现状较为突出；专项经费预算编报不实，虚列项目、重复申报，支出不符合规定，存在挤占、浪费等现象。

三、高校专项经费管理存在问题的原因

（一）对专项经费的认识不足

根据专项经费的特点来看，该经费必须规范投入到指定事项，在财务上要单独核算，只能用于高校年度预算确定的项目，不能挪作他用，同时每一个专项经费需要单独核算，不能与基本经费、其他专项经费混合核算和使用。目前高校对专项经费的申请和使用存在认识上的误区，在申请时预算不充分，存在多报虚报的现象；在使用时很难保证专款专用，使每一笔经费的支出都落到实处。

（二）经费管理体制不健全

实行国库集中支付改革以来，专项经费项目管理对学校的管理职能提出了新的内容和要求，但绝大多数高校都没有组建相应的机构来承担新的工作职能，一般都是通过对现有相关部门的职能进行调整来应对专项经费管理工作的新要求，对校内专项经费管理组织体系的构建往往缺乏整体的考虑和科学的论证。如有的学校专项经费项目的申报由财务处承担，而财务处的主要职责和业务专长是财务管理，对于项目的宏观规划和论证评审等工作很显然是力不从心；有的学校已有规划部门，但只承担学校事业发展规划、学科建设规划、师资队伍建设规划和校园建设规划及其实施方案的制定工作，没有赋予它们制定相应的专项经费投入规划的职能，因此大部分高校不仅没有研究、制定专项经费项目申报规划的职能部门，甚至没有明确提出制定专项经费申报规划的工作任务和要求。

（三）经费使用监督机制不健全

专项经费是列于正常经费之外的指定用途的经费，在加强学校基础设施建设、改善办学条件等各项事业发展进程中发挥了重要作用。但高校作为专项经费受益者，主要由其承担监督和管理任务的两个环节的工作却显得相对薄弱，在管理中总体上处于一定程度的缺位状态。往往只注重资金的争取，忽略了资金的监督和管理，资金被截留、挤占、挪用现象严重，做不到专款专用。项目申报和项目实施效果考核两个环节上监督还很不到位，这不仅从根本上制约了项目管理水平的提高，也使专项经费投入对高校各项事业科学发展的实际贡献率受到了很大影响。

（四）经费申请批复时间间隔长，难以充分有效利用

专项经费申请经费时间与批复拨款时间相隔较长，一般申报专项经费预

算是在上年的9月份，而下达预算批复文件在当年的10～11月份，时间间隔长达一年多。这期间，高校申报专项经费有个别项目缺乏前瞻性，有少部分申报项目的情况已发生变化，需要对少部分申报专项资金项目进行调整。而对项目调整需要履行项目报批、备案手续，因此需调整的项目不能及时实施，从而形成了这部分财政专项经费的结余注销。由于当年上级预算部门专项经费的下达比当年预算批文时间要晚(经常是在年度11～12月才下达批文和拨款额度)，使当年预算资金用款计划大多数已来不及实施和使用，而形成了当年专项经费结余。

四、加强高校专项经费管理的对策

（一）完善高校专项经费的预算编制体系

预算编制是一个复杂、系统和严肃的工作。对于占高校教育事业经费支出比例相当大的专项经费而言，加强其预算编制环节的管理意义重大。

一是要转变对高校专项经费即“要钱、花钱”的错误认识，切实提高对预算编制重要性、科学性、严谨性的认识。二是预算编制要立足当前、着眼长远，充分体现高校专项经费对学校事业发展所具有的紧迫性或重要性影响的特点，注重项目实施的必要性、科学性、高效性与实用性，兼顾和结合高校的发展定位、学科发展情况、基础设施情况等高校发展战略因素。三是在实际编制中要进一步细化相关工作，统一项目申报格式，规范校内项目申报流程。

建议高校要求由各院系、各部门严格根据本单位工作需要，对项目进行可行性研究论证后，向管理专项的职能处室申报；对预算数额较大或专业技术复杂的项目，由职能处室通过专家评审或中介机构评审等方式，对项目进行科学论证，严格审核，筛选排序后报学校财务部门；由学校财务部门结合工作重点和当年财力状况，按照项目轻重缓急纳入校级预算。

（二）健全项目管理工作组织体系

学校是项目申报、实施效果考评及日常使用监管的主要承担者。学校要根据这几个环节的工作要求，建立起健全的项目管理工作组织体系。这个管理体系应包括：制定专项经费项目规划的部门，承担项目宏观规划的职责；组织项目评审的部门，负责项目的评审论证；项目实施部门，配合上级财政部门和指导项目负责人执行项目；项目绩效考核部门，负责全校所有项目的自评和配合上级财政部门组织绩效考评；仪器设备使用监管部门，统一负责全校的仪器设备和教室、实验室等教学条件的日常使用和出租、出借等社会服务工作的监管。这个工作体系的构建，既可以调整原有部门的工作职责，也可以组建新的工作机构，其主要职责就是在相互协作中承担管理主体的责任，避免由于组织体系不健全而造成职能遗漏和监管缺失。

（三）加强专项经费支出管理和过程控制

加强专项经费的管理，需要确定专项经费监督管理的基本原则：一是分级管理，本着谁使用、谁管理、谁负责的原则，各司其职；二是监、管结合，把监督检查和强化管理有机地结合起来，有利于总结经验、发现问题、规范理财行为；三是依法监督，在工作程序上要依法进行，在检查结果上要依法评价，对违纪行为要依法处理，确保经费支出具有科学性、合理性和可持续性。

高校要适时建立起与之相适应的监督管理体系，同时大力加强项目的规划、评审和使用等方面的统一监管，在部门利益分散化的趋势下，加强项目申报等环节的计划性和宏观调控，把专项经费投入纳入学校的总体规划，更加符合学校各项事业发展的需要，促进学校的科学发展。

（四）建立完善绩效考核和财务监督机制

一是建立专项经费实行信息化管理和反馈机制。在对专项经费使用主体进行合理化授权的同时，要将专项经费的有关决策信息及相关支撑材料全面纳入财务信息管理系统中，将专项经费的收支、支出进度、结余等情况实时反映出来，有利于及时发现和分析问题，便于对资金使用方向、目标以及项目实施进展进行综合监控。

二是加大预算执行中对项目的监督、检查力度，通过学校内部审计、委托社会审计部门检查、联审互查等方式加大预算执行中对项目的监督、检查力度。特别是要通过高校内部审计工作对专项经费项目进行事前控制、事中监督、事后评审，准确反映专项经费的使用是否合理合法，提高专项经费使用的最终结果与预期目标的一致性。

三是建立科学的专项经费绩效评价体系。建立科学的专项经费绩效评价体系，对资金使用的经济性、效率性、时效性进行客观科学的评价，以反映专项经费的筹集、分配、使用及效益；要本着全面性和特殊性的原则，使用定量分析和定性分析等方法，对专项经费使用权进行及时、适时的监督、控制与追踪问效；同时注重绩效评价结果的应用，将绩效评价结果与以后年度高校预算的编制、执行等各个环节紧密结合，不断提高高校专项经费的使用效益。

专项经费在高校事业发展中起着举足轻重的作用。但从现阶段看，专项经费管理还不尽完善。主要体现在预算管理、使用过程管理和监督管理等方面。而造成此现象的原因也是多方面的，如认识不足、经费管理与监督机制不健全、经费批复时间过长等。鉴于专项经费管理存在的问题，高校应建立健全专项经费管理体系，从预算、支出到决算实行全程控制，并对其进行行之有效的绩效考核和财务监督，力争使专项经费在高校建设和发展中发挥应有的作用。

参考文献：

[1] 孙静．高校专项经费管理浅析[J]．教育财会研究，2014（4）
[2] 姜红．高校专项经费管理及核算中存在的问题与解决对策探析[J]．经济师，2008（8）
[3] 童启富．对高校提高专项经费项目管理水平的思考[J]．天津市社会主义学院学报，2007（12）
[4] 李月婷，李爱琴．高校财政专项经费管理模式探究——以科研类财政专项为例[J]．会计之友，2001（8）
[5] 齐红．浅析高校财政专项资金管理中存在的问题及对策[J]．北京工商大学学报，2007（6）

关于我国高校科研间接费用管理的研究和思考

财务处　王　贺

摘要：随着《国家中长期科学和技术发展规划纲要（2006～2020）》的实施，国家对科研经费的投入逐年增加。为加强高校科研经费的管理的科学化、合理化，保障高校的科研工作长期可持续发展，国家相继出台了多项政策。面对新情况和新背景，探索高校科研间接费用的分配方法，更好地合理、规范使用科研间接费用已成为迫在眉睫的事情。本文结合工作实际，通过分析国内外高校间接费用管理、使用和分配的方式特点，提出我国高校科研间接费用管理使用中亟待改进的方面和具体措施。

关键字：科研经费管理；间接费用；分配制度

随着《国家中长期科学和技术发展规划纲要（2006～2020）》的实施，国家对科研经费的投入逐年增加。数据显示，2012 年全国共投入研究与试验发展经费 10298.4 亿元，比上年增加 1611.4 亿元，增长 18.5%。国家财政科学技术支出为 5600.1 亿元，比上年增加 803.1 亿元，增长 16.7%。其中高校承担了大量的科研任务，在国家科技进步、技术发展中发挥着重要作用。

为加强高校科研经费管理的科学化、合理化，保障高校的科研工作长期可持续发展，财政部、科技部于 2011 年联合出台了《关于调整国家科技计划和公益性行业科研专项经费管理办法若干规定的通知》（财教〔2011〕434 号）。文件遵循科研规律，从科学化、精细化地管理科研经费出发，对原有规定进行调整，将科研经费分为直接费用和间接费用，间接费用占总科研经费比例大幅度提高，同时还增加了绩效支出。2012 年教育部、财政部出台《教育部、财政部关于加强中央部门所属高校科研经费管理的意见》（教财〔2012〕7 号），要求高校建立健全科研经费管理体制和运行机制，提升科研经费管理服务水平，提高资金使用效率。

面对新情况和新背景，探索高校科研间接费用的分配方法，更好地合理、规范使用科研间接费用已成为迫在眉睫的事情，本文结合工作实际，通过分析国内外高校间接费用管理、使用和分配的方式特点，提出我国高校科研间接费用管理使用中亟待改进的方面和具体措施，也在一定程度上提升自己的工作效率和工作能力。

一、国外间接费用管理制度

西方国家对于科研间接费用研究集中在近几十年。其宗旨是优化科研经费预算编制，补偿研究部门在科研项目实施过程中所发生的设备使用和管理成本，提高科研经费的使用效益。目前西方国家已经形成一套较完整的管理、分配、核算体系。

关于“间接成本”的概念，美国白宫管理与预算办公室（Office of Management and Budget，OMB）制定了统一成本原则。《A-21 通告》中规定，高校的间接成本包含设施占用和综合管理成本，与设施占用相关的成本包括折旧或使用费、利息、运行及维护费、图书馆经费；与综合管理相关的成本包括大学行政管理费、院系管理费、资助项目管理费以及学生管理与服务费。①

1. 美国间接费用支出范围和比例

据统计，美国高校科研间接成本占修正后的直接成本经费的比率大致在40%～70%之间。美国高校的间接费用主要由设施成本和管理成本两部分构成，包括公用建筑和设备的折旧与使用成本、利息、运营及维护支出、一般管理支出、院系管理支出、赞助项目管理费、图书馆支出、学生管理与服务费、联邦政府提供的间接成本支出补偿（offset for F & A expenses），等等。

2. 英国间接费用支出范围

2005 年以来，英国在科研经费管理方面实施了全成本核算（FEC）管理改革，试图计算出项目实际花费的全部成本，将科研成本划分为直接发生成本、直接分配成本、间接成本和其他成本等。其中，间接成本指提供研究支撑的人员费用、事务性及行政人员的费用以及图书馆、信息中心等科研服务

① 湛毅青，向蓉．中美高校科研间接成本管理现状比较研究[J]．北京：科研管理，2008，29（2）：179～191

设施的费用。以英国生物技术和生物科学研究理事会（BBSRC）对其研究机构资助项目的经费支出规定为例，间接费用包括学术活动、财务和行政等各种服务部门、实验室 / 学习资源、资本性总费用。

3. 日本间接费用支出范围

日本政府近年来一直在努力增加竞争性研究资金的比重。竞争性研究资金一般分为直接经费和间接经费。间接经费是面向接受资助的研究人员所属研究机构的科研补助，研究人员在获得补助金后，直接交给所属研究机构，作为研究机构管理所需的经费，可用于改善研究人员的研究环境，提高研究机构的整体研究能力。与直接经费相比，间接经费的使用范围较大，不但可用于研究成果专利申请相关费用（包括律师费、申请费和维护费等），也可用于支付研究负责人和研究人员的薪酬。但不论是直接经费还是间接经费，研究机构每年都需要以固定的格式向主管省厅提交《实绩报告书》以说明经费的具体支出情况。①

加拿大、新西兰等国家也借鉴美国的经验，建立起适应本国国情的科研间接费用管理机制。

4. 西方发达国家间接费用管理机制的优势

（1）间接费用所占比例较大，间接费用由单位统筹自主使用

在美国，间接成本通常能达到直接成本的 40%～70%。间接成本通常由项目承担单位自主统筹使用，可用于改善科研支撑条件和环境，促进科研教学和服务的可持续发展。

（2）科研人员费用可通过间接经费列支

英国和日本的间接费用均规定了可以支付科研人员费用，可以在一定程度上改善科研人员科研条件，是一种富有科研创新激励的经费分配机制。

二、我国科研间接费用管理制度

科研间接成本在我国称为科研间接费用、公共设施费或管理费，其中管理费的提法比较普遍。近年来，国家对科研投入力度的逐渐加大，要求科研经费的管理更加科学化、精细化，原有的管理费已不能满足课题研究的需要。国家科技计划、公益性行业科技专项、民口科技重大专项等科技计划管理办法中科研间接费用已经取代了原有的管理费。为适应科研活动规律的需要，

① 刘军民．美英日科技经费管理制度比较[J]．社会科学，2013，(2)：1～3

建立健全间接成本补偿机制，未来自然科学基金等科技计划中的管理费预计也将会被间接费用所取代，提高资金使用效率，保障高校的科研工作长期可持续发展。

表 1 中列举了各类科研经费管理办法中间接成本的开支范围及比例。

表 1 各类科研经费管理办法中间接成本的开支范围及比例③–⑧

科研经费类别	归口单位	相关文件	支出科目	支出比例	支出范围
博士点基金	财政部、教育部	财教〔2002〕123 号	公共设施费	≤5%	水、电、气、暖等费用
自然科学基金	自然科学基金委	财教〔2002〕65 号	管理费	≤5%	为组织和支持项目研究而支出的费用，包括项目执行中公用仪器设备、房屋占用费等
民口科技重大专项	财政部、科技部、发改委	财教〔2009〕218 号	间接费用	一般不超过直接费用扣除设备费和基本建设费后的 13%	组织实施重大专项过程中发生的无法在直接费用中列支的相关费用。主要包括承担单位为项目（课题）研究提供的现有仪器设备及房屋，日常水、电、气、暖消耗，有关管理费用的补助支出，以及承担单位用于科研人员激励的相关支出

③ 财政部，教育部．高等学校博士学科点专项科研基金管理办法（财教〔2002〕123 号）[Z].

④ 国家自然科学基金委员会．国家自然科学基金项目资助经费管理办法（财教〔2002〕65 号）[Z].

⑤ 财政部，科技部，发改委．民口科技重大专项资金管理暂行办法（财教〔2009〕218 号）[Z].

⑥ 科技部，国家自然科学基金委员会．国家重大科学仪器设备开发专项资金管理办法（试行）（财教〔2011〕352 号）[Z].

⑦ 财政部，科技部．关于调整国家科技计划和公益性行业科研专项经费管理办法若干规定（财教〔2011〕434 号）[Z].

⑧ 天津市财政局，市科委．天津市科技计划项目资金管理办法（津科财〔2005〕76 号）[Z].

续表

科研经费类别	归口单位	相关文件	支出科目	支出比例	支出范围
国家重大科学仪器设备开发专项	科技部、国家自然科学基金委员会	财教〔2011〕352号	间接费用	分段超额累退比例法，按照直接费用扣除设备费后的一定比例核定：500万以下不超过20%；500万至1000万部分不超过13%；1000万以上部分不超过10%	牵头单位和合作单位在组织实施项目过程中发生的无法在直接费用中列支的相关费用。主要包括项目牵头单位和合作单位为项目实施提供的现有仪器设备及房屋，日常水、电、气、暖消耗，有关管理费用的补助支出，以及绩效支出等
国家科技计划以及公益性行业科技专项	财政部、科技部	财教〔2011〕434号	间接费用	分段超额累退比例法，按照直接费用扣除设备费后的一定比例核定：500万以下不超过20%；500万至1000万部分不超过13%；1000万以上部分不超过10%	组织实施课题过程中发生的无法在直接费用中列支的相关费用。主要包括承担课题任务的单位为课题研究提供的现有仪器设备及房屋，日常水、电、气、暖消耗，有关管理费用的补助支出，以及绩效支出等
天津市科技计划项目	市财政局、市科委	津科财〔2005〕76号	管理费	≤5%	科技项目承担单位及受托管理单位为组织管理科技项目而支出的相关费用。包括现有仪器设备和房屋使用费或折旧、直接管理人员费用和其他相关管理支出

从表1中可以看出，2009年9月，财教〔2009〕218号文件第一次提出间接费用，明确了将民口科技重大专项经费分为直接费用和间接费用两部分，间接费用比例不超过直接费用扣除设备购置费和基本建设费后的13%，初步建立起间接费用补偿机制和人员激励机制。2011年10月财教〔2011〕434

号文件的推出使科研间接成本补偿机制扩展到了“863 计划”“973 计划”和“科技支撑计划”以及公益性行业专项等科研项目，是科研间接成本补偿机制改革的重大突破，进一步明确了科研间接费用对于高校教学、科研运行与实力建设的补偿方式、支持力度。间接费用取代原有的管理费已成为科研经费改革的必然。

对于不同归口单位，间接费用或管理费的支出比例以及支出范围有所区别。在支出比例方面，国家重大科学仪器设备开发专项、国家科技计划以及公益性行业科技专项间接费用支出比例按照分段超额类推比例法确定，自然科学基金、民口科技重大专项等仍为固定比例。在支出范围方面，大部分管理办法中都规定了现有仪器设备及房屋，日常水、电、气、暖消耗等的补助支出。特别是民口科技重大专项、国家重大科学仪器设备开发专项、国家科技计划以及公益性行业科技专项的管理办法中提出了间接费用中分配绩效支出，极大地提高了科研工作者的科研积极性，也在一定程度上规范了直接费用中劳务费等经费使用的合理性、合法性。

三、国内各大高校间接费用分配政策

财政部、科技部、发改委发布《民口科技重大专项资金管理暂行办法》（财教〔2009〕218 号），特别是财政部、科技部《关于调整国家科技计划和公益性行业科研专项经费管理办法若干规定的通知》（财教〔2011〕434 号）的发布，《教育部 财政部关于加强中央部门所属高校科研经费管理的意见》（教财〔2012〕7 号）文件的出台。我国高校纷纷制定了符合本校情况的“间接费用管理办法”。

（一）西安交通大学间接费用的分配和使用①

间接费用指在组织实施课题过程中发生的管理、协调和监督费用，以及无法在直接费用中列支的相关费用。主要包括现有仪器设备及房屋，水、电、气、暖消耗，有关管理费用的补助支出、绩效支出等。

（1）学校科研管理费用：纳入学校预算，由学校统筹使用。主要用于学校在组织实施课题过程中发生的相关费用。

（2）学院科研管理费用：由各学院统筹使用，主要用于学院在组织实施

① 西安交通大学．西安交通大学纵向科研经费间接费用管理暂行办法（西交财〔2013〕14 号）[Z]．西安：西安交通大学，2013

课题过程中发生的相关费用。

（3）绩效支出：由课题组在对课题研究人员科研工作进行绩效考核的基础上，结合科研人员业绩，根据相关规定统筹使用。

课题类型	分段标准	科研管理费用		绩效支出
		学校	学院	课题组
民口科技重大专项	100 万元以下部分	7%	≤1%	≤5%
民口科技重大专项	超过 100 万元部分	8%		≤5%
国家科技计划	100 万元以下部分	14%	≤1%	≤5%
国家科技计划	超过 100 万元至 500 万元部分	15%		≤5%
国家科技计划	超过 500 万元至 1000 万元部分	8%		≤5%
国家科技计划	超过 1000 万元部分	5%		≤5%

（二）重庆大学间接费用的分配和使用[①]

间接费用包括：管理费、绩效支出经费和科研发展业务费三部分。

1. 管理费

（1）指学校补偿科研管理成本的相关支出，在间接费用中优先足额列支。

（2）管理费按留校经费总额核定（留校经费为经费总额减去外拨经费）。在 100 万元及以下的部分按照 8%的比例核定；超过 100 万元至 500 万元的部分按照 5%的比例核定；超过 500 万元至 1000 万元的部分按照 2%的比例核定；超过 1000 万元的部分按照 1%的比例核定。

2. 绩效支出经费

（1）指学校为提高课题组研究人员科研工作绩效的相关支出。

（2）绩效支出经费按照批复的间接费用总额扣除管理费后在规定比例范围内核定。

3. 科研发展业务费

（1）指用于支付课题财务审计、资源占用、人员聘用、项目组织实施和其他与科研相关的支出。

（2）科研发展业务费=间接经费总额－管理费－绩效支出经费。

① 重庆大学．重庆大学科研课题间接费用管理办法（试行）（重大校〔2013〕121 号）[Z]．重庆：重庆大学，2013

（三）中南大学间接费用的分配和使用[①]

间接费用是指学校在组织实施科研项目过程中发生的无法在直接费用中列支的相关费用。主要包括学校为项目研究提供的现有仪器设备及房屋，日常水、电、气、暖消耗，有关管理费用的补助支出，以及学校为提高科研工作绩效安排的绩效支出。

1. 间接费用扣除绩效支出后的50%用于学校科研管理补助支出，纳入学校预算管理，由学校根据国家有关规定和预算安排情况使用，主要用于学校科研管理运行。

2. 学校绩效支出由人事处会同计划财务处、科学研究部，对科研工作进行绩效考核后，结合相关项目科研人员实绩，统筹安排。

3. 间接费用扣除绩效支出后的 50%纳入学院科研资源占用和管理补助支出，主要用于支付本单位科研项目日常水、电、气、暖消耗和现有仪器设备及房屋有偿使用等资源占用费以及科研管理运行开支。

（四）中山大学间接费用的分配和使用[②]

间接费用由学校间接成本、学院间接成本、项目组日常办公费及绩效支出四部分组成。具体分配比例及使用范围有如下几个方面。

1. 学校间接成本为经费总额的 4%，分设学校科研基金和学校其他间接成本两部分。学校科研基金部分，用于科技项目组织、项目培育及科技基地补助，由学校科技部门按年申报预算，并按预算执行。学校其他间接成本部分用于弥补学校现有仪器设备及房屋使用折耗，行政管理成本以及根据国家地方相关经费管理办法规定需由学校承担的科研项目审计费用等支出。由学校财务主管部门按年度分摊列支。

2. 学院间接成本为经费总额的 1%，转入学院科研发展基金项目，用于支持学院科研管理事务开展，由学院统筹使用。

3. 项目组日常办公费用于支付项目组日常办公水电费以及无法在直接费用中安排的办公支出等。

4. 绩效支出按项目实际批复预算及规定比例计提，主要用于项目组成员奖励金发放。

间接费用优先用于学校间接成本、学院间接成本及项目日常办公水电消耗补偿，如果项目经费批复预算中的间接费用低于上报数，学校间接成本、

---

① 中南大学．中南大学科研经费管理办法（中大财字〔2012〕14 号）[Z]．长沙：中南大学，2013

② 中山大学．中山大学科技经费间接费用和管理费管理暂行规定（中大财务〔2013〕1 号）[Z]．广州：中山大学，2013

学院间接成本及项目日常水电消耗补偿仍按学校规定比例扣除，同时相应依次缩减项目组日常办公费和绩效支出额度，直至缩减为零；如果间接费用不能足额提取用于学校间接成本、学院间接成本及项目日常水电消耗补偿的部分，则学校间接成本、学院间接成本及项目日常水电消耗补偿同比例缩减，且不再安排项目组日常办公费和绩效支出。

（五）我校对科研间接费用的管理[①]

我校于2013年6月13日第六次校长办公会议审议，决定成立南开大学科研经费管理领导小组，下设办公室，加强领导与协调；在财务处增设科研经费管理科，负责协助、指导项目申请人合理编制经费预算，对已批复或签订合同的项目提供从到款通知、额度管理、执行进度通报、经费使用建议、预算调整、决算审核等内容的管理与服务。

2013年7月26日第九次校长办公会议审议，通过了《南开大学科研经费管理办法（自然科学类）》。关于间接费用分配和使用，《管理办法》第四章第十五条规定，间接费用或管理费是指学校在组织实施项目过程中发生的无法在直接费用中列支的相关费用。主要包括学校为项目研究提供的现有仪器设备及房屋，水、电、气、暖消耗，有关管理费用的补助支出，以及绩效支出等。有经费预算的项目管理费或间接费用按照经费下达部门的要求额度计提，管理费或间接费用除去绩效支出部分的60%纳入学校事业基金，40%纳入二级单位管理费，用于二级单位和课题组开展相关科技活动。

由于科研间接成本补偿机制的实施时间不长，科研间接成本还存在管理滞后现象，如直接费用占用间接费用的情况普遍；科研合作费中的科研间接费用分配差异较大；科研间接费用的核算科目多样；间接费用使用范围不明确等问题，科研间接费用管理还需要在实践中不断地探索改进。

四、科研间接费用管理的改进建议

1. 加快为科研项目服务的行政管理费用的成本核算

从上文中各高校间接费用管理规定中可以看出，科研用房以及水、电、气、暖等能源消耗成本的回收工作，已经有了较为完善的规定，而对于行政管理部门的管理费用核算较为模糊。

---

① 南开大学．南开大学科研经费管理办法（自然科学类）（南发字〔2013〕77号）[Z]．天津：南开大学，2013

科研项目从立项申请、预算审核、经费下拨、预算执行到项目结题验收等一系列过程都需要学校相关的行政管理部门参与，其中学校的财务处、科技处是主要的管理部门，科技处是专门为科学研究服务的部门，财务处在预算审核、经费下拨、预算执行、项目结题财务核算等方面发挥着重大作用。随着高校科研经费大幅增长，财务处、科技处等部门在服务科研方面消耗的人力和物力也在逐年增加。因此如何测算这些行政管理部门的管理费用，使科研间接成本中的管理费核算更科学是当务之急。

2．加强间接费用预算编制、审核工作

由于财教〔2011〕434 号文件只限定了间接费用的最高比例，不同的课题最终能获得多少比例的间接费用申报人并不明晰，而且课题申报人为避免间接费用挤占整体科研经费预算，因此在预算中只填列管理费和绩效支出，而使高校无法获得此次政策中间接费用的增量部分。

目前科研经费预算主要由课题负责人负责编制。为避免预算编制的不确定性，作为上级科研管理部门，可要求课题负责人编制直接费用预算，而间接费用预算则由管理部门在直接费用的基础上测算下达，打消课题负责人因间接费用预算编制比例造成的顾虑，防止直接费用挤占间接费用，同时也可明确科研经费中的间接费用是由高校统一管理统筹使用这一概念。

3．加快推进间接费用的合理分配

在各高校的间接费用分配方案中，对下拨给课题组的费用规定不明确，比例也较低，在一定程度上降低了课题组做足间接费用的积极性。高校可在综合测算的基础上，结合各学院学科特点及课题组的实际情况，制定灵活的间接费用分配方案，提高课题组可支配的间接费用比例。

科研经费中增设间接费用是国家的一个新政策，需要我们财务和科研管理部门对间接费用的构成原因和使用宗旨进行深入的思考和研究，明确其概念、意义和蕴涵。高校作为科研项目的执行部门，需要结合本单位的具体情况完善相关的管理规章制度，管好用好间接费用，使间接费用真正发挥应有的作用。

参考文献

[1] 湛毅青，向蓉．中美高校科研间接成本管理现状比较研究[J]．北京：科研管理，2008，29（2）：179～191

[2] 刘军民．美英日科技经费管理制度比较[J]．社会科学，2013（2）：1～3

[3] 财政部，教育部．高等学校博士学科点专项科研基金管理办法（财教

〔2002〕123 号）[Z].
[4] 国家自然科学基金委员会. 国家自然科学基金项目资助经费管理办法（财教〔2002〕65 号）[Z].
[5] 财政部，科技部，发改委. 民口科技重大专项资金管理暂行办法（财教〔2009〕218 号）[Z].
[6] 科技部，国家自然科学基金委员会. 国家重大科学仪器设备开发专项资金管理办法（试行）（财教〔2011〕352 号）[Z].
[7] 财政部，科技部. 关于调整国家科技计划和公益性行业科研专项经费管理办法若干规定（财教〔2011〕434 号）[Z].
[8] 天津市财政局，市科委. 天津市科技计划项目资金管理办法（津科财〔2005〕76 号）[Z].
[9] 西安交通大学. 西安交通大学纵向科研经费间接费用管理暂行办法（西交财〔2013〕14 号）[Z]. 西安：西安交通大学，2013
[10] 重庆大学. 重庆大学科研课题间接费用管理办法（试行）（重大校〔2013〕121 号）[Z]. 重庆：重庆大学，2013
[11] 中南大学. 中南大学科研经费管理办法（中大财字〔2012〕14 号）[Z]. 重庆：中南大学，2012
[12] 中山大学. 中山大学科技经费间接费用和管理费管理暂行规定》（中大财务〔2013〕1 号）[Z]. 广州：中山大学，2013
[13] 南开大学. 南开大学科研经费管理办法（自然科学类）（南发字〔2013〕77 号）[Z]. 天津：南开大学，2013

基于信息化条件下的高校会计基础规范研究

财务处　王　娜

摘要： 会计基础工作是财会工作的基本环节，是财务管理工作的根基所在，从根本上决定和制约着一个单位的会计信息质量和财务管理水平。在信息化条件下作为高校会计核算和管理行为载体的会计基础工作仍需进一步规范。本文就会计基础信息化建设中存在的薄弱环节，探讨如何规范高校会计基础规范，提高高等学校的财务管理水平。

关键词： 信息化；高等学校；会计基础规范

一、会计基础工作在高校财务管理中的重要性

会计基础工作涉及会计工作的各个领域，是高校财务管理工作的重要基础。当前，夯实会计基础工作，建立高校会计基础工作规范长效机制，对提高会计管理服务水平和会计信息质量，提高高校教育经费使用效益，推动教育事业健康持续发展，都有着举足重轻的意义。

所谓会计基础工作，是指为会计核算和会计管理确定前提、提供条件、规范操作、防错纠正的基础性工作。会计基础工作是一个很广泛的概念，主要包括会计凭证的格式设计、取得、填制、审核、传递、保管等；会计簿记的设置、格式、登记、核对、结账；会计报表的种类设置、格式、编制和审核要求、报送期限等；会计操作的时间要求、保管期限、移交手续、销毁程序等；会计电算化的硬件和软件要求、数据安全、资料保管等；会计监督的基本程序和要求；会计机构的设置要求；会计人员的配备和管理要求；会计人员的岗位制建立和职责会计；有时还包括与会计工作直接或间接有关的定额管理、计量管理、标准化工作、指标确定与考核；计算机操作与管理等。

随着计算机技术的深入发展和应用，会计电算化已经成为会计基础工作的一个重要环节和实现手段，其管理的规范化程度直接决定了会计基础工作的水平。

二、会计信息化基础建设已取得初步成效

随着高等学校办学规模的不断扩大，经费总量的不断上升，经济活动日益复杂，高等学校财务管理范畴的内涵与外延发生了巨大的变化，客观上对高等学校财务管理工作提出了新的、更高的要求。高等学校构建财务信息化已成为当务之急。

以南开大学为例，近年来学校科研经费量不断攀升，财务报销工作量比前几年成倍增加，而受事业单位编制有限等因素限制，财务人员数量虽然有所增加，但与科研经费增量严重不成比例，导致师生报销难，长时间等候和集中报销现象严重。电算化的会计系统并不能解决会计核算压力大的问题，于是南开大学积极探索学习，与软件公司合作研发出适合南开大学校情的报账平台——网上 e 报销系统，这一系统集成了一站式投递报销和网上自助报销两个系统，为解决高校师生报销难做出了积极的尝试，并取得了良好的成效。

这一信息化的改革，有效提高了会计核算的效率，是会计基础工作的一大进步。

首先，网上 e 报销系统实现了“无现金支付”。借助于信息化的手段，通过网银支付，财务人员将师生报销票据的相应金额打入报销师生的账户或者直接转账转入收款单位的账户，无需现金支付，一方面报销人避免了携带现金往返银行，另一方面现金出纳人员工作压力减小，有效减轻了现金存储风险。

其次，实现“无等候”报销，通过报销平台，报销师生将符合财务规定的报销单投递至指定点，财务人员则在规定的期限内将该报销单处理完毕，报销师生实时收到报账金额到账的短信通知，这一系统为师生提供了方便快捷的财务服务。这样，报销师生可将重心放在教学科研学习中。

最后，财务人员核算效率提高。网上 e 报销系统使得财务人员不必再进行凭证的录入，规范化的会计分录摘要和科目能随系统自动录入，财务人员将重心放在票据的审核中，审核无误，可自动制单；并且收款方的账户信息无需二次录入，降低了核算的差错率。

会计摘要内容不明确，常常会给看账、查账、用账带来很大麻烦，白白浪费不少时间和精力。网上自助报销可以有效减少会计摘要不规范的现象。报销人进入网上 e 报销系统后，根据所报销的票据，在相应的报销项后，填写摘要、数量、单价等，财务人员调出的信息中会自动生成报销人所填摘要，如“张三报复印纸”或“李四报北京差旅费”等。

另外，南开大学财务信息化还深入到学生群体中，如网上缴费系统、一卡通圈存等，为数字化校园建设工作做出了表率。

三、信息化条件下高校会计基础工作中的薄弱环节

财务信息化的推进，可以提高会计基础工作的质量和效率，完善了以往会计基础工作中的一些弊端，但同时也给会计基础工作提出了新的挑战。

1. 会计人员及机构问题

（1）信息化人才缺乏

计算机会计信息系统在会计工作的广泛应用，对财会人员的管理水平和核算技术提出了新的要求。随着信息技术的发展和应用，计算机会计信息系统已经在会计工作中得到广泛的应用。在财务管理和会计核算的过程中，计算机信息系统以计算机为工具对会计数据进行处理，与手工会计信息系统相比，它要求会计人员不仅要具备熟练的会计专业知识，而且要掌握必备的计算机知识，如计算机软件、硬件、系统分析和程序设计等方面的知识。

计算机会计信息系统在改变传统的会计信息处理方式的同时，需要建立新的会计岗位，如系统管理员、凭证审核员、系统维护员、操作员等。虽然高等学校的财会人员整体素质在同行业中居于先进水平，但是其中很多财会人员的知识结构与会计信息化管理的要求还有一定差距。

信息化条件下，高校财务在新的环境下应该从核算型向管理型发展，而高校财务部门正是缺乏既懂财务管理，又懂信息管理的综合性人才。现有教育财会队伍中人员所学专业与高等学校的预算会计不尽相同，在具体的工作中只能应付简单的算账、记账，根本谈不上得心应手地运用各种现代化的财务管理手段，如应用计算机信息系统进行成本核算、经济前景预测、经济过程控制等。

结合南开大学现有的人员结构来看，虽然南开大学财务处会计人员具有研究生学历在 80%以上，人员素质高，但是财务和信息化综合性人才稀缺。当前南开大学推行网上 e 报销系统，其中银校互联系统的安全性，信息化设

备软件硬件的管理等都需要相应的人才进行管理。

（2）二级核算单位管理欠缺

在国家审计署2004年对19所高校的审计报告、2009年教育部开展“小金库”专项治理工作和近年来高校内部开展的“收支两条线”专项检查报告中，我们不难发现高校一级财务管理还是相当规范的，很多违规问题都发生在二级单位上。如二级单位财务内控制度和程序不完善，监督机制不健全，缺乏有效的责任追究机制，部分二级单位甚至出现一些违法乱纪的不良现象。由此可见，高校对二级单位财务管理的重要性认识不足。

内部控制制度不健全。高校二级单位从财务负责人到财务经办人，由于多为兼职，没经过系统的会计技能培训，不了解国家财经纪律，会计基础工作薄弱，会计岗位责任制不明确，会计核算不符合有关制度规定，导致许多二级单位收入不能及时上交，甚至截留隐匿收入，私设小金库，公款私存，坐收坐支。这是在高校二级单位财务管理中最常见的一类问题。

票据使用不规范。目前，高校很多二级单位为了逃避学校监管、隐瞒收入，不按规定使用由财务部门统一印制或监制的收费票据，而使用自行印制或在社会上购买的无效不合法票据，有的甚至“只收钱不开票”。

资产浪费现象严重。现阶段，我国高校普遍存在经费紧张的状况，尽管如此，许多二级单位资金的使用仍存在不注重经济效益，在经费的使用过程中，没有制订相应计划，做事不考虑成本，违背了高校让二级单位提高当家理财意识的初衷。二级单位在申报预算时，预算编制不严格，本着尽量多争取经费的态度，虚报预算。导致经费到位后，重复购置资产，造成资产的大量重复和闲置。

2. 财务信息化标准缺乏

（1）项目号的编制。高校经费的来源趋于多样化，财政拨款还是企业与学校合作等拿到的经费，必然有不同的主管部门，采用不同项目号编写方法，进行分类管理。而大多数财务人员只能知道大概的分类，对总体的项目分类缺少认识，单靠经验和记忆辨别。而相关的部门并没有制定统一的标准，涵盖所有的项目分类。笔者认为，制定统一的项目分类及编写标准，有利于财会人员系统的掌握科研费来源，有针对性地进行科研费管理，防止混淆，减少失误。

（2）部门编号混乱。二级单位部门代码编制并没有既定的顺序和规范，科研教学单位和行政管理部门没有分别编码，文科院系和理工科院系没有分开。笔者认为有顺序的编码可以方便数据的统计和归集。

（3）科目编号问题。教学、科研、行政、后勤、学生事务、离退休人员等各类支出都应该严格界定支出科目，似是而非的支出科目不利于信息统计。

（4）会计信息统计口径不一致。会计信息在社会经济生活中日趋重要，要求高等学校提供各种数据的政府部门也随之增多，如教育经费投入的统计（立法要求）、教育成本的测算（学费标准制定）、生均公用经费指标（分析用途）、人员经费（规范津贴补贴）等，报送的部门有教育主管部门、财政部门、统计部门、国有资产管理部门，教育主管部门中还需报送财务部门、人事部门、信息部门、规划部门，等等，导致会计数据多头报送、口径不一，既增加了高等学校的负担，也提高了政府行政成本。

（5）财务软件标准无法统一。基于会计本身的特点，网络的日益普及、电子商务的迅速兴起以及相关信息技术的不断更新，会计信息系统有了诸如“一体化”或“协同化”的更高要求。然而，尽管目前国内财务软件公司多达300家，但由于这些会计软件的标准制订不一样，会计数据格式也千差万别，导致同一个单位的财务信息都无法共享，也致使国家税务和审计等部门面对多达300种的会计信息格式而无法实现计算机的自动处理。会计信息化市场急需统一的标准。

3. 会计核算方面的问题

（1）重视账务核算功能，忽视管理功能

目前，许多高校在会计电算化的使用过程中，还只停留在账务核算方面，如科研费报销、工资发放、固定资产核算、报表编制等方面，而没有把更多的时间和精力放在资金管理、资产分析、成本分析、财务分析等上面，无法为学校领导层的管理和决策提供科学的分析和依据，没有充分发挥会计电算化对加强财务管理的功能。

（2）科研经费支出中经济业务的真实性问题

国家对高等教育的投入不断增加，科研经费数量激增，但是相对来说，对科研经费支出及取得的成果方面监督力度不足。从经济学角度看，科研费的使用过程也相当于一种“委托——代理”机制，国家或高校是委托人，使用科研费的高校教师是代理人，而代理人势必追求自身利益最大化，就会出现科研经费支出中会计信息失真，会计事项无法反映真实的经济活动。

近年来，多所高校爆出教师科研经费支出舞弊的现象。从科研费的管理中看出，老师申请科研费、科研费支出的真实性有待检验。没有具体的约束机制约束高校教师，使其对发生的科研经济业务负责。就算业务的发生是虚假的，那么没有相应的惩处机制，一旦有的科研人员从中得利却没有受到任何警示或惩罚，而其他人就会纷纷效仿。而对遵纪守法的人没有相应的激励机制。另外没有恰当的监督机制，减少科研费使用者“为所欲为”，个体实施违规行为的风险很小，预期收益很大而预期成本很低，违反制度所得的好处大于受到惩罚导致的损失，造假者得到好处。

4. 会计监督方面的问题

高校财务会计仍沿袭传统的“报账型模式”，遵循“算账、记账、报账”的会计核算业务流程，而忽视了有效的监督职能。由于一些高校财务体制不健全，财务管理的相关制度不完善或有制度却不遵照执行，造成会计监督落实不到位，进一步导致会计核算的不规范。加上高校财务人员配置相对紧张，会计人员工作繁重，工作压力大，难免监督力度不足。

四、解决对策

1. 规范信息化下的财务制度，加强内部控制

规范财务信息化制度。根据《会计基础工作规范化考核标准》及会计电算化工作自身特点，制定并完善会计电算化岗位责任制、计算机软硬件操作管理制度、上机操作日志管理制度、机房管理制度、会计电算化档案管理制度、计算机病毒的防治等一系列会计电算化管理制度，确保会计电算化系统高效、稳定、安全地工作，充分发挥会计电算化工作的优势，同时提高信息安全意识，加强信息安全。

在制定内部控制制度中，要把握三个方面：一是以预防控制为主，事后控制为辅，防止学校的管理发生无效率或不法行为，包括组织控制、人事控制、程序控制、纪律控制等；二是注重程序制约，对主要业务的控制，必须经过授权、批准、执行、记录、检查等控制程序，特别是对外投资、物资设备采购、基建项目招投标、学生招生及收费等；三是注重责任牵制，在机构设置与岗位分工时，一定要明确各部门组织及上岗个人应承担的责任范围，并要规定追究、查处责任的措施与奖惩办法。

通过有效的内部会计监督，可以提高会计基础工作的规范性和准确性，将事后检查转为事前、事中、事后的全过程监督控制。

1. 加强信息化队伍建设

（1）财会人员必须具备相关任职资格

高校会计人员在从事会计工作之前，很多并不是会计专业出身，对会计基础知识和会计人员职业道德了解甚少，在工作中很容易出现差错。所以，

在新员工从事会计工作前，应该加强对会计从业资格的考核。在天津市，无论是会计还是非会计专业人员，从业资格证书的取得，按要求必须都得通过“会计基础”、“会计电算化”及“会计人员职业道德”三门考试。从业资格的取得，从一定程度上加强了会计人员的基本素质，帮助会计人员更牢固地掌握会计基本制度，有利于财务管理工作的准确性。

（2）会计人员入职培训

以南开大学为例，针对初入职的会计人员，财务部门并没有专门的培训材料和培训流程，入职培训通常是在报账大厅通过“一对一”的学习，类似一种师傅带徒弟的关系，培训不规范，导致财务人员对财务信息和规章制度的理解缺乏一致性。并且入职培训具有单一性，缺少部门轮换，导致初入职的财会人员缺乏对财务管理全面性的了解。这样一来，难以培养财务管理综合性人才，这也是一种财务管理工作的障碍。

所以建议财务部门规范财会人员入职培训流程，并加强财会人员的定期轮岗制。

（3）加强财会人员计算机相关知识的培训，培养会计电算化复合型人才

高校财务部门中岗位分工明确，而不同岗位的财会人员对计算机知识有不同的需求。高校应该根据会计人员的不同需求，有针对性地进行电算化的培训；主管部门应该鼓励会计人员自主学习。培养一批既精通计算机技术，又专于财会知识，能够熟练合理地使用财务软件，并对财务信息进行有效加工和分析，能满足各方对财务信息需求的复合型人才。

3. 开创信息化交流平台

一方面高校财务人员之间需要经常进行沟通交流，加强业务知识的学习，提高会计业务水平；另外，其他高校教职工缺乏对财务专业知识的了解，他们也需要一种途径获取自己所需财务知识。

在信息化条件下，高校财务部门应该充分利用信息化手段加强财务信息的内外部交流。如南开大学在 e 报销中使用短信平台，向报销师生发送报销到账通知，向有关财会人员及时发送通知，更新财务信息等；定期组织基层财务人员培训、集中学习、探讨和交流工作经验，提高财会人员基本业务素质和业务能力，发现问题及时交流并解决。高校财务信息网需要及时更新，有关工资、公积金、个税等教职工关心的热点信息要及时发布；财务部门还可利用校内资源如 bbs 等传递财务信息，同时在交流过程中获取广大教职工的财务需求，为师生提供更好的财务服务。

加强和二级单位财务主管等人员的沟通交流，把最新财务制度、财务信

息传达给二级单位，并适时进行财务监管，真正将财务监督工作落到实处。

4. 利用信息化手段规范财务行为

（1）进一步推行公务卡、银行卡结算，提高支出透明度

相对于传统的“现金支付，先借款，后报账”科研支出报销制度，公务卡结算方式将高校科研支出中原使用现金消费及暂付款中的汇款、支票，改由经办人员使用公务卡进行刷卡结算，公务卡上的支付信息能够被准确地记录，经持卡人签名的消费交易凭条，被作为报销账务的原始凭证进行管理，一定程度上实现了科研支出的公开、真实、透明。

南开大学“网上e报销系统”实行后，报销人使用公务卡结算，报销符合财务规定的票据，工作人员就可通过银校互联系统将报销金额及时转入报销人银行卡中方便快捷，这一支付方式逐步得到了推广和应用。

（2）开通设备采购等网上竞价平台

当前，高校内部各二级单位“小而全”及“部门所有制”的观念依然存在，争经费、争设备、争项目的现象还比较严重，仪器设备及其他财产重复购置、闲置、积压浪费的情况还很普遍，这是高校经费紧张的一个重要原因。高校作为一个教学科研整体，必须强化宏观调控能力，在确保教学及科研正常需要的前提下，加强仪器设备及其他财产的计划管理，通过科学测算、合理调整、调配资源，不断提高仪器设备的利用率及各项资源的使用效率，以节约经费支出。

南开大学财务处配合实验室设备处正在积极筹备网上竞价平台，通过此平台加强设备、试剂等管理，有效防止某些利用科研经费支出收受回扣等现象发生，保障科研经费的正确使用，提高资金的利用效率。

另外，实现了电算化、网络化，财政和审计监督部门可以从网络上实时了解各个单位的财务会计情况，便于监督和管理。

5. 促进高校财务从核算型向管理型转变

在信息化条件下，高校财务数据庞大，财务信息利用效率低下，没有很好地发挥会计电算化的优势部分。高校必须建立财务分析指标评价体系，进行定期与不定期，综合性与专题性的自评，随时分析自身财务状况，全面认识自身财务状况，确保财务管理顺利进行。

财务分析至少从以下两个方面出发。

（1）财务预警系统。预警系统是学校财务状况警界线，主要包括支付能力、年末资金结构、资金动用程度、连带财务风险等。

（2）财务分析系统。财务分析系统包括反映财务综合能力指标、反映财

务运行绩效指标、反映财务发展潜力指标等。

参考文献：

[1] 熊燕．高校财务管理若干问题探讨[D：硕士学位论文]．厦门：厦门大学，2005

[2] 褚忠贵．高等学校财务信息化建设中会计基础规范的研究[D：硕士学位论文]．上海：上海师范大学，2010

[3] 张淑娟．高等学校二级单位财务管理优化研究[D：MPA 学位论文]．兰州：兰州大学，2010

[4] 罗苑．高校会计基础工作面临的问题及其对策[J]．高等函授学报（自然科学版），2010，23（3）

[5] 谭劲松、丘布晖、林静容．提高会计信息质量的经济学思考[J]．会计研究，2000（6）

高校基建会计与事业会计合并核算的研究

财务处　马可薇

摘要：长期以来，高校基建会计与事业会计实行分开核算的模式，但随着高校教育事业改革的不断深入，这种分开核算模式已不再适应高校会计事业发展的需要，二者的合并核算成为高校财政预算体制改革的重点之一。本文深入分析高校基建会计与事业会计实行分开核算的弊端，进行了新旧《高等学校会计制度》下的核算比较，提出落实好新制度下会计核算的建议，对高校财务工作具有一定的借鉴意义。

关键字：高校；基建会计；事业会计

长期以来，高校事业会计执行的是《高等学校会计制度》，而高校基建会计执行的是《国有建设单位会计制度》，二者实行分开核算的模式，这导致高校基建会计的核算一直独立于校级财务核算体系之外。但随着国家财政预算体制的改革，这种模式在会计管理和会计核算中的弊端日益显现。2009年，财政部会计司印发了《高等学校会计制度》（征求意见稿）（以下简称《征求意见稿》），对现行的高校会计制度进行了全面修订与完善，其中提出了高校基建会计的处理要遵循责权发生制原则，纳入事业会计账处理，实行资金的集中统一管理。

一、高校基建会计与事业会计分开核算的弊端

高校现行的基建会计制度的主要依据是1995年10月颁布的《国有建设单位会计制度》，与高校事业会计制度形成两个核算体系。然而，近年来，高校用于基建建设的资金逐年增加，基建财务管理已成为高校财务管理的重要组成部分，国家的财政预算体制改革对高校的财务核算提出了更高的要求，

现行的二者分开核算的模式已经越来越不能满足需要，在运行中主要体现出以下几个弊端。

（一）高校会计主体不完整

高校基建会计与事业会计实行分开核算的模式，将高校这一完整的会计主体人为划分为基建会计与事业会计两个会计主体。会计主体的分割，导致两个会计主体各自核算自身发生的经济事项，反映的会计信息都只是高校的部分经济活动，而整个高校的经济活动则无法从任意会计主体处完整地反映出来。

（二）影响财务报表信息的完整性与真实性

高校基建会计与事业会计实行的分开核算的模式，导致高校将基建会计信息与事业会计信息分别进行披露，缺少一套完整的会计报表对高校整体的财务状况、经营成果与现金流量进行全方位的反映，影响了报表信息的完整性，无法满足多元化会计信息使用者了解高校整体经济活动需求。同时，随着高校基建投资规模越来越大，学校自筹基建经费增多，而自筹资金多数来源于银行贷款，在实行基建会计与事业会计分开核算的模式下，往往将贷款本金在基建会计中核算，贷款利息在事业会计中核算，导致基建项目成本核算信息不准确，也影响了事业会计报表披露的学校负债情况的真实性。

（三）不利于高校执行预算管理

在基建会计与事业会计实行分开核算的模式下，高校基建会计核算处于整个高校事业会计核算体系之外，导致在高校的预算管理中并不包括基建资金的收支，在预算支出安排中也不反映基建投资所需资金，使得整个高校的资金收支缺乏统一的规划与控制，容易产生基建资金的使用脱离事业会计的控制，基建资金的使用随意性较大，这既不利于考核预算的执行情况，也间接助长了腐败的滋生。

同时，随着预算管理体制改革的实施，要求高校实行国库集中支付制度。国库集中支付制度下，财政性资金逐步纳入各级政府预算统一管理，财政收入直接缴入国库或财政指定的商业银行开设的单一账户，取消高校所有的过渡账户，财政性资金支出也从国库单一账户体系直接拨款到商品或劳务供应商，相应的基本建设项目资金也已不再专户存储。基建会计与事业会计实行分开核算的模式已不适应高校预算管理体制改革的要求。

（四）影响财务风险的防范

在高校基建会计与事业会计实行分开核算的模式下，事业会计与基建会计是两个会计主体，国家财政部门在进行财务检查或者审计部门进行财务审计时，经常将重点只放在高校的事业会计方面，往往忽略对高校基建会计的检查或审计，这从客观上纵容了基建会计在经济活动中的不谨慎行为，不利于高校财务风险的防范。同时，高校基建会计与事业会计实行分开核算的模式，导致高校在银行多头开户，面临资金多头管理的问题，增加了资金在支付与调配过程中的高风险因素，如基建资金在事业会计账户和基建会计账户两头挂账，为套取、转移或挪用基建资金提供便利，而基建资金若有缺口，有关管理部门难于审定，这就导致高校存在很高的财务风险。

二、新旧会计制度下基建会计核算的比较

根据2009年财政部会计司颁布的《征求意见稿》，新会计制度下的基建会计是以修正的权责发生制为会计确认基础，在此确认基础上，基建会计的会计核算科目与会计核算处理方式均发生了较大变动，具体比较分析，有如下几个方面。

（一）新旧会计制度下基建会计核算科目设置比较分析

按照《国有建设单位会计制度》设置的基建会计科目表，现用于高校基本建设的主要会计核算科目有13个，分别是101建安工程投资、102设备投资、103待摊投资、104其他投资、111交付使用资产、232银行存款、233库存现金、242预付工程款、252其他应收款、301基建拨款、304基建投资借款、332应付工程款、352其他应付款；事业会计主要用“结转自筹基建”科目核算高校用财政拨款以外的自有资金安排自筹基本建设，该科目是基建会计与事业会计之间的过渡性科目。

按照《征求意见稿》设置的会计核算科目，基建会计与事业会计合并核算后应当相应调整的科目有：1407基建工程，该科目设置“建筑安装工程投资”“设备投资”“待摊投资”“其他投资”等二级科目；2301长期借款，该科目下设“基建借款”明细科目；4002基建拨款，该科目设置“中央基建拨款”“地方基建拨款”等明细科目，具体科目的对接关系见表1。

通过以上科目设置的对比可以看出，新会计制度通过对高校会计核算科目的重新设置，将基建会计科目全部转换为事业会计的资产、负债、净资产、收入、支出五类要素。其中，建筑安装工程投资、设备投资、待摊投资、其他投资等科目属于资产/支出类会计要素；固定资产、银行存款、库存现金、预付账款、其他应收款等科目属于资产类会计要素；基建拨款科目属于收入/净资产类会计要素；基建借款、应付账款、其他应付款等科目属于负债类会

表 1：高校新旧会计制度下基建会计科目对接表

旧会计制度下科目设置		新会计制度下科目设置		
科目编码	科目名称	科目编码		科目名称
		一级科目	二级科目	
		1407		基建工程
101	建筑安装工程投资		140701	建筑安装工程投资
102	设备投资		140702	设备投资
103	待摊投资		140703	待摊投资
104	其他投资		140705	其他投资
111	交付使用资产	1401		固定资产
232	银行存款	1002		银行存款
233	现金	1001		库存现金
242	预付工程款	1103		预付账款
252	其他应收款	1104		其他应收款
301	基建拨款	4002		基建拨款
		2301		长期借款
304	基建投资借款		230101	基建借款
332	应付工程款	2204		应付账款
352	其他应付款	2206		其他应付款

计要素。同时，新会计制度下的基建会计核算科目设置基本保留了《国有建设单位会计制度》下的主要会计科目，有利于高校基建会计并入事业会计的科目对接。但新会计制度下的基建会计核算科目设置过于简化，如待摊投资科目下缺少对工程审计费用、勘察设计费用等的具体核算科目，不能更详尽更全面地核算基建项目的各项支出，不能完全满足管理者与报表信息使用者的需要。

（二）新会计制度下基建业务的会计核算

高校基建会计并入事业会计进行核算，要求基建会计在完成会计核算科目的对接与转换之后，按照新的核算体系与会计核算科目进行基建业务的会计核算，下面选取高校部分基建业务进行核算处理并列出会计分录（见表 2）。

表 2：高校基建业务会计处理分录表

基建业务	会计处理分录
收到中央和地方财政的基本建设拨款	借：基建工程/零余额账户用款额度/银行存款 贷：基建拨款
会计期末，将本期拨款余额转出	借：基建拨款（红数冲回） 贷：本期盈余
高校以基本建设项目资金进行基本建设所发生的实际支出	借：基建工程——建筑安装工程投资/设备投资/其他投资 贷：应付账款/银行存款/零余额账户用款额度
高校按基本建设合同规定向施工单位预付工程进度款	借：预付账款 贷：基建拨款/零余额账户用款额度/银行存款
与施工单位结算工程价款时，按高校应承付的工程价款予以转回，其差额记入“应付账款”“银行存款”等科目	借：基建工程——建筑安装工程投资/设备投资/待摊投资/其他投资 贷：应付账款/银行存款/预付账款
高校通过基本建设项目取得的固定资产，按照基本建设过程中发生的实际成本作为入账成本	借：固定资产 贷：基建工程——建筑安装工程投资/设备投资/其他投资

此外，高校还需要通过设置辅助账核算基建业务的资本性支出，如高校购置或建设固定资产、在建工程、基建工程等资本性支出。

三、落实好新会计制度下基建会计与事业会计合并核算的建议

（一）多部门相互配合

基建会计并入事业会计核算的变动调整涉及面广，其具体业务会牵扯到高校内部各相关部门，同时，基于修正的权责发生制下的会计核算一经实施，在提高高校整体会计信息质量的同时，可能影响到高校内部某些部门或个人的利益。因此，基建会计并入事业会计核算的过渡与衔接，并不是由高校财务部门自己可以独立完成的具体实务性操作工作，而是需要高校成立由高校领导、财务部门以及其他相关部门人员组成的工作小组来领导并开展具体工作，确保实现从基建会计与事业会计分开核算的模式到基建会计与事业会计合并核算模式的平稳过渡。

（二）全面清查基建项目涉及的资产负债

高校财务部门应积极协调有关部门，在基建会计并入事业会计核算前，对基建项目涉及的资产负债进行全面清查，对基建项目涉及的各类长期借款、短期借款、应付款项等进行清查核对，以确认以前事业会计未确认的贷款利息等隐形负债，根据高校财务风险评价指标的原则与要求并结合高校自身特点，建立相关财务风险防范指标体系。全面清查基建项目涉及的固定资产，在实地盘点时以账查物，以物对账，为基建会计并入事业会计核算后准确计提固定资产累计折旧奠定良好的基础。

（三）加强会计人员的专业培训工作

《征求意见稿》中要求基建会计并入事业会计中进行核算，这就要求高校财务部门相关人员加强基建会计方面的专业培训工作，加强学习基建会计的会计处理方法与《征求意见稿》中的会计政策，不断提高高校财务人员的理论与专业素质，能够通过分析做出职业判断与决策，更好地应对与处理新会计制度下会计业务中遇到的新情况与新问题。

参考文献：

[1] 财政部．高等学校会计制度（征求意见稿）[Z]．2009

[2] 财政部．高等学校会计制度（试行）[Z]．1998

[3] 财政部．国有建设单位会计制度[M]．北京：经济科学出版社，1996

[4] 朱鸿眉．高校事业会计与基建会计一体化问题的探讨[J]．教育财会研究，2008（1）

[5] 席红梅．浅谈高校事业会计和基建会计并轨核算的设想[J]．教育财会研究，2010（10）

多校区及信息化环境下高校的内部控制
——基于系统和整体效率视角的研究

财务处　张　丽

摘要：高校多校区和信息化的发展，对其内部控制产生了重大影响。本文在概述了国内学者对高校内部控制的相关研究后，以 COSO 五要素框架为基础，深入剖析了多校区和信息化对高校内部控制的影响，提出从系统观和整体效率视角研究高校内部控制问题的必要性，最后探讨了适合多校区和信息化的高校内部控制模式。

关键词：多校区；信息化；内部控制；系统观；整体效率

一、引言

随着我国高等教育的蓬勃发展和教育体制的深化改革，高校的规模不断扩大，一校多区的模式普遍存在，这势必造成管理机构日益庞杂，管理难度日益加大。同时，随着信息化、网络化等先进管理技术的发展，一方面管理工作变得快捷有序，另一方面也容易造成内部控制的疏漏。因此，在多校区以及信息化的大背景下，如何从高校的总体发展目标出发，考虑整体利益最大化，持续提高高校的管理水平，加强内部控制是一个亟待解决的问题。内部控制的提出源于财务控制，财务处作为高校机关的财务管理部门，有必要积极研究这个问题。

内部控制作为重要的管理工具和手段，在我国企业理论和实践中已有一定程度的发展，国家也相继出台了一系列有关企业内部控制的法律、法规。这些理论和实践经验虽然可供高校借鉴，但是大部分高校作为公益性的事业单位，与企业还有本质性的差异。多校区意味着可能出现管理分散、重复建设、资金占用紧张等问题；信息化意味着管理的数据量大、权限难以控制、结构复杂、平台流程多样等。这些都给有效的内部控制带来了前所未有的巨大挑战。教育部也非常重视高等学校的内部控制问题，在 2012 年 5 月开展了针对直属高校内部控制制度建设现状的专项调查。2013 年，财政部印发了《行政事业单位内部控制规范（试行）》，自 2014 年 1 月 1 日起施行。在这种背景下，本文拟从系统观和整体效率的视角切入高校内部控制的研究，以事业单位性质的高校为研究对象，界定高校在多校区、信息化背景下内部控制的范畴，尝试性地提出一套高校内部控制模式。

二、高校内部控制研究综述

"内部控制"的概念早在 1936 年由美国会计师协会首次提出。这个概念不断发展，1992 年 9 月，美国资助组织委员会发布了题为"内部控制——整体框架"的研究报告，即 COSO 报告，该报告成为目前国际上比较权威的指导内部控制实践的纲领性文件。COSO 报告提出了内部控制结构的五要素，即控制环境、风险评估、控制活动、信息与沟通和监控。

内部控制应用到我国高等学校领域，也有很多学者对此进行了研究。

（1）从高等学校加强内部控制的意义方面：袁路明的观点偏向于将内部控制理解为财会范围的内部控制，而李沫萍的观点则更加宽泛，她认为"内控制度是组织能够保持有效运行的基础制度安排，它是组织制度的重要组成部分"，"高等学校作为独立的法人实体，健全和完善的内部控制同样是保持学校有效运转的基础"。

（2）从高等学校内部控制制度建设方面：马文平提出高校应"提高对内部控制制度的认识"，并指出"完善和加强内部控制制度，必须制定其措施"。雷平认为"必须采取增强意识，健全制度，提高素质，强化监督，实行考评等措施，完善高校内部控制制度。"

（3）从高校内部控制整合框架阶段方面：郝永红根据 COSO 报告内部控制的五要素对高校的内部控制进行了分析。张爽、徐雪婷认为"内部控制制度是运用系统理论和方法，按照单位内部经济业务运行的各个控制系统建立的。"因此，"设计内部控制制度，第一步要分析单位业务内容，将业务流程加以梳理，分解成若干子系统，搭建内部控制的系统框架"。

（4）从高等学校内部控制风险管理方面：陈爱东、唐静认为高校的内控制度改革要与时俱进，防范频繁发生的财务风险。胡丹认为高校财务风险产生的根本原因与单位内部控制极其薄弱有关。她提出要通过完善高校内部控制制度来降低财务风险。针对内部控制风险管理的研究，大多还仅仅局限于财务风险的范畴。

综上所述，目前我国高校内部控制理论基本源于企业的内部控制理论体系，而现有企业内部控制理论体系很大程度上借鉴了西方发达国家关于内部控制的相关内容。这些研究为高校内部控制理论和实践做了很好的基础工作，但是结合高校多校区和信息化发展的实际，对其研究也应随之深入和发展。

三、多校区及信息化环境对高校内部控制的影响

根据COSO报告提出的内部控制结构五要素及其具体包含的内容，逐一对照，从中发现多校区及信息化环境对高校内部控制的影响究竟是什么，有多大的影响，进而才能有针对性地提出有价值、可操作的高校内部控制模式。

（一）多校区环境下对高校内部控制的影响

多校区是指一所高校在地理位置上处于两个及以上地域，并且各校区之间有一定空间间隔，它是近年来我国高等教育改革与发展中出现的新现象。多个校区办学在全国高校中相当普遍，并且有进一步增长的趋势，多校区的出现给高校的内部控制带来难题。

从控制环境上看，多校区的模式会改变高校原来的组织机构，管理框架发生相应的变化。以财务管理为例，不同的高校可能采取不同的管理机构设置模式，集权式、集权—分权式、分权式、基于学院制的多校区高校财务管理机构设置模式等，不同的管理模式需要不同内部控制模式。在预算管理、报销核算、收费管理、风险控制等方面都需要流程再造。

从控制对象和控制目标上，多校区的存在显然分化了原来单一校区的控制对象和目标，使其更加分散。对象和目标的不集中，就会给内部控制增加难度和风险。

从风险评价上，多校区对战略风险、决策风险、操作风险、财务风险、信息风险都有一定的影响。以财务风险为例，多校区往往在预算管理上存在政策缺乏指导性、预算管理体系不完善；在收入上存在着筹资方式单一、贷款缺乏风险意识，多校区办学导致高校负债急剧增加，高校未来生源可能减少，多校区建设资金规划使用存在缺陷等。这些因素都对高校内部控制的风险评价提出了很大的挑战。

从控制活动上，多校区容易在分析绩效时，以各个校区为中心，不能很

好兼顾其他校区和全校整体的情况；在信息处理上，多校区之间信息处理结果可能只有本校区能及时更新，其他校区的信息滞后，造成信息不一致；对人员、资产、资金等的控制也因为空间间隔增加难度。

在信息与沟通上，多校区的存在使得不同校区的信息和沟通由于时空的距离变得不很畅通，不但增加信息传输交换和沟通的成本，而且容易造成失真。原来单一校区下的内部信息和沟通由于多校区的存在，被赋予了一定的外部信息和沟通的特性，这就增加了高校内部控制的难度和风险。

从监控上，各个校区实施持续的监督活动、自我评估和缺陷报告，这些监控活动还需要汇总和关联，否则各个校区只掌握各自的情况，忽略学校作为一个整体的全局情况，那么监控就会部分失效。

（二）信息化环境下对高校内部控制的影响

从单一的会计电算化到高校各个业务、各个部门都利用计算机、网络作为管理的基础，信息化和网络化已经成为高校的管理常态。不同信息系统的对接、多网络平台的切换，都会造成海量数据在传输转换过程中存在误差、工作效率不提反降、资源浪费、分工难度加大、权限分配混乱、风险提高等诸多问题。这些都是对高校内部控制的巨大威胁和挑战。

从控制环境上，信息技术，尤其是网络技术的应用不仅改变着高校的组织结构、责任权力的分配，而且使高校从封闭走向开放，运作模式发生很大改变，速度、灵活性、响应能力成为高校评价的重点。长此以往，这些必然会对管理者的管理理念和风格、教工的诚实和道德评价、高校文化等产生影响。

从控制对象上，信息化是由信息技术基础设施、应用系统、数据和人员组成的信息技术资源成为高校管理不可缺少的部分，高校内部控制对象也因此增加了新的内容。

从控制目标上，信息技术资源作为控制对象的改变，一方面要求高校在设定内部控制目标时要考虑信息技术部分，从信息化战略的确定、运作，信息技术资源的管理、业务处理，信息资源的利用、信息资源使用的合法合规等不同层次设定它的控制目标；另一方面，还要考虑利用信息技术提高和改善高校资源利用的效率和效益、报告的可靠性等，使控制目标对高校战略、管理目标的实现起到更好的促进和保证作用。

从风险评估上，信息化不仅增加了信息技术资源利用和管理方面的风险，而且由于信息技术的应用管理中可能产生一些新的问题，比如，信息资源使用中断对高校运作产生的负面影响，技术的发展引起的招生、选课授课、收费和服务方式的改变，自然灾害或其他因素引发信息资源问题等；同时信息技术还会导致管理层控制方式、风险评估机制以及风险评估实时处理的变化。信息技术的应用对风险评估的影响是显著的。

表 1　多校区及信息化环境对高校内部控制的影响

COSO 报告的构成要素		多校区的影响	信息化的影响
控制环境	组织机构	√	√
	组织人员的诚实、伦理价值和能力		√
	管理哲学和运营风格	√	√
	管理层分配权限和责任、组织、发展员工的方式	√	√
	管理层提供的关注和方向	√	
风险评价	战略风险	√	
	决策风险	√	√
	操作风险	√	√
	财务风险	√	√
	信息风险	√	√
控制活动	管理层分析绩效		√
	部门管理人员分析本部门业绩	√	√
	信息处理控制	√	√
	实物控制	√	√
	比较绩效指标		
	职责分工	√	√
信息与沟通	内部信息	√	√
	外部信息		√
	内部沟通	√	√
	外部沟通		
监控	持续的监督活动	√	√
	个别评估	√	
	报告缺陷	√	√
	在内部控制的监控过程中，要注意内部审计和控制自我评估的运用	√	

从控制活动上，COSO 内部控制框架本身就考虑了信息技术对控制活动的影响。在其提出的控制活动中包括了计算机控制，并从一般控制、应用控制的角度专门分析了具体的信息系统控制活动。信息技术的应用除了增加信息系统控制活动外，对其他控制活动也有不同程度的影响。比如，组织结构的改变必然导致职责分离和组织程序的变化，技术带来的风险要求管理层采取相应的控制活动，并且可以利用信息技术手段解决原有业务和管理中的问题。信息技术应用的影响在控制活动上的体现是最直观的。

从信息和沟通上，信息化最直接的改变是信息获取、加工、传递、存储、检索的方式，因此它对高校信息和沟通的影响是极其显著的。它不仅能够直接获取加工决策所需要的信息，将决策信息直接用于实施控制，极大地提高了信息质量和数量，改变了沟通渠道和方式，拓展了管理与控制的范围，而且为组织战略与经营的整合、管理与业务的整合提供了条件和可能，从而促进高校目标的实现。从这点来看，信息化不同于多校区，它对信息和沟通具有正向的作用。

从监督上，信息化增加了监督的渠道、改变了监督的方式，使实时跟踪、监测和调节成为可能，这为及时发现内部控制体系及其运行中的问题，并加以修正和改进提供了条件。

综合以上的分析，多校区及信息化环境确实对高校的内部控制具有显著的影响，表 1 较清晰地表明了这些影响。

四、采用系统和整体效率视角研究高校内部控制的必要性

高校内部控制的研究和实践虽然开展了很长时间，有了一定的基础，但是往往忽略了内部控制系统整体内在的联系和一致性。系统观则是以系统的观点看自然界，系统是自然界物质的普遍存在形式，提出了系统和要素，结构与功能等新的范畴，揭示了自然界物质系统的整体性、关联性、层次性、开放性、动态性和自组织性。因此，在高校发展呈现出多校区并存和信息化、网络化发展的现状下，从系统观的角度研究高校内部控制，以整体效率为目标的实施，具有重要的意义。

（一）增进对高校内部控制的范围、性质和概念的认识

高校内部控制不仅指财务会计的内部控制，而是包括财务会计在内的涵盖全部业务范围的内部控制。早期内部控制的概念也是从财务会计的角度展开的，对高校内部控制的研究也大多聚焦于财务会计的内控上。随着内部控

制研究的深入和应用领域的拓展，高校内部控制应该涵盖招生录取、后勤服务、物资采购、财务管理、科研经费、校办企业、学术诚信和多校区建设等各个领域，它们是一个系统和整体，具有整体性和关联性。

同样地，从系统观和整体效率的视角来看，高校内部控制不仅指单个校区、学院、处室的内部控制，而是包括所有单位在内的涵盖全校的内部控制；高校内部控制不仅指对物质实体的内部控制，而是包括物质实体、信息、资金在内的涵盖全部形态的内部控制；高校内部控制不仅指管理的内部控制，而是包括管理、操作、监督在内的涵盖全部层级的内部控制。这些要素是相互关联的一个整体，单从一个要素理解内部控制，显然是片面的。

（二）改进高校内部控制实施的效率和效果

高校内部控制体系如果片面地看待和实施，很容易造成各自为政、成本太高、实施过程在各个环节不通畅、效果不理想等不良结果。如果能够考虑高校各个领域、环节、业务等之间的整体性、关联性、层次性、开放性、动态性和自组织性，内部控制实施的各个阶段都以整体效率为重，那么就能够提高高校内部控制实施的效率和效果。

（三）提高高校内部控制评价的客观性和准确性

高校内部控制的评价从评价目标的确立，到具体化、明细化、量化的评价标准，包括评价组织、评价程序、评价方法、评价方案等，对于不同的内部控制对象，都有不同的需求和标准。对于高校的上级主管部门、高校的管理者及高校的教师和学生等，他们处于内部控制的不同层面，肯定对内部控制有不同的理解和需求，这就会导致在进行内部控制评价时，站在各自的角度来评价，不免造成评价的主观性并有失偏颇。所以，在高校进行内部控制评价时，也必须运用系统观，从整体效率出发，才能够提高评价的客观性和准确性。

五、高校内部控制模式

多校区和信息化对高校内部控制的各个方面都具有显著的影响，而从系统和整体效率的视角来研究则有利于对高校内部控制概念体系、实施体系和评价体系有正面的作用。下面就综合以上因素，初步探讨了一个适合多校区及信息化环境的高校内部控制模式。

高校内部控制是一项复杂的系统工程，从构成上包括三个相互关联的要素：内部控制系统、内部控制系统的实施体系、内部控制系统的评价体系。

各要素间的关系见图 1。高校内部控制系统是基础，该系统确定之后，制定具体的实施体系，实施过程和实施的结果需要评价体系来监控和反馈，从而审视内控系统的合理性、完整性和实施体系的效果，进而不断地修正和调整，整个模式是个动态的、不断完善的体系。

以往高校在考虑内部控制时，主要关注的是内部控制系统，即内部控制做什么、达到什么目标、遵守什么规范、建立什么样的制度，常常忽略内部控制系统的实施、评价。随着多校区和信息化的发展，高校环境的日益复杂、多变，其内部控制系统也愈发复杂，如果只注重内部控制系统本身的完善，那么内部控制系统在具体实施中就会难以达到预想的效果和目标，无法发挥应有的功效，因此必须从系统和整体效率的视角，设计完善的内部控制系统，同时关注其实施和评价，使内部控制真正在高校管理中有效发挥作用。

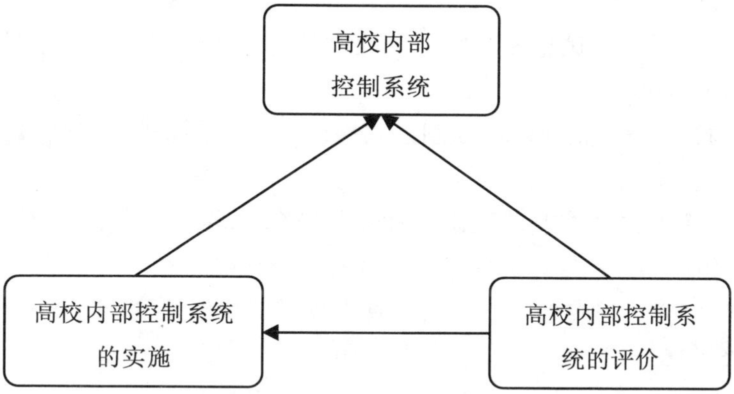

图 1　多校区及信息化环境下的高校内部控制模式图

六、总结

总之，高校发展的步伐越来越快，越来越深入，高等院校必须加强对高校的管理，必须加强高校内部控制制度建设，要管理得彻底、到位，让高校在未来国家建设中多培养人才，多做贡献。

本文的创新性体现在，首先，将内部控制的对象扩展为多校区、信息化环境中的高校，研究对象本身具有新的特点；其次，将研究的视角聚焦于系统和整体效率上，使得研究目标准确鲜明；另外，创新性地提出一套适合多校区、信息化的高校内部控制模式。对该模式的具体展开和深入研究也是笔者下一课题研究的重点。

本文从实践上和理论上都具有一定的意义。从实践上为多校区、信息化背景下的高校提出了一套具有针对性和可行性的内部控制模式，为其有效的开展内部控制具有指导意义；从理论上选择了目前财会领域比较热门和前沿的研究问题，同时该研究对象又具有一定的新颖性和独特性，因此该研究成果对高校内部控制理论是有益的补充和丰富。

参考文献：

[1] 何珍．规范我国高校财务内部控制制度研究——基于西部 S 大学的财务内部控制为例[D：硕士学位论文]．成都：四川师范大学，2012

[2] 刘永泽、张亮．我国政府部门内部控制框架体系的构建研究[J]．会计研究，2012（3）：10～19

[3] 彭雪辉、叶天明．试论多校区大学的财务管理[J]．中山大学学报论丛，2005（4）：465～467

[4] 王海林．IT 环境下企业内部控制模式探讨[J]．会计研究，2008（11）：63～68

[5] 张宜霞．企业内部控制的范围、性质与概念体系——基于系统和整体效率视角的研究[J]．会计研究，2007（7）：36～43

[6] 朱洵、舒时光．国内外多校区大学管理模式的比较研究[J]．教育与职业，2012（5）16～18

会计信息化环境下高校银行对账的问题和建议

财务处　彭　宁

摘　要： 银行对账是高校财务资金管理的重要内容，是完善学校内控、防范资金风险的手段之一。随着信息化社会的发展，高校银行对账的形式和内容发生了巨大变化，利用计算机和系统软件完成的自动对账应运而生，并在对账中扮演着重要角色。然而，目前无论自动对账还是手工对账都存在一些问题。本文在介绍高校银行对账岗位的工作内容和工作流程的基础上，针对对账过程中存在的若干问题，试着从思想认识、岗位职责、条件设置和人员素质等几个方面寻找有效的解决途径。

关键字： 会计信息化；高校财务；银行对账

一、银行对账内涵介绍

高校银行对账是通过将高校银行存款日记账的账面余额与开户银行提供的银行对账单记录内容进行核对，以查明账实是否相符，一方面查找出银校双方或者一方的记账错误，另一方面找出所有的未达账项，并通过编制余额调节表使得调节后的银行存款日记账余额与调节后的银行对账单余额相符。

相较于企业，高校银行对账的内容和性质有所不同。对于企业，银行来款大部分是货款，是支付商品和服务交易的金额，大都直接与利润挂钩。但是对于高校，银行来款类别多，比如，财政拨款、捐赠款、科研费、技术服务费、学生学费、培训费等，这些款项与利润无关。

二、高校银行对账的工作内容和工作流程

结合工作实际，本文作者认为，高校银行对账工作应该是广义上的银行

对账，即在一个较为宏观的层面上对各银行账户进行管理和监督，除了具体的银行对账工作之外，还包含高校各账户银行来款的管理、网银支付退回的处理。银行来款的管理属于日常业务，银行每天将前一日或者前几日到账的记账回执、银行进账单、结算业务申请书、电子缴税记账凭证等单据交付高校对账人员，对账人员需要对这些银行单据进行归类整理。记账回执按要求登记录入到账务系统，对于网银支付的退回，则要查找账务系统中该笔业务，翻看凭单，分析其错误原因，若是制单人员录入错误，则要其按照正确信息重新汇出，若是报销人的错误，则联系其本人进行网银重汇。对于银行进账单、结算业务申请书等则需要按照凭单号予以贴回原凭单。高校银行对账工作流程可以用图 1 来说明。

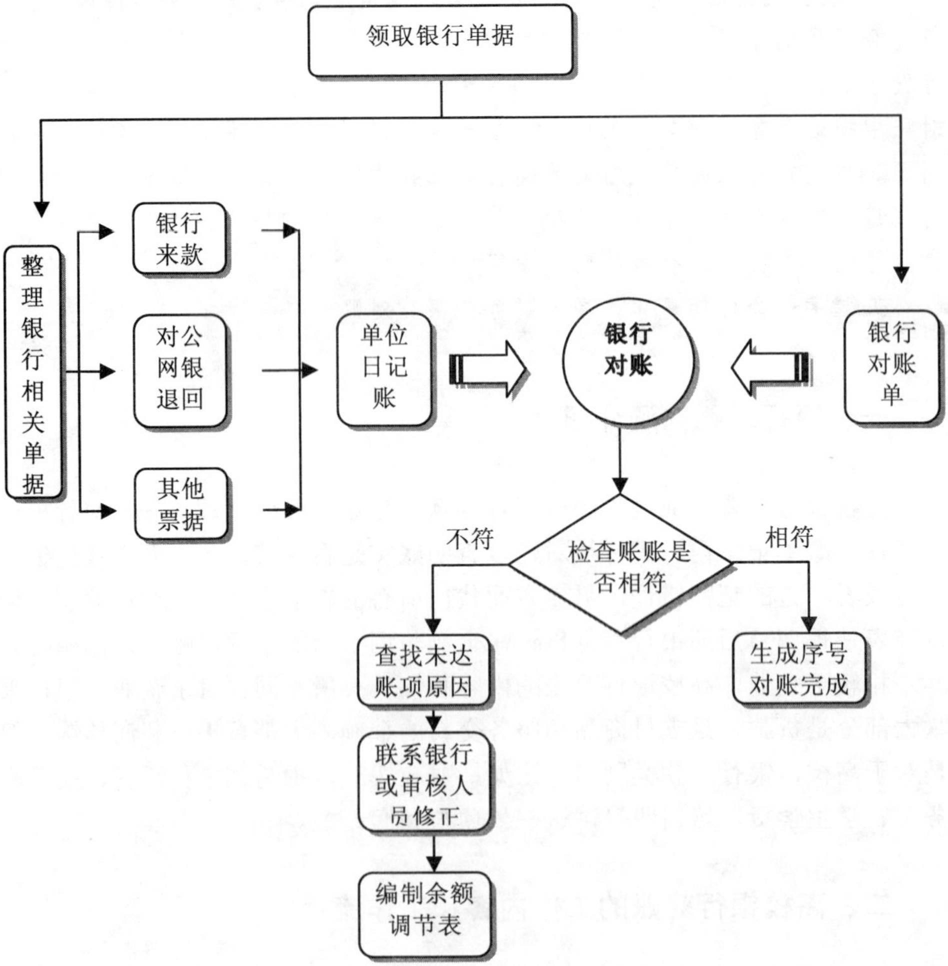

图 1 银行对账流程图

三、高校银行对账的重要性分析

毋庸置疑，银行对账是必要的。由于高校和银行在账务处理上的不同、凭证传递时间的先后以及高校和银行在业务处理上可能存在差错，往往会发生双方账面记录不一致的情况。为了及时发现记账差错，保证银行存款账面金额的正确，高校必须定期将银行存款日记账与银行出具的对账单进行核对，发现不一致，查找原因，编制银行存款余额调节表。银校对账工作对于查找财会人员工作疏漏和操作错误、监督高校资金账户的安全、防范人为舞弊等，具有举足轻重的作用。高校必须充分重视银行对账工作，不要简单地流于形式。

（一）有助于防范高校账务操作错误

操作风险主要包括：制单人员录入错误的会计科目，错误的金额以及银行操作人员记账错误等。银行存款日记账与银行对账单的记录主体分别是单位及银行，但其记录对象是同一个。如果双方记账无误，同一票据或交易流水号的款项收付方向和金额在双方的记录应该是相同的。因此，在对账过程中，如果出现同一银行存款业务在日记账和对账单中记录不一致的情况，说明单位与银行至少有一方记账错误。

（二）有助于监督高校各银行账户的资金安全

银行对账不是一个简单的存贷款余额的核对过程，是对社会流动资金的起点和终点进行监督制约的机制。这种监督机制是通过余额核对的形式反映出来的，是加强和完善银行与客户、银行与银行以及银行内部业务台账与会计账之间进行及时核对的制度约束，是确保银行和学校资金安全的重要举措。例如，通过现金方式侵占高校资金，高校财务人员或者银行员工用现金支票取现，若取现之后不记账，虽然学校实际的现金减少了，但是不与银行对账是不会发现的。

（三）有助于防范人为舞弊

高校资金管理风险是指由于内部控制制度设计有缺陷或者是缺乏必要的内部控制制度，使得高校或者银行内部工作人员有机会侵占高校的资金。比如，现在很多支出都是运用网上银行转账支出，如果多支出一笔，或者重复支出，没有银行对账，无法发现其中的疏漏。完善的高校银行对账，对财务人员具有一定的威慑作用，使之不敢有非分之想。

四、高校银行对账中存在的问题

（一）对银行对账工作的重要性认识不足

尽管大部分高校都已设立银行对账岗位，但是仍有很多高校对银校对账工作重视不够，把银校对账工作仅作为记账人员的一项附属性工作，只在月末、季末或年末时将账务内容和银行对账单核对，没有把银校对账工作从防范案件的高度来认识，认为银校对账工作是小事，可有可无。甚至有的单位认为，银校对账就是走一种形式，早一点、晚一点、多一点、少一点都无关紧要，影响不大。这种思想的存在严重影响了银企对账工作的开展，也是造成银校对账不及时，对账率不高的主要原因。另外，还有些高校对对账人员的岗位职责及责任也未进行具体的规定或要求。

（二）信息化环境之下银校数据对接存在一定障碍

信息化技术条件在高校会计工作中的应用，在很大程度上简便了会计人员的工作，使得银行对账不再如传统方式那样烦琐。但是，在当前的实际对账过程当中，对账单的获取基本上还是需要高校方面去银行自行领取，虽然有电子邮件的形式传送账单，但是由于数据格式的问题，不能直接将对账单条目导入计算机对账软件系统，需要一条一条地进行录入，这也给会计工作人员带来一定的工作量，而且经济活动越是频繁，工作量就越大。

（三）自动对账条件设置的准确性有待提高

目前高校通常采取电脑自动对账和人力手工对账相结合的方式。所谓自动对账就是在一定的电脑系统和软件使用的基础上，通过对账条件的设置，进行相应的辅助操作，在条件的筛选之下，单位账和银行账自动进行匹配，当单位日记账和银行对账单按照条件完全匹配，则会生成一个对账序号，此时一笔自动对账完成。在这个过程中，辅助操作当中条件设置的准确性显得尤为重要，否则会对对账结果产生很大的影响。

随着软件的更新发展，自动对账越来越成熟，条件设置越来越准确。自动对账已能承担和顺利完成部分对账业务。以天津××大学为例，2014 年 6 月××大学某银行账户借贷业务总量 12145 笔，在经过两次不同的条件设置，完成两次自动对账之后，可完成 11767 笔业务，未能自动对账的 378 笔业务则需要人工完成手工对账。由此看来，自动对账可以完成绝大部分的对账业务，但并不能完成所有的对账工作。其中最显而易见的就是，自动对账不能有效处理“一对多”或是“多对一”这样的业务。比如，有时候高校方面分别记录了两笔财务活动项，而银行方面则可能将这两条记录合并为一项，或者高校记录了一笔财务活动项，而银行却将此笔业务拆分成两笔或者多笔财务活动项，这种情况如果交由自动对账进行处理则不能取得正确的对账结果。

此外，从自动对账的结果来看，完成的并不都是正确的。比如定义“结算方式相同，日期相差 0 天”，由于同一天发生的结算方式相同的金额一致的核算业务可能很多笔，假如单位该日发生 A_1，B_1，C_1，D_1 四笔，银行对账单该日发生 A_2，B_2，C_2，D_2 四笔，正确的对账结果是 A_1—A_2，B_1—B_2，C_1—C_2，D_1—D_2，按照“结算方式相同、日期相差 0 天”条件定义后，就可能交叉进行，比如可能 A_1—B_2，B_1—D_2，C_1—C_2，D_1—A_2，对账的准确性还需提升。若此四笔业务中有一笔银行未达，则最后显示未对账的一笔就可能实际上并非未达，给对账人员带来一定的误导。

（四）手工对账过程隐藏风险

自动对账方式的产生，使高校会计对账工作得到了很大的便利，也提升了对账信息的准确性与及时性，但是由于自动对账存在的诸多局限性，手工对账作为一种辅助方式显得必不可少。比如在进行一对多、多对一的情况下，自动对账就显得力不从心。但是毋庸置疑，手工对账的对象都是重点、难点，是特别容易隐藏风险的地方，也是容易失误的地方。

随着高校核算业务量的增加，加之自动对账的局限性，人力手工对账的数据量仍然比较庞大。人力完成如此繁杂的数据量，首先，速度慢，需要逐笔进行对比分析，生成对账序号，增加了劳动时间和劳动强度。其次，即使能完成，也无法保证其工作质量和工作效率。

（五）余额调节表平衡就万事大吉

余额调节表的编制过程，是将所有高校自身的银行账目活动记录存放到对账文件中，同时将所有银行方面提供的账目活动记录存放到对账的文件中，然后对两个文件中的数据信息进行比对、分析，最后产生余额调节表。银行存款余额调节表最基本的功能是检查单位银行存款账项记录是否正确。但是，余额调节表并非能反映所有的银行存款错记、漏记。银行存款余额调节表中的未达账项，既包括正常的由于凭证传递时间不一致造成的单位与银行一方已入账而另一方尚未入账的款项，也包括单位虚构的银行存款业务未达账项，还包括单位隐藏不记的银行存款业务。因此，调节表编制的完成是单位银行存款对账工作的开始，对未达账项进行审查，查明其真实性和合法性才是真正的银行存款对账工作。

五、银行对账的几点建议

（一）提高高校领导和对账人员对对账工作重要性的认识

银行对账无小事，对账岗位并非可有可无，高校财务领导和对账人员需要提高对对账工作重要性的认识。一方面经常性的银校对账，可以加强对高校资金流动的监督、管理与监控，确保特定资金的专项专用，避免被挪用。另一方面，有效的银校对账，可以及时发现高校重大未达账项或资金，对高校或银行有针对性地开展工作提供依据。只有在意识上将对账工作放在一定重要的地位，对账工作才能发挥其监督、监控的作用。

在提高银校对账重要性认识的基础上，还要增强银校对账的主动性，要与银行业金融机构建立经常性、不定期的财务对账核对制度，特别是有较大额度存款的业务，资金交易频繁、交易量较大的高校，要不定期组织财务人员与经办银行进行账务核对，重点核对高校收而银行未收、银行付而高校未付的情况以及未达款项的变动情况。

（二）设立互相牵制的银行对账岗位

银校对账工作应实行“专人管理、定期对账”的管理模式，明确对账人员在对账单的收发等环节上的岗位责任、明确对账的流程、强调要在规定时间内完成银校对账工作，对未发出的对账单要进行说明，对未达账项进行跟踪监测与分析。形成对账结果问责制，可以对对账工作形成有效的监督和威慑作用。制定对账的岗位制度，保证对账工作的制度化和规范化，不断完善单位资金内部控制体系，确保单位资金运营的准确、安全、高效性，不给不法分子留有可乘之机。凡违背高校银行存款对账工作内部会计控制制度规定，给高校或二级单位造成损失的，应视情节轻重追究各责任人员的责任。

（三）解决好银行对账单数据文件与会计信息化软件的接口问题

无论通过哪种方式取得的数据文件，要顺利地导入会计信息系统，必须将对账单与高校计算机对账软件系统进行一定程度的整合，提升双方的兼容性。这一问题可由软件商解决，需要其提供文件格式及文件类型设置功能即可。解决了功能性问题之后，单位对账人员要将收集到的银行对账单经过格式转换输入或导入系统中。业务量小的高校可以直接将银行对账单手工录入到系统中。业务量大的高校一般是将符合对账系统标准的文本格式的对账单通过财务管理系统的外部平台直接导入，以减少财务人员工作量，提高工作质量和工作效率。

由于高校结算方式和银行结算方式存在一定的差异，这就需要将银行提供的电子对账单的结算方式予以变更，使之与高校账务系统中的结算方式一致。如银行对账单中“划线支票”转换为“转账支票”，“结算业务申请书”转换为“汇兑”，“现金解款单”转换为“现金支票”，“进账单”转换为“进”，“网上银行转账凭证”转换为“汇兑”，“其他”转换为“税”，将文件以 txt 文本的格式导入银行对账单，这样银行对账单在形式上才能与单位账相匹配，对账工作才能得以进行。

（四）自动对账过程中保证对账条件设置准确无误

在高校进行对账的时候，应当对计算机对账软件系统加大利用，尤其是其中的自动对账功能。不过，所谓的自动对账也需要进行相应的辅助操作，而且在辅助操作上更要注意准确性，否则会对对账结果产生很大的影响。自动对账过程大概分为以下几个步骤：首先，核对对账期间的期初余额，例如，为 2014 年 2 月期间的银行账进行对账，在对账之前，必须要将银行纸质对账单与电子对账单期初余额和期末余额进行核对，在确保余额一致的前提下再进行数据的导入。其次，设置系统自动对账的条件及对账截止日期。自动对账通常是在结算单号相同、结算方式相同以及金额相同的情况下进行，提前将自动对账的相关条件输入软件系统后，才能使对账软件执行自动对账任务，如果输入的依据中存在矛盾或是脱节的地方，均不能使对账软件运行。第一，定义“结算单号相同、结算单号相同，日期相差 15 天”，也就是先按照结算单号来对账，如果学校和银行结算单号完全一致，则可以认定该笔对账成功，运行自动对账之后进行对账检查。第二，定义“结算方式相同，日期相差 0 天”，将学校和银行同一天发生的结算方式相同的项目进行比对，导入之后，选当日第一笔或者上月最后一笔“计算余额”，该余额与纸质版对账单核对。通过系统自动对账条件窗口，选择对账的时间范围、结算号金额一致的条件进行自动勾对，对账系统可自行勾对掉大部分业务。自动对账的结束就意味着大部分项目正确对账。

（五）对账人员谨慎细致完成手工对账

在信息化方式下，自动对账极大地减少了手工对账的工作量，是提高整体银行对账效率的关键环节，因此高校必须充分利用财务系统提供的自动对账功能。但是，自动对账并不意味着万事大吉，并不能解决一切对账问题，它只能对单位日记账和银行对账单文件中一对一的记录进行核对，而对于一对多、多对一或多对多的情况则显得无能为力。例如，由于某种原因，对于单位日记账中记录的两笔银行存款支出，开户行则可能将其合并记录为一条支出。利用自动对账功能进行自动对账时，可能会将这三条记录全部作为未达账项看待。由此看来，手工对账面对的几乎都是对账工作中的重点、难点，是特别容易隐藏风险的地方。因此手工勾对每一笔业务，不但要有充分证据，还需要对账人员具有丰富的经验。手工对账的工作顺序是：一是单位账中更换支票贷方一正一负勾对，二是勾对学校和银行因为入账时间差异而无法自动对账的项目。如前台收账过程中以 pose 刷卡的形式完成收款，结算方式为“网银”，而银行则可能次日才能完成入账，且结算方式是“汇兑”。三是对“一对多”、“多对一”或“多对多”和没有满足自动勾对条件的其他业务进行手工勾对。

当所有能勾对的勾对完成后，有一部分业务仍然不能完成对账，此类业务需要充分重视、谨慎对待，查找并翻看当时做账的凭单和原始单据进行分析比对，必要的时候可以跟开户银行进行沟通核实，了解该笔业务的来龙去脉。对账人员需要特别关注的是银行支而单位未支、单位收银行未收的业务，及时查找原因，如果是高校记账错误，则及时予以调账，如果是未达账，则需要余额调节表来予以调节。

（六）充分利用余额调节表

自动对账和手工对账完成之后，便可打印银行存款余额调节表。余额调节表公式如图 2 所示。

单位调节前余额	+	银行已收而单位未收	−	银行已付而单位未付	=	银行调节前余额	+	单位已收而银行未收	−	单位已付而银行未付

图 2 余额调节表公式

高校银行对账的根本目的是发现记账错误和舞弊行为，保护高校资金安全，而不是考查对账人员是否能把余额调节表调平。某种意义上说，余额调节表平衡以后，对账工作并不意味着结束，而是一个新的开端。对账的重中之重就是关注超期未达账项和重大未达账项。对于这两类未达账项，应及时查明原因、进行必要的跟踪监测并及时进行处理。跟踪过程中一旦发现徇私舞弊行为，应立即向单位领导汇报，必要时可以向司法、检察机关报案。

另外需要说明的是，无论哪种对账方式，无论从银行对账单的提供、有关问题账务的沟通，还是数据信息的对接，前提都是要寻求开户银行的配合和支持。开户银行需保证对账资料的真实性、完整性、可靠性，防止有关人员编造虚假银行对账单，套取高校资金。只有进行了以上工作，才算是真正完成了银行对账，只做到使银行存款余额调节表平衡的对账人员不是合格的对账者。

六、结束语

会计信息化的发展和普及，在很大程度上减轻了会计人员的工作量，提高了会计工作效率以及会计工作的准确性。信息化环境之下，高校银行对账普遍采用自动对账和手工对账相结合的方式进行，二者相辅相成，缺一不可。尽管这样，在银行数据对接、自动对账条件设置、手工对账过程中仍然存在不少问题、隐藏诸多风险。要最大可能地解决这些问题，单位领导和财务人员要从思想上真正认识到银行对账的重要性，设立相互制约的银行对账岗位，明确岗位职责，与银行沟通协商以畅通两部门之间数据信息的对接，对账人员具备谨慎细致的素质和修养，熟练设置自动对账的条件，准确完成手工对账，充分利用余额调节表，重点关注和跟踪分析超期未达账项和重大未达账项。

参考文献：

[1] 陈琳．会计信息化环境下高校银行对账的问题与思考[J]．当代经济，2013（14）
[2] 吕志明．关于会计信息化方式下银行对账问题的探讨[J]．中国管理信息化，2007（2）
[3] 王桂芝．有关信息化银行对账问题的探讨[J]．中国总会计师，2008（12）
[4] 马学国．银行对账应注意的问题[J]．财会月刊，2006（2）

高校会计人员的心理状态及其影响因素研究

财务处　刘文婷

摘要：本文从心理学角度出发，对高校会计人员的心理状态进行了分析。其中，常见的心理状态主要有追求公平的心理、从众的心理和厌倦的心理。造成高校会计人员呈现这些心理状态的影响因素是多方面的，包括需求、气质、情绪等高校会计人员个体心理特点以及涵盖高校会计人员身份的中介性与人际关系等在内的群体影响因素。

本项研究认为，为缓解高校会计人员的心理状态，可以从不同的层面分别采取相对应的措施。增强高校会计人员的心理抗压能力，一般可以采取保持心理的平衡、认识自身、发掘自身潜能、尽快忘掉不愉快体验等方法进行改善。同时还应从高校组织层面，考虑如何改进高校会计人员工作环境，为高校会计提供宽松的工作环境，为高校会计提供培训和发展机会，增强高校会计的控制感，为会计提供社会支持。

关键字：会计心理学；高校会计人员；心理分析

近年来，随着经济、文化、价值观等社会因素的急剧变化，人们出现的心理问题越来越突出。高等院校受社会发展的不同层面影响，整体工作环境发生了微妙的变化。高校会计人员由于职业特点，其心理体验往往会以其特有的方式表现出来。长期以来，相当部分的会计人员由于心理压力而产生不同程度的心理障碍，而这一问题至今仍未能引起社会的重视。

一、高校会计人员心理状态分析

（一）高校会计人员心理状态研究的必要性

由于高校财务工作的特点，决定了高校会计人员在心理品质上必须具有一定的标准和条件，因此相关的心理状态研究可以为财务部门选拔和培养会计人员提供心理学依据。同时，高校会计人员掌握了一定的心理学知识，具备了一定的心理品质，可以在高校财务工作中自觉调节自身的心理活动，逐步培养自己良好的心理品质，进一步调适人际关系，从而提高工作水平和工作效率。

（二）高校会计人员的心理现状

本文所指的高校会计人员，是高校及各院系直接进行财务信息的收集、整理、分析的财务工作人员①，他们处于高校财务管理的基层，有各自的心理状态，其中常见的心理状态可以概括为如下几个方面。

1. 追求公平的心理

普通高校会计人员，不仅关心他们的劳动报酬总额，更看重他们所得到报酬是否公平、合理②，他们的参照对象往往是与他们学历、职称、工作经验、努力程度相近的群体，当他们感到自己的报酬偏低时，他们会用消极的方式处理这种不公，因此财务部门的领导使用报酬方式激励员工的积极性时，一定要做到公平、合理，同时还要注意周围环境中的人员报酬水平。③

2. 从众的心理

从众行为可使会计人员获得一种安全感，群体会对个体产生或强或弱的心理效应。④这种促进效应是一种无形的支持力量，它是个体把群体看成是强大的后盾，并能鼓励个体的信心和勇气，唤醒个体的内在潜力，使个体单独不敢做的事情，在群体内就敢作敢为。就高校会计人员这个群体来讲，由于会计人员在从众心理的作用下，加上群体心理促进效应的影响，就有可能对会计违规类事件心安理得，而且是被群体所认同的最容易的方法。

3. 厌倦的心理

厌倦是工作场所中个体面对的一个非常严重的问题。常令人烦躁不已⑤。个体有时会对工作的乐趣与挑战性期望过高，而实际上高校会计工作中有很多是重复性较高的例行公事。会计工作个体对工作提不起兴致时，工作效率就会大大降低，不但对自己的表现失去信心，对工作本身也不再重视，有可能造成拖延、延误以及迟做决定等现象，对高校会计人员的工作精力和创造

---

① 曾庆虹．浅谈高校财务管理中“人”的心理[J]．高等教育研究，2003（3）

② 张艳丽．从心理学角度分析高校财务管理[J]．现代商业，2010（07）：247

③ 蒋佐斌．高等学校财务管理中的心理分析[J]．教育财会研究，2001（1）：24

④ 郜建豪，阮萍．基于会计心理学视角的不良会计行为研究[J]．云南财经大学学报（社会科学版），2008（04）：139

⑤ 熊振华．会计心理学[M]．上海：立信会计出版社，2003：174

性造成破坏性的影响。

二、高校会计人员心理状态影响因素分析

造成高校会计人员呈现上诉心理状态的影响因素是多方面的，大体可以归为个体自身的因素和外在群体的因素。

（一）高校会计人员个体影响因素

会计人员心理特征的总和构成了会计的个性。作为会计个体，一般都具有自己独特的风格，从而表现出不同的个体差异。个性既代表了会计人员所具有的意识倾向性，又体现了与他人之间的能力、气质、性格等方面存在的个别差异，而这种差异的共性方面的综合，又形成了不同心理特征差别。可以说，会计心理特征是一个比较稳定的对现实的态度和习惯化的行为方式。会计个性心理对会计行为具有重要的作用，影响会计行为的个性心理因素主要体现在以下几个方面。

1. 需求——行为的一切动力来源

需求是一种由于内心感到缺乏而期望获得满足的心理倾向，是有机体自身与外部环境相互作用而在头脑中形成的反映。马斯洛的需求层次理论如图 1 所示。

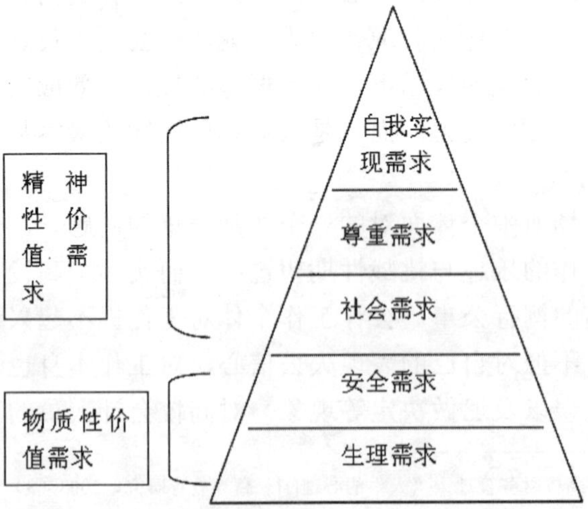

图 1　马斯洛需求层次理论示意图

资料来源：熊振华．会计心理学[M]．上海：立信会计出版社，2003：174

该理论认为，自我实现的需求得到满足才是最大的满足。自我实现需求的产生，有赖于生理需求、安全需求、社交需求以及尊重需求的满足。高校会计人员作为职业者除了具有人类需求的共同特征外，还具有体现高校会计人员自身特点的需求。

（1）完善职业技术的需求。会计职业对高校会计人员有很高的知识性、技术性要求，高校会计人员内在的对于追求会计职业技术需求的满足程度将会影响到会计人员对于其他一些需求的满足程度。①

（2）获得职业报酬的需求。获得职业报酬是高校会计人员最基本的需求，可以分为有形报酬和无形报酬。前者指经济方面的报酬，后者指精神方面，诸如职务、职称、社会地位、受重视程度及其他精神奖励等。

（3）实现职业成就的需求。根据马斯洛的需求层次理论，高校会计人员在基本需求得到满足后，会开始谋求更高水平的需求，体现自我价值实现的职业成就需求，并借以证明自己的能力以及存在的价值。②

2. 气质——做事形式和风格的稳定表现

气质是最稳定的个性心理特征，实质上它是不同的神经类型在人的心理及其行为中的表现。气质只代表人的心理活动在形式和风格上的差异，而不涉及人的心理活动的性质与内容，不代表人的个性的优劣。判断人体的内心活动，只有透过气质的表现形式才能抓住其本质。气质本身都具有两重性，没有一种气质十全十美。气质本身不能决定一个人成就的高低，任何气质类型既可以向积极的方面发展，也可以向消极方面转化。

有的高校会计人员在意志品质上缺乏耐性和较强自制力，不能严格地恪守会计工作制度和法律法规；有的高校会计人员缺乏勇于创新的精神，如在收益和费用的确认与计量等方面，对会计程序与方法的选择趋向保守；而有的会计人员性情易急躁、情感易冲动，动作敏捷热情但不能持久，常常在会计方法的选择上表现出一定的激进性。总之，由于高校会计人员气质类型不同，即使对相同的会计事项，也会选择有所不同的会计程序和方法，这在一定程度上会影响会计行为与客观经济活动的吻合程度，从而产生不同的会计心理状态。

3. 情绪——对外界环境的直接反映

会计情绪是十分常见的心理现象，在财会实际工作中，许多矛盾所产生

① 陈美含．财务风险与心理学关系初探[J]．国际商务财会，2010（5）：28～29

② 彭怀祖．高校财务管理中心理负面影响初探[J]．河海大学学报（哲学社会科学版），2000（12）：88

的心理问题，往往是通过会计情绪反映出来。会计情绪是会计个体具有的一种心理形式，是对现实体验的潜意识态度所表现出的一种行为，它直接或间接地反映了个体内心世界对客观的态度。从某种意义上讲，情绪与会计工作质量有着极为密切的关系。当个体处于良好情绪状态时，其心理是健康、愉快的，与外界关系容易协调，思想容易沟通；反之，当个体处于不良情绪的重负时，伴随出现的心理状态是不安、悔恨、愤怒、痛苦、失落等，对生理和心理健康都会带来不利的影响。因此，努力培养良好的、积极的、向上的情绪，控制和消除不良情绪是十分必要的，这对高校会计工作具有十分重要的意义。

高校会计人员的不良情绪有很多不同的诱因，其中会计法刚性不足、领导情绪变化、群体中的压力、会计人员流动难、会计人员使用不当和职业自卑心理的影响等，都属于比较常见的情况。

（二）高校会计人员群体影响因素

高校会计群体不是会计个体的简单相加，而是会计个体依照共同的会计目标，相互依赖，相互制约，彼此间意识到对方的存在，行为上又能彼此影响促进，共同发挥个体作用的团体。[①]团体中的很多方面都对会计心理状态产生潜移默化的影响。

1. 分配关系中介性的影响

高校会计职业的中介性表现为分配层次上处于中间环节，既是分配的参与者，又是分配的受益者。高校会计人员既要代表国家利益，又要考虑高校、师生、职工以及自身利益，如图 2 所示。

高校会计人员身份的中介性，使会计个体处于受控地位，易诱发内心冲突，产生人格对抗。会计个体若对团体利益的分配做出不合常理的举措，将会承受来自团体的压力。某些个体为了适应环境而屈从压力，在人格上表现为左右摇摆和去个性化的现象。[②]

---

① 卢新国．影响会计行为的心理学探析[J]．经济师，2004（11）：262

② 李琳．会计造假行为的社会心理学透视[J]．财会月刊（综合），2006（7）：9

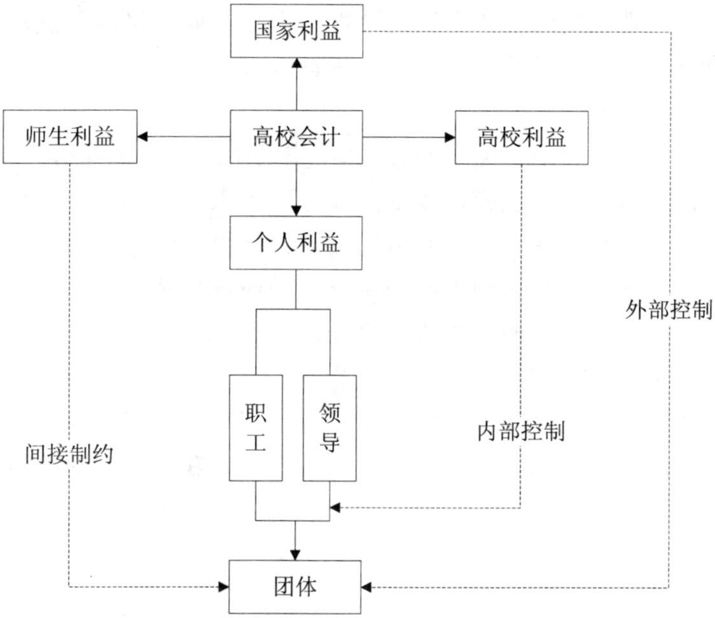

图 2 高校会计人员中介性身份示意图

资料来源：本研究整理。

2. 人际关系的影响

高校会计人员在高校内部的人际交往，包括与领导、同事、师生等的人际关系。在人际关系网络上，会计处于矛盾的交织点上。各种复杂人际关系的反复刺激，对个体情绪的影响十分明显，也是诱发一系列心理状态变化的重要因素之一。

会计人际关系的好坏，虽然不能衡量会计个体业务水平的高低，但在一定程度上表明了会计个体思维能力侧向运用的效果。具有公关素质的高校会计个体，凭理性而不凭主观好恶来处理人际关系，这就为人际交往的沟通奠定了良好的基础，就能较好地适应外部环境的变化趋势。

三、改善高校会计人员心理状态的对策

为缓解高校会计人员的心理状态，我们可以从不同的层面分别采取相对应的措施。

（一）增强高校会计人员的心理抗压能力

高校会计处于复杂的管理层次和环节中，导致绝大多数会计人员不能有

自主的行为，也难以全面发挥自己的个性，内心的痛苦极易积淀成有害于身心健康的成分。一般可以采取如下方法进行改善。

1. 保持心理平衡

我们心中有一种自卫机能，一旦遭遇不安而引起攻击欲望等本能冲动时，就会在下意识里出现一种反应，以祛除那种冲动来安定心理的平衡。为了避免单调、枯燥，必须有完全改变心境的活动，让自己沉浸在喜悦与快乐中，或专心做自己的事情，那么即使在心中有不满或挫折感，也不会失去心理的平衡，这是保持心理平衡的有效方式之一。

2. 认识自身

如果个体不知自己是处于何种心理状态，那么就可能时常埋怨自己的不幸而痛苦不已，以致陷入不安的深渊里。应多做自我分析，充分认识自身的包括优势和劣势在内的特点，那么不管遭遇到如何不适应的环境，也能应付自如。

3. 发掘自身潜能

每个个体都具备自行复原和自我调节的能力。借这种力量改变自己，以抵抗外来的刺激，即本身就具有解除外在压力的自我调节力。但不同个体的自我调节力的强弱是不一样的。必须想办法诱导出自我调节力，来矫正扭曲的心理，并借以调节体况；消除长期积累的疲劳，恢复心理的平衡，不再焦虑不安，从而使自我控制能力大大增强，工作效率也提高了。

4. 尽快忘掉不愉快的体验

凡是自己有不愉快的经历时，就应该赶快把它忘掉，不要什么事情都从坏的方面去想，否则会引起精神的负面作用，逐渐地引起心理失衡。我们在任何事情上，即使有了不愉快的感受，也要积极地去解除，不如想一些令人愉快的事，以打开心中的结，让心情轻松下来。

（二）改进高校会计人员的工作环境

我们还应从高校组织层面，即从会计管理角度，考虑如何减轻高校会计人员的压力，改进工作环境，对其有效地实施“心理疏导”。

为高校会计提供宽松的工作环境，关心他们的身体和生活，不让他们背负过重的心理压力，工作任务不可定得过高，鼓励会计通过各种途径宣泄压力。目前，在国内也有一些企业专门建立“情感发泄室”，其中放置橡皮人、沙袋等供员工发泄。

为高校会计提供培训和发展机会。长期以来，我国高校会计工作处于机关体制下，机关部门关注的多是事务性的人事管理，机关部门对员工培训发展和职业生涯发展等员工自身的成长关心相对不足。实际上，培训是高校培养高素质员工的重要途径，是提升高校核心竞争力的重要手段，同时，它也是有效缓解高校会计职业压力的重要方法。

增强高校会计的控制感。使会计工作扩大化，这是指将相关工作或两个任务合并，以增加工作的多样性，使会计能认识并发挥自己的能力，体验到自己很能干；提高工作的自主权，让会计参与决策、自主决定工作计划和工作进程并对工作结果负责。

为会计提供社会支持。要关心他们，尊重他们，建立起互相支持的人际关系；本着对他们负责的态度，应实行员工帮助计划（很多世界著名企业都实行雇员帮助计划）。[①]所谓帮助计划包括个人指导、工作压力分类和应对措施、放松研究班、工作再训练、职业改变咨询、压力过大雇员的家庭支持等；进行团队建设和企业文化建设，建立良好的企业心理环境。

四、结论

来自外界和自身的压力，使得高校会计人员产生日趋复杂的心理活动及心理现象，因此有必要从心理学角度对高校会计人员的心理状态进行分析。其中，常见的心理状态主要有追求公平的心理、从众的心理和厌倦的心理。造成高校会计人员呈现这些心理状态的影响因素是多方面的，包括需求、气质、情绪等高校会计人员个体心理特点以及涵盖高校会计人员身份的中介性与人际关系等在内的群体影响因素。

为缓解高校会计人员的心理状态，我们可以从不同的层面分别采取相对应的措施。增强高校会计人员的心理抗压能力，一般可以采取保持心理的平衡、认识自身、发掘自身潜能、尽快忘掉不愉快体验等方法进行改善。我们还应从高校组织层面，考虑如何改进高校会计人员工作环境，为高校会计提供宽松的工作环境、为高校会计提供培训和发展机会、增强高校会计的控制感、为会计提供社会支持。

---

① 曹晖，曹聘．会计行为的心理学研究[J]．江西金融职工大学学报，2008（6）：83～85

参考文献：

[1] 曹晖，曹聘．会计行为的心理学研究[J]．江西金融职工大学学报，2008（6）：83～85
[2] 陈美含．财务风险与心理学关系初探[J]．国际商务财会，2010（5）：28～29
[3] 郜建豪，阮萍．基于会计心理学视角的不良会计行为研究[J]．云南财经大学学报（社会科学版），2008（04）：139
[4] 蒋佐斌．高等学校财务管理中的心理分析[J]．教育财会研究，2001（1）：24
[5] 李琳．会计造假行为的社会心理学透视[J]．财会月刊（综合），2006（7）：9
[6] 卢新国．影响会计行为的心理学探析[J]．经济师，2004（11）：262
[7] 彭怀祖．高校财务管理中心理负面影响初探[J]．河海大学学报（哲学社会科学版），2000（12）：88
[8] 熊振华．会计心理学[M]．上海：立信会计出版社，2003：174
[9] 曾庆虹．浅谈高校财务管理中“人”的心理[J]．高等教育研究，2003（3）
[10] 张艳丽．从心理学角度分析高校财务管理[J]．现代商业，2010（07）：247

高等学校内部审计职能研究

审计处　高　琳

摘要：高等学校内部审计对于加强高等学校的管理和监督，提高教育经费使用效益起着重要作用。本文从高校管理体制改革与内部审计关系的角度入手，分析内部审计在高等学校管理中的作用，并提出提升内部审计作用的方法。

关键字：高等学校；内部审计；职能

随着我国高等教育的发展及高校管理体制改革的不断深入，高等学校对内部审计产生了比以前更多的需求，因此，明确内部审计工作定位，完善内部审计职能，具有很强的理论和实际意义。

一、高校管理体制改革与内部审计的关系

20 世纪 70 年代兴起的新公共管理运动，强调结果至上，更加关注管理绩效。公共受托责任由偏重受托财务责任发展到受托财务与管理责任并重，且以受托管理责任为主，委托方更多强调对管理绩效的评价，审计机构需要加强对组织活动经济性、效率性、效果性的评价。高校是公共资源的重要占有和使用部门，高校管理层通过内部控制体系建设认真履行公共受托责任是社会发展的必然要求。

精细化管理作为现代工业化时代的一个管理模式，在西方国家得到了全面推广和应用。目前，高校等非营利组织开始引入精益理念和管理模式。高校精细化管理体系包含价值、效益、机制和方法等四个层面。这四个层面相辅相成、互为促进，构成一个管理系统。价值是基础，高校精细化管理理论存在的基础就在于更好地实现其育人价值、学术价值和社会服务价值。效益

是目标，高校精细化管理的目标是通过高标准、严要求、重节约达到提高综合办学效益的目标。机制是载体，高校精细化管理需要依靠体制和制度创新为前提的科学高效的运行机制来实现。方法是手段，高校实施精细化管理不仅要借鉴企业精细化管理方法，还要结合高校自身特点，持续进行管理与控制创新。

契合新公共管理运动的发展要求，实施精细化管理的高校，离不开内部审计部门在高校资源配置优化及内控管理评价方面的作用。

二、内部审计在高校管理中发挥的作用

近年来，高等教育改革的逐渐深入，各级政府和社会各界对高等教育投入急剧增长，高等学校的规模正以前所未有的速度在不断扩大。内部审计是高校内部自我约束、自我监督、自我完善的客观需要，内审部门在高校管理体系中发挥重要作用，主要体现在以下几个方面。

（一）内部审计可以在高等学校教育资源配置过程中发挥作用

目前，我国高等学校教育经费来源以国家财政拨款为主，学生缴费、银行贷款、校办企业创收和社会捐赠为辅，教育经费来源趋于多样化。尽管来源多样化的高等教育投入明显增强，但是我国高等学校正处于改革扩张的阶段，需要大量资金投入以保证教学与科研工作的运转，高等学校仍然受到教育经费不足的困扰。这就要求高等学校优化资产结构，合理配置教育资源，提高教育资源的使用效益。内部审计作为服务与监督的部门，对教育经费的筹措和使用进行审计，具体表现为财务预算执行及决算审计、基建项目的结算审计以及专项资金的审计等，提高学校经费的使用效益，在高等学校资源配置环节发挥重要作用。

（二）内部审计可以提高高等学校校办企业和后勤经济实体的管理水平

随着科教兴国战略的实施，涌现出了一大批高等学校校办企业，高等学校参股的企业也越来越多。另外，高等学校后勤社会化改革不断深入，各方投资高等学校后勤设施，形成了一些高等学校后勤经济实体。无论兴办的校办企业还是创办的后勤经济实体，都需要明确界定产权，确保国有资产的完整性。内部审计部门在改制过程中可以充分发挥监督作用，帮助理顺资产和管理的关系，确保国有资产评估的真实性，为校办企业和后勤经济实体建立规范的现代企业制度提供制度基础，在改制完成后可以通过定期或者不定期的审计工作，促使校办企业和后勤经济实体提高管理水平。

（三）内部审计可以评价受托经济责任的履行情况

高等学校受托经济责任关系日趋复杂，这主要表现在人事改革以来，高等学校对中层领导干部的任用实行了聘用制，形成了高等学校与中层领导干部之间的内部受托责任关系；高等学校承担了大量的科研项目，很多科研合同是以高等学校的名义签订的，科研项目的负责人与高等学校之间形成了实际的受托责任关系。通过内部审计部门的工作，学校可以评价本校受托经济责任的履行情况。

三、提升内部审计作用的方法

高等学校教育体制改革和内部运行机制改革的不断深入，对高等学校教育资源配置提出了更高的要求，高等学校受托经济责任也更加复杂，市场规律对高等学校的影响日益彰显，因此，如何提升内部审计作用，对高校的健康、持续发展具有重要意义。

（一）关口前移，实现事后、事中与事前审计相结合

风险管理审计要求做到事前、事中、事后审计相结合。传统的财务审计大多属于事后审计，然而在很多情况下，单纯的事后审计只能对已经存在的问题和其后果起到揭示作用，难以对风险起到防范的作用，这是影响审计时效、制约审计作用发挥的重要因素之一。为有效地防范和控制风险，高校内部审计必须突破传统的审计监督方式，由单纯的事后监督转移到事前、事中、事后全过程审计监督上来。对控制风险较大的领域，要将审计监督关口前移，在决策过程中做好事前参谋；对重大经济合同，审查其合法性、完整性及效益性；事中对执行过程实施审计监控，把握经营状况和风险因素，发现问题，及时纠正；事后对其进行审计评价，为保障审计整改意见的落实，需要加强后续审计，对被审计单位落实审计建议的情况实施后续审计，帮助被审计单位加强整改，保证审计目标的实现。

（二）拓宽范围发展增值型审计

增值型内部审计提倡“服务式”的审计理念，不仅要发现问题，更重要的是帮助分析查找问题产生的原因，提出切实可行的改进措施并督促落实整改，以加强管理。内部审计为组织增加的价值就是内部审计自身创造的价值。高校的内部审计部门可以从转变工作思路和拓展审计范围两方面入手开展增值型审计。一方面，内部审计工作思路应由“监督导向型”向“服务与监督并重”转变。高校内审部门的审计计划和具体审计项目的实施，都要围绕本

校的工作重心开展工作，除及时、准确、客观地提出审计问题外，更重要的是要提出具有可行性的审计意见和建议，为问题的解决提供决策依据，为被审单位加强管理提供服务。另一方面，不断拓展内部审计业务范围，将工作重点放在促进组织管理水平的提高上。如英国公共部门的内部审计机构中，有 80%以上的内部审计机构开展了对管理和业务经营系统的审计。我国高校内部审计工作也应扩大自己的工作范围，充分利用置身于学校内部情况熟、信息灵、可经常开展审计工作的优势，将工作重点转移到帮助学校实现办学目标、加强管理方面。有利于加强学校科学管理、资源合理运用、有效防范风险，以及促进学校发展的事项均可列入内部审计的工作范围。

（三）加强审计成果的利用

内部审计成果的利用是内部审计的重要环节，学校的有关部门应充分利用内部审计成果，以真正发挥内部审计的作用。内部审计成果具有“一果多用”的功能，学校党政领导可将其作为制定宏观政策的参考；组织、人事部门可将其作为对被审计的领导干部业绩考评和职务任免的参考依据；纪检监察部门可作为反腐败的线索。因此，必须完善审计成果运用机制，建立一个各相关部门都适用的成果运用办法，使内部审计成果得以充分地利用、规范地运作。如能有效地做到审计成果共享，则可以节约大量的审计力量，并且大大提高工作效率。

（四）打造学习型审计团队

随着审计工作向国际化接轨和审计改革的不断深入，进一步要求审计人员要顺应形势的发展，树立正确的理念。“工欲善其事，必先利其器”，审计项目质量的好坏，不仅取决于审计程序、审计手段的先进与否，作为审计主体的审计人员素质更直接影响着项目质量的好坏。因此，内部审计部门应努力营造学习氛围，组织各类培训，提高审计人员的综合素质，并通过学习，不断更新审计知识，更好地掌握新的方法和手段，同时，培养审计人员深入思考的习惯，开拓审计新思想，不断进行创新。要把审计人员培养成为既掌握信贷、财务、会计等各类专业知识，熟悉审计技术与方法，又具备写作与分析、信息技术、外语运用、经济法律等基础综合能力的复合型人才，通过知识更新来提高业务素质，创造性地开展各项审计工作。

四、结语

现代高校的治理，不仅要有科学的决策、计划、组织和指挥，还应有完善的控制和监督。内部审计作为确保受托责任有效履行的控制和监督机制，发挥着越来越重要的作用。今后，内审部门应紧跟高校体制改革和完善高校治理结构步伐，增强审计独立性，加强高校内部审计能力建设，提高内审人员专业胜任能力，加强审计项目的审计质量控制，以不断提高审计工作水平，促进高校科学的发展。

参考文献：

[1] 左旦平．试论高校内部审计职能的转换及发展方向[J]．中南林业科技大学学报（社会科学版），2011（5）：46～49
[2] 邹娟．高等学校内部审计存在的问题及对策研究[J]．会计之友，2012（1）：100～101
[3] 刘军伟．高等院校加强内部审计与内部控制研究[J]．经济研究导刊，第2014（12）：117～118
[4] 曹荣，王旭．关于高等学校内部审计职能研究的文献综述[J]．中国轻工教育，2012（3）：67～69
[5] 代蕾．管窥内部审计在民办高校的实施状况[J]．中国内部审计，2014（1）：24～26
[6] 罗红雨．高校内部控制与审计相关问题研究[J]．财会通讯，2014（2）：78～80
[7] 郝凤林，宋艳萍．关于高等学校内部审计的思考[J]．华北科技学院学报，2007（4）：109～110

论我国内部审计增加价值作用的实现

审计处　薛凤荣

摘要：现代内部审计旨在增加组织价值。本文在分析内部审计实现增加价值的方式与途径的基础上，结合当前我国内部审计增值作用方面存在的主要问题，从如何加强机构独立性、拓宽服务领域、前移审计关口、推进审计公告制度、加强审计成果运用等方面提出了完善我国内部审计增加价值的具体对策。

关键词：内部审计；增加；增值

我国现代内部审计产生于20世纪80年代。三十多年来审计理论得到了迅猛发展，逐步与国际接轨，实现了内部审计的制度化、规范化与职业化。无论是在理论还是在实务领域，内部审计对于增加组织价值的作用越来越被业界人士所认可，越来越多的组织正在推进内部审计，并从中获益。

一、内部审计实现增加价值的方式与途径

国际内部审计师协会（IIA）于1999年赋予"内部审计"新的定义，并于2001年写入《内部审计实务标准》。2004年IIA重新修订的《国际内部审计专业实务标准》规定内部审计是"一种独立的、客观的确认和咨询活动，旨在增加价值和改善组织的运营，它通过应用系统的、规范的方法，评价并改善风险管理、控制和治理过程的效果，帮助组织实现其目标"。

新定义之下的内部审计，其职责不再侧重于监督、控制，而是着眼于服务，通过评价企业风险管理、内部控制以及管理过程的有效性，为改善企业经营管理、提升组织未来价值服务。内部审计为组织增加价值的方式有直接和间接两种。直接增值方式包括防止、发现和纠正错误与舞弊，直接核减预

算、定额等；间接增值方式包括监督或调查组织的规章制度和管理指令的贯彻执行情况，向组织的经营和管理人员提供有价值的咨询、建议、审计结果等。

内部审计主要通过以下途径实现为组织增加价值的作用。

1. 评价并改进风险管理过程。风险管理的目的在于为组织目标的实现提供合理保证。内部审计通过对组织风险管理过程的充分性和有效性进行检查、评估和报告，帮助组织发现并评价重要的风险因素，针对组织风险识别、风险评估、风险应对中的不足之处提出改进建议，规避经营过程中可能出现的风险损失，从而为组织增加价值。

2. 以风险为导向，评价并改善内部控制。内部审计部门应在对组织风险管理评价结果的基础上，对其内部控制的充分性与有效性进行深入地评价，通过评价组织内部控制的健全性、合理性和有效性，查找内部控制的薄弱环节，向管理层和相关部门提出强化内部控制建设的意见和建议，以防范和化解经营风险，提高经营管理水平，促进组织改进管理，从而增加组织的价值。

3. 评价和改善组织管理过程的有效性。为了帮助组织改善经营管理，内部审计应当大力开展业务经营审计，如基建工程的预算、决算和招标、投标审计，物资采购审计，费用成本审计，投资和无形资产开发可行性审计，人力资源开发审计等，促进组织努力开发和充分利用各种生产力要素，严格控制成本费用开支，以增加组织的价值；大力开展管理审计，如财务预算和计划审计，内部经济责任审计，战略决策和管理审计，基建工程跟踪审计，等等。在审计的基础上，促进组织健全并严格执行各项管理制度，保证管理指令和预算、计划的有效贯彻执行，促进经济责任的履行，优化管理方法，确保组织的战略与行动计划之间高度协调一致，保障组织管理的有效性，增加组织的价值。

二、我国内部审计在实现增值作用方面存在的问题

与国外内部审计相比，我国的内部审计起步较晚，发展历程短，存在着一定的差距，导致内部审计工作在增加价值方面与现阶段经济发展的客观要求、社会发展的现状存在一定的矛盾，影响内部审计增加价值的体现。

1. 内部审计机构独立性不够

内部审计机构的设置，直接影响内部审计的独立性，从而影响内部审计的质量。按照规定，内部审计机构应在本组织主要负责人或者权力机构的领

导下开展工作。而实际状况是我国的内部审计机构多数由总会计师或财务副总经理领导，有的组织至今仍然没有专职的内部审计机构，而是将其并入财会部门或纪委监察部门，这就直接妨碍了内部审计的独立性，使内部审计的报告缺乏独立性和权威性，从而影响内部审计增加价值的实现。同时，由于内部审计的隶属机构问题导致我国内部审计机构的权限过低，缺乏履行职责所必需的权限，直接影响内部审计机构工作的顺利开展。在某些情况下，被审计的部门可能会存在抵触情绪，对内部审计工作不支持、不配合，该提供的资料不提供或少提供，直接影响了内部审计报告的质量，从而使内部审计难以发挥增加价值的作用。

2. 内部审计涉及领域过窄

目前内部审计业务大多仍以传统审计为主，内部审计工作的主要目标还是放在查错防弊上面，以查处问题和检查制度执行情况为主。审计业务领域开展面较窄，职能单一。虽然我国内部审计内容主要包括财务决算报表审计、领导者业绩考核审计、经济责任审计、基建技改审计、科研费审计、管理审计、后续审计等。但大部分都涉及财务收支及经济责任审计等常规审计，仍将精力用于传统的审计领域，事后发现问题，而未发展到提前发现、解决问题。管理审计才刚刚起步，在建立科学的风险管理体系，开展有效的风险管理审计，提高审计质量等方面还存在一定差距。对于能推动组织有效运行的文化审计、计算机系统审计、环境审计、战略审计等价值增值领域的仍较少涉及，不利于企业改善经营管理和提高经济效益，不能充分体现内部审计价值增值作用。

3. 内部审计着重于事后审计，事前、事中控制薄弱

目前我国的内部审计工作着重于事后审计，即对整个项目的考核和评价，以期从中发现错误、舞弊或经营管理活动中的不合理之处，是对已经既成的事实进行事后的追述，但对事前、事中审计涉及的却是少之又少，缺乏对事中控制和阶段性效益认定。内部审计的关键应该是防微杜渐、防患于未然胜于亡羊补牢和事后查处。而事后审计侧重发现和处理问题，追究责任警示后人，仅仅针对财务活动进行事后的查弊纠错是远远不能满足其需要的，难免时过境迁，审计效果会大打折扣。由于事前审计比事中、事后审计发现、纠正问题更具有价值和现实意义，因此只是事后审计使内部审计并没有将增值的作用发挥出来。

4. 组织的领导层不重视内部审计，审计成果没有有效利用

内部审计只能是建议、协助组织的领导层实施改正、完善措施，这是内

部审计自身的局限性所致，无法超越。至于组织的领导层如何利用这些信息、意见、建议，如何落实具体的整改措施，解决存在的问题，则完全是组织领导层的责任，内部审计无权、也无义务要求组织的领导层必须如何做，更不能直接强制被审计者按其意图实施改正措施。

当前我国内部审计结论和建议咨询的利用率并不高，甚至一些重大问题的反映也未引起组织领导层的重视。组织领导层不重视内部审计工作、未有效利用审计成果的原因有很多，包括体制的原因，组织的领导层缺乏对内部审计的正确认识，内部审计工作的质量和内审人员的素质不高，对内部审计结果不信任，等等。内部审计成果未被有效利用，不仅是组织资源的严重浪费，严重挫伤其工作积极，而且将直接导致内部审计职能的实施效果，使内部审计失去为组织增值的生存价值。

三、实现内部审计为组织增加价值作用的应对措施

1. 强化审计独立，理顺内审机构隶属关系

建立高效独立、垂直治理的内审机构，争取领导支持，是确保内部审计机制有效运行的关键。建立审计委员会，内审机构在其领导下工作，遇有重大事项和问题可直接向其报告，对高管人员实行审计监督与评价。同时，还应通过完善内部审计反馈报告、后续跟踪审计问责、系统内部审计通报和内部审计工作联席会等一系列配套制度，建立起上下左右多层面联动的监督整改机制，最大限度地扩大内审价值效能。

2. 更新审计理念，拓展内部审计服务领域

转变内部审计的职能定位，监督与服务并重，寓监督于服务之中，建立以增加组织价值为新理念的内部审计工作，是组织实现其目标的需要。风险管理和战略管理的重要性与日俱增，内部审计应进一步增强服务意识，加强咨询和评价职能，不仅要涉及组织的经营业绩、资本经营、财务状况等，而且还要融入经营管理和治理层面，将审计工作的重心从传统审计逐步向管理审计、风险管理的现代审计转型。因此，拓展内部审计的服务领域成为内部审计发展的必然要求。内部审计应积极探索以风险为导向、以控制为主线、以治理为目标的审计新模式，应涵盖风险管理审计、战略审计、公司治理审计、参与组织文化建设等多个方面，加大绩效管理审计力度，向风险、管理、战略审计领域拓展，对战略进行评价、监督、控制和完善，从而促进战略目标的实现，帮助组织增加价值。

3. 将审计关口前移，积极推进事前审计、事中审计与事后审计相结合

建立事前、事中、事后一体化的审计监督流程，推动审计关口前移。事前审计能够评估经济事项是否经过科学决策，将防范风险关口前移。事中审计，能够发现经济活动运行过程的漏洞，提出解决建议。推行事前、事中审计，就能从注重查处问题转变为注重解决问题，从事后问责转变为事前预测、事中控制，从而切实发挥审计的作用，真正为组织增加价值。真正意义上的内部审计，应该是从事前预防、到事中监督、再到事后控制的良性循环，是一个包括了财务审计、经营审计、管理审计、经济责任审计、绩效评价、信息系统审计等工作在内的系统工程。建立事前、事中、事后审计相结合的内部审计制度，才能充分发挥内部审计为组织增加价值的作用。

4. 积极推进审计公告制度，加强审计成果运用，提升内部审计影响力

首先，进一步完善审计公告的程序、内容、形式，通过向组织全范围内公告内部审计结果和审计工作的其他情况。审计公告把审计监督与舆论监督更好地结合起来，运用舆论的力量督促被审计单位加强管理，合理地使用公共资源，有利于推动审计决定的执行，也有利于促进对违法违纪问题的查处整改。对于审计部门本身，在监督别人的同时，自身也需要接受监督，实行审计结果公告制度本身就是一种接受监督的方式。只有严谨准确的审计结果才能经受得起监督，才有利于提升审计工作质量和促进审计部门加强自身建设。

其次，根据整改报告中的问题逐条、逐户、逐笔进行后续审计，对未整改或整改不到位的进行督促和再次后续审计，确保审计整改工作真正落实到位。

最后，将审计工作中发现的问题分门别类，联合相关职能部门，以审计通告的形式分别抄送各业务部门，建议对所属机构被审计单位做好督促整改工作以外，不断建立健全各类管理制度，使其能涵盖整个业务操作流程的各个环节。

通过以上措施可以大大地促进组织健全机制、规范内部管理，提高内部审计结果的利用程度，更好发挥内部审计的价值增值作用。

5. 其他方面

进一步提高内部审计人员素质，引进先进的审计方法和技术，努力改进工作方式，建立内部审计质量管理体系，加快内部审计信息化建设，建立科学合理的绩效考核体系，提高内部审计水平，可以更好地推进内部审计为组织管理发挥服务、增加组织的价值。

参考文献：

[1] 王光远．现代内部审计十大理念[J]．审计研究，2007（2）：25～26
[2] 吕秀芝．实现内部审计增值的领域和途径[J]．中国内部审计，2010（5）：19
[3] 王俊霞．加强内部审计 增加企业价值[J]．科技情报开发与经济，2009（28）：187
[4] 秦荣生．内部审计[M]．北京：中国财政经济出版社，2000：86～87
[5] 马明生．增值型内部审计的内容和做法[J]．中国内部审计，2010（4）：67

高校能源管理的主要方法与应用实例

动力供应与维修中心　张俊杰

摘要：随着高校办学规模日益扩大，高校能源消费量迅速增加，合同能源管理和需求侧管理以及基于两种方法的创新和拓展成为高校能源管理的主要方法。两种能源管理方法可以有效地提高高校能源资源利用率，优化资源配置，推进节约型校园建设和高校可持续发展。

关键词：高校能源管理；合同能源管理；需求侧管理

一、概述

随着我国高等教育事业的快速发展，高校学生人数、教职工人数不断增加，科研教学工作量持续提升，高校每年的能源消费量增长迅猛，能源费用支出数额巨大。受制于高校管理体制及运作机制，能源管理责任难以落实到人，学校能源资源浪费现象比较严重。与此同时，当今世界能源资源形势严峻，节能减排、保护环境已成为全世界的普遍共识。高校实施科学的能源管理，减少不必要的能源消耗，既有现实的经济效益又有深远的社会影响。

近年来，住房和城乡建设部、教育部先后下发了《关于推进高校节能型校园建设进一步加强高等学校节能节水工作的意见》、《高等学校节约型校园建设管理与技术导则》等一系列文件，倡导高校开展节能减排，建设节约型校园。各高等院校为了降低办学成本，提高办学效益，在水、电、气、煤、油等各个基础能源项目上开展了节能降耗工作，并且取得了一定的效果。但是，由于许多节能工作的开展需要大量的资金投入，通过更新节能新产品实施新工艺实现节能，高校往往缺少节能方面的专项经费，导致一些好的节能方案不能及时实施，影响节能技改效果。①

因此，加强高校能源管理，提高资源能源利用效率，探索实施适合高校的能源管理方法与模式，对高校可持续发展具有重要的意义。

二、合同能源管理模式

合同能源管理（Energy Performance/Management Contracting，EPC/EMC）兴起于20世纪70年代中期，是一种基于市场的、全新的节能新机制。合同能源管理是指节能服务公司和用能单位以契约形式约定节能项目、节能目标，节能服务公司提供节能项目用能状况诊断、设计、融资、改造、施工、设备安装、调试、运行管理、节能量测量和验证等服务并保证节能量或节能率，用能单位保证以节能效益支付项目投资和合理利润的能源效率改进服务机制。

（一）合同能源管理的特点

合同能源管理是以减少的能源费用来支付节能项目成本的一种市场化运作的节能机制，节能服务公司的经营机制是一种节能投资服务管理，用户见到节能效益后，公司与用户一起分享节能成果，取得双赢的效果。

首先，用户无需投入大笔资金，即可引进先进的节能产品和技术，接受专业化节能技术服务，项目风险低。节能服务公司保证客户实现能源成本下降后才能与客户分享成果，降低了客户的风险。

其次，用户通过合同能源管理，进行节能技术改造，可以减少能源使用，降低用能成本，改善现金流，将有限的资金投入到其他领域。

再次，节能服务公司是专业的能源管理公司，掌握国内外最新节能技术，能够因地制宜，采用最适合用户的方案，使节能效益最大化。

对于高校来讲，学校从改造立项、经费预算到资金拨付，特别是对于一些投资金额比较大的项目，至少需要一年甚至数年时间，学校自筹经费往往需要更长的时间，容易错过改造的最佳时机。采用合同能源管理模式，就可以规避这样的问题，节省了财政资金用于节能技术改造所需的决策时间成本，缩短了改造周期，能够使高校尽快实现节能收益。②

① 魏新兴．合同能源管理在节约型校园建设中的应用探究[J]．高校后勤研究．2013（02）：63～65

② 张萌．高校节能管理方法研究[J]．化工管理，2013（02）：7

（二）合同能源管理的类型

1. 节能效益分享型

在项目期内，用户和节能服务公司分享节能效益的合同类型。节能改造工程的投入，按照节能服务公司与用户的约定共同承担或节能服务公司单独承担。项目建设施工完成后，经双方共同确认节能量，按合同约定比例分享节能效益。项目合同结束后，节能设备所有权无偿移交给用户，以后所产生的节能收益全归用户所有。

2. 节能量保证型

用户提供全部或部分项目资金，节能服务公司向用户提供节能服务并承诺保证项目节能量的合同类型。合同规定节能指标及检测和确认节能量（节能率）的方法，项目实施完毕，经双方确认达到承诺的节能量，用户一次性或分批次向节能服务公司支付服务费用。如达不到承诺的节能效果，按照合同约定由节能服务公司承担相应的责任和损失。节能量保证型一般适用于实施周期短、能够快速支付节能效益的节能项目。

3. 能源费用托管型

用户委托节能服务公司出资进行能源系统的节能技术改造和运行管理，并按照双方约定将该能源系统的能源费用交节能服务公司管理，系统节约的能源费用归节能服务公司的合同类型。项目合同结束后，节能服务公司改造的节能设备无偿移交用户使用，以后所产生的节能收益全归用户。

4. 节能设备租赁型

融资公司投资购买节能服务公司的节能设备和服务，并租赁给用户使用，根据协议定期向用户收取租赁费用。

（三）合同能源管理在高校能源管理中的应用实例

1. 合同能源管理在美国高校能源管理中的应用

在美国，节能量保证型是高校通常采用的合同能源管理模式。高校利用节能量保证型合同能源管理的特性对校园建筑实施综合节能改造。

华盛顿和李大学（Washington and Lee University）为了实现其零碳排放的长期目标，采用节能量保证型合同能源管理，对学校的基础设施进行了改造，改造项目包括：采用荧光灯、LED 灯和埋藏式灯进行了灯光升级；用低流量冲水马桶替换了原有的标准流量冲水马桶；优化了厕所和厨房的水龙头；给锅炉安装节热器以提高锅炉效等。项目总投资 250 万美元，项目实施后，学校每年减少二氧化碳排放约 2787 吨，年节省能源费用超过了 45.5 万美元。

科罗拉多西部州立学院（Western State Collage of Colorado）采用节能量

保证型合同能源管理，对学校进行综合节能节水改造，包括门窗性能改善、空调系统与节水系统设施改造、能源管理系统软件升级和提升等。项目总投资 153 万美元，合同期间预计减少二氧化碳排放 12900 吨，年节省能源和水资源费用 14.7 万美元。①

2. 合同能源管理在国内高校能源管理中的应用

2010 年 5 月，南京工程学院和节能服务公司正式签订了《学生宿舍热水供应合同能源管理》合同，通过分析比较，结合南京工程学院学生公寓热水供应系统运行现状，最终采用能源费用托管型合同能源管理方式。该方式是将学校公寓热水供应系统采取用能整体打包，运用能源系统综合诊断方法，通过综合节能改造，提升整个用能系统的综合能源利用效率。项目启动后，节能服务公司组织实施了空气源热泵系统改造、IC 卡计量系统升级改造、局部热水管路系统改造等项目。改造前，东校区 8000 学生的热水供应系统电热锅炉总功率近 2400 kW，改造后空气源热泵系统的总功率为 398 kW，可节约电能 50%以上。②

郑州大学自 2010 年以来，采用节能效益分享型合同能源管理模式开展了新校区学生公寓中水利用等节能项目，均取得了较好的节能效果。项目以新校区 7 栋学生宿舍楼为试点，进行废水二次利用改造，处理后的中水可用于冲厕。由节能服务公司提供节水改造方案，承担工程的设计、设备采购、安装、运行维护及人员培训，学校不承担任何费用。节约的费用六年内双方按比例分成，六年后一切设备归学校所有。设备自安装以来，节水效果达 40%以上，学校不仅节约了用水，而且节约了维护和保养设备的费用。③

三、需求侧管理

（一）需求侧管理的内涵

需求侧管理（Demand Side Management，DSM）最早来源于美国。20 世纪 70 年代，以美国为核心的西方国家经历了两次能源危机，他们检讨了自身的能源战略和国家发展战略，通过市场自身调控解决问题，战胜了国家管制

① American College & University Presidents' Climate Commitment (2010 Annual Report) [EB/OL]. April. 2011. http://www.presidentsclimatecommitmient.org/reporting/annual-report.

② 邓东华等．合同能源管理模式在节约型高校创建中的应用[J]．中国电力教育，2012（17）：142～143

③ 魏新兴．合同能源管理在节约型校园建设中的应用探究[J]．高校后勤研究．2013（02）：63～65

资本主义。需求侧管理是一种自发的、自下而上的、自觉自愿的、独立自主的，以节能为市场，以科学用能技术为支撑，以服务为手段，以盈利为目的的经营方式。①

需求侧管理的实质是一种资源优化配置的方式，需求侧管理是需要技术和设备投入的，分布式能源是能源需求侧管理的主要技术手段。所谓分布式能源技术就是分布在需求侧的能源梯级利用以及资源综合利用、可再生能源和储能技术。②

（二）高校能源需求侧管理

1. 实行能源级差收费制度

高校能源消耗主要集中于教学、生活及科研。高校可以结合实际，对有关部门的职能进行分类，参照国家有关标准，制定能源级差收费制度。改变以往能源用多用少都一样、由学校财务统一拨付能源费用的做法。同时，对不同时段的用能费用做出划分，适当调高早中晚用能高峰时的耗能费用，适当降低全天用能低谷时段的用能费用，从制度上保证教学用能，平抑生活用能，引导高耗能的科研工作在能耗低谷时段进行，起到削峰填谷的效果，减轻供能单位的压力。事实上，这样的能源级差收费机制已经在某些高校试运行，并且收到了很好的效果。

2. 多种能源协调使用制度

由于空调的使用，夏季各地电力负荷猛增，逼近电力供应的极限，很多城市不得不采取“拉闸限电”的方法来暂时缓解电能消耗的过度紧张。高校校园在夏季用电高峰同样会出现类似的状况。然而，夏季天然气资源却供大于求，大量天然气资源闲置。如果能够将天然气和电力两种资源整合，让天然气通过直燃机直接制冷，以天然气低谷削减电力高峰，不仅可以解决电力的紧张，也可以合理利用天然气资源，可以大大减少电厂、电网和配电设施的投资，减少热力厂和热力管网的投资，减少天然气的储存设施等，使两个行业共同受益。

随着高校办学规模日益增加，能源需求量逐渐增多，作为用电、用能大户，高校建立多种能源协调使用制度，缓解对单一能源的过度依赖和消耗已是势在必行。③

---

① 刘纯江等．从需求侧管理谈高校节能减排[J]．节能技术，2011，29（165）：76～78

② 黄建平．推进“需求侧管理”，规避节能误区[J]．有色冶金节能，2006（6）：7～10

③ 刘纯江等．从需求侧管理谈高校节能减排[J]．节能技术，2011，29（165）：76～78

四、结语

近年来，各地高校都在不断探索能源管理的工作模式，采取合同能源管理和能源需求侧管理能够优化资源配置，提高资源能源利用率，是高校实现节能减排的有效途径和方法，有助于推进节约型校园建设，促进高校可持续发展。

参考文献：

[1] 魏新兴. 合同能源管理在节约型校园建设中的应用探究[J]. 高校后勤研究. 2013（02）：63～65
[2] 合同能源管理技术通则（GB/T 24915—2010）[Z]. 2010：1
[3] 张萌. 高校节能管理方法研究[J]. 化工管理，2013（02）：7
[4] American College & University Presidents' Climate Commitment (2010 Annual Report) [EB/OL]. April. 2011. http://www.presidentsclimatecommitment.org/reporting/annual-report.
[5] 邓东华等. 合同能源管理模式在节约型高校创建中的应用[J]. 中国电力教育，2012（17）：142～143
[6] 刘纯江等. 从需求侧管理谈高校节能减排[J]. 节能技术，2011，29（165）：76～78
[7] 黄建平. 推进“需求侧管理”，规避节能误区[J]. 有色冶金节能，2006（6）：7～10

海河教育园资源共享问题探析

财务处　董秋林

摘要：本文通过研究国外优秀大学城以及国内大学城的发展状况，提出大学城不同发展阶段的理论，大学城发展阶段的演进，可以看成是资源共享范围和深度不断扩大的过程。作为天津市正在建设的大学城，海河教育园有着自身的特点，通过分析海河教育园资源共享的现状，找出其存在的问题，并运用大学城发展阶段相关理论尤其是“大学经济圈”理论，提出相应的对策及未来资源共享方面的建议。

关键词：海河教育园；大学城；大学经济圈；资源共享

一、大学城的发展及特点

（一）从“硅谷”看国外大学城的发展及特点

西方大学城主要是在大学与地区经济发展共同作用下自然生成的。大学之间、大学与区域之间、大学与企业之间相互交流、渗透，通过优势互补、资源共享不断发展，在大学周围逐渐形成了以高校和企业集群为核心的城镇，称之为大学城。

说起西方大学城的发展，不得不提到“硅谷”。这个位于美国加州仅 260 万人口的狭长地带，却贡献了全美国 5%的 GDP，据统计，将硅谷单列出来，其经济实力可以排在全球第 12 位。这里孕育或入驻了苹果、英特尔、AMD、思科、甲骨文、惠普、谷歌、FACEBOOK 等众多知名公司，它们所提供的产品或服务已成为大多数人生活中不可或缺的部分。如此这般的奇迹，让学者们不约而同地加入到硅谷研究的队列中，无论是萨克森尼的《地区优势》，马库森的研究结论，还是李钟文、威廉·米勒等主编的《硅谷优势——创新与企业精神的栖息地》，无一不把大学研究机构与企业的相互作用作为硅谷成长的主要原因。这里聚集斯坦福大学、加州大学伯克利分校、还有圣克拉拉大学、圣荷塞大学等8所大学和9所专科学院及33所技工学校、100多所私立专科学校，尤其是斯坦福大学在20世纪五六十年代圣克拉拉谷（硅谷原称）的革新行为和新兴公司的建立中起了核心作用。为满足财务需求，同时给毕业生提供就业机会，斯坦福大学采纳 Frederick Terman 的建议开辟工业园，用其厂房和实验用房而获得租赁和服务收入。由于园区的成功发展，吸引了一批新创公司落户，成为美国第一个依托大学而创办的高技术工业园区，成为硅谷发展的雏形。斯坦福大学将教学和科研结合起来，而不仅仅像传统大学那样是一个纯教学机构，吸引了世界上最卓越的科学家，为硅谷的发展奠定了人才基础。更重要的是，它成功开创了一种新的大学发展模式，即大学—科研—产业三位一体的模式，将大学科研与企业结合，推动了大学由孤立的个体向大学经济圈的蜕变。

除斯坦福大学城外，美国的波士顿大学城、英国的牛津和剑桥大学城，同样是在空间上集聚教育资源和优质人才，通过广泛的资源共享发挥知识溢出扩散效应，辐射区域经济的创新发展，成为世界上成功大学城的典范。

（二）国内大学城的发展及特点

自 1999 年我国高等教育开始大规模扩招以来，许多高校教学资源紧张，学校处于饱和甚至超负荷状态，学校管理和教学质量的提高面临瓶颈。为了解决这一难题，满足学校办学空间拓展的现实需要，高校资源共享应运而生，最普遍的一种资源共享方式就是大学城的兴建。据不完全统计，我国已建和在建的各类大学城已经超过 50 个。相比国外大学城的“自然生长”模式，国内的大学城主要是通过“主动构建”的模式创建起来的，与国外大学城相比还显得比较孤立，资源共享多停留在教育资源共享阶段。

由于计划生育导致的人口结构变化，2008 年之后适龄大学生数量已不再显著增长，但大学城的建设热度并没有随之降低。随着我国经济总量逐渐跃升至世界第二位，穷教育的情况从根本上得到缓解，甚至部分大学在硬件设施方面已超过国外先进水平。近些年来，我国正处于经济转型期，可持续发展成了经济发展中的大问题。此时，大学城的资源共享，已经不能仅仅停留在教育资源共享的阶段，而应拓展更广泛的功能，满足时代发展需要。

（三）大学城的发展阶段

通过研究国内外大学城的发展及其特点，结合资源共享的范围，本文将大学城的发展划分为以下三个阶段。

1. “教育园区”阶段，即大学城发展的最初阶段，通常指由若干所学校为实现教育资源的共享而在空间上聚集，形成的一种大型校园。表象可体现在资源的共享主要集中在校内和校际之间，区域内其他社会资源欠缺或与区域内其他社会资源缺乏有效的联系和共享，创新活动主要集中在园区内部，未形成较大的区域辐射力，教育园区相对孤立。

2. “大学区域”阶段，即大学城发展的一般阶段，通常指依托教师和学生聚集带来的消费效应而形成的一种区域性经济社区，带有大学和城镇的双重特点。当教育园区人口及规模达到一定的程度，教育园区周围逐渐聚集起如餐饮、超市、银行、休闲场所、商品房小区等社会资源，教育园区与周围区域广泛的共享，又能提供可观的工作机会和更加广泛的聚集效应，最终形成具有典型城镇特征的大学区域。

3. “大学经济圈”阶段，即大学城发展的高级阶段，通常指依托大学集聚教育资源和优质人才，通过广泛的资源共享发挥“知识”溢出扩散效应，辐射区域经济的创新发展，形成高校和高新技术产业集群和经济带，具有区域创新中心的典型特征。大学区域发展到大学经济圈，是诸多因素共同作用的结果，但人才资源和知识资源的共享无疑是这诸多因素中最关键的因素。

通过以上分析，我们发现大学城的地域范围与大学城的发展阶段存在着正向一致性，因而我们也可以用同心圆来表示它们的关系，即用“内圆”、“中圆”、“外圆”分别表示“教育园区”、“大学区域”、“大学经济圈”，这对我们分析大学城内各区域之间的资源共享提供了便利。

二、大学城资源共享的内涵

（一）大学城“资源”的含义

资源是指一国或一定地区内拥有的物力、财力、人力等物质要素的总称。大学城的资源通常是指以下方面：人力资源（包括师资资源、人才资源等）；硬件资源（包括各类设施、仪器设备、场地等）；信息资源（包括科技信息、服务信息、管理信息等）；知识成果资源（包括课程成果、学术成果、技术成果等）；文化资源（包括学术交流、文体活动、旅游休闲等）；信用资源（包括品牌信用、信贷信用等）；配套资源（包括交通设施、生活配套、政策资源等）；如此等等。

（二）不同阶段大学城资源共享的内容

大学城资源共享是建立在大学城现有资源的基础上的，没有一成不变的内容，凡是有利于“产学研”协调发展的内容都可以是共享的内容。在不同的发展阶段，大学城资源共享侧重的内容有所区别。

1. “教育园区”阶段的资源共享。注重教育资源共享，即课程教材共享，仪器、设备共享，图书资料共享，体育、文化、医疗设施共享，后勤服务的社会化共享，等等。

2. “大学区域”阶段的资源共享。注重交通、居住、商贸、体育、文化、医疗设施共享，旅游资源共享，文化资源共享，区域产业政策共享，等等。

3. “大学经济圈”阶段的资源共享。注重人才资源共享，技术成果共享，产业政策共享，交通设施共享，产业配套资源共享，信息资源共享，实验室、设备、仪器共享，等等。

三、海河教育园的特点

作为天津市正在兴建的大学城，海河教育园区位于天津市中心城区和滨海新区之间的海河中游南岸，规划面积 37 平方公里，北至天津大道，南至津港公路，西至规划的蓟汕联络线，东至津南区西外环。海河教育园具备打造大学经济圈的基础和动力，具有广阔的发展前景。

（一） 规划科学，实力雄厚，具备“产学研”联动的基础

天津海河教育园区被定位为国家级高等职业教育改革实验区、教育部直属高等教育示范区、天津市科技研发创新示范区，以及海河南岸人文型、生态型、创新型实验区，说明天津海河教育园区从起步阶段就赢得了国家和天津市层面的高度重视和大力支持，承载着我国高等教育改革和天津市科研创新的重要使命和期盼。海河教育园在规划之初，国内外关于大学城资源共享已经有了较为成熟的理论和实践成果，海河教育园区充分发挥这一后发优势。在规划方面，不同于国内很多大学城只是校园的聚集，更强调功能的集聚，即按照一期高职园、二期高教园和三期高研园的整体规划。一期高职园已于 2011 年建成并投入使用；二期高教园建设南开大学新校区、天津大学新校区，目前正在紧张的施工建设；三期高研园将依托各高校的智力资源和科研力量，大力发展总部经济、研发孵化、科技成果转化等高端产业，形成天津市高端科技研发创新的中心。最终致力于实现“产学研”联动、区域科技进步、产业优化、人才集聚和经济高速发展的目标。

（二） 规模效应和集聚效应将促使大学城镇的形成

海河教育园区规划办学规模 20 万人，居住人口 10 万人，消费能力巨

大，30 万人的“衣食住行”将会形成一个庞大的消费市场，按照当下每个学生平均月消费 700 元，每年按 10 个月计算，仅仅学生的生活消费就达 14 亿元。另外，教育园区的建设还可以令周边土地资源实现价值最大化，提高周围地区的投资回报率，也能创造出众多的就业机会。同时，高校的聚集意味着人才的聚集，可以为科研成果的研发、转化创造条件，为地区人才集聚搭建平台，为地区经济发展提供科技支撑，促进地区经济发展方式的转变，由“产学研”一体化带来的效益不可限量。

（三）滨海新区飞速发展，与大学经济圈相互支撑

海河教育园区连接着天津市中心城区和滨海新区，随着滨海新区的飞速发展，海河教育园区与滨海新区之间的共享与合作必将日益密切。2012 年，滨海新区生产总值 7205.17 亿元，增长 20.1%，功能区建设全面展开，高端产业加快聚集，自主创新能力不断提升，龙头带动作用和服务辐射功能明显增强。滨海新区的飞速发展，提供了足够的产业支撑和广泛的创新需求，为大学经济圈的形成创造了最有利的条件。

四、海河教育园资源共享的现状

（一）海河教育园诞生于资源共享的理念下，具有先天优势

1. 良好的规划，先进的设施，为资源共享创造了条件

海河教育园区总体规划“一廊两翼”的布局结构，一条中央生态绿廊南北贯穿园区，公共文化中心、公共图书馆、公共体育中心、公共实训中心布局其中；两翼集中建设高等院校以及居住、配套设施。这种规划格局实现了园区公共资源的共享，避免了各个高校的重复建设，极大地节约了资源，同时也有利于实现资源的集约化利用，有利于发挥规模经济效应，带动区域发展。

2. 设立行政区划实行统一管理，促进全方位、深层次的共享

海河教育园区作为独立于津南区的一个行政区划，有着相对自主和集中的管理体制，为园区发展和资源共享提供了便利。目前，园区实行教育资源共享，鼓励园区内院校之间教师互聘、课程互选、学分互认。实行岗位技能培训包的职业教育模式，推进学历证书和职业资格证书“双证书”一体化教学，面向社会开展职业培训。支持和鼓励院校围绕重大项目、现代服务业和科技研发等产业发展需要，调整专业结构，拓展专业方向。同时，海河教育园区创新职业院校教师评聘机制，鼓励院校提高“双师型”教师聘任比例。

在园区内，“人与资源”、“人与人”之间的全方位、深层次共享得以实现。

（二）海河教育园资源共享的现存问题

基于各校的实力和社会影响力，海河教育园目前在聚集人才等方面还成效甚微，资源共享的范围主要集中在“教育园区”，教育园区与周边区域资源共享尚处在发展阶段，还不具备大学区域的特征，资源共享需进一步加强。

1. 园区内资源的充足与匮乏并存，浪费和缺失并存

尽管海河教育园是资源共享理念下的产物，园区的资源共享也取得了可喜的成绩，如师资共享、课程共享、图书资源共享、体育设施共享、后勤服务共享等方面，但是，受教育体制和传统思想的束缚，目前我国大部分高校及教育机构仍更多关注自身的利益，试图通过争取和占有教育资源，强化自身地位和优势，树立学校形象。因此，尽管海河教育园内各类公共资源充足，但各个院校自身资源也都具有相当的完备程度，资源过剩的背景下资源共享的利用率偏低，存在资源浪费现象，也使得资源流动和共享的动力有所减弱。同时，存在信息与文化资源的欠缺。海河教育园地处津南区，属于新开发的区域，与天津市人力资源密集的区域还没有形成良好的互进发展，人文气息不重，信息渠道较少；搬迁进来的各学校远离老校区，给历史与文化传承带来障碍。对学生而言，原本丰富的生活被单一的校内生活所取代，缺乏心理上的归属感。

2. 区域配套不健全，制约了资源共享的广泛展开

海河教育园规划占地面积 37 平方公里，庞大的规模造成交通不便，和物质资源共享的可操作性降低，大大降低了资源辐射的范围。津南区历史上以双港、咸水沽和南八里台镇为发展重心，资源配套渐次向外延伸，海河教育园位于其间，当前资源相对分散，配套不能形成资源集聚效应，周边资源重新调配尚需时间。地铁六号线等重点交通配套设施尚未建成，该区域与市区联系存在空间上的隔阂，阻碍了资源辐射的范围；商业地产项目尚未大规模交付入住，作为经济圈主体的“人”不能大量聚集，这又制约了生活配套的跟进。区域配套不健全导致资源共享的范围被分割，学校里的人不愿走出去，外面的人也很少走进来。区域内资源共享短期内不能广泛展开，以消费经济圈为特征的“大学区域”形成尚需时日。

3. 建设尚未完全成型，资源共享层次较浅

海河教育园高教园和高研园还未建成，科研院所和创新产业尚未聚集，作为大学经济圈资源共享核心的高端人才和创新知识共享均极度匮乏，这是

由海河教育园建设初级阶段的客观条件决定的。资源的内容和层次上的丰富性决定了共享内容和形式的丰富性。共享内容不丰富，层次不够深，直接导致了资源辐射面窄，辐射力低。

五、针对海河教育园资源共享问题的对策

（一）充分整合园区资源，提高园区资源共享效率

1. 推进信息化建设

打破高校间网络壁垒，逐步实现网络一体化可以利用园区网站统一各校的校园网，做到网上校园率先联合，开发共享平台。应充分认识到网络是资源共享最方便、快捷、廉价、实用的途径之一，无论是教师情况、课程安排、学习资源、教育信息、学术交流、文体活动等都可以通过网络终端进行公布、获得与安排，并借助数据的统计和分析功能，时时跟进资源的使用及闲置情况。

2. 发挥市场调节机制

扩大资源共享的范围，秉承学校的就是园区的、园区的就是区域的“大”概念，利用市场的调节机制充分共享资源，并注重互惠互利的利益机制的建设，使各方达成共赢，提供园区内各主体资源共享的积极性。于学生自发调节使用资源，于社会团体通过竞价等方式调节资源，让有限的资源发挥更大的效益。

3. 加强主体引导作用

海河教育园在短期内面临着文化积淀的匮乏，但同时也意味着具有较强的可塑性，因此对园区文化资源的控制和引导就显得比较重要。园区管委会以及各学校应多组织一些讲座、交流、艺术演出等活动，加强文化氛围的培育，传递更多的正能量，打破园区相对封闭和独立的现状。

（二）多方面加强区域建设，让资源“活”起来

无流动不成资源，强调资源共享，就需要让资源“活”起来，方能促进“大学区域”阶段的实现。

1. 加强交通设施建设，便捷资源共享

共享资源的辐射力往往建立在人们现有的出行工具的基础上，加强交通设施建设尤其是公共交通建设，完善交通网络，提高出行速度，缩短空间的距离，减少不必要的出行时间耗费，便捷资源共享。

2. 开发旅游及文化资源，积聚区域人气

海河教育园的绿地和植被园林系统，具有特色的教学设施，营造了宜人的学习和生活环境，同时也打造了独具特色的旅游资源。大学的充足的文化体育资源，专业的人才队伍，为各类层次的文化体育活动的展开奠定了基础，可充分利用园区内的设施和场所组织或承办丰富的文体活动，让人们有更多的理由走到园区里来。尤其应抓住承办东亚运动会、大学生运动会等大型活动的机遇，广泛增强园区影响力。

3. 加强宏观规划，统筹区域发展

海河教育园区与津南区有关部门要加强协调，统一部署，在房地产开发、招商引资、交通设施以及服务设施的兴建上统观全局，科学部署。应集中各种优势资源，形成合力，共同进退，互惠互利发展。

（三）加快建设速度，尽快形成“产学研”联动机制

我国大学城的这种主动构建模式，全国范围内仍普遍处于边摸索边发展阶段，对于能否取得国外大学城那样的成果并没有十足的把握。海河教育园要想成为“主动构建”模式的一面旗帜，绝不能拘泥于大学城原有的理论进行按部就班的建设，应不断寻求突破，解决发展中遇到的种种困难。同时应认识到，如今无论教育还是经济都存在着广泛的竞争，产业格局瞬息万变，速度优势无疑已经成为各行各业在竞争中力争的关键，海河教育园需要从资金、政策、自身、产业聚集等各方面并行发展，原有的渐次建设尚不足以应对当前的形式，一旦经济形式转变，产业聚集受阻，海河教育园的辐射能力将大大减弱，势必影响该区域未来的发展甚至海河教育园建设的成败。

六、对未来海河教育园资源共享的几点建议

（一）建立人才共享的创新机制，将人才共享落到实处

纵观世界，包括许多先进国家，科技园区的环境和条件并不比硅谷差，但硅谷之所以能独占鳌头，关键在于先进的机制。科技创新首先要进行机制创新。过去我们对人才优势，只是理解为大学有许多高层次的人才，是一个智力资源库，可以源源不断地创造出大量高科技成果。硅谷的大学使我们进一步体会到：大学已经成为创新者的摇篮。许多大学不但鼓励科技人员进行技术创新，并且进一步实施了许多鼓励科技人员创立科技产业的政策。以斯坦福大学为例，这些政策主要有以下诸方面。

1. 允许教师和研究人员每周有一天到公司兼职，从事开发和经营活

动；

2．允许他们有1～2年的时间脱离岗位，到硅谷创办科技公司，或到公司兼职，学校保留其职位；

3．教师在学校获得的科技成果，由发明者本人负责向公司转移的，学校与其签署许可合同，所获得的知识产权收益，学校只提取10%～15%；

4．学校的应用性成果在1年之后仍未向企业转移的，发明者可自主向企业转移，学校一般不再收取回报。

这些措施一是可以大大提高科技人员的创业积极性，推动科技成果的产业化；二是保持了这些创业者与学校的联系，可以不断地从学校这个科技源泉中吸收新的营养；三是这种创业过程对教师和科技人员来讲，也是开阔眼界和知识更新的过程，这对于他们的教学和科研工作，都是十分有益的。海河教育园在今后的发展中，可以结合自身情况适当借鉴。

（二）推进协同创新，形成资源共享的长效机制

协同创新，是资源共享思想的集中体现，同时它也是方法论，指明了大学城创新资源共享的方法。协同创新与以往的“产学研”结合、联合攻关等合作形式不同，它不仅要出成果、出人才，更要形成机制、持续发展，也就是要探索建立有利于突破创新要素间的协同壁垒，形成有利于实现人才、资本、信息、技术等方面资源共享的长效体制机制。

我国目前高校与社会资源共享渠道不畅，高校科研成果“滞销”，仍是普遍存在的问题。高等院校每年都要产生大量的关于高科技和企业管理方面的研究成果，而这些科研成果的价值却未得到充分利用，除了专利权和稿费，似乎再无更多东西可以体现它们的价值。而作为熟悉市场的企业，尽管面对创新的迫切需求，但因涉及研发环节多，资金投入大，技术风险高，而往往难有创新突破。海河教育园要实现破局，未来的发展应把协同创新放在重要的突出位置，通过形成一种长效的体制机制实现优势资源共享。

（三）应对机遇与挑战，资源共享紧跟时代发展

海河教育园从开工至今已经有四年，形式已经发生了一定的变化，面临的挑战与机遇并存。其一，国家会展中心的建设将极大地加速海河中游的发展，这对海河教育园北部区域的发展是十分有利的，笔者大胆的设想利用海河教育园土地资源优势，在北部首先筑巢引凤。其二，天津未来科技城的建设，同样致力于发展成为区域创新中心，这将对海河教育园尤其是高研园的建设产生的影响，是竞争与合作的矛盾体，建议通过合理的规划和引导，彼此分工错位发展，通过资源的共享实现一加一大于二的发展。如海河教育园

注重前沿科技的创新，科技城注重贴近市场科技的创新；海河教育园注重实验室研究机构的建设，科技城注重产业化研究机构的建设；海河教育园注重中科技的孵化，科技园注重科技的产业化。通过错位发展，并建立广泛深层的资源共享，各有侧重，互为补充，共同发展。

参考文献：

[1] 王卫星．高等教育资源共享机制探索与实践[J]．会计之友，2010（2）
[2] 司林波，孟卫东．高校经济圈规划研究[J]．教育评论，2010（5）
[3] 陈志平．大学城建设的经济视角[J]．广州大学学报（社会科学版），2005（11）
[4] 刘军，梁德友．由集聚经济效应谈大学城的功能[J]．现代教育科学，2005（3）
[5] 欧雪银，罗能生．国外大学城的集聚经济效应机制分析[J]．经济纵横，2007（1）
[6] 沙茜．海河教育园区高职院校教学资源共享研究[J]．天津职业院校联合学报，2012（4）
[7] 高端访谈：开展协同创新提升教育质量——访南开大学校长龚克[J]．大学（学术版），2012（8）

新媒体：高校后勤信息工作新阵地

后勤管理办公室　张　蕾

摘要：高校后勤信息工作具有宣传、沟通等职能，是各项工作高效、有序运转的必要条件，因而对促进学校各项工作顺利开展发挥着重要作用。网络媒体和以手机为代表的移动新媒体以其信息资源的丰富和交流的便捷，已经成为大学生获取和交流信息的重要渠道并对其产生深远影响，这同时也给高校后勤信息工作带来了机遇与挑战。本文通过阐释新媒体概念和特征，分析其对于高校后勤信息工作产生的影响，并就新媒体环境下高校后勤信息工作的开展进行探索与思考。

关键词：新媒体；高校后勤信息工作；探索

一、新媒体介绍

1．新媒体的含义

基于数字技术的网络高速发展，使报纸、广播、电视等传统媒体面临一场巨大的革命，形形色色的新媒体已经成为当今世界最重要的信息集散枢纽。清华大学新闻与传播学院熊澄宇教授指出："新媒体也就是数字媒体或网络媒体，是建立在计算机信息处理技术和互联网基础之上，发挥传播功能的媒介总和。"

可以这样认为，"新媒体"是指继报纸、广播、电视等传统媒体之后，在数字技术、网络技术、移动传播技术的支撑体下出现的新的媒体形态，目前的新媒体主要指网络和以手机为用户终端的无线通信平台。

2．新媒体的特征

新媒体是在20世纪后期世界科学技术发生巨大进步的背景下，在社会信息传播领域出现的、建立在数字技术基础上的、能使传播信息大大扩展、传播速度大大加快、传播方式大大丰富的、与传统媒体迥然相异的新型媒体。[①]因而其具有以下几个方面的特征。

（1）内容即时生成，信息传播速度快，时效性强

由于传统媒体有明确且固定的发布时效和时段，因而其受众的关注也有时段性；新媒体由于在技术等方面的优势，可以即时且24小时不间断地发布新闻信息并将其迅速传播，受众获取的信息时效性强。

（2）内容即地获取，信息传播广泛，覆盖面广

新媒体从技术上打破了地域和国界的限制，开辟了受众接触信息的新途径。新媒体通过向全世界更多的人跨地域传播信息，大大扩展了信息传播的范围。

（3）内容丰富，信息量大，形式多元

新媒体尤其是网络媒体拥有海量的信息内容，受众能找到对同一事件报道的多角度多声音，进而通过多方比照保证信息的可靠性。同时，新媒体形式多元，传送的内容丰富多彩，不仅包括文字和图片，而且还有大量视频等内容。

（4）内容交互传播，实现实时互动

互动性是Web 2.0时代的特征，而“新媒体”也正是通过交互传播，使人人可以平等地成为信息获取者的同时也成为信息发布者。受众通过新媒体这个开放的信息交流平台自由地提出自己的观点，实现与他人的实时互动，进而增强参与感。

3．新媒体对当代大学生的影响

2014年7月21日，中国互联网络信息中心（CNNIC）在北京发布第34次《中国互联网络发展状况统计报告》（以下简称《报告》）。[②]《报告》显示，截至2014年6月底，我国网民规模达到6.32亿，其中20～29岁年龄段网民的比例为30.7%，在整体网民中占比最大；学生网民的比例为25.5%，学生依然是中国网民中最大的群体。同时，《报告》还显示，截至2014年6月底，我国手机上网的网民比例达到83.4%，手机继续保持第一大上网终端的地位（见图1）。

以上数据分析表明，不论从网民的年龄、职业，或者整体网民、手机网

---

① 蒋宏，徐剑．新媒体导论[M]．上海：上海交通大学出版社，2006

②中国互联网络信息中心（CNNIC）．第34次中国互联网络发展状况统计报告[EB/OL]．http://www.cnnic.net.cn/hlwfzyj/hlwxzbg/hlwtjbg/201407/t20140721_47437.htm

民等各方面的数据来看，网络媒体、手机媒体等新媒体因其形式新颖、传播迅速、开放互动等诸多优势而受到当代大学生的广泛关注和喜爱。

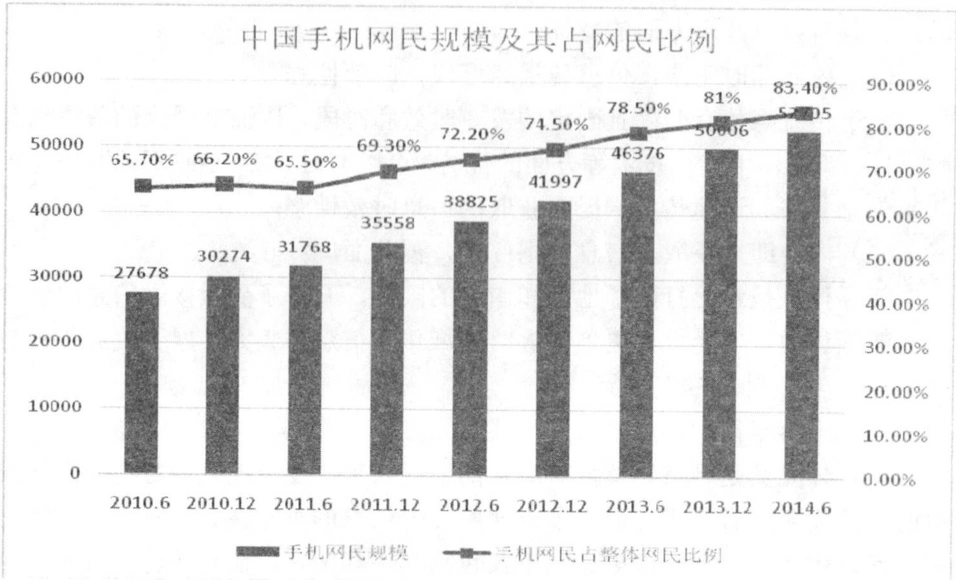

图 1 中国手机网民规模及其占网民比例

二、新媒体对高校后勤信息工作的影响

1．高校后勤信息工作介绍

高校后勤工作的主要任务是为学校教学、科研和师生员工的生活提供服务，工作内容涉及水、电、暖、餐饮、商贸、工程、绿化、物业服务等多项内容，事关师生员工的切身利益，因而在学校管理工作中处于十分重要的地位。

信息工作因其重在传递信息、联系沟通等功能，因而是高校后勤工作的“窗口”。高校后勤信息工作主要包括“宣传”与“沟通”两大方面：“宣传”主要是指高校后勤的理念、形象、人物、事迹等方面的信息传递，是单向的信息发布；“沟通”则主要是指高校后勤与师生员工服务双方之间的交流对话，是双向的信息互动。实质上，无论是宣传还是沟通，都是为了促进双方之间的相互了解，进而推动学校各项工作的顺利开展，由此可知信息工作是高校后勤的一项重要工作。

2．新媒体给高校后勤信息工作带来的机遇与挑战

在新媒体兴起之前，校报、广播、校园电视台、板报等是高校师生获取

信息的主要载体和方式，也是传统的高校后勤信息工作的主要平台，但由于高校后勤与师生员工间沟通不畅，双方存在严重的信息不对称。随着网络和移动终端的普及，新媒体特别是移动新媒体对大学生产生了强大的吸引力，网络媒体和手机媒体成为大学生生活不可或缺的一部分，对大学生的思维方式、表达模式、生活习惯等产生了重要影响。

随着新媒体深入到高校师生学习、工作和生活的各个方面，新媒体给高校后勤信息工作也带来了前所未有的机遇和挑战，成为高校后勤信息工作的一把双刃剑。

（1）新媒体促进高校后勤信息宣传工作的顺利完成

考虑到新媒体的平台极为丰富，而大学生又是新媒体技术的主要参与者，学校论坛BBS、微博、微信等新媒体应用已经成为当代大学生生活的一部分，高校后勤信息工作者可充分利用新媒体广泛的渠道和平台优势促进工作开展，通过建立高校后勤信息网、设立学校论坛BBS、微博、微信等平台官方账号的方式，及时发布重要信息和动态，从不同角度、不同层面及时展示高校后勤的信息、动态和进展，展现新思路、新举措、新经验和新成就，起到树立高校后勤形象、增加美誉度、扩大影响力的作用，完成高校后勤信息宣传工作。①

（2）新媒体保证高校后勤信息沟通工作的顺利实现

新媒体的互动性使每个人都可以自主地与他人进行沟通交流，进而为高校后勤工作者听取师生对后勤服务的意见、吸纳师生对后勤工作的建议提供了畅通的渠道，双方可通过及时沟通，增进理解，消除隔阂。同时，通过新媒体的各种渠道和平台，高校后勤工作者也可与高校各学院、各部门建立起沟通无阻的畅通渠道，增进工作关系，为今后的工作奠定良好的基础。

（3）新媒体对高校后勤信息工作造成一定的冲击和影响

高校师生接触前沿和新鲜事物的机会多，相对于其他的社会群体更易于接收新媒体。网络和移动新媒体的出现，使信息的发送、传播、接收变得不受时空限制，传播的主体更加复杂，信息内容不确定且形式多样化，传播的控制度、舆论导向的控制就更加困难，这些都将对目前适应传统媒体环境下的高校后勤信息工作造成一定的冲击和影响，因而新媒体给高校后勤信息工作也带来了巨大的挑战。

---

① 蔡颖颖．发挥信息宣传先锋喉舌作用构建高校后勤管理全方位体系[J]．科教文汇（上旬刊），2013（8）

三、新媒体环境下高校后勤信息工作的探索与思考

新媒体与高校群体有着相当大的关联度，新媒体的触角已经深入到高校师生学习、工作和生活的各个方面，网络（含无线网络）和手机通信已成为大学生信息获取和对外沟通交流的主要渠道。因此，高校后勤信息工作者必须要全面认识新媒体及其对高校后勤信息工作的影响，并结合实际情况积极探索新媒体环境下的高校后勤信息工作如何开展。对此，笔者有以下几点思考。

1．强化认识，积极应对新媒体时代

新媒体的发展势如破竹，超出了人们的想象，高校后勤信息工作者必须要强化对新媒体的认识，加强新媒体知识和技术的学习并积极投入到新媒体的使用中去。在新媒体的知识和利用方面，要与高校大学生保持同步，不断研究和探索利用新媒体进行信息工作的新方法、新途径、新手段，提高自身运用新媒体开展后勤信息工作的能力，同时总结新媒体环境下高校后勤信息工作的经验和规律，掌握工作的主动性。

2．构建平台，创新后勤信息工作新阵地

新媒体以数字技术、网络技术、移动传播技术等为基础，展现出信息量大、传播速度快、覆盖范围广等优势，打破了传统的高校后勤信息工作平台相对固定、覆盖范围有限、影响力小的局限，极大地拓宽了高校后勤信息工作的空间。

高校后勤信息工作者要积极利用新媒体这一新阵地，加快建设优质、快捷的高校后勤新媒体信息发布平台，及时发布后勤工作服务信息，使新媒体平台成为高校师生获取信息的资讯平台，进而拓宽高校后勤工作宣传渠道，扩大后勤工作宣传领域。

同时，新媒体环境下高校后勤信息工作者不受时间和地点的限制，可以通过文字、图片、音频、视频等交互式交流方式，更加直观、生动、深入地实现与广大师生的交流和沟通，以便切实解决其实际问题，提高高校后勤信息工作的针对性和实效性。

更为重要的是，高校后勤信息工作者可以通过新媒体平台的构建，展现高校后勤形象，保证高校后勤工作的顺利开展，主要体现在以下几个方面。

（1）建设后勤综合信息网等网络新媒体平台

高校后勤工作涉及面广，后勤职能分散于多个部门，而各部门间又各自

独立，缺乏统一性和协调性，因而高校后勤工作存在低水平重复管理、交叉管理，甚至是没人管理的真空地带。①

在新媒体环境下，高校可通过建设后勤“一站式”的综合信息网，突出后勤的服务保障功能，将校内众多分散的后勤服务资源进行整合，并通过网站及时、全面、有效地传递后勤动态，保障高校师生员工得到全面、便捷的服务。

另外，可通过创新网站栏目样式、丰富网站版面内容，增加与师生的互动。值得注意的是，在做好与广大师生的互动过程中，更要做好网络舆情的监控工作，一定要将互动引导和监控在健康的范围内，避免不良言论带来的负面影响。

（2）利用学校论坛 BBS、微博、微信等移动新媒体平台

中国互联网络信息中心（CNNIC）第 34 次《中国互联网络发展状况统计报告》显示，截至 2014 年 6 月底，我国手机网民的规模达到 5.27 亿人，手机上网成为互联网用户新的增长点。在大学校园里，以手机为代表的移动新媒体已经成为大学生信息获取和对外沟通交流的主要渠道。

高校后勤信息工作者要充分利用学校论坛 BBS、微博、微信等移动新媒体平台，大力宣传后勤的重要活动和典型事迹，全面展示后勤改革发展、文化建设等方面取得的新成绩、新气象，建立师生情感信任，提升后勤的形象和影响力。

3．优化队伍，强化新媒体信息工作素养

高校后勤信息工作者应尽快适应新媒体这一全新环境，积极学习传播学、新媒体等有关知识，了解新媒体特征，紧跟新媒体发展步伐，转变角色定位，完善自身信息工作素养，树立新媒体环境下高校后勤信息工作的新理念。通过认真研究新媒体环境下信息传播和思想引导的特点和规律，熟练运用网络语言和网上舆情分析、引导技巧，熟悉学生网络行为习惯，全方位、高质量地运用新媒体做好后勤信息工作。

同时，高校更要注重新媒体环境下后勤信息工作者的工作素养，通过定期举办新媒体知识讲座、做好培训工作等途径，培养一支具有较强信息处理、网络沟通能力的高素质的新媒体信息工作队伍。

① 赵粉香．高校后勤管理的若干思考[J]．高校后勤研究，2012（4）

参考文献：

[1] 蒋宏，徐剑．新媒体导论[M]．上海：上海交通大学出版社，2006

[2] 蔡颖颖. 发挥信息宣传先锋喉舌作用构建高校后勤管理全方位体系[J]. 科教文汇（上旬刊），2013（8）

[3] 朱国清，郑启聪．浅析高校后勤信息工作的功能及途径[J]．高校后勤研究，2005（3）

[4] 沈丽伟，朵成旭．浅谈新时期高校后勤信息工作[J]．办公室业务，2014（3）

[5] 王云昀．新媒体时代高校形象传播的新思路[J]．华南理工大学学报（社会科学版），2012（4）

[6] 李辰．新媒体时代背景下大学生思想政治教育工作研究和探索[J]．中国电力教育，2014（6）

[7] 赵粉香．高校后勤管理的若干思考[J]．高校后勤研究，2012（4）

[8] 中国互联网络信息中心（CNNIC）．第 34 次中国互联网络发展状况统计报告 [EB/OL]． http://www.cnnic.net.cn/hlwfzyj/hlwxzbg/hlwtjbg/201407/t20140721_47437.htm

微信公众平台在高校保卫工作中的应用探索
——“平安南开”微信公众平台的建设探究

保卫处　李　娜

摘要：本文主要分析了微信及其公众平台的功能特点；以南开大学为例，探究了“平安南开”微信公共平建立的可行性和必要性；阐述了积极运用“平安南开”微信公众平台建立保卫信息新窗口的措施。具体探讨了在推送的选择上应契合学生的安全需求，在推送时机把握上要更加突出重点，增强有效性，及时与学生互动，增强渗透性和参与性，充分运用平台的订阅成员分组功能做好针对性教育等内容。

关键词：微信公众平台；高校保卫；应用探索

根据2013年中国互联网络信息中心的调查显示，学生网民是我国网民的主力军，占整体的25.1%，手机上网的比例增速较快，有74.5%的网民通过手机上网。这说明在数字化的时代，移动性网络交流是高校学生中最为常见的、主要的、有效的交流模式。新型开放性的网络交流模式如微博、微信，都在大学生中广为流行，成为其生活中必不可少的交流方式。

“微信”是腾讯公司在2011年1月推出的一款移动社交性软件。它打破了传统电信通信和移动互联网的界线，凭借其社交性、开放性、便捷性、自媒体性等方面优势，迅速吸引了用户的注意力。微信在2013年春节期间大放异彩，用户数迅速突破4亿，使用频率大幅提高。据腾讯官方公布的信息，微信用户在年龄分布上看，20～30岁的青年占74%；从职业的分布来看，大学生占了64%。“今天，你微信了么？”正如其广告语所言，微信已成为一种生活方式。

与此同时，高校保卫部门传统的宣传模式在媒介选择上却依然通过校报、校刊、校内广播电视、校园网等传播媒体。在信息科学技术迅速发展的今天，如何积极有效地利用新媒体技术加强高校保卫部门宣传，提高高校保卫部门工作效率，建立服务型高校保卫部门，是每位高校保卫工作者需要思考的问题。本文仅以南开大学保卫处“平安南开”微信平台的建设构想为依托，拟通过打造微信公众号，实现和学生有关安全工作方面的文字、图片、语音的全方位沟通、互动，开辟保卫处与师生联系的新窗口，从而提高工作效率，建立服务型保卫处。

一、微信及其公众平台的功能特点

1．微信的功能特点

第一，微信支持跨通信运营商、跨操作系统平台，支持中国移动通信、中国联通、中国电信等运营商的通信数据网络，支持 WiFi、2G、3G 和 4G 数据网络，支持 iOS、Android、塞班等多种操作系统平台。第二，微信支持多种交流沟通方式。微信支持发送语音、视频、图片和文字，支持多人群聊，还具备实时对讲机功能，这些沟通方式改变了人们的生活，使得信息传播更加方便快捷。第三，微信具备强大的社交功能。微信支持通过搜索微信号码，扫二维码，从 QQ 好友列表以及手机通讯录等多种方式添加朋友，甚至还提供了基于位置服务的“摇一摇”功能来添加朋友，这就使得微信用户之间建立关系变得异常方便，从而可以让微信用户迅速建立起一个庞大的人际关系网。

2．微信公众平台的功能特点

首先，微信公众平台支持消息群发，能够主动向用户推送重要通知或趣味内容，支持文字、语音、图片、视频、图文消息，能够针对指定对象发送这些信息，达到信息推送和内容投放的目的。其次，微信公众平台具备自动回复功能。微信用户可以通过一些指定的关键字，主动向微信公众账号索取信息，从而实现与微信公众账号进行信息交互。再次，微信公众账号支持一对一交流，可以回复用户的实时消息，可以针对用户的疑问，提供一对一的对话交流服务。最后，微信公众平台支持用户管理。可以对用户进行分组管理，支持创建不同的组别，在推送信息的时候，可以对不同的分组进行群发。

综上所述，与传统媒体相比，微信公众平台更有利于实现信息的互动性和时效性，也能更好地实现信息内容发布的多样性和传播的广泛性。

二、“平安南开”微信公众平台建立的可行性和必要性探究

1．大学生使用微信的现状决定了“平安南开”建立的可能性

微信是新生事物，虽然发展时间短，但截至 2013 年 1 月其用户已经达到 4 亿。而大学生喜欢尝试新鲜事物的特点决定了他们是该软件的主要使用人群。一份针对高校本科生的 200 人问卷调查显示，使用微信的大学生群体占到了 58.06%，没有使用过微信的学生也有 48.39%准备近期开通使用。而在与南开学生的访谈中也了解到大部分学生都在使用微信软件。这说明大学生已经成为使用微信最广泛、最活跃的群体，也就为“平安南开”微信公众平台的建立提供了现实可能。

2．传统的宣传教育方式的不足决定了需要进一步拓宽渠道

长期以来，为做好保卫处的宣传教育工作，进一步提高大学生的安全意识和自防自救能力，广大保卫工作者一直在积极动脑筋想办法，通过运用各种载体来宣传安全知识，服务南开师生。但是，传统的安全教育在许多方面存在不足之处。一是在形式上，较多采用摆事实、讲道理，对大学生“灌输”知识的方式。由于宣传教育呆板、生硬、单一和枯燥无味，使大学生容易产生厌烦情绪或逆反心理，造成事倍功半的局面。二是在传播媒介选择上，往往采用宣传橱窗、广播、校内网等形式，信息传输渠道单一，而且容易受到时间、空间、地点的限制，影响了宣传教育的时效性。与此相应，新媒体的出现与运用可以使保卫工作及大学生安全教育更加贴近生活、贴近实际，增强了互动性和普及性。保卫工作者把与保卫工作相关的内容通过微信公众平台及时向学生传播，为加强大学生安全教育，改进保卫部门工作作风提供了新的途径、方式和手段。

三、积极运用“平安南开”微信公众平台建立保卫信息新窗口

信息技术的迅猛发展，为高校保卫工作注入了新活力。而积极运用微信公众平台，与时俱进地搭建与学生之间的广阔交流平台，将极大丰富南开安全教育的内容，有力推进平安南开校园的建设。“平安南开”微信公众平台主要通过微信公众号，以群发推送、自动回复以及一对一交流的方式实现和特定群体之间的信息交流。拟每天向关注该平台的师生提供安全信息，同时也即时回复师生有关安全方面的咨询。

1．在推送内容的选择上应契合学生的安全需求

“平安南开”将不定期向南开师生推送各类安全信息，内容拟分为“保卫新闻”、“通知公告”、“安全常识”和“失物招领”四大模块。同时充分考虑南开学生思想活跃、感知能力强、对新鲜事物接受快的特点，在内容的选择上，按照突出重点、兼顾一般的原则，根据环境、季节变化等特点，适时发送有关防火、防盗、防诈骗以及食品安全方面的知识；在文字上，改变生硬的叙述，增加更多的人文关怀，使学生在心理上更有认同感。特别是“失物招领”模块的设计，不但能方便广大师生及时找回丢失物品，更有利于缓解当前保卫处不能及时联系到失主的现状。

2．在推送时机把握上要更加突出重点，增强有效性

从对历年来发案情况的总结分析，有三个重要时间段要重点把握，即新生入学前后、寒暑假前后以及法定节假日。在这些安全敏感时期，各类案件频发，治安纠纷也较多，是保卫处进行安全宣传工作的重要时期。因此，“平安南开”除日常的信息发送外，将更加突出重点时间段的安全宣传教育。例如，在新生报到前利用平台告知新生应该注意路途上的安全，到校后则详细介绍校园周边的治安环境和治安隐患突出的场所，让新生熟悉校内外环境。在节假日期间，可以告知学生要注意出行和财产安全，保管好贵重物品，等等。

3．及时与学生互动，增强渗透性和参与性

运用“平安南开”一对一的方式，可以与学生直接进行文字、语音和图片等方面的交流。以往的安全教育方式互动性不强，学生一般不会说出自己的真实想法。而运用该平台，通过匿名的特点，学生可以大胆地在第一时间回复自己的立场、观点以及对保卫工作的意见、建议，满足了自我表达的需求，同时也提高了他们参与保卫工作的积极性和主动性。反过来，这样一种隐性的渗透方式，使学生自觉不自觉地接受了安全教育，无形中提高了安全意识。

4．充分运用平台的订阅成员分组功能做好针对性教育

在微信公众平台的后台管理中有订阅成员分组功能。例如，可以将加入平台的成员按照学院、年级进行分类管理，也可以按照学生、教师等分类管理。在此基础上，我们可以向不同群体推送针对该群体的有用信息，使保卫宣传工作更有针对性。

四、结语

新媒体的快速发展，改变了信息交流、人际沟通、社会行为的方式。同时新媒体也带来了新机遇，为我们高校保卫工作开辟了新途径与新尝试。作为高校保卫工作者，必须要有与时俱进的精神，适应新的形势变化，研究、创建新的工作方法。积极运用新媒体，尤其是新媒体中的“最新媒体”——微信及其公众平台，无疑是高校保卫处建立服务型机关的一种有益尝试，将为我们更好地与南开师生互动，提供更好、更全面的安全保障服务，打下坚实的基础。

参考文献：

[1] 张志学，蒋良才．高校保卫工作理论与实践研究[M]．北京：中国人民公安大学出版社，2007：10

[2] 杨敏．微信对大学生思想政治教育的挑战及应对策略[J]．思想政治教育，2012（6）

[3] 何珊．微信在警务信息处理中的应用[J]．计算机光盘软件与应用，2012（18）

[4] 中国互联网信息中心（CNNIC）．第 31 次中国互联网络发展状况统计报告（2013-01）[EB/OL]．http://www.cnic.cn/xw/kydt/201301/t20130117_3751850.html

高校自行车失窃现状及原因分析
——以南开大学为例

保卫处　王　帅

摘要： 高校自行车失窃问题已经成为高校治安综合治理的重点，尽管各高校也采取了不少措施，但是，自行车失窃依然有愈演愈烈的趋势。本文以南开大学八里台校区为例，着重分析近几年自行车盗窃案的特点、现状和原因，并提出相应的治理原则来更好地保障师生的财产安全和校园的安全稳定。

关键词： 高校；自行车失窃；现状调查；原因

对大多数高校学生而言，自行车因其简单方便、价格实惠成为学习、生活中首选的交通工具，从而已成为同学们学习、生活中的一部分。但是，相应的自行车失窃问题也随之而来，且有愈演愈烈的趋势，多数学生陷入了“因需而买，一买就丢”的恶性循环，这已成为高校综合治安治理中的“公害”和顽疾。自行车失窃不仅给同学们的财产带来了一定的损害，也给学校的安全稳定带来了隐患。所以，为大学生创建安全的校园环境，保护包括自行车在内的财产安全是一项重要的大学生民生工程。[①]

一、南开大学自行车失窃现状调查分析

南开大学八里台校区，东西跨度较大，呈狭长形，多数学生宿舍区和教学区相距较远，自行车更是成为同学们的必备交通工具。据调查，八里台校区有近 80%的学生拥有自行车，几乎人手一辆，而据 2013 年的自行车丢失报案登记，有登记备案的自行车丢失案件达 90 余起，平均每 4 天丢一辆自行

① 赵桁．浅谈高校自行车安全管理问题[J]．世纪桥，2009（17）

车，考虑到自行车丢失未报案的情况，实际丢失数量要大于统计数量。下面从自行车失窃时间、失窃地点、盗车特点等方面对自行车失窃现状做一分析。

（一）自行车失窃高发月份分析

图 1 是从报案登记表中挑选出来的 80 起有准确盗窃时间的案件，从图中可以看出，车辆丢失一般集中在 3、4 月份和 9、10、11 月份。这些月份一般都是新学期开学或新生入学阶段，这些时间段也是学生们大量购车的高峰期，特别是盗车分子青睐的新车比较多。此时的新生安全意识不强、警惕性低、缺乏社会经验、防盗意识淡薄，其自行车很容易成为违法分子的囊中之物。

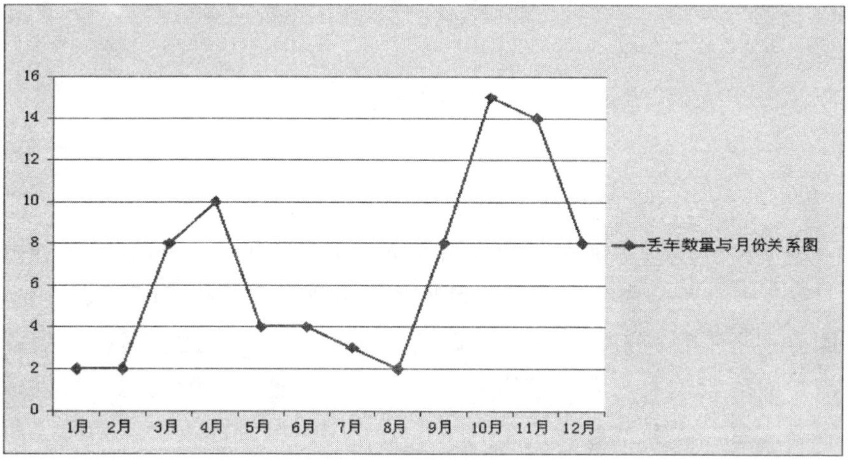

图 1　丢车数量与月份关系图

（二）自行车失窃与失窃地点分析

图 2 是根据报案登记表中经常丢失车辆的地点所做的数量分布示意图，从登记表记载的丢失地点来看，分布比较均匀，几乎每天停车场都有丢车的情况，其中有几个区域丢失数量比较集中，这些区域是二主楼、校医院附近，主楼附近，东门、北村附近，体育馆附近和西南村。这些区域的环境呈现以下特点：车辆存放密集，车流量、人流量大；除二主楼外，大多区域靠近学校出入口，主楼靠近南门，北村靠近东门，体育馆靠近联合门，西南村靠近西南门；都属学校的“公共区域”，学校师生、外来人员混杂，来往人员比较陌生。

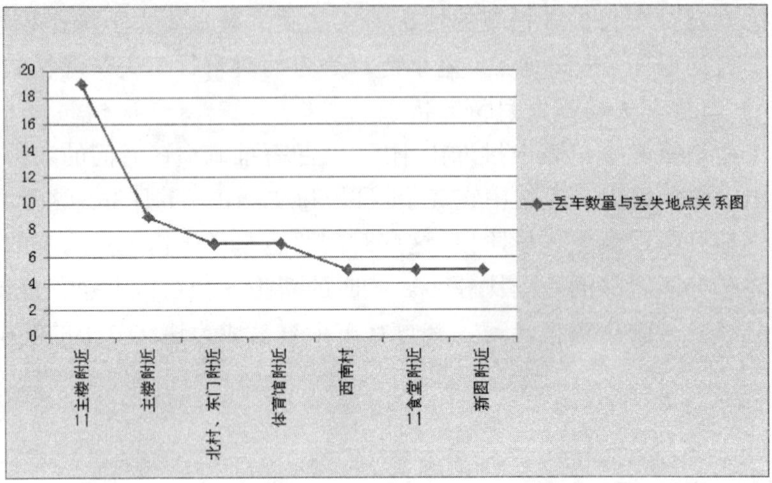

图 2　丢车数量与丢失地点关系图

（三）自行车失窃高发时段分析

根据学校巡逻队实际抓获和录像查证时间准确的 65 起盗车案分析可以看出，有两个时段是窃贼盗车的高峰时段，分别是 11 时至 14 时、17 时至 20 时，即分别是午餐、午休和晚餐、晚自习前的时间段。此段时间学校各个路段车流量人流量较大，学生经历了半天的学习，精神比较懈怠，警惕意识下降，容易大意，大多数窃贼正是利用了这一空挡对目标下手。如图 3 所示。

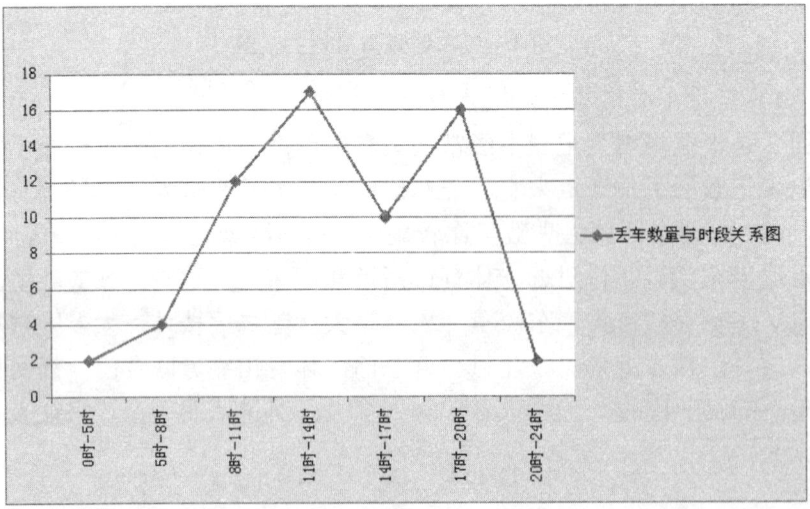

图 3　丢车数量与时段关系图

二、盗车分子作案特点分析

在抓捕、询问盗车分子和录像调查取证的过程中我们发现，其作案过程一般有以下几个特点。

1．盗车分子通常需要携带一些作案工具，如丁字锥、一字改锥、万能钥匙、压力钳、剪线钳等，尤以前四种最多，还有极少数分子用板砖砸锁。偷车分子一般都了解锁的基本原理，用上述任何一件工具都能将锁撬开。为了掩藏作案工具，一般情况下，他们会背着很普通的较小的背包，有的直接将较小的作案工具放在随身口袋里，从外表看不出任何端倪。

2．通过对被盗车辆的调查发现，盗车分子选择偷盗的目标有几个原则，一是价值原则，他们往往选择经济价值较大的自行车下手，一般是中高档的山地车和八九成新的自行车；二是方便原则，即选择撬锁方便甚至不用撬锁的目标下手，再就是大多选择离出口近的区域下手便于逃窜；三是市场原则，即根据“市场”需求选择目标，这一般与黑市的需求有关。

3．盗车者大多为惯犯，动作熟练、成功率高，其撬锁所花费的时间一般在一分钟之内，熟练者可在数秒内得手。作案后，盗车者就近或按计划好的路线快速将车骑离教学区，而且其逃跑路线会尽量避免学校的摄像头，其作案速度快，警惕性强，有一定的反侦察能力，除了当时的录像，现场几乎不留任何有价值的线索和证据，可谓小风险、大收益。从录像中看作案过程，其开车动作几乎与车主没有两样，非专业人士很难分辨出。

4．自行车偷盗既有单独作案也有合伙作案的，以两人伙同作案的情况较多。单独作案者一般是在近出入口或僻静的地方作案，作案后直接从最近的出口骑走。多人作案的一般行走时会前后拉开一定的距离，不断地观察四周，一是寻找合适的目标，二是观察周围是否安全，其自觉或不自觉地形成明显的前后关照的队列，这种盗车团伙反侦察意识较强，没有绝对把握很少动手。他们相互配合的心理状态也会导致另一方在神态上形成前后关照的“队形排列”一致性，就是所谓的“放风”状态。[①]还有一种比较常见的作案手段是，两人骑一辆车进校，得手后分别骑走。

5．从偷盗录像中查看，自行车偷盗者一般行动速度偏快、行动方向偏乱、眼神飘忽不定。一方面他们急于寻找作案目标下手，走路速度偏快；另一方

---

① 李海军．破解高校校园自行车被盗顽症的思考[N]．人民公安报，2010-7-7（8）

面又担心被看到或抓到，这样就形成了他们速战速决、快干快溜的心理特征。自行车偷盗者常常会在一条路上走来走去，或者在自行车停放区域频繁地来回出现，频率要比通常的行人高。[①]无方向性表现在其在校园寻找时没有固定的行动路线，一般是在有自行车区域寻找合适的目标，来回溜达，寻找机会。眼神特征主要表现在行进过程中眼睛飘忽不定，带有搜索性的看自行车，与一般人走路不一样，普通人走路视线一般目视前方，盗车分子由于带有目的性地寻找目标和心虚的心理，眼神常常游移，左右环顾 。

三、自行车失窃的主要原因分析

（一）客观原因

大学的开放性、人员的流动性及人员结构的复杂性为盗车分子作案提供了有利条件。现代大学开放性使进出校园的人流量增大，人员的流动性也越来越强。校园中除了普通的师生员工，还有来访交流人员、校园工程外来施工人员、普通游客以及校内职工家属等。频繁的人员流动和多元的人员结构给自行车盗窃人员创造了客观条件，校园的外来人员往往乔装为校内人员，特别是伪装成学生或游客，混入校园伺机行窃，也给自行车的正常管理带来较大的难度。[②]八里台校区校园道路网四通八达，周边交通便利，出入口多达 8 个，而且教学区毗邻家属区、住宅区和八里台自行车黑市，盗车分子往往得手后就近选择出口逃窜，给追捕、辨识和防盗工作带来很大难度。而且学校毗邻天津大学，两校自行车资源更是丰富，经常有偷车分子流窜于两校作案。

（二）主观原因

学生防盗意识淡薄，警惕性不足。自行车失窃案的一个重要原因是学生的自我防范意识薄弱。大学生初入高校，脱离父母的庇护，具有思想单纯、警惕性低、缺乏社会经验等特点，他们的安全防范意识往往十分淡薄，自我保护能力差。[③]很多学生缺乏自行车防盗意识和防盗技巧，对自行车的上锁和停放等细节考虑不够周到。学生对各种车锁的性能了解不足，有时贪图便宜或方便选择质量不高的车锁，殊不知对盗车分子来说正中下怀，导致车锁很快被撬开。还有的同学存在侥幸心理，把自行车“白送”给盗车分子，有

---

① 李海军．破解高校校园自行车被盗顽症的思考[N]．人民公安报，2010-7-7（8）

② 杨瑞兰，钟维悦．浅析高校自行车失盗现象[J]．南昌教育学院学报，2012（4）

③ 杨连顺，华章．高校公寓盗窃现象与防范对策[J]．2012（7）

同学去食堂买饭，不锁自行车认为很快就出来，结果三分钟后出来自行车就不见了。

（三）法律原因

处罚力度不足与打击存在困难，惩治的威慑力不强是其重要原因之一。当前高校保卫处没有行政执法权，对盗车分子不能采取任何强制措施和处罚措施，只能在发现其盗车时暂时控制盗车分子并移交公安部门处罚。一般而言，自行车盗窃行为属于违法行为，构不上盗窃罪。依据《刑法》第二百六十四条和《关于审理盗窃案件具体应用法律若干问题的解释》第三条的规定，盗窃公私财物价值人民币五百元以上的，才符合“数额较大”的标准，即自行车价值如果达到五百元以上，那么该盗窃行为才具备盗窃罪的条件。然而，高校中普通师生员工使用的自行车价位多数在五百元以下，盗窃一辆自行车并不构成盗窃罪。盗窃自行车通常只是给予几天的拘留和几百元的罚款，这对专门的盗车分子而言，很难形成有效的威慑力。[①]而且公安机关在调查自行车失窃时线索少、难度大、取证难，只能靠当场抓获或调取录像来破获案件，公安机关在侦查此类案件时往往是心有余而力不足。

四、自行车失窃问题解决重点

治理自行车失窃问题不是一蹴而就、一劳永逸的，完全消除自行车失窃案不现实也是不可能的，只有尽可能地采取多种有效措施降低自行车失窃率。对此，学校保卫部门通过加强人防、物防和技防三位一体的立体防范，强化巡逻力度，降低失窃风险；坚持以宣传教育作为防盗工作的重点，多渠道、全方面对学生进行自行车防盗安全教育，不断提高防控盗窃的能力，让广大学生真正成为防范的“有心人”[②]；与此同时，学生们要努力提高安全意识和防盗意识，熟悉掌握自行车防盗技巧，通过自身警惕意识的提高和防盗手段的普及来降低自行车被盗的风险。

总之，高校自行车安全问题不仅涉及广大学生财产安全问题，也反映了一个高校校园治安综合治理的好坏。为此，高校保卫工作者要高度重视，多管齐下，采取多种有效措施防止自行车失窃案的发生。同时要通过多种方式对广大学生进行宣传教育，提高自身防盗能力，共同为学生的人身财产安全

① 杨连顺，华章．高校公寓盗窃现象与防范对策[J]．2012（7）

② 余达红．当前自行车盗窃活动的现状与治理[J]．江西公安专科学校学报，2008（2）

提供保障，共建平安校园、和谐校园。

参考文献:

[1] 赵桁．浅谈高校自行车安全管理问题[J]．世纪桥，2009（17）
[2] 李海军．破解高校校园自行车被盗顽症的思考[N]．人民公安报，2010-7-7（8）
[3] 杨瑞兰，钟维悦．浅析高校自行车失盗现象[J]．南昌教育学院学报，2012（4）
[4] 杨连顺，华章．高校公寓盗窃现象与防范对策[J]．2012（7）
[5] 余达红．当前自行车盗窃活动的现状与治理[J]．江西公安专科学校学报，2008（2）

贯彻落实《规定》加强教代会制度建设
——以南开大学为例

校工会　杨　哲

内容提要： 教职工代表大会作为学校民主管理的基本形式是法律和法规给予的定位，特别是在《学校教职工代表大会规定》颁布实施之后，教代会的地位得到了进一步的明确和提高。南开大学教代会成立近30年来，始终坚持在党的领导下积极完善教代会的制度建设，并探索落实教代会职权的新形式。在《规定》颁布实施之后，及时出台《南开大学教职工代表大会规定实施办法》，不断创新工作思路，不断健全并完善教代会制度，促进了教职工依法实行民主管理、民主监督的权利。

关键词： 教代会；规定；制度化；职权

一、加强教代会制度建设是高校贯彻落实党的群众路线的具体体现

党的十八大报告指出："要健全基层党组织领导的充满活力的基层群众自治机制，以扩大有序参与、推进信息公开、加强议事协商、强化权力监督为重点，拓宽范围和途径，丰富内容和形式，保障人民享有更多更切实的民主权利。全心全意依靠工人阶级，健全以职工代表大会为基本形式的企事业单位民主管理制度，保障职工参与管理和监督的民主权利。"

党中央在部署开展党的群众路线教育实践活动的指导精神中也指出："要教育引导党员干部树立群众观点，弘扬优良作风，解决突出问题，保持清廉本色，使干部作风进一步转变，干群关系进一步密切，为民务实清廉形象进一步树立。要在提高群众工作能力、密切党群干群关系、全心全意为人民服

务上取得实际成效。”

教职工代表大会（以下简称“教代会”）制度作为高校管理体制的重要组成部分，是高校领导层广泛听取教职工意见，促进决策科学化、民主化的重要渠道。高校建立教代会制度既是《宪法》、《教育法》、《教师法》、《学校教职工代表大会规定》等法律法规所规定的，也是坚持我党以全心全意为人民服务为根本宗旨的群众路线的具体体现。教代会是广大教职工对学校进行民主管理和民主监督的重要组织形式，是广大教职工主人翁地位得以体现的重要保证。

高校实行教代会制度已经有近30个年头，实践证明，它已是高校现行领导管理体制中不可缺少的重要组成部分。南开大学教代会成立于1986年，至今已有27年的发展历程。学校教代会始终坚持在党委领导下开展工作，本着“求精、求强、注重特色”的发展思路，紧密围绕学校的根本任务真抓实干、锐意进取，各项工作受到了学校领导和广大教职工的充分肯定。学校教代会“执行委员会”共有27人组成，其中一线教师和职工21人，占委员会人数的78%，主席由校党委副书记兼任，体现了学校对教代会工作的高度重视。根据一个分党委（党总支）建立一个二级教代会的原则，学校共有32个单位建立了二级教代会。随着《学校教职工代表大会规定》（以下简称“规定”）的贯彻落实，学校充分依靠广大教职工，不断总结好的做法和经验，进一步发挥校、院两级教代会在民主管理和民主监督中的积极作用。

二、出台《南开大学教职工代表大会规定实施办法》，不断加强教代会制度建设

2011年11月9日教育部第34次部长办公会议审议通过了《学校教职工代表大会规定》，并于2012年1月1日起实施。《规定》对教代会的地位、指导思想、领导体制、组织原则、职权、代表的产生及其权利义务以及组织规则、工作机构等都做出了较为全面系统的阐述，并在《总则》中提出“学校教职工代表大会是教职工依法参与学校民主管理和监督的基本形式”，给予教代会明确的定位。该《规定》作为国务院部门规章，其法律地位得到提高，它的颁布实施为进一步完善教代会制度，推进《国家中长期教育改革和发展规划纲要》提出的“依法办学、自主管理、民主监督、社会参与”的现代学校制度建设，提供了新的历史契机。

《规定》颁布实施之后，我校立即召开专题工作会，组织校工会工作人员

对《规定》共六章三十条的内容进行了认真学习。同时通过校园网、宣传橱窗等张贴出《规定》全文，并通过组织举办知识竞赛等方式，向广大教职工进行宣传。《规定》的颁布适逢我校第六届教职工代表大会暨第十五届工会会员代表大会召开，我校新当选的第六届教职工代表大会执行委员会和第十五届工会委员会及时召开会议学习《规定》全文，并决定将修订《南开大学教职工代表大会规定实施办法》（以下简称“实施办法”）作为2012年教代会工会的重点工作。从2012年4月开始，校教代会工会先后到各二级教代会和基层工会进行调研，并就《实施办法》广泛征求基层单位的意见。通过调研，增强了校、院两级教代会工会的联系与沟通，就制度建设、民主管理、院务公开等方面进行了深入交流。为了使《实施办法》更加严谨规范，校教代会工会还邀请法学院专家从法律、法规的视角对《实施办法》的征求意见稿逐章逐条进行分析，提出了很好的修改意见和建议。在前期广泛征求意见的基础上，教代会工会多次召开主席工作会，总结反馈意见，对《实施办法》进行讨论修改。在我校六届二次教代会上，经过代表审议，表决通过了该《实施办法》，并上报学校批准。随后，学校第七次党委常委会审议通过了《实施办法》，并向全校32个分党委印发了该文件，于2013年5月1日正式实施。

《实施办法》共六章三十一条，对我校教职工代表大会的地位、指导思想、领导体制、组织原则、职权、代表的产生及其权利义务以及组织规则、工作机构等做出了较为全面系统的规定。《实施办法》的特点，一是确立了教代会制度在学校民主管理中基本形式的地位。《实施办法》明确了教代会“是教职工依法行使民主权利，参与学校民主管理和监督的基本形式。”与学校的其他民主管理形式相比，教代会具有法定的形式、广泛的代表性和适用性、职权的多样性和开放性、完整的组织制度和工作制度；二是创新了教代会的组织方式。《实施办法》明确“教代会根据实际情况和需要，设立若干专门委员会，完成教代会交办的有关任务。专门委员会对教职工代表大会负责”。同时，还明确“学校在专业学院等二级单位建立教代会制度，在该范围内行使相应的职权”；三是明确“学校工会是教职工代表大会的工作机构，承担教职工代表大会闭会期间的日常工作。”《实施办法》还明确“学校应当为学校工会承担教职工代表大会工作机构的职责提供必要的工作条件和经费保障”；四是从不同的方面和角度，制定了教职工代表大会的八项职权。这八项职权主要体现为三个方面，即讨论建议权、讨论通过权和评议监督权。

三、全面落实教代会职权，充分发挥教代会在学校民主管理中的作用

《学校教职工代表大会规定》明确指出：“教职工代表大会是教职工依法参与学校民主管理和监督的基本形式。”教代会作为高校管理体制的重要组成部分，是教职工行使民主权利的重要形式，说到底教代会更是处理和解决高等院校中各种利益关系、利益冲突，保证校园和谐发展的理想平台。我校教代会落实职权的主要方式包括：按时召开年度教代会，认真落实教代会提案，积极召开民主沟通会、民主通气会，教代会常务副主席列席校长办公会、作为学校章程制定工作组成员参与讨论和修订工作，每学年参与对学校领导的评议工作，等等。

我校坚持每年召开一次教代会，议题一般包括听取校长工作报告，审议财务工作报告、工会工作报告和学校上一届（次）教职工代表大会提案的办理情况报告等。为了进一步落实《规定》提出的教代会的八项职权，在我校六届一次教代会上，我校除校长作报告外，还要求人事处处长苏静，新校区规划建设指挥部副指挥长、基建处处长于海就广大教职工最为关心的人事制度改革情况和新校区建设进展情况向代表作了汇报。这一举措得到了与会代表们的欢迎和充分肯定。

我校不定期召开民主通气会，请学校职能部门就教职工关心、关注的热点问题向教代会代表汇报。以新校区建设为例，学校新校区建设特别是教工住宅建设，是广大教职工关切的热点焦点问题。教代会工会积极组织召开新校区建设民主通气会。南开大学副校长、新校区规划建设指挥部总指挥孙广平，向教职工代表介绍了新校区工程建设及教工住宅建设的有关情况。

我校的提案落实工作严格按照有关规定和程序进行，从教代会代表提出提案，教代会提案工作委员会分类、审议、立案，根据内容将提案呈交各主管校领导并由学校领导做出批示，各职能部门就提案做出相应执行方案，到最终提案落实。在我校六届一次教代会上，教代会共征集到各类提案 72 件。会后，教代会提案工作委员会按照《南开大学提案工作实施办法》的规定，对 72 件提案进行了认真的分析研究和梳理，按照提案的内容分为 8 类。在 72 件提案中，经审查立案 43 件，其余 29 件作为建议转送有关部门研究处理。学校党政主要领导和分管校领导都迅速做出详细、明确的批示，要求有关部门的主要负责人及时将提案处理情况答复提案人。提案落实之后，校教代会

工会召开提案答复民主沟通会。在民主沟通会上，相关职能部门负责人与“两会”代表、提案人当面交流与沟通，对提案的落实情况作出答复。

我国正处在高等教育体制改革的关键时期，建设具有中国特色的现代大学制度，促进高等教育的科学发展，已经成为一项亟待解决的课题。随着《规定》的出台，教代会制度被确立为高校民主管理的基本形式。在高校民主管理、民主监督的众多参与主体中，教代会作为基本形式是由其本身特点决定的。第一，教代会代表是由全体教职工直接民主选举产生，具有广泛的群众性和代表性；第二，教代会的组织原则是民主集中制，少数服从多数，教代会通过的决议能够体现教职工大多数的意志和利益；第三，教代会依据有关法律法规行使管理学校的民主权利，它的决定、决议对全体教职工具有约束力；第四，教代会代表实行常任制，由工会作为常设机构，可以保证它在闭会期间也能组织教职工代表开展经常性的民主管理工作。总之，教职工代表大会是现代大学治理体制的重要组成部分，我校将以落实《南开大学教职工代表大会规定实施办法》为契机，采取有力措施，冲破思维瓶颈，创新工作思路，不断健全并完善教代会制度，以促进教职工依法实行民主管理、民主监督的权利，开启高校民主管理和监督格局的新篇章。

参考文献：

[1] 中华人民共和国教育部．学校教职工代表大会规定（中华人民共和国教育部令〔第 32 号〕）[Z]．中华人民共和国国务院公报，2012（17）
[2] 刘兆修．认真学习贯彻落实《规定》促进高校教代会工作再上新水平[J]．中国职工教育，2013（14）
[3] 陈蔚华．参与式民主在高校教代会运行体制中的实践[J]．经济师，2013（7）
[4] 薛泽林．分权视野下的高校教代会建设[J]．中国劳动关系学院学报，2013（3）
[5] 张小宏．做好教代会工作推动高校民主管理[J]．中国劳动关系学院学报，2011（3）
[6] 李豪杰，张晓亮．教代会制度的失灵以及对策探索[J]．工会论坛，2010（2）

高校教代会协商式民主模式初探

校工会　张晓然

内容提要： 高校教代会制度是现代大学实现民主管理的必然选择，党的十八大对协商民主的重要论述则为高校教代会制度建设的发展提供了契机。本文从高校协商式民主的内涵、教代会和高校协商式民主的关系以及如何在现实维度上提升对高校协商式民主的功用三个角度进行探索，以期充分发挥教代会作用，推进高校协商民主进程。

关键词： 教代会；协商式民主；现代大学制度

我国高校民主管理经过二十余年的发展，已成为现代大学管理的一种重要模式和重要组成部分，同时也是现代大学管理的重要衡量标准。中共十八大指出，“要更加注重健全民主制度，丰富民主形式，保证人民依法实行民主选举、民主决策、民主管理、民主监督”。同时，党的十八大报告系统论述了“健全社会主义协商民主制度”，“完善协商民主制度和工作机制，推进协商民主广泛、多层、制度化发展”，“把政治协商纳入决策程序，坚持协商于决策之前和决策之中，增强民主协商实效性”，“完善基层民主制度”。[①]在党的十八大精神的指引下，在教育部颁布并已贯彻实施的《学校教职工代表大会规定》的制度保障下，协商式民主制度为我国高校民主管理提供了一个良好的发展机遇。

一、高校协商民主的内涵

协商式民主原本是指一种治理形式，即平等、自由的公民通过理性对话、

① 胡锦涛. 坚定不移沿着中国特色社会主义道路前进为全面建成小康社会而奋斗——在中国共产党第十八次全国代表大会上的报告[M]. 北京：人民出版社，2012：26

讨论、审议和协商，在广泛考虑公共利益的基础上，使立法和决策合理化、合法化。高校协商式民主属于社会主义民主的基本范畴，是社会主义民主的一种重要形式，是指高校在重大决策前，通过充分的民主协商，尽可能的取得一致性意见的一种现代大学民主管理的新形式。

协商式民主思想及其实践最早可以追溯到古希腊城邦制，完整的协商式民主理论则是由 20 世纪 80 年代西方政治思想家完成的，他们一致认为，协商式民主具有公开性、平等性、责任性及合法性等特征。然而，协商式民主作为一种治理形式并不是西方的专利，在中国也有其深厚的思想文化渊源。儒家主张的“君子和而不同”思想，形成了中国古代和谐共生、相辅相成的传统思想文化，这就为协商式民主的确立和发展提供了良好的基础和背景。协商式民主还是中国共产党始终坚持的“从群众中来，到群众中去”群众路线的产物，如“有大事与人民群众商量”。协商式民主是各民族、各党派、各团体、各阶层等社会各界各方面人士广泛参与的民主形式，这种具有中国特色社会主义的协商式民主制度凝结着中国共产党长期的执政经验和智慧。特别是在我国改革开放以来，出现了利益主体多元化的新情况，只有通过民主式协商这种利益协调机制，才能让不同的利益主体理性地表达自己的利益诉求，化解不同利益群体之间的矛盾冲突，使社会不同阶层、不同利益群体的意愿得以充分体现。

协商式民主包括协商主体、协商客体、协商方式和协商结果四个基本要素。所谓协商主体，即民主协商的参与者。高校协商式民主的参与者可以是师生员工个人或团体，也可以是学校的领导者和组织者。所谓协商客体，即民主协商的内容。高校协商式民主的内容既有学校宏观改革发展的大政方针，又有涉及师生员工成长发展的具体问题。所谓协商方式，即民主协商如何进行的问题。第一，高校协商式民主必须坚持特定的原则；第二，高校协商式民主必须通过合理的环节和设计，保证师生员工能够充分参与、讨论和对话。所谓协商结果，即民主协商要达到的目标。高校协商式民主的主要目的是为了实现管理、决策的科学化和民主化，避免由于权力过于集中带来的决策失误。

我国抗日战争时期由清华大学、北京大学、南开大学组建的西南联合大学，在实施高校协商式管理方面做出了有益的探索。西南联大校务委员会是学校的权力管理机构，校务委员会委员由教授会民主推荐、校长批准任命，校长为校务委员会当然主席，校务委员会通过民主讨论和决议全面管理全校重大事务。教授会是校务咨询机构，成员包括全校教授，经常性工作由全校教授推选常委会主办。凡是涉及学校发展、教学、科研、行政以及对外事务的重大问题，都要通过教授会审议后才做出决定，这就体现了决策的科学性和民主性。西南联合大学机构设置及运行机制，为我们今天办好教代会、实施协商式民主提供了可借鉴的宝贵经验。

二、教代会与高校协商式民主的关系

现代大学制度中最根本的是在决策和管理中要依法、科学、民主，民主管理是现代大学制度的基础，也是大学权力资源配置的必然选择。民主管理必须依靠群众组织发挥作用，教职工代表大会是教职工依法参与学校民主管理和监督的基本形式，通过教代会实现高校协商式民主是现代大学民主管理的重要制度安排。为了全面发挥教代会在民主管理中的作用和功能，厘清教代会与高校协商式民主的关系是非常必要的。

首先，从高校权力配置上看，民主协商是权力制衡的重要机制，教代会则是民主协商的重要平台之一。我国高校内部治理结构的权力可分为党委的领导权，校长的行政权，教授的学术权，师生员工、群众团体以及非行政机构组织的民主权。根据现代政治学原理，权力只有在均衡和恰当中才能有效运行，因此党政的权力与学术的权力和民主的权力不能笼而统之。教代会制度作为协商式民主管理的一个重要平台，教代会代表不仅参与了学校事务讨论和决策，而且自下而上地对学校党政系统运行起到了很好的监督检查作用。①

其次，教代会及其代表的工作能够促进高校内部不同层面、不同群体的沟通对话，使协商式民主在高校真正得以实现。教代会作为学校内部自治的民主管理与监督的群众组织，在消除误解、化解矛盾、凝聚人心、集中民智等方面，具有特殊优势和不可替代的作用。在此意义上，教代会以及教代会代表担当了学校领导与师生员工沟通对话的媒介和桥梁，使学校党政领导能够及时掌握师生员工近期的利益诉求，师生员工也能够理解学校领导的工作思路、意图。只有教代会这个自下而上的沟通渠道顺畅了，高校内部各层面、各群体之间的联系才能更加紧密，协商式民主才富有成果。由此可见，协商式民主的本质在于通过信息沟通实现利益协调，使弱势群体的利益得到更多的保护，而教代会在其中发挥的特殊作用，功不可没。

再次，高校协商式民主优势和特质有利于教代会弥补传统选举式民主存

① 刘松年．论大学内部治理结构中的民主管理[J]．国家教育行政学院学报，2013（6）：57

在的缺陷。现阶段的选举式民主作为一个程序，如果选举之前没有经过充分的协商讨论，当结果不能满足利益各方的要求时，就会产生分歧与矛盾。通过对《学校教职工代表大会规定》中教代会代表的解读可以发现，教代会面对的是具有利益差别的、多元化的主体，投票虽然代表了大多数人的利益，却不能避免矛盾。因此在选举式民主开始之前引进协商式民主，通过利益各方协商与辩论，充分表达自己的利益和意见，就可以在差别中寻找共同的利益，实现共同利益最大化，达到利益平衡，减少分歧与对立。可见，协商式民主在教代会中具有重要意义，有利于和谐校园的建设。

三、现实维度上提升教代会对高校协商式民主的功用

人民政协作为我国协商式民主的主要渠道，在60多年的发展历程中不但表现了其重要的政治价值，也证明了协商式民主这一治理形式适合我国国情。如今，要想在高校中引入“协商式民主”这一概念，并使其独特的优势和作用得到更好地发挥，还需要借助教代会这个载体。其实，现在许多高校通过教代会提案、民主沟通会和通气会等多种方式，鼓励广大教职工参与学校涉及教职工切身利益等重大事项的讨论和交流的过程，就是协商式民主在高校实践中的具体运用过程。要提升教代会对协商式民主的功用，还需要注意以下几点。

首先，教代会代表作为协商的主体要具有广泛性。教代会代表的产生要真正做到是由基层教代会从全体教职工中选举产生，而不是由基层领导指定；确保教代会中教师代表不得低于代表总数的60%，特别是要注意无领导职务的教工代表与有领导职务的干部代表的比例，教师代表在专门委员会中的比例，防止教代会出现行政主导倾向及教代会教师代表边缘化现象。①2013年南开大学以教育部32号令和学校制定的《南开大学教职工代表大会规定实施办法》为参照，积极推进二级教代会换届工作和会员登记工作，大力加强“两会”队伍建设和组织建设。在换届工作中，我们要求在基层推荐和个人自荐的基础上，召开分党委、行政和“两会”班子联席会，拟定“两会”委员候选人的建议人选，经正式大会通过后，采取无记名投票的方式选举产生新一届“两会”委员会和主席。为了进一步提高基层“两会”的工作水平，我们还对基层“两会”委员会成员的任职资格提出了明确的要求，规定二级教代

① 侯欣迪，郭建如. 高校教代会代表的参与路径与参与周期[J]. 北京大学教育评论，2013（2）：161

会主席必须由教授担任，基层工会主席一般由副高级（或副处级）以上职称的同志担任。目前，全校 32 个基层“两会”已全部完成了换届工作，人员结构和素质较往届有了明显提高。只有把二级教代会建设落到实处，才能保证我校教代会协商主体的广泛性。

其次，教代会参与协商的事务要具有公开性。校务公开是党和国家对高校民主管理的基本要求，也是实现协商式民主价值的重要手段。教代会作为学校民主管理和监督的基本形式，是校务公开的重要平台，也是内部治理结构的重要方面。南开大学从 2006 年起建立了“民主沟通会”和“民主通气会”制度，并通过教代会这个主渠道作为校务公开的基本载体，请学校有关部门负责人就学校改革发展、建设和管理中广大教职工普遍关心的热点问题进行面对面交流，解答教职工代表的问题。从 2013 年开始，在年度教职工代表大会上，除听取校长报告外，校教代会、工会还邀请学校职能部门就教职工最关心的热点问题做汇报。在六届二次教代会上，代表们听取了人事制度改革情况和新校区建设进展情况的报告；在六届三次教代会上，代表们听取了研究生和本科生教育改革的报告和《南开大学章程》制订工作组负责人关于章程起草情况的说明，并就章程的内容进行审议。这些举措既加强了学校领导和党政部门与广大教职工的沟通，推进了民主协商，又扩大了教职工的知情权、参与权、管理权和监督权。

再次，教代会的协商机制要具有长效性。《天津市高等学校教职工代表大会工作规程》规定：“在教代会闭会期间，遇有急需解决的重要问题时，经学校党政主要领导、工会或三分之一以上教职工代表提议，可召开教职工代表大会临时会议。由学校工会负责召开教代会代表团长、各专门工作委员会主任参加的联席会议，协商处理急需解决的重要问题，会议确定的问题须向下一次教代会报告并提请确认”，“学校工会应为教职工代表发挥作用积极创造条件。”我校和部分高校的实践证明，做好教代会闭会期间的日常工作，是充分发挥教代会职权、保证教代会协商机制长效性的有效途径。

最后，教代会的协商行为要保证有效性。《学校教职工代表大会规定》第八条规定，学校应当建立健全沟通机制，全面听取教职工代表大会提出的意见和建议，并合理吸收采纳；不能吸收采纳的，应当做出说明。因此，协商过程中的各种意见、观点必须在实际决策中有所体现，实际决策必须对意见观点有所回应，由此才能保证协商行为的有效性。[①]我校“两会”代表在六

① 苏向荣，程建军．论高校协商民主管理模式的建构[J]．江海学刊，2010（5）：211

届三次教代会期间，认真贯彻落实党的十八大和我校第八次党代会精神，以高度的政治责任感和使命感，围绕教育教学与学科发展、人才培养与队伍建设、学校管理与配套机制、职工福利与生活服务、后勤保障与校园治理和新校区建设等方面，积极撰写提案，为学校发展建言献策，提出了 49 件有事实、有分析、有具体建议的提案。按照《提案工作实施办法》的规定，教代会工会对 54 件提案进行了认真的分析研究和梳理，并转呈各主管校领导。在主管校领导批示后，提案将全部得到答复，相关职能部门负责人还与提案人进行面对面的交流，真正做到了每条提案都有回复，对于不能通过的提案都要阐明原因。这些举措极大地提高了提案质量，充分保证了我校协商行为的有效性。

近年来，我国高校教代会在推进协商式民主工作方面取得了许多积极成果，特别是在教代会的制度化、规范化和法制化建设方面取得了突破性的进展。但是，也要看到目前部分高校教代会的民主功能还没有得到充分发挥，教代会的工作机制还不够健全，教代会参与学校民主管理的程度不够深入，教代会代表履行职权的能力不足等问题。今后，我们要以党的十八大精神为引领，认真贯彻落实《学校教职工代表大会规定》，全面总结高校教代会民主协商的工作经验，认真解决现存的问题，充分发挥教代会在高校协商式民主中的作用，真正推进高校协商民主的广泛、多层、制度化发展。

参考文献：

[1] 胡锦涛．坚定不移沿着中国特色社会主义道路前进为全面建成小康社会而奋斗——在中国共产党第十八次全国代表大会上的报告[M]．北京：人民出版社，2012

[2] 刘松年．论大学内部治理结构中的民主管理[J]．国家教育行政学院学报，2013（6）

[3] 侯欣迪，郭建如．高校教代会代表的参与路径与参与周期[J]．北京大学教育评论，2013（2）

[4] 苏向荣，程建军．论高校协商民主管理模式的建构[J]．江海学刊，2010（5）

健全基层党组织　做好离退休老同志工作

离退休人员管理处　魏　震

摘要： 高校离退休干部党支部是最基层的党组织，是党联系离退休人员的纽带。做好离退休党支部建设工作，是充分发挥党支部战斗堡垒作用的关键所在。坚持学习制度，加强思想建设，夯实党支部骨干体系，创新组织活动方式，激发离退休党员的荣誉感和自豪感，增强党支部的凝聚力和向心力，充分发挥党员的先锋模范带头作用，全心全意做好离退休老同志工作

关键词： 离退休干部党支部，基层组织，思想建设，制度建设

伴随着我校离退休党员人数逐年增加，如何做好老同志的工作，成为摆在分党委面前的新课题。分党委在南开大学党委的领导下，结合南开大学的实际，积极加强和改进离退休党支部建设工作，坚持与时俱进，开拓创新，不断探索离退休党建工作的规律和特点，通过党支部和党员骨干，通过开展形式多样的组织和群体活动，以多种形式给予离退休老同志极大关怀，使老同志老有所养，老有所乐，老有所学，老有所为，老有所教。

一、背景

截至 2014 年 7 月底，我校离退休人员共有 2946 名，其中离休干部 127 人，平均年龄 84.51 岁；退休人员 2819 名，平均年龄 70.39 岁；60 岁以上老年人 2680，占离退休人员总数的 90.97%。截至 2014 年 7 月 15 日，离退休分党委有离退休党员 1164 名，是南开大学最大的分党委（不含学生党员数）。分党委委员 9 名，有 11 个党支部。

离退休党员作为一个特殊群体，心态、需求及现实要求和在岗时完全不同，有以下几个特点。

（一）离退休党员受到党的多年培养，有坚定的政治立场，他们识大体、顾大局，关键时刻立场坚定，旗帜鲜明，与党中央保持一致，永远跟党走的决心不变。

（二）退休以后还有几十年的生活历程。这段生活如何度过是他们遇到的一个新课题。

（三）一些党员因为各种原因，参加党支部组织活动变得困难。对这些“特殊党员”的教育管理是挑战。

（四）随着形势的发展，部分离退休党员的思想已经跟不上时代发展的步伐，如何创新组织活动方式，增强支部凝聚力，吸引更多的离退休党员参加组织活动，发挥党员先锋模范作用。

（五）贫困、病痛、孤独是阻碍老年人幸福的重要因素。这些问题涉及的人和面不同，但代表了不同层次的老同志，稍有不慎，就会影响学校稳定和发展的大局。

二、做法

（一）正确引导，充分发挥老同志的政治作用

南开大学始终按照党的方针政策，积极认真落实老同志的政治待遇，保证离退休人员阅读文件、参加学校有关会议和活动的权利。学校制定了校领导联系老同志制度，定期或不定期走访慰问离退休干部，及时将学校的发展和规划向他们通报，同时通过走访了解老同志对学校建设和发展的意见和建议，并积极采纳其合理的建议。每年的重要节日，学校对离退休干部进行慰问，解决他们的实际困难和需求。通过一系列的沟通，学校的各级组织能够在第一时间将学校各个方面的进展情况传递给老同志，老同志的意见和建议也会及时地上达到学校领导和各个职能部门，防止了道听途说引起的不稳定因素，避免了以讹传讹，维护了老同志的政治待遇，对老同志情绪的稳定起到了非常好的作用。

（二）注重党的基层组织建设和制度建设，弘扬正气

南开大学成立离退休人员管理处之初就建立了党支部，伴随着党员人数的不断增加，先后成立党总支和分党委。分党委现有委员 9 人，有 11 个离退休党支部。支部划分根据居住地的分布情况，本着有利于教育管理、有利于发挥作用的原则划分支部。支部书记和成员的配备，按照身体状况较好、群众威望较高、能力较强、经验丰富、能热心为老同志服务的原则选拔。为保

证党支部班子活力的延续性，按照党的基层组织条例的原则，定期调整党支部成员，不断补充符合条件的相对年富力强的党员进入支部班子。分党委每年定期召开分党委扩大会，传达学校和上级的指示精神，安排布置分党委的工作，由支部层层落实。党支部定期召开支部会，开展支部活动。通过这些措施，提高了党支部班子的综合素质，使党支部书记和委员提升了思想境界，对党的理想信念更加坚定，党性原则更强，更具有高度的政治责任心、党员责任感和勇于创新、勇于树正气的精气神。

分党委还十分注重制度建设，将原有的规章制度和工作制度进行了修订和完善，使分党委和党支部的各项工作不仅制度化、规范化，而且科学化。强化联络员制度，增加了联络员工作的职能。联络员参加支部的组织活动，及时准确传达党的离退休干部政策和学校的最新动态以及分党委的最新安排，同时积极引导支部，宣传正能量。将党员对学校和职能部门的意见和建议通过正常渠道进行汇报，及时将学校和职能部门的答复反馈给党支部和党员，保证信息畅通。分党委和党支部多年来坚持联系老同志制度，开展慰问走访老同志活动，增进了党组织和离退休党员之间的密切联系，增强了干群团结，加深了组织和党员的感情，温暖了离退休党员的心，促进了党建各项工作的开展，化解了许多矛盾和误解。

（三）加强思想建设，凝聚分党委和党支部向心力

分党委在党支部建立了理论学习小组，多年来坚持理论学习小组先学，然后组织全体党员学习，保持党支部和党员的思想与时俱进。分党委定期或不定期邀请专家学者进行政治理论学习辅导，用正确的理论武装支部和党员头脑。理论学习促进了党支部学习型建设的开展，保证了正确的政治导向。分党委和党支部根据离退休党员的实际情况，对居住校外或因身体等原因无法参加学习和支部活动的党员采取送学习资料上门；居住在校外的离退休党员，分党委与街道、社区开展支部共建活动，分散的党员就近参加社区的学习活动；无法出门的党员，积极利用网络在网上学习，保证校内外党员学习的一致。通过思想建设，分党委、党支部和广大党员的学习意识和自觉性增强了，学习制度坚持下来了，主动参加学习、要求增加学习次数的党员越来越多，积极性越来越高涨。

（四）创新组织活动方式，增强支部凝聚力

创新组织活动方式，内容上突出丰富多彩，取得了明显的效果。分党委利用学校党委每年一次的“创最佳党日活动”，组织支部根据自身特点和实际，开展了多种内容和形式的“最佳党日”活动，从中推选出两个支部参加学校

的评比。分党委还通过举办“离休不离党、退休不褪色、永远跟党走、传递正能量、助力建小康”等主题实践活动，动员引导离退休党员围绕建设学习型党组织，围绕为学校的发展和稳定建言献策，始终保持党员的先进性。组织形式的改变，活动内容的多样性，调动了大家的学习热情，既交流了思想和感受，也丰富了党员的业余生活，提高了党支部的凝聚力。

（五）引导老同志发挥余热，参加各种活动团体，增强党支部影响力

离退休党员有着丰富的政治优势、经验优势和智慧优势。分党委和党支部积极为老同志发挥作用创造条件。组织他们参加学校和职能部门的研讨会、论证会、新校区规划会、教学科研会、后勤改革、学校章程等，提出了很多很好的意见和建议，被学校和职能部门采纳。为使离退休人员退休后的生活也能多姿多彩，分党委根据老同志的活动需求，组织了 13 个活动团体，如合唱团、太极队、风筝队、舞蹈队、戏曲队、棋牌队、摄影队等，每年都要举办书法、绘画、摄影、周末乐坛、户外健身运动会等不同主题的活动。分党委负责管理的老年大学开设了书画班、摄影班、戏曲班、外语班、钢琴班、声乐班等，这些活动团体和学习班丰富了老同志退休生活。分党委每年组织离退休老同志开展郊游活动，感受城市的变化和环境的改善，愉悦心情。分党委每年为每个支部划拨 1000 元活动经费，供支部开展活动和慰问。每年的“七一”前夕，为每位缴纳党费的老同志发放纪念品；向部分离退休党员发放慰问品。组织离退休老同志参加社会公益活动，离休党支部与学生党支部建立共建关系，离休干部不定期参加学生党支部的活动，将他们的经验、希望传递给下一代。参加学校组织的爱心捐款活动，离退休党员干部踊跃带头捐款，将他们的一片爱心温暖他人。

（六）积极认真做好送温暖活动

每年向逢五逢十的离休干部送上生日蛋糕；对生病住院的离休干部进行慰问；对去世的离退休老同志的家属及时慰问，并协助二级单位和家属处理后事，配合人事处做好丧葬费和抚恤金的发放工作，把学校的关怀和温暖及时送到离退休老同志家中；有针对性地对部分困难的离退休干部和党员进行不定期的慰问活动。积极配合相关职能部门做好离退休老同志的生活待遇，确保老同志的待遇在第一时间享受。每年按照政策规定，配合人事处为离休干部和解放前老工人发放生活补贴，提高离休干部护理费标准，为离退休老同志发放一次性补贴（学校发）；提高离休干部遗孀生活补助，发放遗属补贴等。学校每年为离休干部报销医药费，我们及时通知并配合医保办确保每一位离休干部的医药费按规定足额报销，住院随时转账，为在外地的离休干部

按规定开具转账支票。为干部遗孀发放政策规定的各种补贴。认真落实学校离退休工作会议精神，组织相关二级单位做好每年一次的部分退休教职工的体检工作。分党委还积极认真配合党委组织部做好离休干部和部分正高职称的教职工体检。

三、效果

（一）获奖

近几年，离退休党支部参加南开大学“创最佳党日”活动，获一等奖一次，获二等奖三次，三等奖三次。龙腾里退休党支部开展的“让党旗在社区生辉”系列创最佳党日活动，吸收校外退休党员参加，在社区产生了很好的影响。北村离休党支部与社区开展的学习党的十八大精神学习体会交流活动，吸引了近 60 名党员参加，撰写学习体会 20 多篇，有十几名党员在交流会发言。分党委将他们的学习体会汇编成册供其他支部交流学习，得到了很好的反响。按照市委组织部、市委老干部局的通知精神，认真组织离退休党支部开展“五好”离退休干部党支部示范点建设活动。经过学校推荐，北村离休党支部荣获天津市“五好”离退休干部党支部示范点称号，西南村离休党支部荣获教育工委“五好”离退休干部党支部示范点称号。北村离休党支部获市委老干部局“十佳党支部”称号。分党委组织离退休党员参加天津市组织的征文活动，提交 6 篇征文，获纪念奖。离退休处获天津市“幸福乐园”称号。

（二）发挥专长，奉献余热

离退休分党委有 9 名党委委员，其中 7 位是离退休老同志，支部书记、副书记和 42 名委员都是离退休党员，他们在学校和离退休老同志之间起到了润滑剂的作用，做了大量的行之有效的工作。他们在政策的宣传、解读、答疑解惑方面起到了在岗人员某些方面起不到的作用。通过他们及时掌握老同志的思想动态和关注的焦点、热点、难点问题，以便于有针对性地开展工作。对学校的合理化建议也通过他们及时反馈到相关职能部门，在学校的居民区旧楼改造中，分党委的委员和支部成员协助学校将准确信息通过支部会传达到与会的党员，产生的是正能量。通过分党委委员和支部成员的工作，避免了许多以讹传讹、甚至局部小震动的尴尬，即使有道听途说的消息，通过离退休党员及时澄清，对学校的稳定做出了贡献。

（三）老有所教，老有所为

离退休分党委积极配合学校和学院发挥老同志的余热，做好传帮带。以南炳文、顾沛两位资深教授为代表，一如既往地在教学科研一线奋斗。校内还活跃着一批从事教辅工作的退休干部。学校组织部聘请了以离退休党员为主力的兼职组织员，配合学院做好党员发展工作以及发展后的谈话工作。经过这些老同志谈话后，学生普遍感到受益匪浅，上了一堂生动的人生课，对今后的发展和人生有了新的提升。

关心下一代工作委员会是离退休党员发挥作用的另一大平台。“关工委”的主要成员是离退休党员，而且担任过校级领导的党员居多。他们积极主动地开展工作，采取多种形式开展理论教育、主旋律教育、传统教育、形势教育、校风教育，多层次、全方位地关心青年学生的健康成长。

四、启示

（一）离退休工作事关大局全局，要上下齐抓共管

习近平总书记在全国老干部工作先进集体和先进工作者表彰大会上指出：广大离退休干部政治立场坚定、工作经验丰富、群众基础深厚、社会影响广泛，在构建和谐社会中具有独特优势。要十分注重发挥他们的积极性、创造性和表率作用，支持和鼓励他们采取各种有效形式宣传党的方针政策，协助党和政府做好社会管理工作，反映群众诉求，疏导群众情绪，帮助群众排忧解难，以不断促进人民群众的团结和进步。离退休干部党支部和党员是党的基层组织和整个党员队伍的重要组成部分，是维护改革发展稳定大局的一支重要力量。他们始终坚定理想信念，自觉践行党的宗旨，牢固树立先进意识。在弘扬创先争优精神，在推动发展、服务群众、凝聚人心、促进和谐稳定方面做出了重要贡献。围绕“支部班子好、党员队伍好、组织设置好、活动开展好、群众反映好”的“五好”目标，积极宣传党的基本理论、基本路线和基本纲领，认真贯彻执行党在新时期的各项方针政策，加强自身建设，发挥了战斗堡垒作用。因此做好离退休党员的教育管理工作是一项十分重要的工作，事关大局、全局的工作。新的历史时期，要提高认识，切实增强抓好离退休干部党员教育管理的紧迫感和责任感，真正把这项工作纳入党委、组织部门和各个分党委的重要议事日程，强化责任意识，从不同的角度，以不同的方式研究探讨离退休干部党支部开展党员教育的新经验、新做法，上级领导部门指导、督促、推动离退休干部党支部开展好工作。

（二）在职党员兼任离休党支部书记的探讨

离休党员干部普遍进入了“双高期”，平均年龄超过 85 岁，有三分之二

的离休干部因为身体原因和居住的限制，参加会议和参加活动有困难。因此，老干部管理部门的在职党员兼任支部的工作十分必要。

（三）做好支部的组织建设和培训

本着有利于老干部党员参加组织生活原则，科学合理地设置离退休干部党支部，理顺党员的组织关系，建立和完善相应的组织制度。对部分年事高、居住校外、农村、外地的党员，按照便于学习的原则，或依靠居住地的离退休干部党支部，就近参加活动，避免这部分党员中断党内的组织生活。对高龄多病的老干部党员，可采取送学习资料上门、电话交流、网上视频等方式等，保证老干部党员与党组织的密切联系，让他们尽可能跟上时代步伐。加强制度建设，要坚持和加强分党委扩大会和培训会制度，坚持正面引导，要按要求配备好支部书记。要抓好离退休干部党支部书记的培训工作，通过培训提高支部书记的自身素质，使他们在思想上与时俱进，在工作上能开拓创新，以不断适应新时期党建工作的需要。加强在职干部党员和离退休老干部党员担任支部委员或联络员制度，以方便支部开展活动。

（四）坚持学习制度

要坚持加强对离退休干部党员的学习教育。采取报告会、座谈会、学习讨论会、组织生活会、谈心活动、组织学习先进事迹等灵活多样的形式和方法，增强教育的说服力和感染力；组织开展一些专题讲座，加大形势教育力度；引导离退休干部认真学习，经常对离退休干部党员进行国情、党情、市情、校情和形势政策教育。还要多开展形式多样、内容丰富、与老同志关心的热点问题密切相关的主题活动，使学习活动更有吸引力、感召力和影响力。

（五）重视离退休党员的意见和建议，发挥余热

要注重通过报告会、上党课、宣讲团等方式，邀请离退休干部党员以亲身经历和切身感受宣传党的群众路线；要主动与离退休干部党员谈心谈话，虚心接受他们的批评，欢迎他们帮助查找问题，征求他们对领导班子和成员的意见；要鼓励支持离退休干部发挥自身优势，引导他们做出新贡献。

总之，离退休干部党员教育管理是基层组织建设中一项基础性、经常性的工作，具有特殊的重要性和必要性。我们要针对离退休干部党员教育管理中出现的新情况、新问题，结合实际，积极创新思路，探索离退休干部党员教育的新途径，在实践中不断改进方法，总结经验，以不同角度和方式抓好离退休干部党员教育管理工作，使离退休干部党支部和党员保持先进性，充分发挥党支部的战斗堡垒作用和党员的先锋模范作用；使广大离退休干部永葆革命本色，确保“政治坚定、思想常新、理想永存、豪情满怀”，在安度晚年的同时，力所能及地发挥余热，做出新贡献。

持之以传统　进之以服务
——南开校友工作的历史传承与现实思考

校友工作办公室　张　尧

摘要： 校友是高校改革、建设、发展的宝贵资源，校友工作是高校工作的重要组成部分。本文立足于南开校友工作的历史和现状，着眼于提升服务水平，基于南开校友工作的实践，阐述了关于服务校友、服务母校和服务社会的一些思考，以期对高校校友工作的发展有所借鉴。

关键词： 南开学校；校友工作；服务水平

随着国家经济发展和社会转型，我国高等教育事业得到迅速发展。高校校友工作作为学校育人这一根本任务的延伸，愈发受到高校重视。高校在校生规模的扩大和毕业生流动性的增强给校友工作带来了前所未有的机遇和挑战。如何继承传统，开拓创新，将校友工作推向新水平，以适应校友、学校和社会的需求是值得思考的问题。

南开系列学校历史悠久，享誉中外，校友众多。历届毕业生在民族解放、国家建设和改革开放的事业中做出了重要贡献，为母校赢得了广泛赞誉。做好南开校友工作，发挥学校最丰富人才资源的作用，对于促进学校发展和社会进步，都具有重要意义。

一、南开校友会历史的回顾与借鉴

（一）南开校友会的发展历程与历史地位

南开校友会组织由来已久，自南开系列学校于 1904 年创办以来，培养优秀学生众多。在南开大学成立后，周恩来就曾主持“南开出校学生通讯处”的工作；1928 年底，天津南开校友分会率先成立；之后，上海、北京、青岛、辽宁等校友会相继成立。为加强国内外校友组织之间的联系和协调，凝聚广大校友力量，1929 年 10 月，南开校友总会在天津正式成立。按照校长张伯苓的说法：南开不分大学、中学、女中、小学，都是一个大家庭，南开的同学都是一家人。由此在抗战前，南开校友会在全国设有 36 个分会，海外设有 6 个分会。当时仅有南开一校拥有数万人之多的校友会。

在广大校友热情参与下，校友总会先后发动了“爱校、尊师、助学运动”和“协助母校发展运动”，有力地推动了南开的事业发展和战后复校工作。据 1939 年《时事新报》统计，全国设立最早的校友会第一是南开，规模最大、管理最好、作用发挥得最好、社会影响最佳。因此，南开校友会被誉为“民国第一校友会”!

50 年代以后，由于历史原因，南开校友会活动中断。

党的十一届三中全会后，我国改革开放形势喜人，百废俱兴，恰逢南开即将迎来建校 60 周年，广大校友迫切要求恢复校友会组织。经过多方争取和不懈努力，经教育部、民政部批准，南开校友总会终于在 1979 年 10 月重新恢复，我校成为“文革”后最早恢复校友会活动的高校之一。在南开大学建校 60 周年的庆祝大会上，数百名校友返校，盛况空前。南开校友总会恢复活动的消息也在校庆之际由新华社播发，海内外校友纷纷来函祝贺。从此南开校友之间的联系日益密切。

（二）南开早期校友工作的成效与启示

南开校友会成立初期，主要发挥了三个方面的作用：①联络各地校友，便于相互沟通信息；②对校友的就业、升迁、留学乃至生活等方面给予帮助；③为学校在校友之间进行募捐和促进学校发展架起桥梁。这些都为南开得以维持和发展，提供了重要的保障，同时，广大校友还利用校友会的平台，使自身的事业得到进步。总结起来，有两点启示可供借鉴。

1. 始终注重南开系列学校的团结，校友之间相互帮助，相互提携

南开系列学校在世界教育发展史上是罕见的，也是弥足珍贵的。“南开”是一面旗帜，各校在平等的基础上，秉承南开大家庭“互尊互让、团结合作、相互支持，共同发展”的优良传统，在民族解放、国家建设的伟大事业中绽放出了绚丽的光彩。

同时，南开校友之间相互砥砺，相互援引，形成了较大的社会力量，也加深了校友对母校的感情。校父严修之孙严仁颖就曾说过一句玩笑话：“抗战前，南开是天津的南开；胜利后，人家说天津是南开的天津。”

2. 始终注重南开精神的培育，做到“人以校名、校以人名”

在南开早期的教育中，利用每周一次的修身课和每年的校庆日，对学生进行爱国爱校的思想教育，使学生逐渐形成南开人特有的南开精神。这种精神在新生入学不久就开始形成，并终身相伴。

学生们以出自南开而自豪，同时学校以培养出著名的学生而荣耀，学校与校友之间相互辉映。进入南开求学的学生以在南开受教育为荣耀，希望自己能为学校增光，毕业后时常利用各种时机反哺母校。南开学生最早回报母校是在1908年第一届学生毕业时，送给母校一口井，井上的小牌匾列出了全体毕业生的姓名，第一名是梅贻琦。这就是朴素的南开精神化作巨大的募捐潜力，使南开得以发展。

二、新时期校友工作的思考与探索

随着我国教育事业的不断发展，校友工作的覆盖面不断延伸和拓展，校友会已经不能仅仅满足于成为一种类似同学会的组织，它实际承担了校友、学校、社会三方的愿望和诉求，是三者联系的纽带，使各方形成有益的互动。在新形势下，提高校友工作、服务校友、服务母校、服务社会的能力已经成为校友工作的历史使命和必然要求。

（一）“搭台子”为校友服务，支持校友发展，以情感为纽带，增强校友对母校的归属感和自豪感

1. 完善组织建设

做好校友工作的基础是有较为规范的校友组织和工作团队。校友是基于学缘关系联系在一起的特殊群体，师生情、同窗情是广大校友终身难忘的情怀，是校友与母校、校友之间天然的情感纽带。激发和保护这种感情，是做好校友工作的前提，也是校友们的基本诉求。对于学校而言，建立校友工作全员参与机制，发动二级学院的专任教师、辅导员一起参与到校友工作中来，有利于在全校形成为校友服务的良好氛围，有利于提高校友工作的亲切感，更好地让校友感受到母校的温暖。对于校友会而言，建立一些文体俱乐部、行业俱乐部或在不同年龄段校友中开设分会，以开放的形式吸引校友参与，为不同爱好、不同职业、不同年龄的校友有针对性地搭建沟通平台，可以大大提高校友会的知名度和活跃度。

南开大学于2003年出台了《关于加强校友工作的若干意见》，对于建立健全校友工作架构提出了明确要求。此外，经过多年发展，南开上海校友会

现有主席团、秘书处、金融与投资俱乐部、篮球俱乐部、羽毛球俱乐部、传统文化俱乐部、“在水一方”俱乐部等多个交流平台，这种为校友量身定制的服务，深得校友们的欢迎。

2. 注重活动建设

校友工作是一项需要长期付出、持之以恒的工作，而校友活动就是开展校友工作的载体，是维系校友感情的有效途径。注重开发具有一定规模和一定影响的校友活动，形成标志性、有特色的活动对于营造校友工作氛围、扎实校友工作基础都具有重要意义。

从2012年起，南开大学每年都会在校庆日前后举办毕业30年校友返校纪念活动，努力将其打造为“流金岁月30年”品牌活动。此外，一年一度的全球南开校友会会长论坛，每年由总会与地方校友会联合主办，在扩大交流的同时，展示了不同地区校友会的发展成就，有利于形成“互比互学，不断超越”的发展环境。

3. 加强媒介建设

随着移动互联网时代的到来，QQ 群、微博、微信、人人网等社交网络平台越来越成为人们生活中不可或缺的交流方式，已经是一个推动互联网向现实世界无限靠近的关键力量。在校友工作中加强新媒体的运用，已经成为一种思想共识。

在校友会网站或校友社区中，开发能够使校友掌握母校动态、分享个人故事、寻找昔日同学、报名参加活动、在线提供捐赠等方面的功能，无形中拉近校友与母校的距离，同时为校友提供更加方便快捷的交流方式。

（二）“铺路子”为母校服务，为南开发展群策群力，拓宽校友与母校的沟通渠道

校友对母校浓浓的感恩之情是校友回馈母校的不竭动力。校友不仅能够传播学校的声誉，还是学校宝贵的财力资源、人才资源和信息资源。鼓励和倡导校友为母校发展提供支持是校友工作义不容辞的责任，在物质、智力、精神等多个领域为校友反哺母校创造条件。

1. 物质支持

校友对母校的捐赠反映了校友对母校的认同感和满意度，也反映了校友自身的发展成就。校友捐赠早已成为评价世界一流大学的重要标准之一。为此，我们要拓宽校友捐赠渠道，使校友了解学校发展状况，为校友捐赠提供更多便利；丰富校友捐赠形式，使校友感受到捐赠给学校带来的变化，为校友捐赠提供更多空间；鼓励校友参与学校建设，使校友体会到主人翁的地位，

为校友捐赠创造更多机会。

南开大学专门制订了《南开大学募集和接受社会捐赠工作管理办法》和《南开大学捐赠奖励和筹款工作专项基金管理暂行办法》，在全校范围营造良好的捐赠环境；2013 年，学校特意邀请了校友代表参加津南新校区首个开工项目——图书馆工程的奠基仪式，并多次组织校友实地参观建设中的新校区，听取校友们的建议。南开上海校友会还通过总会向全球南开人倡议向新校区捐种“我爱南开”校友林、校友树，还有校友表达了捐建校园景观、桥梁等意向。

2. 智力支持

活跃在社会各行各业中的校友既是国家的宝贵财富，也是学校的人才资源。善于引进智力资源，问计于校友，对于促进学校发展和与社会融合都大有裨益。在这方面，需要注意如下几点。

（1）要利用各种时机主动向校友宣传学校改革发展目标与发展愿景，制定的规划与采取的措施，使校友充分了解学校正在做什么，准备做什么。校领导出访各地时看望校友，并做校情报告就是一种最直接的方法。

（2）引智工作要紧紧围绕学校中心工作开展，在人才引进、学科建设、学生培养等重要领域多寻求校友帮助。加拿大阿尔伯塔大学（University of Alberta）曾为南开大学举办“南开日”活动，期间学校专门召开了校友见面会暨海外高端人才招聘会，宣讲人才引进政策，取得了良好成效。2013 年南开大学经济学院启动校友导师计划，共聘请了在经济、金融领域的 18 名校友导师，29 名校友辅导员担任了 50 余名南开学子的指导工作，帮助学生规划职业生涯，加快职业化发展。

(3) 学校教育要适合社会发展的需要 ，校友在工作实践中所反馈的意见是母校培养人的重要依据。学校在规划教育教学活动时，有意识地征求校友的意见，充分发挥校友在政策咨询、信息反馈等方面的积极作用。例如，南开大学学生工作部门在开展本科生“公能”素质评估工作中征求了毕业 10 年内历届校友代表的意见，以使评估更加科学有效。

3. 精神支持

一所学校的精神是凝聚师生校友、推动事业发展的力量源泉。对于南开系列学校而言，广大校友能够结下缘分，都是因为让人引以为豪的“南开”二字，她体现了由于历代南开人为国家和人民做出的卓越贡献而得到的社会各界的尊重和认可。“大南开”的理念是历史形成的，南开系列学校应当在平等的基础上，继续团结合作、相互支持，让“南开”这面旗帜，在中华民族伟大复兴的历史进程中再建新功。

依靠传承母校精神产生的校友文化是校园文化的重要组成部分，是校园文化育人的具体生动体现，对于培养在校生的母校核心价值理念和校友意识，增强学生对母校的认同感都会起到积极作用，在校友育人、支持母校招生宣传、联系实习实践基地等方面都具有重要意义。

南开大学自 2007 年开展校友寻访活动，至今已成功举办七届。2013 年暑假，由 282 名志愿者组成的 43 支队伍寻访了包括美国、英国等国，以及我国的香港、台湾等地区在内的海内外 223 名校友。受访校友有自主创业的精英，有基层工作的劳模，还有严谨求实的研究人员。在此过程中，学生们不仅将母校对校友的关心传递出去，更收获到校友们宝贵的人生经历和职场经验。

（三）“牵线子”为社会服务，支持参与地方经济社会发展，校企、校地联动，实现多方共赢

党的十八大报告提出“强化企事业单位、人民团体在社会管理和服务中的职责，引导社会组织健康有序发展，充分发挥群众参与社会管理的基础作用”，进一步强化了社团组织在全面建设小康社会中的战略地位。充分利用校友资源，为母校服务社会牵线搭桥，推进校企、校地合作，既是高校发展的内在需求，也是高校对社会贡献大小和自身综合实力强弱的重要标志。

各地南开校友会在这方面做出了一些有益尝试，积累了宝贵经验。

1. 校企合作

天津校友会为帮助青年校友在津创业，支持天津经济建设，于 2013 年与天津东鹏置业发展有限公司、天津市北辰区科委共同搭建了“南开大学青年校友创业基地”，支持人才培养、鼓励科技创新、促进创业就业、加快地方经济建设，推进校、企、政三方事业的共同发展。

2. 校地合作

2008 年，海南校友会积极促进南开大学与海南省的合作，成立了海南国际旅游岛发展研究院，推动海南经济社会又快又好地发展，并为海南旅游业的持续发展提供坚实的智力支持。2012 年，我校与甘肃省平凉市庄浪县确定为定点扶贫结对关系，这种结对子的帮扶工作是南开人向基层群众学习的好机会。南开甘肃校友会能够在促进校地交流，拓宽宣传渠道等方面发挥建设性作用。

三、结语

南开学校已经有上百年的历史，南开校友工作也取得过辉煌的成就。在新的历史条件下，我们应按照校友工作的规律，继承光荣传统，以更加开放的姿态，强化校友工作的服务功能，团结海内外校友，共同推动南开校友工作取得新的进步，创造南开学校新的辉煌！

参考文献：

[1] 严晓凤．中国高校校友工作的演进及对校友资源认识探析[J]．经济研究导刊，2011（21）
[2] 王长生．民国第一校友会[J]．文史天地，2004（8）
[3] 南开校友总会秘书处．温馨的记忆——南开校友活动三十年[M]．天津：南开大学出版社，2009
[4] 黄文辉，刘敏文．一流大学建设中校友工作的探索与实践[J]．清华大学教育研究，2000（3）
[5] 程玉敏，刘志坚．加强校友工作 谱写服务校友和社会的新篇章[J]．宁夏大学学报，2012，34（1）

提升学习力　建设学习型机关

人事处　万淑君

摘要：建设学习型机关是建设学习型社会的重要组成部分，其基本要求和特征是一个机关具有较强的学习力、文化力、创新力和领导力，这些特征是现代化机关形成与构建的基础和前提。其中，学习力是一个人或一个组织学习的动力、毅力、能力的综合体现，是学习型机关的根基。建设学习型机关，必须以提升机关干部个人和整个机关的学习力为前提。本文以提升高校机关的学习力为着眼点，探讨新时期高校如何建设学习型机关的问题。

关键词：学习型机关；学习力；以人为本；人的全面发展

一、高校创建学习型机关的必然性

1．高校创建学习型机关是时代发展的必然选择

随着时代的进步，知识的生产和更新速度不断加快，对于每个组织、每个个人而言，都具有强烈的冲击，面对挑战，高校机关干部只有不断学习，不断更新知识，不断提高自身综合素质，才能更好地应对时代的挑战，才能更好地实现自身的全面发展。

党的十六大提出了“形成全面学习、终生学习的学习型社会，促进人的全面发展”的要求。党的十七大再次明确提出了“建设全面学习、终生学习的学习型社会”的要求。这些论述反映了党中央对学习社会化问题的高度重视，是我们全面建设小康社会，开创中国特色的社会主义事业的一个重要奋斗目标。

学习型机关是学习型社会的重要组成部分，要想建成学习型社会，促进人的全面发展，就必须建设好学习型机关。

2．高校创建学习型机关是高校发展的必然要求

在当今信息化时代，综合国力的竞争归根结底是人才的竞争。实现经济和社会的发展，关键在人。高素质人才已经成为决定国家和民族命运的重要力量，是创建创新型国家的强大依托。

高校肩负着人才培养的重任，要想培养高素质人才，高校管理者必须时刻学习，掌握新知识、新理念，进而创新理论，创新思路，创新机制和制度，不断突破既定的观念，时刻应对挑战。高校机关肩负着高校正常运作和规划发展的重任，因此，高校机关应该带头开展创建学习型机关的活动。

二、高校如何建设学习型机关

1．学习内容

“学习”的含义很丰富，不仅包含学习新知识、新信息、新文件、新政策的内容，而且包含学习如何与同事合作，如何转变传统的工作观念，如何在工作中不断创新，把学习内化为责任，外化为行动，实现人的全面发展。以学习力提升机关的执政力、创新力和竞争力，推进学校的全面发展，为建成学习型社会贡献力量。

高校建设学习型机关，要紧密结合当前国内外政治经济形势和社会经济发展的新动向，结合工作的实际，满足机关干部知识更新和素质提高的要求，不断丰富学习内容。

（1）学习政治理论知识，着力增强思想政治素质。认真学习马列主义、毛泽东思想、邓小平理论、“三个代表”重要思想和科学发展观，学习贯彻党的十八届三中全会精神，牢固树立立党为公、执政为民，全心全意为人民服务的宗旨，不断提高机关干部的政治理论水平和思想政治素质。

（2）学习科学文化知识，着力提高文化素养。以科学发展观为指导，组织机关干部学习现代科学和政治经济学及世界经济、科技等方面的有关知识，不断拓宽视野，使机关干部掌握更多的经济理论知识，提高为经济建设服务的能力和水平。同时，拓展学习领域，加强计算机和信息网络等方面知识的学习和实际操作技能的培训。

（3）学习法律法规知识，着力增强法律意识。通过形式多样的普法教育，组织和动员全体干部认真学习相关法律法规，定期组织培训和测试。经常开展党风党纪教育和警示教育，加强机关干部的思想道德和法律法规教育，加强党性修养，引导机关干部筑牢拒腐防变的思想防线。

（4）学习业务知识，着力提升本职工作水平。根据各自岗位的工作特点和要求，认真学习公文写作、文书处理、机要保密等有关知识，定期开展系统业务知识培训，鼓励机关干部参加在职学历教育，促使全体干部钻研岗位业务，切实提高实际工作能力。做到知行统一、学用结合、学以致用，切实达到促进工作落实、推进科学发展的目的。

2．学习形式

在建设学习型机关的过程中，尽量实现学习形式的多样化，坚持集中学习、分散学习、业余学习相结合。既要运用好集中学习等传统学习教育手段，比如，开展短期培训、专题讲座、辅导报告、知识竞赛、讨论交流等形式，又要充分利用网络学习的优势，提高学习教育的实用性、趣味性和有效性。鼓励机关干部利用各种社会教育资源进行在职学习。与此同时，通过轮岗交流、基层调研等，加强能力训练，提高实际工作能力。

在加强个体学习的基础上，更要提升团队学习力，在同一个平台、同一个基础上，大家共同学习，共同提高。积极培育学习型团队，发挥每个机关干部的学习优势和先发效应。

（1）研究型团队。根据各自岗位的工作特点，工作性质相近的机关干部可以组成课题研究小组，共同钻研岗位业务，学习相关业务知识，一起申报课题，共同研究课题，最终实现业务水平的提升。

（2）社团型团队。结合各群体的特征，开展组织学习，并让团队成员在自我管理、自我服务的过程中提高组织协调能力和综合管理能力。比如，机关的计算机达人可以组成计算机社团，相互探讨、交流计算机、网络等相关知识，还可以帮助机关进行网络建设和日常维护。不但可以增长知识和技能，而且可以为机关信息化建设贡献力量。

（3）兴趣型团队。孔子在《论语·雍也第六》中说："知之者，不如好之者；好之者，不如乐之者。"从兴趣入手来激发求知欲，使学习者从兴趣中找到乐趣，由乐趣发展到热爱，从而使学习成为一种情感追求，这就使学习力提升到了一个新境界。建设兴趣型团队要充分满足机关干部个性化的学习需求，达到陶冶情操、缓解精神压力、促进工作的目的。比如，戏剧、体育等兴趣小组在机关受到广泛欢迎。

3．学习平台

（1）搭建"互动式学习平台"

通过轮流讲解业务知识，互相交流心得体会，共同评议工作得失等多种形式，做到学习资源共享、学习时间统筹、学习内容交融、学习效果互促，积极营造“人人讲学习、人人参与学习”的良好氛围。

以人事处为例，人事处每两周举办一次论坛，每次论坛都会选择一个主题，由处内各科室负责同志为大家讲解新政策、新文件，或者讲解办事流程、具体工作内容等，大家会提出问题，一起分析解决问题，这样全处同志不仅对人事处的工作职责、办事流程都有了全面系统的了解，而且对自身的工作有了更进一步的认识。论坛为全处员工提供了一个学习交流的平台，不但拉近了各科室的联系，而且促进了人事处整体工作的发展。

（2）搭建“信息化学习平台”

充分发挥互联网、手机等现代传播媒介的作用，设立信息之窗、BBS论坛等栏目，实现网上工作、网上学习、网上交流。开发网络学习平台，实现热点问题网上讨论、疑难问题网上解答、学习资料网上共享。

4．制度保障

人都有惰性。在没有压力的环境下，人的进取心会渐渐被惰性所替代。因此，一定要重视制度约束，并加强督查和考核。要制定中长期干部队伍的教育培训规划，有计划加强对机关干部的培训和教育，建立教育培训机制。要建立健全相应的激励机制，将机关干部的学习态度、学习表现、学习成绩作为年度考核、竞争上岗、职务晋升的重要依据之一，由此来增强机关干部学习的紧迫感和责任心，引导机关干部通过学习提高素质，迎接挑战。把建设学习型机关的制度建设与深化干部人事制度改革紧密挂钩，突出学习绩效在干部的年度考核、评先评优、职级晋升中的评价作用，建立健全有利于公平竞争的人才培养和选拔机制，使干部队伍学有动力，学有压力，学有成效。

三、以人为本，实现人的全面发展

高校学习型机关是一种以人为本、把工作和学习融为一体的组织模式。强调以人为本，充分尊重人的权利和需求，积极为个人的学习和发展创造条件，让每位高校机关干部将自身发展和学校发展统一起来。

建设学习型机关，建设学习型社会，最终目标是要实现人的全面发展。人的全面发展是马克思所向往的未来社会人的理想目标，是对人类美好未来的憧憬和向往。马克思提出的人的全面发展包括三方面含义：一是人的劳动能力的发展；二是人的社会关系的丰富；三是人的个性的全面发展。科学发展观的理论强调以人为本，就是以实现人的全面发展为目标，从人民群众的根本利益出发谋发展、促发展，不断满足人民群众日益增长的物质文化需要，切实保障人民群众的经济、政治和文化权益，让发展的成果惠及全体人民。由此可见，高校创建学习型机关是马克思主义和科学发展观的题中之义。

高校建设学习型机关是世情国情深刻变化的迫切需要，是提高高校发展水平的关键因素，是新形势下高校科学发展的必然要求，是我国建设学习型社会的重要组成部分。我们必须直面挑战，敢于担当，把高校学习型机关建设落到实处，为高校的长远发展而努力奋斗。

参考文献：

[1] 黄健．造就组织学习力[M]．上海：三联书店，2003
[2] 何中华．人的全面发展与当代语境[J]．学术月刊，2002（1）
[3] 周苏玉．科学发展观与人的全面发展关系略释[J]．高教发展与评估，2006（3）
[4] 李莎莎，胡传文．关于建设学习型机关的几点思考[J]．理论导报，2009（12）
[5] 张宏，王艳春．高校学习型机关建设的实践策略[J]．黑龙江教育（高教研究与评估），2010（11）

建设南开大学学习型机关的探索与方法创新

财务处　赵晓霞　赵璟祎

摘要： 建设学习型机关是我校在新时期顺应时代发展、响应党中央号召提出的新课题。随着党的十八大和十八届三中全会的召开，建设学习型、服务型、创新型机关是建设学习型政党的要求，各级组织单位在建设学习型政党过程中起着重要作用。建设学习型机关应以了解创新学习的含义为基础，以树立先进的学习理念、探索先进的学习方法、营造良好的学习氛围为前提，最终建立完善的、适合我校实际情况的学习体系和运行机制，提高党员干部综合素质，提高工作质量，提高机关效能，实现人的全面发展。

关键词： 创新；学习型机关

一、学习型机关的意义、内涵和重点

1. 创建学习型机关的核心是提升组织的学习力、保障机关充分履行职能

学习型机关本质上是一种组织学习的模式，它包含着“一个机关所有成员都在学习”的内在要求，但最终目标不仅是“人人学习”，更重要的是能够进行“团体学习”；不仅是个体的学习，更重要的是学习的组织，提高团队学习的热情和收获，只有将个人的学习与党的事业发展、机关事业发展相结合，使机关成为具有持续学习能力、可持续发展的组织，才能被称为学习型机关。

创建学习型机关的内涵是：围绕党的事业发展、机关事业发展这一共同奋斗目标，通过有效的激励机制，推动机关所有成员持续学习、学以致用，保障机关充分履职，促进干部健康成长，从而把机关建设成为具有高度凝聚力和旺盛生命力的组织。

学习型机关是借助学习型组织的管理理念和管理手段，推动机关形成良好学习风气的载体，是新时期党的事业发展、机关事业发展的必然要求，是党中央关于建设学习型政党、学习型党组织的要求在机关中的具体体现。

2. 创建学习型机关是贯彻党的十八大、十八届三中全会精神的切实举措

党的十八大报告提出建设学习型、服务型、创新型马克思主义执政党的重大战略任务，充分表明我们党对执政党建设规律的把握更加自觉、更加全面、更加深刻，为全面提高党的建设科学化水平指明了前进方向。

党的十八届三中全会决定，加快事业单位分类改革，加大政府购买公共服务力度，推动公办事业单位与主管部门理顺关系和去行政化，创造条件，逐步取消学校、科研院所、医院等单位的行政级别。建立事业单位法人治理结构，推进有条件的事业单位转为企业或社会组织。

会议精神就是顺应时代的发展，努力掌握和运用科学的新思想、新知识、新经验，从而使党始终保持先进性。而高校学习型机关建设是时代的呼唤，是紧跟世界变化、积极应对挑战的迫切需要。

概括起来，一是通过围绕统一的目标开展基础学习，团结机关成员共同奋斗；二是通过个人的学习与机关事业发展相结合，发现适应机关工作需要的人才、培养党的事业接班人的基础性工作；三是通过增强选拔合适的机关青年干部进行培训、提高，进一步深化、巩固并提高党的执政能力的基础。同时要在各层机关中落实青年干部的行政能力水平，落实各层机关青年干部的党性认识，坚定不移地在各基层行政工作中贯彻党的宗旨，最终提升机关青年干部的综合素质，从基层切实地稳定我党的执政基础。特别是面对当前经济转轨、社会转型的客观形势，一些机关干部中不同程度地存在“知识恐慌”、“本领恐慌”的问题，尤其需要以创新精神推进学习型机关建设，通过学习不断丰富知识，提高发现问题、解决问题的能力。

3. 创建学习型机关需要方法创新

“创新”一词来自美籍奥地利经济学家熊彼特，1912 年在其所著《经济发展理论》一书中首次提出。方法创新来源于制度学派，制度学派起源于 19 世纪末美国的早期制度学派，其代表人物有缪尔达尔、哈尔布伦纳和加尔布雷斯等人；该学派继承了早期制度学派所坚持的“凡勃伦传统”，希望能够研究制度演进过程并依此作为基础建立新的经济理论。制度学派认为，只有从根本上改变现有制度才能促使产生创新。

结合我国的基层实际情况，只有从根本上认真总结之前学习型机关建设的经验教训，才能在我校的学习型机关建设中，找准要点，抓住难点，进而

完善学习型机关的制度安排，达到切实效果。我校进行创新的学习型机关的建设，特别需要注意避免之前的问题，认真总结经验，才能做到切实有效的建设学习型机关的措施和制度安排，为进一步建设创新学习型机关打好基础，是贯彻我校党委精神的基层实践。

二、我校学习型机关建设的内涵

1．建设学习型机关是落实我校党委精神的实践举措

我校党委书记薛进文在“学习十八届三中全会会议”的讲话中指出，全体党员干部要深入学习党的十八届三中全会公报，学校要组织骨干教师讨论学习会议精神，结合党的群众路线教育实践活动和年度重点工作部署加以落实，做好宣传贯彻。

我校党委副书记、纪委书记、机关党委书记张式琪在“学习贯彻十八大精神动员会”的讲话中指出，机关各部门、各党支部要认真学习领会党的十八大精神，用党的十八大精神统一基层党组织、党员思想；要坚持理论联系实际，明确思想，用党的十八大精神指导工作；要深化机关改革创新，建设学习型、服务型、创新型机关和基层党组织；要积极动员组织机关全体党员干部振奋精神，以良好的精神面貌落实各项工作任务，为全校师生服务。

2．创建学习型机关的重点是党性教育、业务培训和个人素质

学习是领导干部加强党性修养、坚定理想信念、提升精神境界的一个重要途径，是胜任领导工作的必然要求。校机关承担着参与谋划、具体推动全校工作大局的重大责任，特别是承担着有效落实中央和市委、市政府各项决策部署的重大责任。当前机关干部在总体上是适应发展要求、能够担负起党和人民赋予的光荣使命和重大责任的。但也不可否认，确实有少数机关干部学风不正、作风不实、能力不强，精神状态和自身素质与形势任务的要求存在较大差距，影响了机关工作的与时俱进。我们在创建学习型机关的过程中，着重从以下几个方面进一步明确重点，即在党性教育方面，强调把增强宗旨意识作为机关党员首要的政治思想素质；在业务学习方面，强调把提高驾驭工作的能力作为机关执政能力建设的首要条件；在个人素质方面，强调把加强自身修养作为新时期机关干部培养良好道德品质的首要途径。

三、我校学习型机关建设的路径

1．提升学习理念

我校机关干部要把学习作为一种政治要求、一种精神追求、一种工作责任、一种生活态度，切实增强学习乐趣、学习热情和学习积极性。以学习为本、终身学习、互动学习、创新学习、团队学习为理念，通过学习提高机关各部门的凝聚力，开拓各项工作的新局面。

2．明确学习目的

机关干部要根据学校发展规划和机关自身建设的需要，与时俱进地确定学习目标和内容。首先，要着眼于提高思想政治素养，以学习马列主义、毛泽东思想、邓小平理论为基础，学习科学发展观的内涵和实质，紧跟时代发展、认真研读党的十八大和十八届三中全会的报告。其次，要着眼于做好本职工作，广泛学习专业知识，吸收先进的工作方法，开动脑筋解决实际工作问题。同时，研究高等教育改革、学校事业发展的政策导向和理论知识，从大局把握自身工作方向，不断开阔视野，增加知识储备，不断用学习成果推动工作创新。

3．创新学习方法

机关干部在创建学习型机关的过程中，要不断丰富和完善学习形式和方法，从机关的工作特点、高等教育发展的要求和机关干部的现实需求出发，大胆进行学习方法的创新。开展团队学习模式，加强团队内部人员的交流和沟通，共享先进的学习资源，分享学习心得和收获，激励创新思维。开展学校内部各部门以及与其他高校间的借鉴学习活动，组织学校内部不同部门人员互相交流学习，通过机关内部轮岗、下基层挂职、到其他单位交流挂职等方式，组织工作人员在实践岗位、实际工作中学习，为他们提供学习新知识和发挥才能的空间。定期组织学校有关人员带着问题到其他院校学习，并结合实际制订具体改进措施。

4．培育机关文化

学习型机关文化是培育学习型、创新型机关的催化剂。要以创造严谨、务实、蓬勃、进取的机关大文化环境为基础。在创建学习型机关的过程中，把建设学习型机关与培育崇尚学习的机关文化结合起来，把学校党组织提出的各项发展目标作为共同理想，激发学习的动力和创新意识，营造崇尚学习、尊重知识、爱岗敬业、和谐融洽的学习氛围，培育与时俱进、追求卓越、敢于创新的共同价值理念，努力使各个部门成为学习型组织。

四、我校学习型机关建设的主要任务及需要注意的几点问题

1．发挥领导带头作用

学习型的机关需要有学习型的领导，领导的模范带头作用，直接影响着机关和群众的学习，建立和完善领导体制和组织管理机构，是建设学习型机关的重要前提和有力保证。

2．建立管理机制

严格学习制度，不断增强学习的自觉性。严格学习纪律，确保学习扎实有效，不走过场。坚持党的理论和党性学习，注意提升青年机关干部的思想认识和党性理论水平。

3．建立考核激励机制

各单位立足实际，把学习纳入到对党员、干部年终考核之中，制定机关激励机制，采取考核、评比、表彰等措施，鼓励先进，鞭策后进，增强学习的外驱力，提高学习的自觉性、主动性和创造性。对学习任务完成得好、学习成效显著的单位和个人给予奖励，营造自觉学习的氛围。

参考文献

[1] 陈小鸿．关于高校学习型机关建设若干问题的思考[J]．高教与经济（浙江工业大学），2011，24（1）
[2] 吴汉民．学习型机关的探索[J]．秘书工作》 2010 年第一期
[3] 林祖媛，梁宗平．学习型机关党组织的建设路径[J]．人民论坛，2010（10）
[4] 李先荣．试析创建学习型机关党组织的路径[J]．中共乌鲁木齐市委党校学报，2010（4）
[5] 田欣，徐善良．上海市学习型机关建设的时间与经验[J]．上海党史与党建，2009（3）
[6] 华乃强．推进学习型机关建设的几点思考[J]．公安学刊（浙江警察学院学报），2010（3）
[7] 严志宏．浅析学习型机关建设中存在的问题及对策[J]．中央太原市委党校学报，2010（6）

[8] 李莎莎，胡传文．关于建设学习型机关的几点思考[J]．理论导报，2009（12）
[9] 连晓畅．推进学习型机关党组织建设的思考[J]．贵阳市委党校学报，2010（3）

提高高校机关效率与建设服务型高校机关的思考
——仪器设备招标采购的实践与探索

招投标管理办公室　古建春

摘要：随着“985 工程”和“211 工程”的实施，像南开大学这样的教育部直属重点大学有了更多的经费用于仪器设备的采购。本文以南开大学为例，总结了我校在仪器设备招标采购中的一些经验和方法。从如何提高招标采购的效率，保证采购质量和仪器质量，提高服务师生的本领和意识几个方面介绍了在工作中的一些经验、方法和体会。通过总结经验，探索方法，对完善和促进仪器设备招标采购工作，具有一定的理论和实践意义。

关键词：仪器设备；招标采购；效率；质量

在南开大学第八次党代会上，校党委提出坚持育人为本，强化质量特色，努力建设世界知名高水平大学的奋斗目标。创建世界知名高水平大学离不开国家的大力支持，也离不开世界一流的教学、科研条件，仪器设备的招标采购是保障高校教学、科研顺利进行的基础性工作，因此做好这项工作对于学校的建设和发展极其重要。目前，我国正在实施的“985 工程”和“211 工程”，给南开大学的发展提供了重要契机。国家的大力支持促进了学校教学科研仪器的进一步充实，我们得以购进大量先进的仪器设备。然而，仪器设备的购置也是对我们的一次考验和检验。如何高效、合理、保质保量地完成采购工作，如何更好地服务师生、服务教学科研一线是一道科学的问题，研究和探索其中的规律也就具有了非常重要的现实意义。

高等教育事业发展的特点决定了高校教学、科研仪器设备的采购具有一定的特殊性。①高校需要大量的专用设备，专业性强，精度要求高，技术指标复杂，技术参数不易把握，评标时较难评价；②综合性大学专业面广，教学、科研项目涵盖面宽，所需设备种类多、数量少、来源单一，造成采购的组织实施难度大；③由于高校所需设备是根据教学、科研项目的进展实施采购，科研项目的不确定性、人才流动频繁、个别经费的时效性要求高，常常导致高校设备采购计划性差，时间要求紧，临时性、应急性项目多等现象；④设备采购经费来源多样化，有国家重点建设专项经费，学校科研业务费，办学收入、重点实验室专项经费，国家部委、省的纵向课题、企业横向课题经费等。不同来源的资金在管理和使用上有不同的要求，且容易造成重复投资。①

基于以上高校仪器设备招标采购的特点，招投标管理办公室充分考虑学校发展的实际和教学科研发展的需要，做出了如下的实践和探索，力争做到提高效率的同时，保质保量地完成招标采购计划，服务广大师生群体和相关部门。

一、注重提高效率

（1）建立信息化、网络化办公平台

建立南开大学招标网，及时发布招标公告、结果公示、中标公告、采购流程等信息。一方面，方便供应商及时了解学校和教师的采购需求，网上注册、审核、报名等，提高了工作效率与采购效率；另一方面，学校各部门或教师如有采购需求可在网上进行在线提交、了解采购流程、下载相关表格等，大大提高了办公效率。招标网在南开大学主页醒目位置进行链接，方便查找。我校网站的招标信息也被多家招标采购相关网站进行了分类和链接，进一步扩展了宣传途径，更加保证了公平、公正、公开。

建立招标采购系统、项目的全程管理，包括项目的审核、发布公告、开标、结果公示、中标公示等全部通过该系统实现。另外，该系统还具备分类统计和检索功能，便于统计数据和为购买相似仪器设备的老师提供参考和借鉴。

组建小型办公局域网，共享资源，便于部门内共享操作、共享工作进度和成果，提高了工作效率。

建立 QQ 群和招标咨询 QQ 号，一方面，方便师生和各部门咨询了解招标采购事宜和进度，更快、更便捷地传递信息，及时地解答疑问和困惑。另

---

① 龙跃，曾午铃，陈靖．高等学校仪器设备招标采购的研究与探索[J]．实验室研究与探索，2012，9（31）：195～198；许立森．高校仪器设备采购方式与管理[J]．中国医学装备，2010，3（7）：24～27

一方面，及时回答供应商的疑问和各种疑难问题，大大提高了沟通效率。

（2）服务前置，变被动为主动

仪器设备的招标采购是一项被动的工作，学校各部门和教师有采购需求时，往往已经很着急了，可能在同一天就有十几甚至几十件仪器设备同时提交，因此采购比较集中。还有重大项目的经费往往集中下拨，造成教师们的采购也是集中进行。这就造成招标计划很难安排，即便是六、日或节假日加班也安排不了这么多的招标计划。针对这种情况，我们总结历年的经验，采取了以下几项措施。

提前与 985 工程办公室、211 工程办公室、财务处、信息办和设备处等部门沟通，了解经费下拨的进度和是否有新的经费到账情况，以及经费的分配计划和安排。这样未雨绸缪，做好准备，一旦有大规模的集中采购，可以对相似仪器或同一单位为单元“打包”进行采购，一方面，及时快捷高效地完成采购计划，另一方面，进一步增加了议价的空间和筹码，为学校节省了宝贵的科研经费。

提前发动各单位编制采购计划，对于确定购买的零星采购，根据往年的经验提醒及早购买，进一步减少了采购的拥堵期。

同时，我们自身做好充分的准备。比如，按不同种类和相似用途编制好招标文件模板，方便老师们填空式填写，大大缩短了招标文件的制作周期。对于指标相对固定且易选择的一些采购需求，如计算机、电视、空调、电梯等设备，按照类别、指标规格、价位等提前做好分类，方便老师们根据自己的使用需求和经费限制快速选择，提高采购效率和针对性。①

（3）提前计划，谋划未来

南开大学的教学、科研位于全国前列，购买的仪器设备也一样要走在全国前列，甚至是世界上的先进设备。因此，我们积极关注新型仪器的展会和网上仪器的新消息，及时跟进仪器前沿和前沿应用，为老师们购置新仪器提供准备和帮助。各兄弟院校购置仪器有相同或相似的方面，瞄准与南开大学相似高校的采购信息、采购计划和中标金额，便于提早做好准备，也可提高仪器采购的性价比。②

南开大学新校区的建设如火如荼，我们也提前做好充分准备，分析拟搬

① 张家栋，李世明．高校仪器设备采购特点分析及应对建议[J]．实验技术与管理，2012，11（11）：1～3

② 顾亚萍，何华坤，邱炜韬等．高校仪器设备招标采购进度分析与控制[J]．实验室研究与探索，2011，11（30）：392～395

迁学院仪器设备采购的需求以及学校各部门可能的采购需求，及早准备，时刻迎接新校区集中采购的到来。

二、保证采购质量和仪器质量

（1）积极发挥桥梁和纽带作用

提示老师们对购置仪器进行必要性、合理性和科学性的论证，特别对于金额较大的设备，一定要在校招投标领导小组会上进行说明，一方面，保证经费的合理使用，另一方面，也保证仪器购置的合法性、科学性和必要性。

（2）前期做好考察，后期协助监督合同履行和验收

提示和帮助老师们做好仪器的考察工作，不能完全轻信供应商的一面之词。对于有的招标项目难以当场做出选择的，不急于做结论，充分地实地考察甚至实验和使用考察都是必需的，防止仓促决定，买到性价比不高，甚至不实用或不能用的仪器设备。

协助监督合同履行和验收。是否严格按投标承诺履行合同，是否按标书验收标准进行验收，对于虚假承诺、篡改承诺甚至虚假投标的采购项目进行撤销甚至索赔。

（3）合理选择招标方式

由于公开招标没有议价空间，因此对于某些项目可采用竞争性谈判采购方式进行采购。比如，某项目采用了竞争性谈判，由于该项目供应商较多，竞争激烈，最终的中标价比预算低了将近一半，为学校节省了大量的资金。

（4）选择厂家直接供货而不是代理商

尽可能选择生产厂家进行投标，不接受代理商。选择生产厂家，一方面能保证价格最优，另一方面能保证提供原厂的技术和售后服务，便于买到性价比高的仪器和服务。①

三、切实提高服务师生的本领和意识

（1）绷紧时刻为老师服务的弦

主动加强与老师的沟通，提前了解采购计划，提前根据老师的技术指标和使用需求等编制招标文件，以便在审批后尽早进入招标采购程序，缩短整

① 樊鹏．高校仪器设备招标采购管理工作浅议[J]．实验室研究与探索，2010，（3）：179～181

个采购时间。多替老师们着想，我们能跑腿解决的就不让老师们辛苦，尽可能使用现代化的工具减少老师们来招标办的次数，一般只在开标当天来一次即可完成整个招标采购过程，节约了老师们宝贵的时间。

（2）为学校各部门服务

配合学校重大项目的建设和实施，配合重点实验室建设、新学院成立和学院重点领域建设的需要，抢排时间，主动加班，尽快完成招标采购工作。积极配合职能部门的工作，完成上下游衔接问题，完成报表统计等相关工作。积极做好协调和沟通工作，起到应有的“润滑”作用。

（3）为供应商服务

善待供应商，使他们感到宾至如归，让他们感受到南开大学的热情和对他们的理解和帮助。在时间安排上，开标时间尽可能安排在下午，减少外地供应商的住宿成本；在报名方式上，可进行网报，减少他们的交通成本；在中标之后的服务上，尽可能采用邮寄发票等额外的增值服务，我们费点事，减少供应商的后期投入。我们对供应商服务的最终目的是为老师们服务。供应商感到了方便、热情，就会把这种正能量传递给老师们，传递给学校，就会有更多的供应商来投标，为我们的老师争取更好的价格和更便捷的服务，最终受益的还是学校和老师们。①

（4）网上申请审批系统和领导小组会签系统的建设

2014 年以前，采购审批表需要在各部门间流转，老师们可能为此需要跑好几个部门审批盖章。为了在此环节上不再让老师们跑路，另外也为了加快审批环节的速度。2013 年作为南开大学服务师生的 20 件实事之一，招标办提前谋划研发和建设了网上申请审批系统和领导小组会签系统，该系统目前已在全校范围内全面推开。只要有网络，哪怕只有手机就可在网上完成审批，即便审批人在外地出差，也可快速审批，大大节省了审批时间。需要上领导小组会的大项目也可在网上进行会签，节省了领导小组成员们集中开会的时间。该系统的建设也为新校区的多校区办公提供了极大方便，更好地服务师生、审批人和领导小组成员。该系统大大提高了工作效率，尽管我们将来是多校区办学，但大家丝毫感受不到由此带来的不便。

综上所述，通过一系列举措的实施，大大提高了仪器设备招标采购的质量和效益，更好地服务了师生，服务了学校教学科研工作的开展，为学校的建设和发展做出了我们应有的贡献。今后，我们仍将继续开拓进取，不断创

① 许立森．高校仪器设备采购方式与管理[J]．中国医学装备，2010，3（7）：24～27

新方式方法，切实提高工作效率，创建服务型团队、学习型团队，为早日实现创建世界知名高水平大学的奋斗目标贡献我们的力量。

参考文献：

[1] 龙跃，曾午铃，陈靖．高等学校仪器设备招标采购的研究与探索[J]．实验室研究与探索，2012，9（31）：195～198

[2] 许立森．高校仪器设备采购方式与管理[J]．中国医学装备，2010，3（7）：24～27

[3] 张家栋，李世明．高校仪器设备采购特点分析及应对建议[J]．实验技术与管理，2012，11（11）：1～3

[4] 顾亚萍，何华坤，邱炜韬等．高校仪器设备招标采购进度分析与控制[J]．实验室研究与探索，2011，11（30）：392～395

[5] 樊鹏．高校仪器设备招标采购管理工作浅议[J]．实验室研究与探索，2010，（3）：179～181

新公共服务理论视域下服务型高校机关建设——基于南开大学机关服务现状的调查研究

研究生院　刘小茵

摘要：高校机关是学校党政工作的职能部门，是学校有效管理的“中枢神经”，在维护高校教学科研等工作的正常运转方面起着不可或缺的重要作用。机关工作效率的高低和服务水平的优劣，直接关系到学校事业的发展。因此，提高工作效率，完成从“管理型”到“服务型”的转变是机关工作上台阶的关键。基于南开大学机关服务现状的调查研究，发现高校机关干部中存在轻服务、低效率的问题，在新公共服务理论的指导下，借鉴服务型政府建设思路，从不同角度提出创建服务型高校机关的措施。

关键词：新公共服务；服务型高校机关；行政效率

党的十八届三中全会提出了关于“切实转变政府职能，深化行政体制改革，创新行政管理方式，增强政府公信力和执行力”的要求，高校机关由管理型、权力型机关向服务型机关过渡已经势在必行。

一、“服务型”概念和必要性研究

新公共服务理论的核心价值对“人本”和“服务”的强调，给予公共管理以及与其相关的政府、机关以很大的启发。

（一）新公共服务理论的兴起和应用

20 世纪 80 年代，在西方国家兴起的新公共管理运动，对以官僚制理论为基础的传统公共行政理论进行了无情的批判，新公共管理理论一时席卷全球，对世界大多数国家的行政改革产生了非同寻常的影响。2000 年 11 月，罗伯特 •B. 登哈特和珍妮特 •V. 登哈特在美国期刊《公共管理评论》（*Public*

Administration Review）上发表了题为“新公共服务：服务而非掌舵”（*The new public service：Serving rather than steering*）的研究论文，从此，以登哈特为代表的新公共服务理论风靡一时。对该理论讨论较多的是如何用新公共服务理论指导我国实践，在实践中体现服务。“服务型”的关注点在于其服务理念的核心性、民意的主导性、公开透明性、有限性和有效性。

（二）高校机关服务职能的特点和意义

“门难进、脸难看、话难听、事难办”这句话似乎成了各类机关作风的缩影。高校机关也不例外，而且机构过于庞大，人浮于事，效率不高，服务型管理职能日渐淡化，一些干部不同程度地存在服务意识不强、工作作风漂浮、办事效率低下、服务质量欠佳等问题。

上述问题，虽不是全体机关人员皆有的表现，但所存问题不容忽视。因为高校机关承担着教学、科研、后勤服务的组织协调和管理服务等各种职能，具有一定的以服务为基础的决策及指挥权，是承接学校党政领导、启动全校各部门的枢纽，是上下沟通、左右协调、内外联系的中心，是校党政领导联系师生员工的桥梁。如果说教学与科研是高校的核心生产力，那么，高校机关则是上层建筑，所以说，高校机关工作的主要任务就是大力开拓、合理配置、充分利用办学资源，促进教学科研工作持续有序地快速发展。①可见，搞好高校机关建设，强化服务功能，更有利于贯彻落实党和国家的路线、方针、政策和高校党政决策，更有利于调动师生员工的积极性，更有利于促进高校的改革发展步伐。否则在机关发生“梗阻”，就会贻误全校工作。

二、南开大学机关服务现状

基于以上问题和研究基础，笔者针对南开大学机关服务现状展开调研，不仅总结出多年的成果，也反映出一些问题。

（一）访谈总结的成绩

在党的群众路线教育实践活动蓬勃展开之际，学校机关各部门积极响应，结合自身工作实际，在力求将规定动作做到位的同时，努力把自选动作做出特色和实效。机关党委的基层意见座谈会、针对作风建设情况的问卷调查，增强了机关干部的服务意识，各部门针对师生需求的校园宣讲、实地摸

① 黄江昆，陈章益，傅少玲．建设服务型高校机关，优化中层班子整体效能——基于新公共服务理论的视角[J]．福建高教研究，2008（6）

查、帮扶资助等活动，将服务师生的理念落到实处，营造了机关干部良好的精神状态。同时学校还注意从细节着手，搭建机关服务显示屏，通过网络信息服务平台，使机关工作更加便捷公开、规范高效；推进机关与基层干部互相挂职锻炼及机关干部在职培训工作，提升干部素质等，这些都进一步深化了南开机关人服务师生的意识，也激励大家继续踏踏实实地为基层和师生办好事、办实事。

（二）调查反映的问题

课题组分别选取了基层管理干部、机关管理干部、在读学生等不同对象，从工作效率、服务意识、办事程序、业务素质等角度，设计并发放问卷，共发放问卷 100 份，其中有效问卷 100 份。结果表明，93%的被调查者都认同高校机关最重要的服务对象是教师和学生，95%的被调查者将服务意识列为服务内容首位，说明南开大学管理干部的服务意识是存在的，教师和学生对于服务是有较高需求的。但分析数据发现当要求被调查者根据实际情况进行打分，“行政效率高效及时”一项在各项指标中平均分值最低（如表 1 所示），只有 10%的被调查者选择“很符合”。由此反映出我校机关效率满意度较低，管理服务水平亟待提高，建设服务型高校机关迫在眉睫。

表 1　请根据您对目前我校机关实际情况的观察选择最符合的项目

题目\选项	很不符合	不符合	一般	符合	很符合	平均分
行政效率高效及时	（5%）	（10%）	（25%）	（50%）	（10%）	3.5
服务态度热情周到	（10%）	（5%）	（35%）	（35%）	（15%）	3.55
办事程序透明合理	（10%）	（5%）	（20%）	（50%）	（15%）	3.55
业务素质扎实过硬	（5%）	（5%）	（15%）	（55%）	（20%）	3.8

三、机关效率较低的主要原因

高校机关作为稳定、舒适的事业单位，其行政属性要求服务理念先进、服务态度良好、服务规范明确、服务效率高效，但近几年，在实际中却愈加呈现“衙门”特点和“官僚”特性。机关干部大部分为知识分子，表面谦和、内心清高，直接面对教师和学生，很容易被服务对象放大为负面原因，尤其在行政效率方面师生怨言较多。调查中当问及“您认为影响工作效率最主要的原因”（如图 1 所示）时，调查结果依次排序为“工作职责不明，部门协调困难，制度过时”、“管理流程不清，办事走弯路”、“岗位工作内容比较无趣，积极性不高”。如图 1 所示。

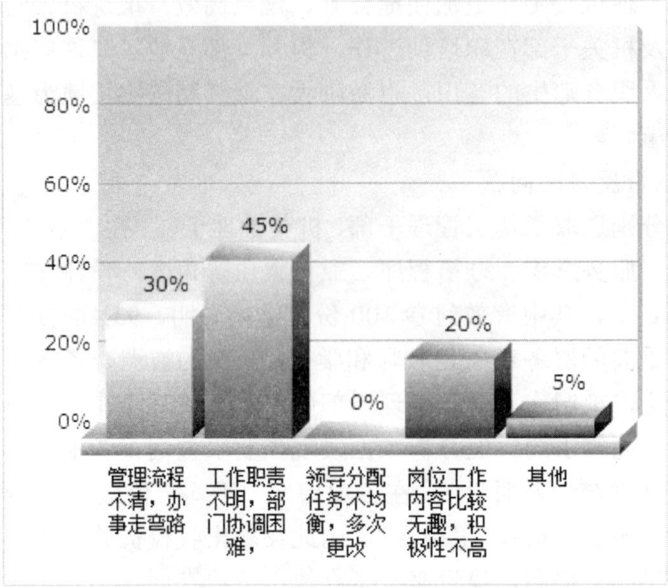

图 1　您认为影响工作效率最主要的原因

究其原因有如下几个方面。

（一）规章制度落后过时

长期以来，我国高校的改革重点大多集中于教学、科研上，行政管理工作的变革十分缓慢，行政管理的各项规章制度严重滞后，跟不上时代发展的需要。国家至今尚未出台事业单位管理的相关法律法规，高校自身的制度建设也相对滞后，制度的滞后影响了高校机关部门的改革，因此出现了管理部门重叠、机构庞大，管理人员的岗位权责不明等现象，这都会直接或间接地引发高校教育资源的流失，从而影响和阻碍高校事业进一步向前发展。

（二）重管理轻服务

长久以来，在我国高校行政管理的过程中，官僚主义作风较严重。行政管理在许多高校变成了对管理对象的控制。管理人员通常认为管理就是坐机关，存有“管理就是管你，管你就得服从”的观念，经常自以为是，就像手握大权的高官一样，动不动就发号施令，要求教师和学生服从，夸大职权，淡化职责。

（三）缺乏良性竞争机制

目前，很多高校的竞争机制、激励机制以及责任监督机制的建构不健全不完善，仍然停留在20世纪八九十年代，热衷于采用行政命令的管理模式，在管理观念和手段上缺乏竞争意识。虽然近年来很多高校在行政管理上加强了硬件设施的建设，但是真正做到信息化办公的普及率却很低，没有充分发挥办公自动化的作用，资源浪费，管理效率不高。

四、服务型高校机关建设的原则

服务型高校机关，应以观念创新为前提，以提高干部素质为基础，以全面提高机关工作效率为主线，为教学、科研、师生提供优质服务。

（一）服务理念先进

按照“大力弘扬求真务实精神，大兴求真务实之风”要求，认真做事，多干实事；努力把制定的每一项政策，实施的每一项改革，推进的每一项工作，自觉服从服务于学校发展这一中心，真正做到情为师生所系，利为师生而谋，权为学校发展所用。①

（二）服务机制规范

结合各自工作实际，不断完善工作程序，创新服务领域，提高服务标准，在服务师生中要做到热情接待、耐心倾听、主动联系、跟踪落实，让师生满意。

（三）服务手段高效

根据师生所需，不断拓宽服务领域，改进服务手段，创新服务方法，做到诚信服务、便捷服务、文明服务。简化办事环节，规范办事程序，提供快捷、文明、规范的服务。②

（四）服务队伍高能

高校机关干部要做到政治坚定、品德高尚、业务精通、开拓创新。着力提高自身政治素质，把思想和行动统一到学校发展目标上，做学习和实践的表率；通过实践锻炼、岗位成才、调查研究、技能培训等多种方式，着力提高自身业务素质，精通本岗业务，胜任本职工作。

---

① 黄一涛，李晶晶．以科学发展观为指导,打造高校服务型机关[J]．求实，2010（1）

② 刘昌兰，牛文梓．浅谈提高高校机关工作效率的途径[J]．理论学习，1998（12）

五、提高行政效率，建设服务型高校机关的措施

根据以上原则，可以考虑从高校机关管理理念、管理体制、人员素质、激励机制、管理方式等几方面进行重新定位。

（一）树立以人为本理念

“以人为本”的核心理念就是要以师生的根本利益为本。在我国高校行政管理开展的过程中，自古以来就存在着“官本位”思想，管理人员常把自己当成官员，缺乏人本精神，没有把维护师生的根本利益放在管理的第一位。因此，建设服务型高校机关，首先要树立以人为本的理念，去除“官僚”弊病。一言、一行、一举、一动都要从细节入手，从小处着眼，特别强调了“服务”要从“理念”、“水平”、“形式”和“服务者的个人素质”着手；“做事”要“主动”、“认真”、“执着”、“不断提升个人能力”和“把握机会”；“做人”要“与人为善”、要“有敬畏之心”、要“不违规有原则”、要“低调和谦虚谨慎”、要“服从指挥令行禁止”和要“常怀感恩之心”。

（二）探索新型管理体制

在未来的管理体制中可以把校、院两级的某些管理权和资源分配权适度下放，这样就进一步扩大了各单位、各学院、各部门发展的自主权，就能够进一步调动、激发他们自我发展的动力。此外，行政管理要强调依法行政，严格做到有法必依，执法必严，违法必究，切实维护各项规章制度的严肃性、权威性。

（三）提高机关干部综合素质

高校机关干部无疑是机关工作的主体，如果想要提高行政管理效率和效益，就必须提高机关干部的素质。机关干部的政治思想水平、业务工作能力等方面的高低会直接影响行政办公的效率和质量。因此，学校要进一步塑造符合时代发展要求的具有现代意识型的机关人。

（四）构建绩效管理激励机制

绩效考核是管理的一个主要手段。绩效考核要重视事前的设计、事中的评价和事后的反馈，通过考核结果找出导致不良绩效的原因，强化管理人员的行为，并就如何解决出现的问题达成共识，为今后的工作改进找到方向。要严格要求、实事求是地建立一套科学合理的评价体系和办法。

（五）实现办公手段现代化

高校行政管理部门要适应时代的要求，利用现代化信息手段改善管理条

件，逐步实现管理手段与实施的现代化、数字化、网络化，实现办公网络化模块，提高管理效率，减少中间环节，把政策变形与信息的扭曲度降到最低，促进决策的实效性、科学性，进一步提高行政管理的现代化和科学化。

参考文献

[1] 沈亚平．用机制拉动服务型政府建设[J]．四川大学学报，2009（6）
[2] 施鹏程，王绍让．高校机关效能建设初探[J]．高教与经济，2004（4）
[3] 史小玉．关于高校机关干部队伍建设的思考[J]．高教高职研究，2010（5）
[4] 闫彪．新时期创建高校学习型机关的路径探索[J]．科教文汇，2011（5）
[5] 张景奎．高校服务型机关建设探索与实践[J]．经济师，2012（7）
[6] 黄江昆，陈章益，傅少玲．建设服务型高校机关，优化中层班子整体效能——基于新公共服务理论的视角[J]．福建高教研究，2008（6）
[7] 黄一涛，李晶晶．以科学发展观为指导,打造高校服务型机关[J]．求实，2010（1）
[8] 刘昌兰，牛文梓．浅谈提高高校机关工作效率的途径[J]．理论学习，1998（12）

关于加强高校服务型机关作风建设的几点思考

研究生院　史国荣

摘要：机关是高校的“中心枢纽”，肩负着维护学校各项工作协调发展的重要任务。本文从创建“服务型”机关的角度，针对机关作风中存在的主要问题，提出了加强“服务型”机关工作作风建设的对策。

关键词：高校机关；服务型机关；机关作风

党的十八届三中全会明确提出要“建设服务型政府，强化社会管理和公共服务职能，在服务中实施管理，在管理中体现服务”。习近平总书记在加强机关作风建设的《八项规定》中明确提出全党同志要改进工作作风、密切联系群众的八项规定，对加强和推进机关作风建设的工作具有重要的指导意义。

高校机关是学校党政工作的职能部门和服务机构，是学校的“中心枢纽”，它不仅是学校领导决策的参谋和助手，也是学校党委、行政部门联系各单位和师生的“桥梁纽带”，肩负着学校各方面工作的策划、组织、协调、指导与落实的重要职责。而高校机关工作作风的好坏直接关系到高校的教学质量与科研管理水平是否满足国家的需求，办学目标是否能实现。高校要以创建“服务型”机关为切入点，加强和改进机关作风，改进服务方式，规范服务行为，创新服务载体，优化发展环境，促进经济和社会全面发展，人人具有自觉的服务意识，寓管理于服务之中，逐步将机关建设成为廉洁、务实、高效的服务型机关。①

---

① 陈媛媛，万波．在高校创建服务型机关的几点思考[J]．三峡大学学报（人文社会科学版），2004（4）

一、加强高校机关作风建设的重要性

（一）加强机关作风建设是高校内强素质的根本保障

作为学校的“中心枢纽”，高校机关肩负着维护学校各项工作协调发展的重要任务，而各项工作能否顺利实施则取决于机关工作人员的决策力和执行力。因此，机关工作作风在很大程度上反映了高校的办学质量和管理水平。

在建设世界一流大学和高水平大学的新形势下，国内高校之间展开了激烈的竞争，如对优质生源的争夺，比办学层次、比教育质量、比管理水平等；随着我国高等教育由精英教育向大众教育的发展，社会上对高等教育的要求和关注度越来越高，这些都对高校机关工作提出了更高的要求。因此，只有不断提高机关工作人员的职业素养、道德水准和业务能力，加强机关工作作风建设，才能提高机关的执行力和管理水平。

（二）加强机关作风建设是高校外塑形象的必由之路

机关工作是学校工作的窗口，它不仅能集中反映出学校的工作状态、工作效率和精神风貌，而且在很大程度上代表了学校的形象。高校机关只有对内正确定位，全心全意为学校的教师、学生和教学、科研管理服务，加强与上级管理部门、政府机关等社会各界的联系与沟通，才能树立学校的良好组织形象；反之，则会损害学校的组织形象。因此，加强机关作风建设，塑造学校良好形象，推动学校各项事业发展，是高校生存发展亟待解决的问题。

（三）加强机关作风建设是高校密切联系师生员工的根本要求

机关工作的服务对象就是师生员工，而且机关工作无小事，“一丝一发”都可能引发师生员工的不满，进而对学校的管理产生质疑，造成不良影响。因此，改进机关工作作风、提高工作效率、转变工作方式方法是密切联系师生员工的基本要求，也是践行“以师生为本”、“情为师生所系”、“利为师生所谋”，促进校园和谐发展的必然要求。

二、高校机关作风建设中存在的主要问题

随着高校内部管理体制改革的不断深入和完善，当前高校机关的工作作风总体上是好的，但也存在一些不容忽视的问题，主要表现为以下几个方面。

（一）服务意识不强，工作缺乏主动性

高校机关有组织、管理和服务三大功能，但现代社会对机关要求更多的

是服务功能，而建立服务型机关也是高校机关目前重点打造的方向。但长期以来形成的官僚作风问题依然存在，如部分机关工作人员摆不正自己的位置，把自己放在管理人、领导者的角色，民主意识淡薄，本位观念严重；缺乏积极主动为教师、学生和基层服务的意识，缺乏为学校事业发展服务的热情和激情。

（二）学习意识不强，工作缺乏创新性

随着我国高等教育的发展，一些机关工作人员无法适应这种快速的发展形势，不能研究高校出现的新情况、新问题，且学习意识不强，办事效率低下。再者，机关工作人员经常会处理一些常规性工作，长期的“工作经验”反而导致了工作缺乏动力，没有创新精神。于是，造成了一部分人对工作标准要求不高，工作中缺乏必要的思考和总结；在面对新工作、新任务时，有的工作人员也是凭感觉、靠经验来办事，缺乏探索和学习精神，往往很难达到预期的效果。事实上，随着我国高等教育的发展以及高校面临的机遇与挑战，机关工作人员都要不断学习和创新，以适应新形势的发展。

（三）责任意识不强，工作缺乏进取精神

由于受工作岗位的限制，一部分机关工作人员升职较难，时间久了便出现安于现状、混日子的情况。而这种不良氛围又对周围同事产生了负面影响，如有的新同志看着老同志整天不作为，毫无责任意识，久而久之也会被同化或者部分同化。于是，长期的消极怠工和责任意识薄弱，直接影响了机关的办事效率和服务质量。

（四）节约意识不强，工作缺乏勤廉自律

高校机关工作人员普遍缺乏节约意识和勤廉意识，“无意识浪费”现象较为严重。主要表现为办公设备更换频繁，不能物尽其用；“常明灯”、“常流水”，人均能耗偏高；接待标准偏高，公车使用、公款接待、公务出国频繁等现象，造成教育资源的严重浪费。

三、加强“服务型”机关工作作风建设的对策

高等学校的主要职能是人才培养、科学研究、服务社会及文化传承，而高校机关是保障高校正常运转的“中心枢纽”。机关工作人员作风的好坏，直接关系到机关工作效益的高低和服务水平的优劣，关系到学校改革、建设和发展的大局。因此，高校机关作风建设应以提升机关管理效率和服务质量为目标，通过强化服务、提升素质、健全机制等有效措施，使机关工作作风建

设不断取得成效。

（一）强化服务意识，提高服务水平

服务型机关建设要以心系师生为出发点，以解决问题为着力点，以服务基层为落脚点。一是要牢固树立“以师生为本”的观念，紧紧抓住师生员工最现实、最关心、最直接的问题，使各项工作和决策真正符合师生员工的愿望和利益。二是坚持从群众中来、到群众中去的工作方法，机关干部要主动深入基层教学单位开展调研，及时了解、反映并解决基层的实际问题和困难。三是机关各部门要结合本部门职责进一步梳理明确各管理及服务事项名称、具体内涵、工作流程、相关政策、办理时限、质量要求等，并以适当的方式让相关人员周知。四是完善校情、院情上传下达的沟通平台，拓宽教职工参与民主管理、发表建设性意见的渠道，如定期举办“机关作风建设建言献策”活动，将全校师生员工反映的意见和建议进行梳理，反馈给相关部门，然后集中予以解决。

（二）强化自身素质，提高服务能力

机关工作人员服务能力的大小和水平的高低，取决于个人的素质，而素质的高低又取决于个人的学习成效和经验积累。高校要创建“服务型机关”，必须以培养“公正、务实、精干、高效”的高素质机关干部队伍为基础，提高机关干部的服务能力和服务质量。一是增强机关人员道德素质。开展社会主义荣辱观教育，树立正确的世界观、人生观、价值观和良好的职业道德，把敬业尽责作为自己最基本的要求。二是建立长效学习机制。机关工作人员要树立“终身学习”和“工作学习化，学习研究化”的理念，并结合机关日常工作，制订切实可行的年度学习计划，从而营造一个终生学习、全员学习、团队学习的环境和氛围。三是优化学习方式。组织形式生动、内容丰富的学习实践活动，优化学习方式，把学习活动同管理服务的实践相结合，同解决实际问题相结合，促使工作学习化，学习工作化，学习工作得到双向强化。①

（三）强化效率意识，提高服务质量

加强高校机关作风建设，其核心就是提高机关工作的效率和服务质量。一是要按照“管理规范、权责明确、运转协调、精简高效”的原则，从学校实际出发，科学设置机构，理顺部门职能，优化人员结构，实现资源重组，转换管理机制，提高工作效率，切实解决好机关内部职能交叉、权责脱节、

① 赵楠，吕校春，武彦君．以创建“五型”机关为载体推进高校机关作风建设的研究[J]．思想政治教育研究，2013（3）

推诿扯皮等问题。二是要按照“八个坚持、八个反对”的要求，进一步转变高校机关作风，优先解决好基层和师生员工反映的突出问题，把“为基层服务、为教学科研服务、为师生员工服务”落到实处。三是积极推行办公自动化，改进服务方式，充分利用网络资源优势，降低运行成本，提高办事效率。

（四）健全机关工作机制，强化服务效果

创建服务型机关必须以制度为保证，建立和完善各项行之有效的机关工作制度和机制，规范服务行为，接受群众监督，强化服务效果。一是完善机关工作人员激励约束机制。机关各部门要关注每个机关成员的职业发展规划，要为机关人员的全面发展创造条件，健全职员晋级机制；提高机关人员的待遇，充分调动机关人员的积极性；制订科学合理的、可量化的、操作性强的机关工作作风建设绩效测评细则，各单位、各部门在年度考核、职务职级晋升及相关评优评奖时，优先考虑测评优秀者，同时对测评较差者按规定给予相应处理。二是健全和完善监督机制，畅通监督渠道。可通过设立机关作风建设接待日、机关作风建设意见箱、监督投诉电话、实行挂牌（或放牌）服务等方式，充分发挥党内监督、群众监督的作用。三是大力推行政务公开制度，实施透明服务。采取多种形式征求意见，保证群众的参与权、知情权和选择权，增强工作的透明度，使决策更趋客观、准确并得到群众的支持和拥护。

加强高校“服务型”机关作风建设是一项长期的系统工程，必须坚持常抓不懈，持之以恒。高校机关所属党支部应该结合正在进行的党的群众路线实践教育活动，认真查找部门工作中存在的问题，并根据部门特点分阶段、有重点地逐步解决和完善，使高校机关作风得到进一步改善。

参考文献：

[1] 陈兴道．高校机关必须强化五种意识[J]．广西师范大学学报（综合专辑），1995，增刊

[2] 赵楠，吕校春，武彦君．以创建“五型”机关为载体推进高校机关作风建设的研究[J]．思想政治教育研究，2013（3）

[3] 陈诚．创建“服务型机关”———高校机关作风建设的问题和对策[J]．内蒙古财经学院学报（综合版），2007（4）

[4] 赵光好，吕红征．加强高校机关工作作风建设的几点思考[J]．中国电力教育，2012（11）

[5] 董羽，吴永祥．建立高校机关作风建设长效机制的思考[J]．科技信息，2012（28）
[6] 陈媛媛，万波．在高校创建服务型机关的几点思考[J]．三峡大学学报（人文社会科学版），2004（4）

新时期转变工作作风　加强效能建设的意义

学校办公室　孟庆龙

摘要：党的十八大以来，尤其是开展党的群众路线教育实践活动期间，党中央和教育部出台了一系列关于作风建设的规则制度，为加强高校机关作风建设明确了方向，提出了新的要求。作为培养高素质人才的高校理所当然应该积极行动起来，响应时代呼唤，认真落实中央精神，按照教育部有关部署要求，采取有力措施，着力加强和改进机关作风，增强和促进机关效能建设。

关键词：机关；工作作风；效能建设

2013 年 1 月，教育部出台《贯彻落实中央改进工作作风、密切联系群众〈八项规定〉和〈实施细则〉的实施办法》，从改进调查研究、热情服务群众、精简会议文件、规范出访活动、改进新闻报道、厉行勤俭节约等 9 个方面，提出了包括减少行政审批事项，简化和优化行政审批程序等 20 项具体要求。这为高校机关转变工作作风、加强效能建设明确了方向，提出了新的要求。

一、转变工作作风，加强效能建设的重要性

转变工作作风，加强效能建设，是高校加强内涵建设的必然要求。进入 21 世纪，我国高等教育走上了规模扩张的外延式发展道路，经过这一阶段的发展，我国实现了高等教育的大众化，成为世界高等教育大国。与此同时，外延式扩张也带来了诸如资源紧张、动力不强、后劲不足，规模、结构、质量、效益不协调等问题。面对新形势、新情况，党和国家开始有序地对高等教育办学方针进行调整，将规模扩张转变为质量提升，提出了必须走“质量、规模、结构、效益”协调发展的内涵式发展道路。不同于单一的外延式规模

扩张，内涵式发展是一项复杂的系统工程，不仅涉及教育教学、科学研究、国际合作、人事人才，还涉及管理服务、作风建设等一系列方面。如果说教育教学、科学研究等是“硬实力”的话，那么，管理服务、作风建设就是“软实力”。高校作风建设是一项长期艰巨的任务，其内涵十分丰富，涵盖了思想作风、学风、工作作风、领导作风和生活作风等各方面，集中体现了高校机关的服务态度、工作效率和精神状态，直接反映了高校的办学层次、教育质量和管理水平。因此，加强机关作风建设，增强质量、效率、服务意识，不断提高机关管理和服务水平，增强高校的管理“软实力”，是高校加强内涵建设的必然要求。

转变工作作风，加强效能建设，是创建优良教风学风校风的内在要求。作风建设是党的三大建设之一，作风关乎发展，作风决定成败，可以说无论是党和国家的“大事业”，还是企事业单位或个人的“小事业”，作风建设都有着至关重要的大作用。高校机关是高校管理的中枢，承担着组织协调、业务指导、安全稳定、管理服务、后勤保障等职能，不仅是对外服务的窗口，也是联系沟通师生员工的重要桥梁。高校机关所处的特定地位和具有的独特职能及属性，决定了高校机关作风建设不仅仅是党风政风的体现，更关系到高校优良校风、教风、学风的形成，影响人才培养的质量和水平。实践证明，风气正则人心齐，人心齐则精神振，精神振则事业成。好的高校机关工作作风不仅能凝聚人心，调动师生员工的积极性，增强师生员工的归宿感和认同感，还能提升学校的美誉度和影响力。因此，要加强机关作风建设，以良好的机关作风带动教风，促进学风从而形成优秀的校风。

转变工作作风，加强效能建设，是提高机关工作人员素质的客观需要。高校不仅肩负着人才培养、科学研究、文化传承创新、服务社会等长期使命，还承担着实现自身发展战略、目标任务等中短期工作。不管是使命还是日常工作，其顺利实现必然要求有一支素质高、能力强、作风正的机关领导干部和管理人员。可见，机关作风建设关键在人，领导干部及管理人员素质的高低、作风的好坏，直接关系机关的形象、高校的声誉。当前，随着高等教育发展的新形势和新任务，党和国家对高校机关人员提出了新的要求，高校机关人员有适应的一面，也有不适应的一面，还存在这样或那样的不足和问题，因此，需要通过加强作风建设和效能建设，提高政治理论修养和业务实践水平，不断提高管理能力和服务水平。

二、高校效能建设存在的问题

高校机关效能建设滞后于高校自身的发展速度。随着高等教育综合领域改革的不断深化，高校机关也不得不面临着这样一个现实，即工作任务不断增加，工作范围不断扩大，新情况新问题不断出现。然而在高校机关管理工作中，由于重视程度不够，思想认识不足，没有健全完善的管理运行机制，导致经常引发各种影响效能的情形，如机构臃肿、办事拖拉、人浮于事或人员短缺、工作无法深入，等等。这些问题在一定程度上影响了高校机关效能的提高。

高校机关发展的职能与理念错位。当前，我国高校体制多效仿政府体制，其行政机关的职能设置也类似政府职能。随着高等教育的发展，高校管理职能出现了由微观向宏观转变、由行政约束向人本管理转变的趋势，对高校管理效能提出的要求以及管理过程的复杂程度都大大提高。这种体制和结构日益不合时宜，成为高校改革发展的阻力，如果再过分强调刚性管理不仅会引发高校机关管理工作出现个人权利异化、决策程序混乱等问题，更会影响高校机关效能的建设和提高。

高校的使命与机关人员素质不协调。随着高等教育综合领域改革的不断深化，高校的使命和任务也随着时代的发展而不断拓展。这就要求高校机关工作人员的观念、技术和水平也要与时俱进，工作的责任心、主动性、创造性也要不断加强。如果还是老的观念、方法，缺乏创新意识和创新精神，将极大地影响我国高校机关效能的整体发展。

各部门信息共享差，现代化信息技术手段应用不够。总体上，高校在网络化、信息化、无纸化办公等方面有了较大进步，但在利用现代技术整合数据资源、实现信息网络化管理方面还有很大的发展空间。目前，高校各部门大都建有各自的网站及管理模块，但所采用的软件系统不一致、数据标准不统一，无法实现信息共享。因此，我们经常会发现有些老师和学生为了某些手续而带着各种表格或文件往返于机关各部门之间，这在一定程度上也反映了高校行政办公自动化的水平较低，进而影响了机关效能建设的系统推进。

三、高校机关效能建设的建议和对策

健全学习制度，树立服务理念。一是要进一步建立健全部门学习制度，有计划、有措施、有内容、有效果地开展理论学习和专题培训，特别是要结合年度述职和平时工作总结，以及座谈、研讨、报告会等途径，深入开展自我学习和相互学习，使工作人员牢固树立管理就是服务的工作理念。二是端正服务态度，提高服务质量。措施再好，如果思想认识跟不上、工作作风拖后腿，那么机关效能还是提不上去。要不定期开展“便民服务日”活动，让师生足不出校就能办理各类社会服务项目。三是严格机关工作纪律，严格请销假制度，做到外出办事留言制，工作期间不做与工作无关的事情。

改进工作方法，提高工作效率。一是按照“科学合理、高效便捷”的原则，以再造行政审批工作流程、理顺内部体制，以“审批环节进一步减少，审批手续进一步简化，审批机制进一步优化，审批效率进一步提高”为目标，进一步修订和优化工作流程和办事程序，提升工作效率。二是切实改进会风、文风，严格控制会议数量、规模，缩短会议时间，减少会议数量；规范公文格式，提升文字水平，提高行文质量和运行效率。三是根据部门业务要求，落实限时办结制，加快工作节奏，提高办事效率，消除无故拖延现象。四是实行“一站式”办公。参照地方政府的办法，建立行政事务中心，实行“一站式”服务，进行“面对面”交流。

强化内部管理，提高决策执行力。一是建立健全部门岗位职责、工作制度，落实目标责任制、责任追究制，强化内部管理，提升决策执行力。二是各部门要坚持负责人率先垂范和以身作则，围绕学校中心工作和重点任务，深入开展调查研究，把作风建设的成效转变为推动工作的动力。三是制定窗口管理办法、考评细则与工作人员服务规范，明确服务质量标准。四是实行办事公开，统一公开所办事项相关信息，让师生能明明白白、清清楚楚地办理各种事项。五是推行规范办理，实施一般事项直接办理制、特殊事项承诺办理制、联办事项联审办理制、补办事项一次告知制、上报事项负责办理制和控制事项明确答复制的“六制”办理制度。

完善和改进评价体系。一是采取硬评价与软评价相结合、上级评价与自我评价相结合、互相评价与院系评价相结合、教师评价与学生评价相结合的评价体制。有条件的学校甚至可以申请ISO质量管理体系认证，借助外力来推动机关内部的管理。二是建立应急处理机制，在各窗口业务量急增时期做好应急预案，加班加点、增设临时窗口，确保服务质量；在学校放假时期实行工作人员轮流值班，保证服务不缺位，工作不断线。三是设立满意度评价，事项办结时由师生进行满意评价。

充分发挥机关党委的作用。如果说，机关党委的工作应当有所为、有所不为的话，那么，机关的效能建设正是我们可以有所为的领域。在这个领域内，机关党委应当在学校党委的领导下，充分发挥参谋和助手的作用，努力建设“服务型、学习型、效率型、廉洁型”机关。服务于学校的发展，服务于各部门的工作，服务于干部职工的需要。带头搞好机关作风建设，自觉成为机关干部之家，积极反映他们的意见和要求。

总之，转变工作作风，加强机关效能建设是一项综合性、长期性的系统工程，需要我们的宏观思考、理论研究和具体实践，唯有如此，才能创造出一些有价值的成果，从而促进机关效能的不断提升。

践行群众路线　改进调查研究

党委组织部　牛文利

摘要： 调查研究作为机关干部的一项基本功，不仅是一种工作方法，还是一种深入联系基层、增强群众意识的有效机制。在学校深入开展党的群众路线教育实践活动的大背景下，实行调查研究的过程本身就成为推动工作落实和转变机关作风的具体体现。为全面了解基层党员发展工作和支部建设情况，进一步提升基层党建工作科学化水平，组织部开展了专题调研活动，完成一份比较成熟的调研报告，成为学校党委决策的参考依据。

关键词： 群众路线；调查研究；工作方法

一、调研背景及概况

党的十八大以来，中央出台一系列制度文件，做出重要部署，要求加强新形势下党的基层组织建设，不断提高发展党员和党员管理工作科学化水平。为把中央文件精神落到实处，紧密结合学校实际，组织部自 2013 年 5 月起至 2014 年 6 月，通过两个多学期的时间对 17 个分党委的党员发展工作及支部建设情况进行了较为全面的走访调研。通过召开座谈会、个别谈话以及检查支部工作手册等方式，获得了大量翔实的一手材料，通过认真疏理分析撰写了调研报告，为学校加强和改进基层党组织建设提供了重要依据。这次调研恰逢学校深入开展党的群众路线教育实践活动，努力做好这次基层调研工作的筹划和推进，加强和一线党务工作者的交流沟通，认真听取他们关于改进工作的意见和建议，成为组织部门深入查找“四风”问题和践行群众路线教育实践活动的重要组成部分。

二、调研做法及特点

1. 提前拟定调研提纲，突出问题导向。调查研究的根本目的在于获取有效信息，发现问题、分析问题并提出解决问题的建议。调研提纲的拟定首先要聚焦问题，明确目标。针对本次调研，重点从三个不同角度主动查找问题，一是中央关于基层组织建设的新精神、新要求如何贯彻落实问题；二是目前基层组织工作中好的做法以及存在的主要问题和困难；三是对做好相关工作的意见及建议。经过综合考虑，最终确定了包括基层党组织和党员发挥作用情况，有关提高党员发展质量、严格党员发展程序方面的做法，新形势下党支部组织生活开展及特色活动情况，以及对学校有关制度文件修订和组织部门工作的意见和建议等四个方面 20 余个具体问题，通过电子邮件方式发给各个分党委，作为后续座谈交流的参考提纲。机关带着问题走基层，基层针对问题做准备，可以避免浅尝辄止，还有利于提高调研效率。

2. 切实转变调研会风，务求取得实效。召开征求意见座谈会，面对面交流沟通并听取意见是深入基层、服务基层的常见形式，如何以实际行动使这种形式更加简洁更具实效，也是检验我们切实改进会风、克服形式主义的重要标尺。对此我们精心设计了相对宽松的调研流程，以基层为主，以师生为本，对座谈会召开的具体时间和地点由被调研单位自行确定，提前通知组织部派人参加；把参与座谈会的人数控制到最少，突出代表性，本科生、研究生和教工党支部书记等一线党务工作人员、党委秘书、辅导员或者兼职组员；座谈会限定时长，每人发言限定时长，避免拖沓；不搞陪会，分党委领导不要求陪会，专任教师、学生等支部书记也不要求陪会，他们发言后，组织部参会人员提问交流完毕，有重要事情者即可离会，最大限度地方便基层师生，减轻他们负担。

3. 多种调研形式并举，确保信息全面。在召开座谈会时，为了保证获取信息的全面和深入，除了集中听取汇报之外，我们把重点放在了交流和讨论上，针对汇报发言中的细节信息和线索，及时追问和探讨，能够获得一些新情况、新问题和新思路。此外，还辅以其他调研方式以便多层次、多方位、多渠道地了解情况。我们采用与抽查支部手册相结合的方式，将支部书记的口头汇报交流与支部手册填写情况进行对照，进一步补充和印证调研情况。17 场座谈会 90 余名支部书记的当面交流材料，240 余本基层支部手册的检查分析，为我们比较全面系统地了解基层组织工作状况提供了坚实基础，对一些代表性问题有了较为清晰的认识。同时，我们还结合党员统计数据库和日常工作了解的一些典型情况，进一步充实和完善了调研资料。

4. 认真分析调研材料，把握问题实质。对调研材料进行整理分析，把问题找准。面对调研中掌握的大量宝贵数据和一批鲜活的典型资料，要充分发挥其作用，还需要进行艰苦的工作。首先，是材料数据归类，横向上可分为经验事例类、问题类和对策建议三大类，而对于每一大类中，又可以细分为分党委、党支部以及党员发展等不同层面，使零散材料系统化。其次，重点是对资料反映出的有关问题进行研究，结合文件政策进行分析，结合数据进行对比，判断哪些问题是个性的或个别单位存在的，哪些问题是共性的普遍的。共性问题中，哪些是属于制度政策方面脱离实际导致的，哪些是属于政策不了解或理解不到位导致的，哪些是新形势下出现的新情况新问题等，都需要由表及里、由浅入深地做出分析和判断，这既是一个深入学习的过程，又是一个总结提升的过程，有助于机关干部政策理论水平和解决问题能力的提升。

5. 撰写调研报告，提供决策参考。深入调查了解情况，分析研究问题，最终目的是为了更好地解决问题，改进工作不足，提高工作水平。而一份完整的书面调研报告，能够更加客观准确地表达出调研的概况、存在问题及对策建议，方便学校决策层面参考，进一步扩大调研成果的效用。报告的框架结构并不复杂，关键是在理清问题的基础上认真思考，提出既有政策依据、又符合工作实际的解决问题的思路及建议方案。这个撰写过程，需要反复查阅相关政策文件，需要准确把握基层创造的新鲜经验，还需要部门同事的反复讨论和有关领导的审核把关,更需要反复修改以达到准确精炼的公文要求。本次调研报告最终成为学校党委会讨论议题的支撑材料，提出的对策建议也成为下一步加强和改进基层党组织建设的重要内容。

三、具体收获和体会

1. 体现了群众路线的根本要求。从群众中来，到群众中去，一切依靠群众，一切为了群众，保持与群众的紧密联系是我们党的一贯宗旨。本次调研长达两个学期，参加本次调研的教工及学生党支部书记达到近 100 名，占全校支部书记的近六分之一，具有广泛的代表性。在和这些支部书记面对面的交流和沟通中，认真听取他们在工作实践中创造的鲜活经验，及时回应他们在具体工作中遇到的困难和疑问，详细记录他们提出的有关改进工作的意见和建议，倾听了解他们工作中的酸甜苦辣。通过深入地交流沟通，增进了相互理解，增强了做好工作的勇气和信心，进一步增强了我们的群众观念和宗旨意识，取得了较好的效果。

2. 对基层工作了解更加深入。在调研中，对全校基层组织工作有了更加全面的了解，对不同单位党建工作特色有了更加清晰的认识，发掘了一批好的经验做法。比如，生命科学学院等能够按照学院特点，结合学科、专业、年级以及活动空间因地制宜地设置；汉语言文化学院重点抓了党小组建设，推动党小组进宿舍，开辟了党员发挥作用的新平台；化学学院等多数学生支部能够充分利用信息化手段，通过邮件、短信、微信、人人网、QQ 群等进行学习交流；药学院等部分学院试行了党员发展对象答辩制度、研究生发展党员征求导师意见制度，等等。同时也发现一些共性问题，如“双高”人员发展入党、流动人员的党员发展以及党员发挥作用等方面还存在一些不足之处，直面这些问题，重点改进和加强，将使组织工作更加具有针对性。同时，在制定有关政策和管理制度时，要充分考虑基层不同类型单位的实际状况，避免简单地搞一刀切。

3. 锻炼了综合能力素质。充分重视并善于运用调查研究方法，是一个现代管理干部必备的能力。对于机关工作者来说，全过程参与一次调查研究和报告撰写，对于认识能力、判断能力、政策把握能力和文字能力等综合能力素质都是一次难得的锻炼，也是对工作作风的一次深刻教育。新的形势以及新情况新问题的不断出现，要求我们必须改变坐在办公室里学习文件、传达会议、看材料、写报告、制定政策的工作方式，定期拿出一定时间和精力，针对一些工作业务中的问题或课题，进行调查研究，加强学习锻炼。同时，还要学习掌握信息网络条件下的调研方法与手段，提高工作效率和科学性，为部门工作和学校事业发展做出更多的贡献。

参考文献：

[1] 习近平．关于建设马克思主义学习型政党的几点学习体会和认识——在中央党校 2009 年秋季学期第二批进修班开学典礼上的讲话（2009 年 11 月 12 日）[J]．共产党人，2010（2）1～6

[2] 习近平．谈谈调查研究[N]．学习时报，2011-11-21（1）

依托校园网络开展党的群众路线教育实践活动

党委宣传部　韩　诚

摘要：开展党的群众路线教育实践活动，是解决群众反映强烈的突出问题的必然要求。在微博、人人网、微信、手机客户端等新媒体迅速发展的背景下，高校开展党的群众路线教育实践活动有必要充分利用校园网络媒体平台开展工作，把"照镜子、正衣冠、洗洗澡、治治病"作为群众教育实践活动的总要求，通过多种渠道及时了解高校师生在学习、工作、生活上的问题，切实解决群众反映的问题。

关键词：校园网络；群众路线；教育实践活动

习近平总书记在党的群众路线教育实践活动工作会议上强调，开展党的群众路线教育实践活动，是实现党的十八大确定的奋斗目标的必然要求，是保持党的先进性和纯洁性、巩固党的执政基础和执政地位的必然要求，是解决群众反映强烈的突出问题的必然要求。①随着网络技术的快速发展，互联网逐渐呈现多元化发展趋势，网络信息传播速度加快，高校师生在互联网上积极活跃，微博、人人网、微信、手机客户端等新媒体平台成为广大师生工作、学习和生活的重要工具。因此，高校在开展党的群众路线教育实践活动中，要想取得群众满意的成效，离不开对校园网络环境的深入调研，离不开对校园网络媒体的充分运用，有必要综合利用校园传统媒体与网络新媒体开展党的群众路线教育实践活动，通过网络平台及时了解高校师生在学习、工作、生活上的问题，切实解决群众反映强烈的突出问题。

---

① 习近平．深入扎实开展党的群众路线教育实践活动[N]．人民日报，2013-6-19（1）

一、新媒体迅速发展促进网络多元化

2013年7月17日，中国互联网络信息中心（CNNIC）发布第32次《中国互联网络发展状况统计报告》。报告数据显示：截至2013年6月底，我国网民规模达到5.91亿，互联网普及率达到44.1%，较2012年底增加2656万人。在上网设备方面，使用手机上网的网民比例增长到78.5%，手机的第一上网终端的地位更加稳固。[①]手机上网比例的提升与智能手机普及和移动互联网络的快速发展密不可分。苹果公司的iOS系统和谷歌公司的安卓系统，已经成为智能手机的主流系统，基于这两个系统的手机客户端应用软件数量增长迅速。2012年12月，调研公司Appsfire发布统计数据称，基于iOS系统的应用软件数量已经超过了100万种，而基于安卓系统的应用软件达到70万种。[②]

移动互联网络的迅速发展，使网络呈现多元化特点，具体体现在三方面。首先，移动互联网络的发展加速了信息传播速度。在新媒体发展过程中，微信、手机客户端等基于移动互联网络的新媒体增长趋势最为明显，通过手机、iPad等移动终端，网民可以随时随地关注、发布网络信息，原本需要几天时间酝酿发酵的热点事件，在微博、人人网、微信中仅仅需要几小时甚至几十分钟就会引发网友的广泛关注。其次，普通网民在新媒体中取得了更多话语权。在传统网络环境中，来自报纸、电视、广播和门户网站的信息占据主流地位，网民在论坛中发帖的影响力有限，但在微博、人人网、微信平台中，每一个普通网民都是一个小型的媒体平台，被一定数量的网友关注，发布的信息更为生活化、个性化，比普通的社会新闻更容易吸引网友关注。最后，新媒体环境下主流声音缺失。在新媒体中面对海量信息同时，网民难以判断信息内容真假，网络谣言和网络暴力事件层出不穷，使网民对新媒体发布的信息缺乏信任感，需要权威部门及时发布真实、有效的信息。新媒体的迅速发展、日渐多元化的互联网，对高校师生产生巨大影响，对开展党的群众路线教育实践活动提出了更高要求。

---

① 中国互联网络信息中心（CNNIC）. 第32次中国互联网络发展状况调查统计报告[EB/OL]. http://www.cnnic.net.cn/hlwfzyj/hlwxzbg/hlwtjbg/201307/t20130717_40664.htm，2013-7-17

② 第三方称苹果iOS应用突破百万[EB/OL]. 搜狐网，2012-12-18

二、新媒体发展对开展党的群众路线教育实践活动提出更高要求

为分析新媒体发展对在校大学生产生的影响，2013 年 9 月 16 日至 19 日，南开大学学生会、研究生会对校内 1365 名大学生的用网习惯进行了调查[①]，调查数据显示：每天上网 2 小时以下的受访者为 40.14%，2～4 小时的占 41.5%，4～6 小时的为 15.19%，超过 6 小时的占 3.1%，多数同学每天的上网时间在 4 小时之内。统计数据反映出在校大学生用网的基本情况：使用网络成为多数大学生日常学习、生活的重要组成部分，部分大学生甚至对网络过分依赖。

在上网用途方面，排在前三位的分别是：学习需要、娱乐需要、社交需要，其中查找资料、上交作业的学习需要占据 75.38%，网络游戏、听音乐、看电影的娱乐需要占据 74.07%，使用人人网、微博的社交活动占据 70.55%。对于转发量较大的热门信息的真实性，95.16%的大学生选择了部分相信，选择完全相信和完全不相信的只占很少一部分。由此我们可以看到，大多数同学能够保持理性，但同时也反映出网络软环境需要加强建设。

随着新媒体的快速发展，大学生的学习、生活更加离不开网络，如何依托校园新媒体深入开展党的群众路线教育实践活动，对高校网络建设和管理部门提出了更高的要求。

首先，迅速发展的新媒体要求开展党的群众路线教育实践活动不断引进新技术。开展党的群众路线教育实践活动有必要重视校内网络建设与管理工作，目前，多数高校建有学校主页、新闻网和 BBS，部分高校建有思政网站，但随着新媒体的快速发展，这些传统校内网站已经无法满足广大师生的需求。面对微博、人人网等新媒体冲击，开展党的群众路线教育实践活动需要引进更多新媒体平台和技术，不仅要与负责微博、人人网、微信的社会企业进行合作，还应当引进网络新技术，建设属于学校自己的网络平台。

其次，多元化的网络环境要求开展党的群众路线教育实践活动的内容和形式不断完善。在传统媒体中，文章的内容是吸引读者的关键，而在新媒体平台中，受众进入了“浅阅读”时代，网友关注信息的重点发生了变化，如微博的信息被限制在 140 字以内，人人网日志的分享次数比文章内容更受关

① 统计数据来自南开大学学生会、南开大学研究生会进行的“构建积极健康的校园网络软环境调研报告”，该报告于 2013 年 9 月 26 日在“构建积极健康的校园网络软环境——第十四次校领导接待日”发布。

注，微信则整合了图片和语音信息，手机客户端综合运用文字、图片与视频展示内容信息。在开展党的群众路线教育实践活动时，内容也同样受到新媒体的影响，使用内容通俗化、口语化、形式多样、符合网络文化特色的信息才更容易被习惯新媒体的广大师生接受。

最后，复杂的媒体环境要求在开展党的群众路线教育实践活动中正确引导新媒体的舆论。新媒体的迅速发展为开展党的群众路线教育实践活动带来机会的同时，也带来了更多挑战。由于我国互联网法律法规体系相对滞后，微博、人人网等新媒体上存在数量巨大、内容各异的信息，针对党的群众路线教育实践活动可能出现一些负面信息。尽管调查数据显示，多数大学生是比较理性的网民，并能主动分析判断信息内容真实与否，但新媒体带来的负面影响不容忽视，高校有必要积极利用新媒体为师生提供真实、权威的信息，正确引导网络舆论。

三、充分利用校园网络媒体开展党的群众路线教育实践活动

习近平总书记在全国宣传思想工作会议上发表的重要讲话，强调根据形势发展需要，要把网上舆论工作作为宣传思想工作的重中之重来抓。对此，中国国家互联网信息办公室主任鲁炜认为，这是中央对网上舆论工作的新部署新要求，充分体现了党中央的与时俱进和对互联网发展趋势的准确把握。深入学习贯彻讲话精神，贯彻积极利用、科学发展、依法管理、确保安全的基本方针，解放思想、实事求是、改革创新，以更加奋发有为的精神状态，全面提升网上舆论工作水平，牢牢掌握网上舆论工作的领导权、管理权、话语权，进一步巩固马克思主义在意识形态领域的指导地位，巩固全党全国各族人民团结奋斗的共同思想基础。[①]针对迅速发展的新媒体，高校开展党的群众路线教育实践活动，应当积极适应媒体环境变化，主动占领网络新阵地，综合运用校内外新媒体平台开展党的群众路线教育实践活动。

（一）借力社会新媒体，主动占领网络新阵地

对南开大学学生用网习惯调查的数据显示，即时通讯工具 QQ 是绝大多数同学都会使用的工具，紧随其后的是人人网、微信、微博，相比之下，传统的学校主页、新闻网、思政网站和 BBS 的影响力有限。在具体工作中，部分高校已经意识到这一问题，有些青年教师尝试使用微博、人人网、微信与

① 鲁炜．把网上舆论工作作为宣传思想工作的重中之重[N]．人民日报，2013-9-17（4）

学生进行沟通，一些部门也在尝试开通自己的官方微博、人人网主页或微信账户，甚至尝试开发手机客户端。但从整体上看，多数部门对新媒体的利用还处于初级阶段，主要是在微博、人人网开设账户，简单地使用新媒体平台发布信息，缺少从学校层面进行统筹规划，全方位利用新媒体开展工作。在开展党的群众路线教育实践活动中，高校应当主动走出去，与管理微博、人人网、微信等新媒体的社会企业进行沟通，通过提供校内宣传、开展校园活动、联合培养学生等方式，积极开展学校与企业之间的合作，建设基于社会新媒体的学校平台。

（二）打造校内新媒体，增强群众路线活动影响力

调查数据显示，在新媒体迅速发展背景下，校内网站影响力下降，但凭借丰富的校园信息，与学生的学习、生活相贴近，仍有大量学生经常访问。在开展党的群众路线教育实践活动中，高校不仅要积极建设专题网站，还应结合自身传统优势，借鉴社会媒体的新技术，积极打造校内新媒体，依托学校自己的特色网络媒体平台开展党的群众路线教育实践活动。

南开大学在开展党的群众路线教育实践活动中，不仅建设了“党的群众路线教育实践活动专题网站”，还研发了安卓系统南开大学新闻网客户端，通过网络平台向师生群发彩信，并依托校内邮件系统发送邮件报，广泛宣传党的群众路线教育实践活动。学校还引进人人网、微博等网站的新技术，建设了全新的校内论坛“我爱南开 BBS”，并对新闻网、觉悟网及时进行升级改版，用校内新媒体平台开拓了开展党的群众路线教育实践活动的新阵地。

（三）建设学习型网站推动党员干部理论网络学习

开展党的群众路线教育实践活动中，党员干部的理论学习是一个重要环节。受到时间、场地等因素影响，学校的党员干部、特别是领导干部很难集中开展学习活动，因此，有必要利用网络开展党的群众路线教育实践活动的理论学习，为广大党员干部提供网上学习平台。南开大学在已建成的党员干部学习网平台上，推出了“党的群众路线教育实践活动”专题系列课程，要求校内党员干部将学习贯穿整个教育实践活动全过程。明确规定校院中心组成员、全体中层正副职干部登录网站进行在线学习，网上学习情况作为每位中层干部使用理论学习的一项重要考核指标，记入培训学时和干部教育培训档案。

结合党的群众路线教育实践活动安排，南开大学网上政治理论学习进行了分段设计，第一阶段从 7 月 8 日起至 7 月 22 日，全体党员干部要累计学习 10 学时，主要学习中央党的群众路线教育实践活动领导小组组织编选的重点

学习材料及相关重要理论文章，要求掌握中央关于深入开展党的群众路线教育实践活动的基本精神和要求，掌握马克思、恩格斯、列宁、毛泽东、邓小平、江泽民、胡锦涛、习近平等对群众路线的思想观点以及我们党坚持群众路线的历史，深刻理解开展党的群众路线教育实践活动的重大意义。第二阶段从7月23日至9月30日，党员干部要累计学习20学时，主要拓展学习视野，广泛学习涉及群众路线的中央文件、重要理论文章和教育实践活动成果等，掌握查摆问题、开展批评与自我批评、落实整改的要求和方法。

四、结语

微博、人人网、微信、手机客户端等新媒体的迅速发展，不仅对党的群众路线教育实践活动提出更高要求，也提供了更多的网络沟通渠道。高校在党的群众路线教育实践活动中，应当主动适应新媒体的发展和变化，借助社会新媒体拓展工作阵地，并积极构建校内新媒体平台，建设党员干部理论学习网络平台，综合运用校园网络平台开展党的群众路线教育实践活动，通过网络平台及时了解高校师生在学习、工作、生活上的问题，切实解决群众反映强烈的突出问题。

参考文献：

[1] 陈延童．新形势下充分应用互联网等新兴媒体开展思想政治工作调查研究[J]．海峡科学，2012（2）
[2] 朱健，周全．新媒体时代大学生思想政治教育面临的挑战及对策[J]．思想理论教育，2013（3）
[3] 习近平．深入扎实开展党的群众路线教育实践活动[N]．人民日报，2013-6-19（1）
[4] 中国互联网络信息中心（CNNIC）．第32次中国互联网络发展状况调查统计报告[EB/OL]．http://www.cnnic.net.cn/hlwfzyj/hlwxzbg/hlwtjbg/201307/t20130717_40664.htm，2013-7-17
[5] 鲁炜．把网上舆论工作作为宣传思想工作的重中之重[N]．人民日报，2013-9-17（4）

加强和改进高校廉政文化建设的机制分析

纪委监察室　王福鑫

摘要： 加强高校廉政文化建设是贯彻落实惩治与预防腐败体系的内在要求，也是实现“立德树人”目标的重要途径，要从完善工作体制机制入手，进一步明确廉政文化建设的责任主体，形成多部门协同管理机制，分层分类地开展针对性、实效性较强的宣传教育活动，健全完善考核评价、奖惩激励、支撑保障机制，努力促进高校廉政文化建设步入经常化、制度化、规范化轨道。

关键词： 高校；廉政文化建设；机制

廉政文化是以崇尚廉洁、鄙弃贪腐为价值取向，融价值理念、行为规范和社会风尚为一体，反映人们对廉洁政治和廉洁社会的总体认识、基本理念和精神追求的一种社会主义先进文化。[①]廉政文化与党风廉政建设密切关联，作为一种无形的、潜在的力量，为反腐倡廉提供智力支持和思想保证[②]，在反腐倡廉建设中处于基础性地位。2010 年，中央纪委等六部委联合下发《关于加强廉政文化建设的意见》，对廉政文化建设做出了全面部署。教育部先后数次召开廉政文化进校园工作研讨会、现场经验交流会和廉政文化作品大赛，深入推进高校廉政教育。全国各高等院校认真按照党中央和教育部的统一部署，全面加强廉政文化建设，取得了一定成绩，积累了宝贵经验。同时，也面临着困难与挑战，存在很多不容忽视的问题，比如，高校领导干部和教师职工对廉政文化建设的认识程度有待进一步提高，规划与组织实施的系统性、全局性有待进一步加强，廉政教育的针对性、实效性有待进一步提高，等等。

---

① 中央纪委，中央宣传部，监察部，文化部，广电总局，新闻出版总署．关于加强廉政文化建设的意见[EB/OL]．政府网，[2010-01-04] http://www.gov.cn/jrzg/2010-01/04/content_1502913.htm

② 冯石岗，商植桐．领导型人才廉洁教育概论[M]．沈阳：辽宁教育出版社，2011：152～153

为了破解高校廉政文化建设中遇到的难题，现阶段工作的着力点应当是进一步健全完善领导体制和工作机制，理顺思路，搭建平台，将高校廉政文化建设纳入培育大学精神、创新人才培养模式、改进高等教育管理方式、弘扬优良学风和加强廉政建设的顶层设计框架之中，持之以恒地不断向前推进。在这个进程中，既要遵循文化建设发展的一般规律，又要不断探索适合高校特点和廉政建设工作特点的方法途径，勇于开拓创新，努力促进高校廉政文化建设步入经常化、制度化、规范化轨道。

一、建立健全高校党委总揽全局的领导体制

党委统一领导是构建高校廉政文化建设领导体制和工作机制的核心，高校党委应把加强廉政文化建设纳入党委重要议事日程，作为一项重要的政治任务抓紧抓好，全面担负起领导廉政文化建设的政治责任。

一是要科学谋划高校廉政文化建设发展蓝图，力求做到立足当前、着眼长远、统一思想、明确责任，理清廉政文化建设的基本思路和工作原则，提出廉政文化建设的指导思想、基本原则、目标任务等总体要求和体制机制、组织方式、实施步骤等具体落实途径。

二是要从机制制度层面做好顶层设计，把廉政文化建设作为一项重点工作纳入学校整体发展规划，融入学校宣传思想工作和精神文明建设总体部署，列入二级单位和干部考核指标，促进廉政文化建设落到实处。

三是要抓好统筹协调、指导推动和监督检查，一方面，要明确学校党委、校党政领导班子及班子成员、各基层党委（党总支）和党政班子及班子成员的责任主体地位；另一方面，要抓好监督检查和责任考核，严明奖惩机制，使廉政文化建设真正做到年初有计划、年内有落实、年终有考核，确保整体推进，协调发展，落到实处，见到实效，促进形成上下齐动、部门各司其职、师生共同参与的高校廉政文化建设的格局。

二、建立健全系统配套的协同管理机制

高校廉政文化建设是一项系统工程，不单单是某一个单位、一个部门的事情，必须坚持党政齐抓共管，建立健全系统配套、规范有序、各司其职的协同管理机制，形成整体合力。

一是应当成立由党委书记、校长、主管校领导和相关部门负责人组成的

廉政文化建设领导小组，统筹协调全校廉政文化建设工作，在全校构建廉政文化建设的责任网络，明确各单位、各部门领导班子对落实廉政文化建设所担负的领导责任，将党风廉政建设工作真正和业务工作一起规划、一起部署、一起检查、一起考核。

二是高校纪委应当充分发挥组织协调职能，在学校党委的统一领导下，按照学校党委和上级纪委的要求，积极主动协助学校党委、行政通盘谋划全校廉政文化建设的总体安排，做好任务分解，凝聚各方力量，认真组织实施，充分调动各职能部门的主动性和积极性，及时沟通、协商解决工作中遇到的各种问题，整体推动各项工作落实到位。

三是各相关党政职能部门要各负其责、部门联动、协同配合，按照廉政文化建设的责任分工，把廉政文化建设的目标要求寓于各项业务工作之中，创造性地开展工作。党委组织部门、党校要重视在党员特别是处级以上领导干部中进行廉洁从政教育，在党员组织生活、干部培训中要安排廉政教育内容；宣传部门要注重加强廉政文化阵地建设，充分利用学校电视台、广播站、互联网、报刊、橱窗板报等载体，增强舆论宣传效果；学生工作部门要充分利用新生入校、入党积极分子培养、学生党员骨干培训、就业教育、毕业离校等契机，组织开展廉洁修身教育；人事部门、教学和科研管理部门要大力开展师德师风教育活动，积极探索把学术道德、廉洁从教、学风教风建设和规范科研经费管理与使用等内容纳入教师培训体系；机关党委要组织开展创建学习型、服务型、创新型、廉洁型机关活动，开展服务承诺、廉政承诺活动，发挥机关党员干部的模范带头作用；工会、团委等部门要积极组织师生开展文艺演出、文艺作品竞赛、演讲辩论等文化活动，融入廉洁教育内容，打造廉政文化品牌；思想政治教育部门及相关专业学院要深入探索廉政文化进课堂途径机制，将廉洁教育融入思想政治理论课教学之中，加强廉政文化建设理论与实践的研究工作。

三、建立健全分层分类宣教机制

反腐倡廉教育是高校廉政文化建设的基础性工作，是防治腐败的第一道防线，发挥着导向、预防、激励、警醒的作用。加强高校廉政文化建设，必须注重宣传教育，筑牢廉洁自律的思想防线。

1. 面向党政领导干部开展以廉洁从政为主要内容的宣传教育

一是要把党风廉政教育纳入校党委中心组和二级单位中心组学习规划，

作为一项重要内容定期安排内容深刻、贴近实际的专题学习。在此基础上，将廉政教育有机融入党校集中学习、境内外研修考察、新提任领导干部培训、后备干部培训等不同层次教育活动之中，完善以中心组学习为龙头的干部教育培训体系。二是以增强影响力为立足点，深入开展保持党的先进性、纯洁性、群众路线等主题教育实践活动。通过讲座报告、走访参观、调研座谈等形式，加强理想信念教育、党性党风党纪教育和廉洁从政教育。三是以增强约束力为出发点，开展法规教育。通过举办讲座、培训、竞赛等活动，组织学习有关教育教学、财会金融、组织人事、国有资产、工程建设、涉外活动等领域的党纪政纪法规制度，不断增强纪律观念，做到学法、知法、用法、守法、护法。四是以增强亲和力为切入点，开展形象教育。组织反腐倡廉图片展、参观警示教育基地、举办反腐倡廉主题晚会、组织开展“红色游”等多种形式，增强入情入理、入脑入心的教育效果，做到春风化雨、润物无声。五是以增强感染力为着力点，开展正反两方面典型教育。注意发掘、认真总结身边的廉政勤政先进典型，起到“树立一个人，带动一群人”的作用。

2．面向普通干部职工开展以廉洁自律为主要内容的宣传教育

一是要固本强基，抓好预防教育。利用支部学习、干部培训等契机，组织学习《廉政准则》和各项廉政规定，针对财务、科研、基建、采购、招生等重点领域工作岗位，开展有针对性和职业特点的法律法规专题教育，牢固树立“道德底线”、“纪律红线”意识，积极开展形式多样、丰富多彩的廉政文化创建活动，营造积极知晓制度、模范遵守制度、共同维护制度的良好氛围。二是要突出重点，抓好监督教育。促进学习成果体现在日常工作之中，结合廉政风险防控机制建设，把干部职工是否廉洁自律、守法守纪、严格执行制度流程作为评优、提拔的重点考察条件，通畅监督和沟通渠道，充分发挥民主党派、党团组织和师生员工的监督作用，保证权力在阳光下运行。三是要惩前毖后，抓好警示教育。通过组织观看警示教育片、参观案例展览、参观监狱和看守所等活动，使干部职工清醒认识到腐败和违法犯罪的严重后果，防微杜渐，警钟长鸣。

3．面向教师开展以廉洁从教为主要内容的宣传教育

一是要注重加强社会主义核心价值体系教育。针对高校教师受教育程度高、思想相对自由、勇于追求个人价值、具有较高的成就动机和强烈的自我实现欲望的群体特点，坚持不懈地教育和引导广大教师坚定马克思主义信仰，用中国特色社会主义共同理想和民族精神砥砺教师品行，引导教师树立崇高的职业价值观，养成廉洁自律、公平执教、严谨治学的行为习惯。二是要注

重培育优良的师德师风。引导教师正确认识大学的社会性质、功能和价值，正确认识教师的职业责任、地位和使命，要抓好舆论引导，宣传师德师风内涵、意义和具体要求；要抓好教育培训，组织教师认真学习《高等教育法》、《教师法》等法律法规，强化师德意识和法律意识；要抓好道德实践，组织开展教师职业技能大赛、课堂教学观摩和师德标兵、良师益友、优秀导师等评选表彰活动，树立师德师风先进典型。三是要严格规范教书育人行为，建立健全教师道德行为规范和学术规范。将备课、课堂教学、实践教学、课外辅导、考试及阅卷评分、论文指导等教学活动和论文发表、项目申报、成果评审等学术活动纳入制度化轨道，提出明确可行的规范化要求，强化科学精神、人文精神、廉洁精神培养，杜绝学术腐败。在此基础上，要建立一套符合实际、科学有效的教师师德考评办法，合理使用考评结果，发挥激励作用。要特别重视加强对“双肩挑”教师的教育、考核和管理，他们大多既承担重要的教学科研任务，又担任基层学院或职能部门负责人，掌握较高的学术、行政权力和资源，应当针对这些特点设计针对性强的考核评价指标。四是要发挥高校的学科和人才优势，建设集廉政文化传播和理论研究等多功能于一体的廉政研究学术机构，有条件的可以建立廉政培训基地，加强廉政文化理论建设和研究人才队伍建设，以高水平理论研究成果推动廉政文化建设不断前进。

4．面向大学生开展以廉洁修身为主要内容的宣传教育

一是要充分发挥课堂教学的主渠道作用，切实推进廉政教育进教材、进课堂、进头脑。要注重将廉政文化的导向性与实际生活中需要解决的实际问题相联系，面向低年级本科生，可以重点加强诚实守信教育和法律法规常识教育，结合杜绝考试舞弊与作业抄袭、按时偿还助学贷款等现实问题，做好引导和警示教育。面向高年级本科生和研究生，可以重点加强学术道德规范、科研经费使用和职业道德教育，为他们从事科研工作或进入职场打好“踏实做事、清白做人”的思想道德基础，着力培养业务精湛、品格优秀的社会主义建设者和接班人。二是要开展丰富多彩的文化活动，活跃教育形式，丰富教育手段，增强教育效果。相关部门要通力合作，各司其职，打造学生廉政文化品牌活动，在丰富学生课余文化生活的同时，大力讴歌清正廉洁形象，鞭挞腐败丑恶现象，潜移默化地让学生感受廉洁教育的穿透力和感染力。三是要注重在学生管理工作中言传身教，形成风清气正的良好氛围。在学生评优入党、奖助学金评定、学生干部选拔任用、学生党员发展和学生社团管理等工作中，严格执行学校各项有关规定和工作制度流程，杜绝“托关系”、“走

后门”、“拉选票”等不正之风，以管理育人、服务育人，让学生在廉洁的环境中健康成长，受到熏陶。

四、建立健全考核评价及奖惩激励机制

要积极探索建立健全高校廉政文化建设的目标管理、考核评价和奖惩激励机制，把廉政文化建设作为高校办学质量和水平评估的重要指标，纳入高校党建和教育教学评估体系，调动和吸纳师生员工广泛参与、长期坚持。在落实党风廉政建设责任制考核框架内，探索建立一套行之有效的评价及激励奖惩体系，与领导干部考察任用、教师晋升职称挂钩，形成“有岗、有责、有流程、有评议、有奖惩”的机制，将责任具体落实到每一个岗位、每一个部门，实现制度、机构、岗位、人员、责任的有机结合，部门之间、岗位之间建立起一种齿轮传动式的工作机制。对工作有创新、实际效果好的部门单位和廉政勤政先进典型给予必要的物质和精神奖励，对领导重视程度不够、工作开展不力的部门单位给予批评警示，乃至党纪政纪处分，要严肃分析存在的问题，提出整改方案并积极落实。调查表明，36.8%的受访者表示其所在学校没有对廉政先进集体和个人进行表彰奖励或对此不清楚，说明这方面工作有必要引起高度重视与加强。

五、建立健全政策、制度、组织、资源支撑保障机制

高校廉政文化建设的着力点在于形成一种文化自觉，需要完善配套的制度、措施和一定的人力、财力、物力支持，学校应加大投入和支持力度，建立规范有效的保障机制。

1. 要加大宣传教育投入力度，将其贯穿于党的建设、思想政治工作、道德教育、教学科研和各项管理工作之中，同时不断创新教育载体，拓展教育平台，营造浓厚的育人氛围。一方面，要充分发挥校报校刊、橱窗条幅、校园电台电视台等传统媒体（媒介）的宣传资源优势；另一方面，要积极尝试利用校园网络、手机及移动终端等设施，打造技术先进、传输快捷、信息量大、覆盖面广、交互性强的新一代宣教平台，采取广大师生喜闻乐见的形式，提高宣传教育的针对性、多样性、系统性，增强渗透力，扩大影响力，赋予高校廉政文化新的生机与活力。

2．要加强制度建设，一方面，将廉政文化建设的规划目标、体制机制、方法途径、考核评估等各方面的具体要求以制度规范的形式固化下来，努力形成长效制度机制，使各项工作有章可循；另一方面，要加强规范管理和反腐败制度建设。高等教育系统是一个非常复杂的兼具“科层制”和“扁平化”特征的复合型组织体系，要把制度建设作为廉政文化建设的保障线，从制度路径上堵住腐败漏洞，以制约和监督权力为核心，努力构建内容协调、程序严密、配套完整、有效管用的制度体系，促进形成公平、公正的教育环境。尽可能消除“暗箱操作”的权力寻租空间，以此提高人们对管理制度的认同感，增强执行制度的自觉性，形成人人遵守制度、敬畏制度、维护制度的文化自觉。

3．要加强组织建设和人力资源投入。一方面，要健全纪检监察组织机构，可考虑在校纪委监察室下设开展廉政文化建设的专门科级机构，并加强对纪检监察干部的培养、教育、推荐和选拔，不断有效提高干部队伍素质。另一方面，要培养造就一批热爱廉政文化、乐于奉献、敢于实践的廉政文化建设骨干，完善民主党派监察员、基层纪检员选任及管理机制，充分发挥党团组织和学生会、研究生会及有关学生社团的重要作用。

4．要加大资金投入力度。本着勤俭办学的原则，把廉政文化建设经费纳入学校预算，设立专项基金，在校园文化建设的大格局中，建设一批具有高校特色的廉政文化设施，加强图书馆、博物馆、展览馆、纪念馆等廉政文化传播阵地的基础设施建设，挖掘整理具有历史底蕴深厚、廉政勤政内涵丰富的历史人文景观，在情景交融、动静结合的氛围中彰显“以文化人”功效，激发师生员工爱党爱国爱校热情，为开展丰富多彩的高校廉政文化活动提供载体和平台。

参考文献

[1] 中共天津市纪委．关于进一步加强廉政文化建设工作的方案（津纪办发〔2013〕11号）[Z].

[2] 教育部．关于在大中小学全面开展廉洁教育的意见（教思政〔2007〕4号）[Z].

[3] 王立英．在“全国高校廉洁教育进校园现场经验交流会”上的讲话，2012年10月

[4] 刘峰岩．在“教育部廉政文化进校园研讨会”上的讲话，2010年3月

[5] 沈其新．中华廉洁文化与中国共产党先进性建设[M]．长沙：湖南大学出版社，2008
[6] 李秋芳．廉政文化建设理论与实践研究[M]．北京：中国社会科学出版社，2011

试论高校机关干部的职业素养
——关于如何提高高校机关干部素质与工作能力的思考

党委学工部　刘　芳

摘要：高校机关干部的素质与能力至关重要，它决定着高校的管理层次和服务水平。本文试以高校机关干部为对象，就职业素养角度探讨如何提高机关干部的素质与工作能力问题，从而使高校机关干部成为推动学校建设发展的一支重要力量。

关键词：高校；机关干部；职业素养；工作能力

高等学校承载着人才培养、科学研究、社会服务、文化传承创新的功能和使命。而高校机关干部队伍作为一支重要的推动力量，其职业素养的高低直接影响着高校的建设、改革与发展。

职业素养是指职业内在的规范和要求，是在职业过程中表现出来的综合品质。高校机关干部的职业素养包含很多内容，下面主要从工作态度、工作原则、工作效果、工作激情、工作协同等五方面阐述如何提高机关干部的素质与工作能力。

一、端正工作态度——树立责任感

端正工作态度，就是要求我们对自己进行合理定位，把心沉至实处，兢兢业业做好本职工作。工作本身就意味着责任，无论在哪个岗位、负责哪项工作，我们都要以爱岗敬业为前提，树立责任感，干一行，爱一行，专一行，全身心投入工作，这样才能安于工作，有所作为。责任心就是执行力，责任虽然意味着付出；但同时，责任也意味着机会，每一个机关干部都要学会将责任根植于内心，让它成为我们脑海中一种强烈的意识，真正做到内化于心，外化于行。

端正工作态度，要求我们把工作当作一个使命来完成，把完成工作视为自己的责任和义务。工作不仅仅是为了挣钱，寻求经济上的独立，而是为了实现自身价值。如果对工作没有热情，那就失去了前进的动力和信心，终将被社会所淘汰。因此，对待工作应该做到一丝不苟、尽心尽职。在工作中，要积极主动，大胆尝试、小心求证，争取做到有创造性地工作和学习。竭力做好每一项工作，将会让我们活得更加有意义，在工作中体会人生的乐趣。正如歌德所说，如果工作是一种乐趣，那么人间就是天堂。

端正工作态度，还要求我们在工作中不断学习，循序渐进地发展自己。工作中要树立起信心，调整好心态，认真工作才能让自己不断地去思考、去学习、去总结经验，这是比物质更丰富的财富。人生本来就是一个积累过程，知识和经验积累得愈多，战胜困难的力量就愈大，才不会在困难面前低头，才会有越挫越勇的气势，才能离目标更近。因为在工作中我们会发现很多提升能力的机会，通过学习实践，才能更好地把握机会，实现理想。

二、坚持工作原则——强调规范性

机关工作的特点是，每一个岗位的工作都有其自身的规则和规定。规范性解决的是常态问题，通过规范性的约束来保证整个组织有序地运转及各项职能的发挥。因此，高校机关干部处理工作时必须坚持工作原则，牢记岗位职责，不能因为任何原因做出违背原则、违反规章制度的事情。当然，坚持原则的前提是对制度、规定的高度认同和足够的重视。

同时，坚持原则并不是完全的死板工作，教条主义。也要懂得根据实际情况灵活变通，如面对突发紧急事件等非常态问题时，要把握好分寸，在不违反原则的前提下，以解决问题为目的，适当变通。因此，工作中要坚持规范性，又不失灵活性，做到原则性与灵活性的有机统一。

三、注重工作效果——突出实效性

做好高校机关工作不能单凭盲目热情，要讲究工作方法。首先，我们要明确工作目标，做好工作计划；第二，我们要合理使用时间，严格执行每一步计划，确保工作效率；第三，对于机关很多部门的常规性日常工作，我们可以通过建档、建表等方式，进行分类整理。如我们还可以建立岗位工作年度大事件列表，参照此表，在某个时间段完成某项工作，做好统筹和计划，提前做好安排，并考虑在原有基础上进一步改进工作方法，完善工作细节，不断提高工作效率与质量。

做好高校机关工作不仅要埋头苦干，还要善于总结。从事机关工作，要不断积累经验，持续改进，只有这样，工作能力及工作效果才能有所提高。机关干部职业素养的提高，也正是一个实践与认识循环往复的前进过程。一项工作或一个阶段工作做完后，要总结一下，看看哪项工作做得好，有什么成功经验和好的做法；哪件事情出了纰漏，分析一下是什么原因造成的，有什么不足教训。通过回顾总结，汲取经验教训，使感性的认识理性化，零碎的东西系统化，这对于提高自身的素质能力至关重要。

作为高校的机关干部，我们不仅要合理支配时间，讲求工作方法，真正做到有序工作，还要不断地激励自己。我们要努力获取知识、发展心智，不断寻求思考问题的新思维，获取解决问题的新方法。长期下来，我们就会对各项工作提出深刻且有见解的问题，乃至提供有价值的解决方案。

四、保持工作激情——培养思考习惯

当机关干部对本岗位工作轻车熟路，对工作中出现的各种情况应对自如时，就难免出现懈怠情绪，这就需要我们在工作中时时保持激情。几乎每个人在初入职场时都干劲十足，充满激情。这份激情一般来自对工作的新鲜感，以及对工作中不可预见的问题的征服感。一旦新鲜感消失，工作驾轻就熟，激情也往往随之湮灭。一切开始平平淡淡，昔日充满创意的想法消失了，每天的工作只是应付完了即可。既厌倦又无奈，不知道自己的方向在哪里，出路在何方，于是由一个踌躇满志的机关干部变得只是为了完成工作或是应付工作而工作的“机器人”了。

任何工作都有从开始接触到全面熟悉的过程。要想保持对工作持久不变的激情，首先，必须改变工作只是一种谋生手段的认识，而是要把自己的事业、成功和目前的工作联系起来；其次，保持长久激情的方法，就是给自己不断树立新的目标，挖掘新鲜感，把曾经的梦想重拾回来，找机会实现它；再次，审视自己工作，看看有哪些事情一直拖着没有处理，然后把它做完，在自己解决了一个又一个问题后，自然就产生了一些小小的成就感，这种成就感、新鲜感就是让激情每天都陪伴自己的最好解决方案。

高校机关干部要养成勤于思考问题的习惯。孔子说过："学而不思则罔，思而不学则殆。"不仅要善于学习，更要善于思考。一个能力强、素质硬的机关干部，必定是肯动脑筋、善于思考问题的人。如果平常头脑里不装事、不想事、不谋事，遇事自然就没有见解，没有思路。我们头脑中要经常装着几个问题，并不停"转动"。

总之，每天要精神饱满地去迎接工作的挑战，学习党和国家的大政方针，要不断地在实践探索与理论创新中汲取营养，寻求方向，把学习切实转化为工作的思路和改革的举措，体现为实际行动，充分发掘自己的潜能。这样的结果是你的内心也随之发生变化，你会变得更加有信心，别人也会越发认识到你的价值。

五、加强工作协同——彰显团队合作

所谓团队精神，简单来说就是大局意识、协作精神和服务精神的集中体现。在一个部门里，团队合作精神显得尤为重要。学会与他人合作，可以使我们收到事半功倍的效果，可以使我们的工作更加良好地向前发展。在很多情况下，一项工作单靠个人能力很难完全处理各种错综复杂的问题并采取切实高效的行动。这就需要部门内部人相互联系、共同合作，建立团队来解决问题，并进行必要的行动协调，开发团队应变能力和持续的创新能力，依靠团队合作的力量完成好工作。

有效的沟通是团结协作的前提。一个人身在团队之中，良好的沟通是一种必备的能力。作为团队，成员间的沟通能力是保持团队有效沟通和旺盛生命力的必要条件；作为个体，要想在团队中获得成功，沟通是最基本的要求。沟通是团队成员获得职位、有效管理、工作成功、事业有成的必备技能之一。有效沟通的第一步便是平等友善，相互尊重。尊重没有高低之分、地位之差和资历之别，尊重只是团队成员在交往时的一种平等的态度。真诚待人，有礼有节，既尊重他人，又尽量保持自我个性，为一个团队营造出和谐融洽的气氛，使团队资源形成最大限度的共享。

勇于负责是团结协作的保障。负责即敢于担当，对自己负责，更意味着对团队负责、对团队成员负责，并将这种负责精神渗透到工作的每一个细节之中。团队在运作过程中，难免出现失误，若是每次出现问题都互相推卸责任，那么，这个团队就没有存在的价值了。任何有利团队荣誉、有损团队利益的事情，与每一个团队成员都是息息相关的，所有的人都拥有不可推卸的责任。

宽容是团结协作的润滑剂。作家雨果曾经说过：世界上最广阔的是海洋，比海洋更广阔的是天空，比天空更广阔的是人的心灵。宽容可以消除分歧和争斗，使团队成员能互敬互重，彼此包容，和谐相处，体会合作的快乐。作为高校机关干部，我们不仅要立足本岗，做好本职工作，更应该严于律己，宽以待人，以宽容的心包容周围的人和事。

综上所述，高校机关干部要不断提高自身的职业素养，提升工作能力，使管理能力和服务水平适应学校的科研、硬件等整体发展的步伐，真正成为助推学校事业改革前进的重要力量。

参考文献：

[1] 杨俭修，杜元刚编．职业素养提升[M]．北京：高等教育出版社 2011
[2] 何飞鹏．赢在责任心，胜在执行力[M]．北京：中国华侨出版社 2011
[3]（日）泉正人著．孙曼译．超级整理术：工作效率是整理出来的[M]．北京：中国友谊出版公司，2011

高校机关干部队伍建设工作研究
——基于南开大学机关干部队伍建设的基本经验

党委组织部　任一　张洋　欧迎希　张志伟　张鹤霖（挂职）

摘要：南开大学在长期实践中，积极探索构建包括教育培养体系、选拔任用体系、管理监督体系和资源保障体系在内的机关干部队伍建设工作体系，健全完善包括领导决策机制、执行推动机制和激励约束机制在内的机关干部队伍建设工作机制，取得了较好成效。今后，应将干部队伍“德”的建设、优化队伍年龄结构、完善培养选任监督链条、健全领导体制和加强工作联动等作为改进工作的重中之重。

关键词：高校；机关；干部队伍建设；体系；机制

高校机关是高校的指挥中枢，承担着决策参谋、组织协调、执行推动等重要职能，其管理效能和服务水平直接影响学校的建设与发展。决定高校机关工作水平和效能的关键在人，因此，抓好高校机关干部队伍建设至关重要。南开大学在长期实践中，积极探索构建机关干部队伍建设工作体系和工作机制，取得了较好成效。

一、积极构建机关干部队伍建设工作体系

健全完善的工作体系是实现既定工作任务和目标的重要支撑。学校党委立足队伍现状，积极探索构建既符合干部队伍建设普遍规律，又兼具高校特点、体现南开特色的机关干部队伍建设工作体系。

（一）教育培养体系

经过多年探索实践，我校已建成独具南开特色的多层次、多类别、多形式、多渠道干部培养模式。一是以集中培训为主要形式，强化干部综合素质

能力。举办机关青年管理骨干和机关科级干部培训班，针对各自需求特点设置差别化的培训内容，强化各级管理骨干的综合素质和履职能力。抓好新留校机关干部培训，校党委书记、副书记亲自提要求、谈希望，培训期间赴北京进行素质拓展训练，培养责任意识和团队精神，打好事业起步基础。各职能部门与组织部、人事处、机关党委密切配合，不定期地举办各种研讨班、培训班和专题讲座，着重提升干部理论素养和业务技能。二是以挂职岗位为实践平台，提升干部实际工作水平。选派优秀干部到中央部委机关、地方党政部门挂职锻炼，学习取经，交流工作；到新校区规划建设指挥部任职、挂职，经受急难险重任务锻炼和复杂环境考验；与基层干部换岗挂职锻炼，丰富岗位阅历，锤炼工作作风。三是以研修交流为重要途径，拓展干部工作视野。选派优秀机关管理骨干赴香港、英国、澳大利亚等境外知名高校研修考察，学习先进经验，开阔国际视野。结合实际工作需要，有针对性地组织机关干部赴国内著名高校考察交流，开展专题调研，启发工作思路。

（二）选拔任用体系

近年来，学校党委坚持正确用人导向，严格执行选任工作程序，在抓好常规工作的同时，有重点地加强创新性探索，取得明显成效。一是加大轮岗交流力度，强化基层导向。建立完善机关与基层之间的干部交流换岗制度，鼓励中青年干部到多个岗位进行锻炼。选任机关中层干部时，注重从基层选拔熟悉了解基层情况的干部，目前，机关45岁以下的中层干部中有基层工作经历或经过多岗位锻炼的比例已近80%。加大从基层单位选拔机关科级干部力度，一批素质过硬、能力突出的基层青年干部充实到机关科级岗位。二是完善公开选拔方式，拓宽选人用人视野。针对班子结构需要改善、领导职位空缺较多、本单位无合适人选、空缺职位专业性较强等特定情况，采取公开选拔的方式延揽人才。选拔过程中注重考察应聘者对岗位的理解及与岗位的匹配程度，避免单纯以分取人、以票取人。一批优秀干部在竞争中脱颖而出，走上机关处级、科级管理岗位，为机关干部队伍注入新的活力。三是规范机关招聘工作，把好进人入口关。从部门各自为政，到机关党委统筹从应届毕业生中招聘，再到机关党委统筹从基层干部中选拔，机关进人工作在对干部成长规律的不懈探索中持续改进，不断走向科学和规范。

（三）管理监督体系

学校党委将机关干部管理监督工作摆在重要位置，采取多项措施，有针对性、有重点地开展工作。一是强化干部选任、离任和日常工作监督。加强对干部选任工作中民主推荐、组织考察、集体讨论、公示上岗、交流回避等重要环节和工作程序的监督。规范干部离任审计和离任交接工作，先后出台干部任期经济责任审计制度、干部任期经济责任审计工作联席会议制度和干部离任交接办法。建立完善并严格执行个人事项报告、外出请（销）假、因私出国（境）证件集中管理等制度。二是抓好廉政教育、责任制落实和风险防范。在各级干部培训中突出岗位廉政教育内容，引导干部树立正确的权力观、地位观和利益观。落实党风廉政责任制，全体处级干部年初签订廉政责任书，年末对照自查整改。新提任处级干部须经纪委书面廉政鉴定，任前进行廉政谈话并签订廉政承诺书。加强对干部聘任面试等重点关口的风险防范，确保选聘过程公平公正。健全惩治和预防腐败体系，扎实推进廉政风险防控机制建设。

（四）资源保障体系

学校党委从事业发展全局出发，合理调配资源，营造和谐氛围，从财力、人力两方面为机关干部队伍建设提供强有力的资源保障。一是硬环境方面，多措并举落实资金支持。学校在经费相对紧张的情况下，每年为组织部、人事处、机关党委划拨干部培养和队伍建设专项经费。针对机关各部门由于岗位和职责不同造成的收入分配不平衡状况，学校对机关整体的创收进行统筹分配，由机关党委具体组织实施，这一做法不仅有利于机关干部队伍的建设与稳定，也为机关党委在机关干部队伍建设中发挥统筹协调职能提供了有力抓手。二是软环境方面，多管齐下构筑机关文化。机关党委会同机关工会和机关团委，每年组织新年联欢会、趣味运动会、中秋茶话会、外出参观学习等活动，活跃机关文化氛围，增进机关干部的归属感。通过组队参加学校运动会、合唱音乐会等活动，培养机关干部的集体主义和团队精神，也为有特长的干部搭建展示平台。

二、努力创新机关干部队伍建设工作机制

科学高效的工作机制是工作系统自我运行和动态调整的根本保障。它通过规定组织机体的运行规则，建立各部门之间的内在联系，使得构成系统的静态架构得以动态运转，并实现自动纠错。学校党委在实践中不断探索机关干部队伍建设工作机制，从决策机制、推动机制、激励机制三个方面为机关干部队伍建设提供有力保障。

（一）领导决策机制

科学合理的领导决策机制是系统自我运行的前提和基础。机关干部队伍

建设工作领导决策机制的关键是合理配置决策权。建立学校党委科学决策机制，组织部、人事处、纪委、机关党委等职能部门履行好各自职能。实际工作中，一方面，强调职能部门的协调沟通。特别是涉及规划研究制定、制度制订出台和交叉性较强的具体工作，相关职能部门在校党委统一领导下建立沟通协商机制，共同酝酿研究。比如，在机关新员工招聘工作中，由校领导、机关党委、组织部、人事处和用人单位负责人共同组成工作小组讨论确定拟聘人选的做法已成为惯例。另一方面，注重师生群众的利益表达。积极搭建制度平台、畅通表达渠道，充分尊重、合理采纳师生员工的意见和建议。比如，在干部选拔任用工作中，采取组织推荐和个别推荐相结合的形式进行民主推荐，在谈话考察中扩大考察范围和延伸考察内容，以便更真实、广泛地了解民意，更大范围地发扬民主。

（二）执行推动机制

协调高效的执行推动机制是决策目标顺利实现的关键。建立机关干部队伍建设工作执行推动机制，要在把握客观规律、落实责任分工的基础上，健全完善纵横交错、协调有力、自我实施的动态工作网络。一是纵向维度上，推行由点到面的工作模式。一项工作由酝酿到实施，要经过“调研—试点—推广—制度化—全面铺开”的循序渐进过程，目的是最大限度地尊重和采纳民意。比如，机关与基层青年干部互换挂职工作，即是对群众反映强烈的部分青年干部缺乏多岗位锻炼和基层工作经历问题的积极回应。第一期在 3 个机关部门和 3 个学院进行试点，共选派 6 名科级骨干参与挂职，第二期进一步扩大岗位互换范围，挂职人数增至 12 人。在梳理总结经验的基础上，以制度形式出台实施办法，为工作全面铺开提供长效保障。二是横向维度上，强调部门间的协同联动。一项工作要顺利贯彻落实，在执行环节上必须分工明确、沟通顺畅、配合有序。为推动机关与基层青年干部互换挂职工作，学校成立了由组织部、人事处和机关党委负责人组成的工作小组，负责挂职工作的具体组织实施。其中，机关党委负责机关部门挂职岗位、人员的选定和协调，组织部和人事处负责学院及其他单位挂职岗位、人员的选定和协调。工作小组对干部挂职情况进行跟踪走访，随时沟通工作动态，及时发现解决问题。

（三）激励约束机制

强有力的激励约束机制是组织效率与活力的重要保障。健全机关干部队伍建设工作激励约束机制，就是要通过完善各种激励措施和约束手段，有效地激发干部队伍的工作热情和创造活力，避免因缺乏监督制约导致效率低下甚至腐败。一是多种途径倡导正向激励。学校机关的工作性质和特点决定了非物质激励应当作为干部激励的主要形式。实施成长激励：大胆培养使用年轻干部，为干部多岗位历练、开阔眼界创造机会，搭建平台；提供学历激励：择优推荐机关管理骨干报考本职岗位相关专业的硕士、博士研究生，并对考取者给予学习时间和费用方面的适度支持；推行表彰激励：每年评选机关“先进党支部”、“优秀共产党员”、“文明处室”、“青年文明示范岗”等，隆重召开表彰大会，由校领导亲自颁奖。二是“软”“硬”结合强化反向约束。一方面，通过“考核”这种带有一定激励性质的软约束手段，全面客观评价干部履职情况，科学确定奖惩依据。考核中，坚持中层干部与一般干部考核有分有合，党群部门与行政部门考核指标体系各有侧重，减免绩效、批评教育、职务调整等惩罚方式综合运用。另一方面，强化监督制约权力运行的硬性约束。在建立健全制度、形成完备体系的基础上，重点做到“三个结合”，即教育预防与严肃惩治有机结合，关键领域重点防控与全面覆盖不留死角有机结合，组织人事部门监督、纪委监督与群众监督有机结合。

三、进一步加强学校机关干部队伍建设的建议

经过多年探索实践，我校在构建机关干部队伍建设工作体系和工作机制方面取得了一定成绩。同时也要看到，面对高校机关日益繁重的工作任务，我校机关干部队伍建设还存在许多薄弱环节，还要以改革进取的精神加强创新性探索。今后要重点抓好以下几方面工作。

（一）加强干部队伍“德”的建设

“德才兼备、以德为先”是党衡量好干部的一贯标准。与“才”相比，“德”始终是第一位的，它是“才”的统帅，决定“才”的作用方向。党的十八大以来，对干部“德”的要求被摆在日益突出重要的位置。习近平总书记提出的“信念坚定、为民服务、勤政务实、敢于担当、清正廉洁”的好干部标准，为我们在新时期深刻领会、系统把握干部“德”的内涵提供了基本遵循。要以坚定理想信念、强化服务宗旨、秉持务实作风、增强担当意识、树立廉洁形象为重点，大力加强学校机关干部队伍“德”的建设，把“德”的培育融入干部选拔任用、教育培养和管理监督等工作的全过程，以正确的用人导向筛选干部，用有效的教育引导影响干部，用科学的考核体系评价干部，使真正德行过硬、能力突出的好干部迅速成长起来、及时发现出来、合理使用起来。

（二）优化干部队伍年龄结构

年龄结构事关干部队伍持续活力和战斗力，关系到学校事业薪火相传、继往开来。合理的年龄结构应当是老中青相结合，并与职级结构相匹配，在整体上和层级内部均实现梯次分布。目前，我校机关干部队伍整体上年轻化趋势明显，35 岁以下干部已占到一半以上，但其中处级干部比例偏低。与此相对应，机关中层干部队伍的平均年龄偏高（正处级约 50 岁，副处级约 45 岁），50 岁以上干部所占比例超过 30%。特别是近两年，机关将有大批处级干部陆续退休，而缺乏数量充足、素质过硬的“中间层”人才储备是当前的突出问题。这反映出青年干部队伍能力建设仍任重道远，尤其在多岗位锻炼和基层工作经历、组织协调和决断执行能力等方面还需进一步丰富提升。要站在事业发展和队伍接续的高度，破除思想束缚，加大对年轻干部的培养和使用力度，积极稳妥地优化干部队伍年龄结构，使其形成科学合理的梯次分布，确保新老顺利交替，工作有序衔接。

（三）完善干部培养选任监督链条

机关干部队伍建设工作体系不是相互割裂的静态架构，而是内容交叉、彼此衔接的完备链条。要优化后备干部储备链。把后备干部纳入学校干部队伍建设总体规划进行系统性、经常性培养。德才兼备、表现突出的及时提拔，大胆使用；有发展潜力的压担锻炼，重点培养；业绩平平或超过年龄限制的“让位”下来，择优汰劣。要优化能力素质提升链。针对机关岗位特点，抓好分类分级培训。坚持基层导向，注重一线培养，强化多岗位锻炼。重视软环境建设，用文化和真情引人、育人、留人，助力干部全面成长。要优化竞争择优选任链。与培养链条紧密衔接，形成干部到基层锻炼、从一线选拔的良性循环。加大轮岗交流力度，扩大轮岗交流范围，推动轮岗交流工作制度化、规范化。探索完善公开选拔、竞争上岗等竞争性选拔机制，规范程序方法，提高选拔质量。要优化全程无缝监督链。严格执行民主推荐、组织考察、廉政鉴定、常委会集体讨论、公示、任前谈话等选人用人制度。强化领导干部个人有关事项报告、外出请假、离任经济责任审计等日常管理监督。完善干部考核评价办法，规范考核评价程序，强化考核结果的运用。

（四）健全领导体制，加强工作联动

经过多年探索实践，我校机关干部队伍建设已初步形成在学校党委统一领导下，有关部门各司其职、各尽其责、密切配合、齐抓共管的工作格局。学校党委将机关干部队伍建设纳入学校发展整体规划，抓好顶层设计和宏观指导；机关党委负责机关干部队伍建设的规划制定、统筹协调和推动落实，并具体负责机关干部聘岗、培养、考核、监督、奖惩等工作的组织实施；组织部、人事处从全校干部队伍建设需要出发，分别牵头抓好全校处级、科级干部队伍建设，重点在建章立制和督促指导；纪委负责全校干部队伍廉政建设，重点在教育引导、风险防控和问题查处。后续工作的重点，是要从制度层面上进一步加固和完善现有工作格局，明晰职能分工，加强部门联动，形成工作合力。比如，在涉及发展规划制定、干部教育培养等交叉性较强的工作中，更为稳定的沟通协商渠道和制度化的共同决策机制还有待建立，等等。

后　记

本文集是“南开大学机关青年干部论丛”的第三部。自2012年起，在校内机关青年干部中开展征文活动并结集出版，已成为南开大学机关青年工作的一个品牌，对提高机关青年干部的理论素养、调研能力和写作水平，都起到了很好的促进作用。

2013 年，南开大学在按照中央部署开展的党的群众路线教育实践活动中，校机关党委根据机关青年干部提出的建议，将开展征文活动并结集出版作为长效机制，列为机关党委每年的工作要点之一。

本期征文活动是2014年初开始的，经过机关各党支部积极组织青年干部投稿，机关党委聘请校内有关专家对文章进行了初审和终审，最终确定了58篇文章入选。评审专家对本次机关青年干部的征文质量给予了充分肯定，认为机关青年干部结合自身业务实际撰写的文章，有理论、有实践、有思考、有新意，对提高青年干部的研究能力和管理工作水平有非常积极的作用。文集出版前，机关党委又召开了论文点评会，请专家对论文逐一进行了点评，会后作者根据专家点评意见，对文章进行了修改。

本次文集的具体组织工作由机关团委负责。机关团委书记、校党委宣传部高杨老师和机关团委副书记、校纪委刘思南老师从一开始印发通知，到中间收稿、催稿，再到后面与评审专家、出版社反复沟通，以及论文点评会的组织，做了大量细致和富有成效的工作。论文的初评由校党委组织部任一老师、校纪委王福鑫老师和校党委宣传部李军老师负责，他们在努力完成自身繁重的业务工作的同时，牺牲个人休息时间，加班加点、不计报酬，为文集的成型打下了坚实的基础。文集的最终审阅、定稿和编目工作，由校党委宣传部副部长、马克思主义教育学院张健老师承担。在此，对他们付出的辛勤劳动一并表示衷心的感谢！

由于我们的工作水平有限，文集中难免存在错误与不足，我们诚心诚意欢迎专家、学者和高校机关工作的同行们批评指正。

南开大学机关党委

2014 年 12 月于南开园

南开大学出版社网址：http://www.nkup.com.cn

投稿电话及邮箱：022-23504636　QQ：1760493289
QQ：2046170045(对外合作)
邮购部：022-23507092
发行部：022-23508339　Fax：022-23508542